Geldschöpfungsprozess und Geld als abstraktes Schuldversprechen

Veröffentlichungen des Instituts für Energie- und Regulierungsrecht Berlin

Herausgegeben von Franz Jürgen Säcker

Band 58

PL ACADEMIC RESEARCH

Qian Luan

# Geldschöpfungsprozess und Geld als abstraktes Schuldversprechen

## Die europäisch-verwaltungsrechtliche Betrachtung des Geldschöpfungsprozesses der EZB und die Rechtsnatur von Zentralbankgeld und Geschäftsbankengiralgeld

PL ACADEMIC RESEARCH

**Bibliografische Information der Deutschen Nationalbibliothek**
Die Deutsche Nationalbibliothek verzeichnet diese Publikation in der Deutschen Nationalbibliografie; detaillierte bibliografische Daten sind im Internet über http://dnb.d-nb.de abrufbar.

Zugl.: Berlin, Freie Univ., Diss., 2015

Erstgutachter: Professor Dr. Martin Schwab
Zweitgutachter: Professor Dr. Helmut Grothe
Tag der mündlichen Prüfung: 23. November 2015

D 188
ISSN 2363-684X
ISBN 978-3-631-67618-9 (Print)
E-ISBN 978-3-653-06961-7 (E-PDF)
E-ISBN 978-3-631-70483-7 (EPUB)
E-ISBN 978-3-631-70484-4 (MOBI)
DOI 10.3726/b10605


PL Academic Research ist ein Imprint der Peter Lang GmbH.

Peter Lang – Frankfurt am Main · Bern · Bruxelles · New York · Oxford · Warszawa · Wien



Diese Publikation wurde begutachtet.

www.peterlang.com

# Vorwort

Die vorliegende Arbeit wurde vom Fachbereich Rechtswissenschaft der Freien Universität Berlin Anfang 2015 als Dissertation angenommen. Dabei konnten Literatur und Rechtsprechung bis Ende 2015 berücksichtigt werden.

In den eineinhalb Jahren während der Entstehung dieser Arbeit und in der Folgezeit bis zum Abschluss meines Promotionsverfahrens haben mich viele Menschen begleitet, denen ich an dieser Stelle ganz herzlich danken möchte. Mein Doktorvater Herr Prof. Dr. Martin Schwab hat mich bei meinem Promotionsvorhaben herausragend betreut. Herrn Prof. Dr. Helmut Grothe danke ich für die rasche Erstellung des Zweitgutachtens.

Frau Prof. Dr. Christine Windbichler, LL.M. (Berkeley), danke ich für die wundervolle Zeit an ihrem Lehrstuhl an der Juristischen Fakultät der Humboldt-Universität zu Berlin, wo ich als wissenschaftliche Mitarbeiterin fachlich und persönlich sehr viel von ihr habe lernen dürfen. Hierfür und für ihre uneingeschränkte Unterstützung bei allen meinen Arbeiten bin ich ihr außerordentlich dankbar.

Mein besonderer Dank gilt dem geschäftsführenden Direktor des Instituts für Energie- und Regulierungsrecht Berlin, Herrn Prof. Dr. iur. Dr. rer. pol. Dres. h.c. Franz Jürgen Säcker, für die freundliche Aufnahme meiner Dissertation in die Schriftenreihe des Instituts.

Berlin, im September 2016 Qian Luan

# Inhaltsverzeichnis


Abkürzungsverzeichnis ..... 23

§ 1 Einführung ..... 27

§ 2 Hauptrefinanzierungsgeschäfte (HRGs) – Zentralbankgeldschöpfung und Umsetzung der währungspolitischen Befugnisse des Eurosystems in Vertragsbeziehungen mit Geschäftspartnern ..... 33

A. Die Beteiligten an den HRGs – das Eurosystem und seine Geschäftspartner ..... 33

I. Begriffsbestimmungen für ESZB, Eurosystem, EZB, NZBen und MFIs ..... 33

1. EZB ..... 33

2. ESZB und Eurosystem ..... 34

3. MFIs ..... 35

II. Festlegung und Durchführung der Geldpolitik durch das Eurosystem ..... 36

1. EZB ..... 36

2. Die Rolle der NZBen bei Refinanzierungsgeschäften bzw. in der Offenmarktpolitik ..... 36

a) Keine Mitwirkungsrechte der NZBen bei Entscheidungen des EZB-Direktoriums über die laufenden Geschäfte ..... 36

b) Die Durchführung geldpolitischer Geschäfte durch die NZBen ..... 37

c) Zusammenfassung ..... 38

III. Geschäftspartner ..... 38

B. Zentralbankgeldbedarf der Kreditinstitute (Liquiditätsbedarf der Kreditinstitute) ..... 39

C. Zentralbankgiralgeldschöpfende Refinanzierungskredite des Eurosystems an Kreditinstitute ..... 40

I. Zentralbankgeldmarkt und Interbankengeldmarkt ..... 40

1. Zentralbankgiralgeldschöpfung auf dem Regulierungsgeldmarkt durch den Einsatz der geldpolitischen Instrumente des Eurosystems ..... 40
2. Umverteilung des Zentralbankgiralgeldes auf dem Interbankengeldmarkt ..... 41
II. Offenmarktgeschäfte und Spitzenrefinanzierungsfazilität als Geldpolitische Instrumente des EZB ..... 42
1. Rechtliche Grundlage der Offenmarktgeschäfte ..... 43
2. Definition des Offenmarktgeschäfts ..... 44
III. HRGs i.R.v. Offenmarktgeschäften ..... 46
1. Begriff und operationale Merkmale der HRGs ..... 47
2. HRGs als befristete Offenmarktgeschäfte in Form von Pensionsgeschäften oder Pfandkrediten ..... 48
a) Begriff der befristeten Transaktionen ..... 48
b) Pensionsgeschäfte ..... 49
c) Besicherte Kredite – Pfandkredite ..... 50
IV. Besicherung der geldpolitischen Kredite ..... 50
1. Die Besicherung ..... 50
2. Refinanzierungsfähige Sicherheiten ..... 51
D. Das Zustandekommen der Verträge zwischen dem Eurosystem und seinen Geschäftspartnern in Tenderverfahren – die rechtliche Qualifikation der Vertragsgegenstände der HRGs ..... 55
I. Tender-Grundform mit verschiedenen Varianten ..... 55
II. Tenderankündigung ..... 56
1. Ankündigung ..... 56
2. Die Angaben der Ankündigung ..... 57
a) Notwendige Angaben der Ankündigung ..... 57
b) Rechtsform der Allgemeinen Regelungen für die geldpolitischen Instrumente und Verfahren des Eurosystems – Leitlinie der EZB ..... 58
aa) Abgrenzung von AGB der NZBen ..... 58

bb) Die Allgemeinen Regelungen im Anhang I der Leitlinie EZB/2011/14 als Allgemeine Grundsätze i.S.d. Art 18.2. ESZB-Satzung – systeminterne Rechtsakte – als Leitlinie der EZB für alle Zentralbanken des Eurosystems ..... 59
c) Zinsgestaltung – Festsetzung der Refinanzierungssätze durch den EZB-Rat ..... 61
aa) Festsetzung des Hauptrefinanzierungssatzes als eines der Leitzinssätze i.S.d. Art 12.1 S 2 ESZB-Satzung durch den EZB-Rat als Entscheidungsorgan des Monopolanbieters EZB ..... 61
(1) Festsetzung des Preises des Zentralbankgiralgeldes, nämlich primär der Hauptrefinanzierungssätze ..... 61
(2) Festsetzung der Hauptrefinanzierungssätze durch den EZB-Rat ..... 62
(a) Abgrenzung der Zuständigkeiten von EZB-Rat und EZB-Direktorium ..... 62
(b) Rechtliche Qualifizierung der Festsetzung des Hauptrefinanzierungssatzes durch den EZB-Rat, Art 12.1 ESZB-Satzung ..... 63
bb) Einstufung der Handlungsform – Leitzinsfestlegung als Entscheidung, Beschluss oder Verordnung? ..... 63
(1) Rechtsnatur der Zinsfestsetzung gemäß Art 12.1. S 2 ESZB-Satzung – gemeinschaftsrechtliche oder privatrechtliche Natur? ..... 63
(a) Einseitige Festsetzung durch die EZB und Angewiesenheit der Kreditinstitute auf Zentralbankgiralgeld ..... 64
(b) Leitzinsen wird durch die öffentlich-rechtliche Zielsetzung geprägt oder als privatrechtliche AGB ..... 65
(c) Stellungnahme ..... 66
(2) Handlungsform der Leitzinsfestlegung ..... 67
(a) Rechtsnormen sui generis ..... 67
(b) Beschluss – die Festlegung der Leitzinssätze wird von der EZB ausdrücklich als Beschluss definiert, Art 12.1. S 2 ESZB-Satzung ..... 68

(aa) Entscheidung i.S.d. Art 110 EGV und Art 12.1 S 2 ESZB-Satzung aF ..... 68
(bb) Leitzinsfestsetzung als Beschluss ..... 69
(3) Abgrenzung der Refinanzierungssätze als vertraglicher Preisbestimmung für das Zentralbankgiralgeld von den Leitzinsen als EZB-Beschlüssen ..... 75
cc) Ankündigung der Zinssätze in der Tenderankündigung ..... 75
III. Gültige Gebote der Geschäftspartner als Vertragsangebote ..... 76
IV. Tenderzuteilung und Bekanntmachung der Tenderergebnisse – Ablehnung der Gebote der Geschäftspartner verbunden mit neuem Vertragsangebot ..... 77
1. Entscheidung über das Zuteilungsvolumen, d.h. die Höhe der bereitzustellenden Liquidität, durch das EZB-Direktorium ..... 77
2. Zuteilungsvolumen ..... 77
3. Bekanntmachung der Zuteilungsergebnisse über Wirtschaftsinformationsdienste und die Website der EZB ..... 79
4. Rechtliche Qualifikation der Entscheidungen des EZB-Direktoriums über die jeweiligen Zuteilungsvolumina ..... 80
V. Umsetzung der Währungsbefugnisse in privatrechtlichen Vertragsbeziehungen – Anwendung der Zweistufentheorie? ..... 80
1. Mit der Durchführung von Offenmarktkrediten verbundene währungspolitische Ziele sind kein Vertragsbestandteil der HRGs ..... 80
2. Anwendung der Zweistufentheorie auf die Offenmarktgeschäfte? ..... 83
VI. Valutierung: Abwicklungsverfahren gemäß Regelungen aus EZB/2011/14 ..... 85

§ 3 Schuldrechtliche Vertragstypisierung der Pensionsgeschäfte und besicherten Kredite ..... 87

E. Vertragliche Rechte und Pflichte aus HRGs ..... 87
I. Anspruch der Kreditinstitute auf Bereitstellung von Zentralbankgeld und Anspruch der Zentralbank auf Sicherheitsbestellung ..... 88
II. Rückzahlungsanspruch der EZB gegen ihre Geschäftspartner ..... 88

III. Vertraglicher Zinsanspruch der EZB aus den Pensionsgeschäften und besicherten Krediten ........ 88
IV. Anspruch auf ausreichende Sicherheiten für das zuzuteilende Zentralbankgiralgeld ........ 89

F. Schuldrechtliche Vertragstypisierung ........ 90
I. Besicherter Kredit – Darlehensvertrag und Sicherungsvertrag ........ 90
1. Keine Legaldefinition durch die EZB – Offenmarktkredite der Bundesbank ........ 90
2. Besicherte Kredite als Darlehen gemäß § 488 BGB ........ 91
a) Wesentliche Merkmale des § 488 Abs 1 BGB ........ 91
aa) Vertragsgegenstand ........ 91
bb) Darlehensgewährungspflicht und Valutabelassungspflicht des Darlehensgebers ........ 91
cc) Betagter Rückzahlungsanspruch des Darlehensgebers ........ 92
b) Pflicht der Sicherheitsbestellung aufgrund eines Sicherungsvertrag ........ 93
c) Zwischenergebnis ........ 93
II. Pensionsgeschäfte ........ 94
1. Begriffsbestimmung: das Pensionsgeschäft als echtes Wertpapierpensionsgeschäft i.S.d. § 340 b HGB ........ 95
2. Schuldrechtliche Charakterisierung – Darlehen oder Kauf mit Rückkaufsverpflichtung? ........ 96
a) Als Kauf i.S.d. § 433 BGB ........ 96
b) Als Darlehen – keine Sicherungsübereignung aber lediglich Sicherungsfunktion ........ 97
aa) Keine endgültige Vermögensverschiebung sondern vorübergehende verzinsliche Liquiditätszuführung durch die Zentralbank ........ 97
bb) Sicherungsfunktion trotz Ablehnung einer Umdeutung der Eigentumsübertragung der verpensionierten Wertpapiere in eine Sicherungsübereignung ........ 98

G. Zusammenfassung ........ 100

§ 4 Die §§ 780, 781 BGB als Rechtsgrundlagen für Ansprüche aus Gutschriften auf Zentralbankgirokonten aufgrund von HRGs ..... 101

H. Abgrenzung von dem „Verfügbarmachen des Giralgeldes" und dem „Verfügungsrecht über Giralgeld" ..... 102

I. Die §§ 780, 781 BGB als Rechtsgrundlagen für den Anspruch aus der einzelnen Gutschrift auf einem Zentralbankgirokonto zugunsten der Geschäftspartner ..... 103

I. Allgemeine zivilrechtliche Grundsätze für die einzelne Überweisungsgutschrift – die §§ 780, 781 BGB als Rechtsgrundlagen für den Anspruch aus der Überweisungsgutschrift ..... 103

II. Inhalt des Anspruchs aus der einzelnen Überweisungsgutschrift gemäß der §§ 780, 781 BGB – die Geltungsforderung auf Gewährleistung der Geltung des Nennwerts ..... 105

1. Meinungsstand ..... 105

2. Geltungsforderung auf Gewährleistung der Geltung des Nennwerts und Bezugsgegenstand dieser Forderung ..... 106

3. Verfügungsrecht des Gutschriftinhabers ..... 108

a) Rechtliches Verhältnis zwischen den §§ 780, 781 BGB als Rechtsgrundlagen der Geltungsforderung und dem dem Konto zugrunde liegenden Giro- bzw. Zahlungsdienstevertrag ..... 108

b) Verfügungsgegenstand bei Übertragung des durch Gutschrift geschaffenen Giralgelds ..... 109

aa) Währungseinheiten als Verfügungsgegenstand ..... 109

bb) Rechtliche Qualifikation der Übertragung von Währungseinheiten ..... 110

(1) Die Währungseinheit als Wertmesser und als Bezugsgegenstand einer Forderung ..... 110

(2) Nennwert – Realwert ..... 112

(a) Drei von dem Nennwert des Giralgeldes vermittelte Werte ..... 112

(b) Geld ist kein Wertaufbewahrungsmittel sondern Wertvermittler ..... 115

4. Zusammenfassung ... 116
a) Die Geltungsforderung aus den §§ 780, 781 BGB als Substrat des Geschäftsbankengiralgeldes ... 116
b) Das Wesen der Geltungsforderung als Inbegriff einer Reihe von Rechten und Befugnissen ... 117
c) Konstruktion des Abschlusstatbestandes ... 118

J. Die §§ 780, 781 BGB als Rechtsgrundlage für den Anspruch aus Kreditgewährungsgutschrift auf das Geschäftsbankengirokonto ... 119
I. Das Prinzip des Vertrauensschutzes ... 120
II. Die Verkehrsfähigkeit des Giralgeldes – Das Ersetzen der Zahlung mit Bargeld durch Schaffung von Giralgeld per Gutschrift ... 121
III. Prozessuale Erleichterung der Rechtsverfolgung durch die §§ 780, 781 BGB ... 122
IV. Zwischenergebnis ... 122

K. Forderung aus dem Guthaben/Tagesguthaben nicht aus den §§ 700, 488 BGB, sondern aus den §§ 780, 781 BGB ... 122
I. Ablehnung der Trennungstheorie ... 125
II. Ablehnung der unregelmäßigen Verwahrung und des Darlehens als der Rechtsgrundlage für den Barauszahlungsanspruch aus der Saldo-Gutschrift als Einlagenrückzahlungsanspruch ... 126
1. Argumente aus Interessenerwägungen ... 126
2. Gesetzliche Voraussetzungen des § 700 Abs 1 BGB ... 126
a) Die kennzeichnenden Merkmale des § 700 Abs 1 BGB ... 127
aa) Eigentumserwerb des Verwahrers ... 127
bb) Jederzeitige Verfügung des Hinterlegers, §§ 700 Abs 1 S 3, 695 BGB ... 128
cc) Gegenstand des Vertrags ... 128
b) Zwischenergebnis ... 129
3. Darlehen, § 488 BGB ... 129
a) Gegenstand des Darlehensvertrags ... 129
b) Wertverschaffungspflicht: das „Zur-Verfügung-Stellen“ der Valuta – die Verschaffung und Belassung der Valuta ... 129

c) Die Regelung der §§ 488 Abs 3, 608 Abs 1 BGB ..... 130
d) Zwischenergebnis ..... 131
III. Die §§ 780, 781 BGB als Rechtsgrundlage einer einheitlichen Geltungsforderung aus der Saldo-Gutschrift ..... 131
1. Einheitstheorie – Einlage und Giroabrede als einheitlicher gemischttypischer Vertrag ..... 131
2. Die §§ 780, 781 BGB als Rechtsgrundlage des Anspruchs aus der Saldo-Gutschrift ..... 132
IV. Geltungsanspruch aus den §§ 780, 781 BGB und Barauszahlungsanspruch ..... 133
L. Die §§ 780, 781 BGB als Rechtsgrundlage für das aufgrund von HRGs auf Zentralbankgirokonten geschöpfte Zentralbankgiralgeld ..... 134
I. Das auf Zentralbankgiralgeld anwendbare Recht ..... 134
1. AGB-Bbk Abschnitt I. ..... 134
2. Die §§ 675 c ff. BGB sind für Zahlungsvorgänge auf Zentralbankgirokonten nicht anwendbar ..... 135
II. Die Kreditgewährungsgutschrift auf das Zentralbankkonto ..... 136
M. Zentralbankgiralgeld als ein buchhalterischer Begriff – Aktivierung der Rückzahlungsforderungen der EZB aus HRGs als Gegenposten zum passivierten Zentralbankgeld ..... 139
I. Aktiva Position A. 2 – Forderungen aus HRGs ..... 141
II. Passiva Position P.2.1 – Bilanzierung des Zentralbankgiralgeldes als Geltungsforderungen ..... 141
III. Zusammenfassung ..... 142
N. Deckung des Zentralbankgeldes – stets durch Eigentum? ..... 143
§ 5 Einlösbare Banknoten als Surrogate der gesetzlichen Zahlungsmittel und die Einlösungspflicht ihrer Emittenten ..... 145
O. Abgrenzung von Banknote und Papiergeld ..... 145
I. Einlösbares und uneinlösbares Papiergeld ..... 145
1. Papiergeld im weiteren Sinne ..... 145
2. Verschiedene Arten von Papiergeld: Einlösbare Staatspapiergelder/Banknoten und uneinlösbare Staatspapiergelder/Banknoten ..... 146

II. Die Abgrenzung zwischen Staats- und Bankpapiergeld ..................146
1. Ausgabe des Staatspapiergelds grundsätzlich ohne seine Rückkehr zur Staatskasse zur Erfüllung staatlicher Zahlungsverpflichtung ..................147
2. Banknotenausgabe mit kreditwirtschaftlichem Ursprung und der regelmäßige Rückgang der Banknoten zum Emittenten aufgrund einer vertraglichen Rückzahlungspflicht ..................148
III. Uneinlösbare Banknoten als bewegliche Sachen oder öffentlich-rechtliche Geldzeichen mit absoluten Rechte der Noteninhaber? ..................148
1. Uneinlösbare Banknoten als bewegliche Sachen oder als eine in sich nicht weiter zerlegbare immaterielle Rechtsinstitution ..................148
a) Die Banknote als öffentliche Sache ..................148
aa) Meinungsstand ..................148
bb) Die Annahme der Banknote als öffentliche Sache ist zu widerlegen ..................150
b) Uneinlösbare Banknoten als öffentlich-rechtliche Geldzeichen i.S. einer nicht weiter zerlegbaren Rechtsinstitution ..................151
aa) Kein Sonderrechtsobjekt ..................151
bb) Uneinlösbare Banknoten als öffentlich-rechtliche Geldzeichen ..................151
2. Die rechtlich voneinander trennbaren Bestandteile der Banknote als Rechtsinstitution i.S. einer Beurkundung von Rechten ..................153
3. Eine Ansicht: Die Ungeeignetheit des Forderungs- und Schuldbegriffs für die rechtliche Begriffsbestimmung der Banknoten ..................154
a) Bedeutung der Bilanzierung der Banknoten in der Bankbilanz ..................154
aa) Wegfall der durch eine Banknote verbrieften Einlösungsforderung gegen den Emittenten ..................154
bb) Fehlen des begriffsmäßigen Forderungsinhalts im Fall der Annahme der uneinlösbaren Banknoten als Verbindlichkeiten der Zentralbank ..................154

cc) Ablehnung der Deutung des Notenumlaufs als Verbindlichkeiten des Notenemittenten aufgrund der bilanziellen Passivierung ... 155
(1) Historische Erklärung für die Passivierung des Banknotenumlaufs in der Zentralbankbilanz ... 155
(2) Begründung der bilanziellen Passivierung der Banknoten mit der Ersatzpflicht, die keine Verbindlichkeit, sondern eine gesetzliche öffentlich-rechtliche Pflicht darstellt ... 155
(3) Notenumlauf als Ausgleichsposition ... 156
b) Zwischenergebnis ... 158
4. Banknoten sind keine beweglichen Sachen sondern verbriefte Forderungen der Noteninhaber gegen den Notenemittenten ... 159

P. Banknoten als einlösbares Papiergeld – ein Surrogat des gesetzlichen Zahlungsmittels ... 159
I. Die Gesetzliche Einlösungspflicht des Notenemittenten: Einlösen der Banknoten in gesetzlichen Münzen oder Münzmetall ... 160
1. Die gesetzliche Einlösungspflicht gemäß § 4 Bankgesetz vom 14. März 1875 als eine Zahlungsforderung – Einlösbare Banknoten als privatrechtliche Wertpapiere ... 160
2. Primäre Funktion der Einlösbarkeit in der Begründung des Vertrauens in einlösbare Banknoten als Papiergeld ... 161
II. Der Nennwert als eine objektive Rechtsordnung ... 162
III. Die einlösbare Banknote als Regelung eines gesetzlich begründeten Rechtsverhältnisses zwischen Notenemittenten und Noteninhaber ... 163
IV. Die Notendeckungspflicht der Notenbank als Mengeneinschränkungsmechanismus ... 163
V. Einlösbare Banknoten als Inhaberschuldverschreibungen ... 165
1. Einlösbare Banknoten als Inhaberschuldverschreibungen aufgrund der Verbriefung von Einlösungsforderungen der Noteninhaber gegen den Emittenten ... 165

2. Die zweite von einer einlösbaren Banknote verbriefte Forderung: eine Forderung auf Geltung des auf der Banknote aufgedruckten, gesetzlichen Nennwerts gegen den Notenemittenten ........ 166

§ 6 Uneinlösbare Banknoten als gesetzliche Zahlungsmittel ohne Einlösungspflicht ........ 167

Q. Aufhebung der Einlösungspflicht ........ 167

R. Der Emittent der Euro-Banknoten gemäß Art 128 AEUV, Art 16 ESZB-Satzung ........ 168

S. Euro-Banknoten als gesetzliches Zahlungsmittel im Euro-Währungsgebiet ........ 169

I. Annahmezwang i.S. einer schuldrechtlichen Annahmeobliegenheit mit Rücksicht auf § 242 BGB als ein verzichtbares Merkmal des gesetzlichen Zahlungsmittels ........ 170

II. Gesetzlicher Nennwert und Zwangskurs ........ 171

III. Eine dispositive Regelung für die Zahlungsverbindlichkeit zwischen Zahlungsgläubiger und Zahlungsschuldner ........ 172

IV. Zwischenergebnis ........ 173

T. Die Euro-Banknotenausgabe als ein juristischer und buchhalterischer Begriff – Euro-Banknoten als bilanzierte Verbindlichkeiten des Eurosystems gegenüber den Noteninhabern ........ 173

I. Das Inumlaufbringen – Kreationslehre und modifizierte Vertragstheorie ........ 174

II. Notenausgabe als juristischer und buchhalterischer Begriff – Der bilanzielle Niederschlag der Notenausgabe ........ 175

1. Begriffsbestimmung der „Ausgabe“ durch das Eurosystem – rechtlich gestaltende Aussonderung der zuordenbaren Aktiva als Gegenposten zum Banknotenumlauf ........ 175

2. Die zuordenbaren Aktiva in der Zentralbankbilanz als Gegenpositionen der monetären Verbindlichkeiten ........ 176

aa) Monetarisierung durch das Eurosystem ........ 177

bb) Die Deckung des Banknotenumlaufs ........ 178

3. Banknotenumlauf als bilanzieller Begriff ........ 178

a) Der rechtliche Rahmen für die Bilanzierung des Euro-Banknotenumlaufs und der Banknotenumlaufanpassung ... 178
b) Ermittlung des anteiligen, rechnerisch in der Bilanz auszuweisenden Euro-Banknotenumlaufs – Verteilung des Banknotenumlaufs ... 179
c) Bilanzielle Darstellung des Euro-Banknotenumlaufs und dessen Anpassung – Intra-Eurosystem-Salden und Banknotenumlaufverbindlichkeit ... 180
aa) Intra-Eurosystem-Salden ... 182
bb) Verzinsung der Intra-Eurosystem-Salden – Seigniorage-Einkommen ... 183
4. Zwischenergebnis ... 185
III. Die Auslieferung der Banknoten an Kreditinstitute ... 186
1. Die Auslieferung der Euro-Banknoten bedeutet den Abfluss der Reserven der Kreditinstitute auf ihre Zentralbankkonten ... 186
2. Der Scheckvertrag i. R. d. Girovertrags als Rechtsgrundlage des Barabhebungsanspruchs der Kreditinstitute ... 187
a) Kein Anspruch auf Notenauszahlung aus Offenmarktgeschäften? ... 187
b) Barabhebung als Verfügung über das Girokonto mittels Barscheck, AGB-Bbk Abschnitt II. D. Nr 4, E. Nr 2 Abs 2 Var 2, F. Und Abschnitt XII ... 187
IV. Euro-Banknoten als Verbindlichkeiten ... 188
1. Der Notenumlauf als bilanzierte Verbindlichkeiten der Zentralbank aus volkswirtschaftlicher Sicht ... 188
2. Der Inhalt der von Euro-Banknoten verbrieften Geltungsforderung ... 189
a) Forderung auf eine andere Verbindlichkeit? ... 189
b) Die Geltungsforderung – Geltungsgewährleistung der Zugewiesenheit des Währungseinheitsquantums und Verlust eines zu erwerbenden Eigentumsrechtes durch Aufhebung der Einlösbarkeit ... 190
c) Die Rechtsgrundlage der in den Euro-Banknoten verbrieften Forderungen ... 190

aa) Das Inverkehrbringen mittels der Auszahlung von Zentralbanken an Kreditinstitute .....191
bb) Der Scheckvertrag gemäß AGB-Bbk Abschnitt II. D. Nr 4; E. Nr 2 Abs 2 Var 2; F. Nr 1 ff .....192
cc) Die Auszahlung von Euro-Banknoten gegen Belastung des Scheckbetrages auf den Girokonten der Kreditinstitute .....192
d) Ist die in der Banknote verbriefte Geltungsforderung öffentlich-rechtlicher oder privatrechtlicher Natur? .....193
aa) Die Ausgabe als erste Stufe der Notenemission: Rechtliche Qualifikation der Entscheidung des EZB-Rates über die Ausgabe der Euro-Banknoten .....194
bb) Die Inverkehrgabe als die zweite Stufe der Notenemission .....195
e) Die uneinlösbare Euro-Banknote als Inhaberschuldverschreibung .....196
aa) Das Leistungsversprechen – Gegenstand der Beurkundung .....198
bb) Die Begründung der Leistungspflicht des Ausstellers .....198
cc) Euro-Banknoten und Zentralbankgiralgeld sind nicht zwei Formen eines und desselben Rechts .....200
(1) Banknoten und Zentralbankgiralgeld beruhen nicht auf dem gleichen Rechtsverhältnis .....200
(2) Euro-Banknoten verbriefen nicht unmittelbar das Zentralbankgiralgeld .....200
(a) Deckung für die jeweiligen Verbindlichkeiten in Form von Noten bzw. Giralgeld durch verschiedene Aktiva .....200
(b) Banknoten und Zentralbankgiralgeld in den verschiedenen Gläubiger-Schuldner-Beziehungen .....201
dd) Euro-Banknoten als Inhaberschuldverschreibungen sind ein Unterfall des § 780 BGB .....201
ee) Die Notenausgabe ist ein selbständiges Geschäft der Zentralbank .....202
ff) Zwischenergebnis .....204
f) Verfügbarkeit und Fälligkeit – Unterschied zwischen Banknoten und Giralgeld .....204

aa) Die sachenrechtliche Verfügung über die durch Euro-Banknoten verbrieften Geltungsforderungen ....... 204
bb) Verfügung über Giralgeld nur unter technischer und juristischer Mitwirkung des Bankensystems ....... 205
3. Die Euro-Banknote als zwingende Regelung für das Rechtsverhältnis zwischen Notenemittenten und Noteninhaber ....... 205
4. Die Doppelwertigkeit der Euro-Banknote – nicht (öffentliche) Sache sondern Gläubiger-Schuldner-Beziehung zwischen Emittenten und Noteninhaber ....... 206
U. Zusammenfassung ....... 206
I. Die Notenausgabe als ein juristischer und buchhalterischer (bilanzieller) Begriff ....... 207
II. Uneinlösbare Euro-Banknoten als Inhaberschuldverschreibungen gemäß § 793 BGB ....... 207
III. Die Annahmeobliegenheit bezüglich des gesetzlichen Zahlungsmittels mit einem gesetzlichen Nennwert ....... 208
§ 7 Geldschöpfungskontrolle und Gewährleistung der Preisstabilität ....... 209
V. Gewährleistung der Preisstabilität als gesetzliche Pflicht der EZB durch Geldmengensteuerung und Zinssatzsteuerung ....... 209
I. Gewährleistungspflicht der EZB zur Preisstabilität ....... 209
1. Begriffsbestimmung der Preisstabilität ....... 209
2. Ableitung eines subjektiven Rechts des Geldinhabers unmittelbar aus der gesetzlichen Pflicht der EZB zur Gewährleistung der Preisstabilität ....... 211
II. Geldversorgungspflicht ....... 213
1. Zentralbankgeldschöpfung ....... 213
2. Geschäftsbankengeldschöpfung – mittelbare Wahrnehmung der Geldversorgungspflicht der Zentralbank durch Geschäftsbanken ....... 215
III. Abgrenzung der monetären Aggregate im Euro-Währungsgebiet durch die EZB aufgrund der konsolidierten Bilanz der MFIs – M 1, M 2 und M 3 ....... 216

1. Zweckabhängige Abgrenzung der monetären Aggregate durch EZB ..... 216
2. M 1, M 2 und M 3 ..... 218
IV. Das Zentralbankgeld und die monetäre Basis ..... 219
1. Zentralbankbilanz und Konsolidierte Bilanz des Eurosystems ..... 220
2. Monetäre Basis ..... 224
a) Das Zentralbankgiralgeld – Reserven aus Mindestreserve-Soll und Überschussreserven ..... 224
b) Monetäre Basis ..... 224
3. Kontrolle über die Zentralbankgeldversorgung durch Mengen- und Preiskontrolle der EZB ..... 225
a) Das Eurosystem als Monopolanbieter des Zentralbankgeldes ..... 225
b) Vollständige Kontrolle über die Monetäre Basis ..... 225
aa) M 3 als Referenzwert – Mengensteuerung ..... 227
bb) Preissteuerung – Der Tagesgeldsatz als das operative Ziel der Geldpolitik ..... 227
(1) Erreichung des operativen Ziels durch Offenmarktgeschäfte ..... 227
(2) Ein festes Verhältnis zwischen dem Refinanzierungssatz bzw. dem Geldmarktzins und der von der Notenbank angebotenen Menge an monetärer Basis ..... 229
(3) Abgrenzung von Leitzinsen, Hauptrefinanzierungszinssatz und EONIA (durchschnittlicher Tagesgeldsatz) ..... 229
W. Wirksamkeit der Zentralbanksteuerungsinstrumente ..... 230
I. Monetäre und realwirtschaftliche Theorien ..... 231
II. Volkswirtschaftlich umstrittene Kontrollfähigkeit der Zentralbank über die Geldmengen ..... 234
III. Das Geldschöpfungsmultiplikator ..... 235
1. Schöpfer des Geschäftsbankengeldes – das Banksystem als Ganzes oder die einzelnen Kreditinstitute? ..... 235
2. Volumen der Geschäftsbankengiralgeldschöpfung – Das herkömmliche Multiplikatormodell ..... 237

a) Das Herkömmliche Multiplikatormodell – Geschäftsbankengiralgeldschöpfung auf der Grundlage des „exogenen“ Zentralbankgeldes ........ 237
b) Kritik und Modifikationen des Multiplikatorkonzepts ........ 240
IV. Empirische Nachweise der Geldmengenkontrolle durch die Bundesbank ........ 240
1. Erfahrung und Stellungnahme der Bundesbank ........ 241
2. EZB ........ 241
X. Giralgeld als primäres Geld ........ 243
I. Giralgeld als primäre Form des Geldes ........ 243
II. Entstehung des Giralgeldes als abstraktes Schuldversprechen i.S.d. §§ 780, 781 BGB aus dem Organbewusstsein der EZB ........ 246
1. Organbewusstsein der EZB als Quelle der gesamtwirtschaftlichen Giralgeldschöpfung ........ 246
2. Das reibungslose Funktionieren der Zahlungssysteme als gesetzlich vorgeschriebene Aufgabe der ESZB ........ 247
Zusammenfassung ........ 251
Tabellenverzeichnis ........ 261
Literaturverzeichnis ........ 263

# Abkürzungsverzeichnis

| | |
|---|---|
| A. | Auflage |
| aA | Andere Ansicht |
| aF | alter Fassung |
| ABl. | Amtsblatt |
| Abs | Absatz |
| Abt. | Abteilung |
| AcP | Archiv für die civilistische Praxis |
| aE | am Ende |
| AEUV | Vertrag über die Arbeitsweise der Europäischen Union |
| AGB | Allgemeine Geschäftsbedingungen |
| AGB-Bbk | Allgemeine Geschäftsbedingungen der Deutschen Bundesbank Bankrechtliche Regelungen 5, Stand: 18.8.2014, 5. Ausgabe |
| Alt | Alternative |
| Anm | Anmerkung |
| Art | Artikel |
| BankArch. | Zeitschrift für das gesamte Bank- und Börsenwesen |
| BB | Betriebsberater |
| BBankG | Gesetz über die Deutsche Bundesbank |
| BGB | Bürgerliches Gesetzbuch |
| Bonner, HdR | Bonner, Handbuch Rechnungslegung |
| BT-Drucks | Bundestags-Drucksache |
| BVerfGE | Entscheidungen des Bundesverfassungsgerichts |
| BverwGE | Entscheidungen des Bundesverwaltungsgerichts |
| bzw. | beziehungsweise |
| ca. | circa |
| d. | der, die, das; des, der |
| DDR | Deutsche Demokratische Republik |
| DVBl. | Deutsches Verwaltungsblatt |
| EG | Europäischen Gemeinschaft |
| EGV | Vertrag zur Gründung der Europäischen Gemeinschaft (ohne Angabe der Fassung bei generellen Verweisen) |
| EL | Ergänzungslieferung |
| Erl. | Erläuterung |
| ESZB-Satzung | Protokoll über die Satzung des Europäischen Systems der Zentralbanken und der Europäischen Zentralbank vom 7. Feb. 1992 (ABl. Nr C 191 S 68), Celex-Nr 1 1992 M/PRO/SEBC/00; zuletzt geänd. Durch Art 1 Abs 4 lit B, Abs 6 lit A, Abs 8 lit B, Abs 11 Protokoll Nr 1 zum Vertrag von Lissabon von 13.12.2007 (ABl. Nr C 306 S 165) |
| EU | Europäische Union |
| EuG | Gericht der Europäischen Union |

| | |
|---|---|
| EuGH | Gerichtshof der Europäischen Union |
| EuR | Europarecht |
| EUV | Vertrag über die Europäische Union |
| EWG | Europäische Wirtschaftsgemeinschaft |
| EWI | Europäisches Währungsinstitut |
| EWWU | Europäischen Wirtschafts- und Währungsunion |
| EZB | Europäische Zentralbank |
| EZB/2001/16 | Beschluss der EZB vom 6. Dezember 2001 über die Verteilung der monetären Einkünfte der NZBen der teilnehmenden Mitgliedstaaten ab dem Geschäftsjahr 2002 (EZB/2001/16), ABl. L 337 vom 20. Dezember 2001, S 55–61, geändert durch EZB/2003/22, ABl. L 9, 15. Januar 2004 |
| EZB/2010/29 | Beschluss der EZB vom 13. Dezember 2010 über die Ausgabe von Euro-Banknoten (Neufassung) *(EZB/2010/29)* (2011/67/EU) ABl. L 35 |
| EZB/2011/14 | Leitlinie der Europäischen Zentralbank vom 20.9.2011 über geldpolitische Instrumente und Verfahren des Eurosystems (EZB/2011/14) (2011/817/EU), Anhang I Durchführung der Geldpolitik im Euro-Währungsgebiet – Allgemeine Regelungen für die geldpolitischen Instrumente und Verfahren des Eurosystems, gültig ab 1.1.2012 |
| EZB/2001/16 | Beschluss der EZB vom 6. Dezember 2001 über die Verteilung der monetären Einkünfte der NZBen der teilnehmenden Mitgliedstaaten ab dem Geschäftsjahr 2002 (EZB/2001/16), ABl. L 337 vom 20. Dezember 2001, S 55–61, geändert durch EZB/2003/22, ABl. L 9, 15. Januar 2004 |
| EZB/2003/9 | Verordnung (EG) Nr 1745/2003 der europäischen Zentralbank vom 12. September 2003 über die Auferlegung einer Mindestreservepflicht, (EZB/2003/9), verändert durch EZB/2008/10 und EZB/2011/26 |
| EZB/2007/2 | Leitlinie der EZB vom 26. April 2007 über ein transeuropäisches automatisiertes Echtzeit-Brutto-Express-Zahlungsverkehrssystem (TARGET2) (EZB/2007/2) (2007/600/EG), Abl. 2007 Nr. L 237/1 |
| EZB/2010/2 | Leitlinie der EZB vom 21. April 2010 über TARGET2-Securities *(EZB/2010/2)* (2010/272/EU), ABl. Nr 118/65 |
| EZB/2010/20 | Leitlinie der EZB vom 11. November 2010 über die Rechnungslegungsgrundsätze und das Berichtswesen im Europäischen System der Zentralbanken (Neufassung) *(EZB/2010/20)* (2011/68/EU), ABl. Nr. L 35/31 |
| EZB/2010/21 | Beschluss der EZB vom 11. November 2010 über den Jahresabschluss der Europäischen Zentralbank (Neufassung) *(EZB/2010/21)* (2011/65/EU), ABl. Nr. L 35/1 |
| EZB/2011/14 | Leitlinie der EZB vom 20. September 2011 über geldpolitische Instrumente und Verfahren des Eurosystems (Neufassung) (EZB/2011/14) (2011/817/EU), ABl. Nr. L 331/1 |

| | |
|---|---|
| f/ff | folgende |
| Fed | Federal Reserve |
| Fn | Fußnote |
| FS | Festschrift |
| GS | Gedächtnisschrift |
| GuV | Gewinn und Verlust |
| HdWW | Handwörterbuch der Wirtschaftswissenschaft |
| HGB | Handelsgesetzbuch |
| HRG | Hauptrefinanzierungsgeschäft |
| HRGs | Hauptrefinanzierungsgeschäfte |
| IES | Intra-Eurosystem-Salden |
| InsO | Insolvenzordnung |
| i.R. | im Rahmen |
| i.S. | im Sinne |
| i.S.d. | im Sinne der/des |
| i.S.v. | im Sinne von |
| i.V.m. | in Verbindung mit |
| Jg. | Jahrgang |
| J.I.B.L.R. | Journal of International Banking Law and Regulation |
| JuS | Juristische Schulung |
| JZ | Juristenzeitung |
| KWG | Kreditwesengesetz |
| LM | *Lindenmaier/Möhring*, Nachschlagewerk des Bundesgerichtshofs |
| LRGs | längerfristige Refinanzierungsgeschäfte |
| MDR | Monatsschrift für Deutsches Recht (Zeitschrift) |
| MFIs | monetären Finanzinstitute |
| MüKo | Münchener Kommentar |
| MünzG | Münzgesetz |
| nF | neue Fassung |
| NZB | nationale Zentralbank |
| NZBen | nationalen Zentralbanken |
| RechKredV | Verordnung über die Rechnungslegung der Kreditinstitute und Finanzdienstleistungsinstitute (Kreditinstituts-Rechnungslegungsverord nung - RechKredV) |
| RegE | Regierungsentwurf |
| RGBl. | Rechtsgesetzblatt |
| RGRK | Das Bürgerliche Gesetzbuch; mit besonderer Berücksichtigung der Rechtsprechung des Reichsgerichts (erl. von Bessau) |
| RL 86/635/EWG | Richtlinie 86/635/EWG des Rates vom 8. Dezember 1986 über den Jahresabschluß und den konsolidierten Abschluss von Banken und anderen Finanzinstituten, ABl. Nr. L 372 |
| Rn | Randnummer(n) |
| Rs. | Rechtssache |
| Rspr | Rechtssprechung |

| | |
|---|---|
| RTGS | Real Time Gross Settlement |
| S | Seite |
| SGK | Schengener Grenzkodex |
| Slg. | Sammlung der Rechtsprechung des Gerichtshofes der Europäischen Union |
| u. a. | und andere; unter anderem |
| verb. Rs. | verbundene Rechtssachen |
| VVDStRL | Veröffentlichungen der Vereinigung der Deutschen Staatsrechtslehrer |
| WM | Wertpapiermitteilungen (Zeitschrift für Wirtschafts- und Bankrecht) |
| ZBB | Zeitschrift für Bankrecht und Bankwirtschaft |
| ZHR | Zeitschrift für das gesamte Handelsrecht und Wirtschaftsrecht |
| Ziff. | Ziffer |
| ZKW | Zeitschrift für das gesamte Kreditwesen |
| ZZP | Zeitschrift für Zivilprozess |

# § 1 Einführung

Die vorliegende Arbeit „Geld als abstraktes Schuldversprechen – die europäisch-verwaltungsrechtliche Betrachtung des Geldschöpfungsprozesses der EZB und die Rechtsnatur von Zentralbankgeld und Geschäftsbankengiralgeld" bezweckt die Feststellung der Rechtsnatur des Giralgeldes bzw. der Banknoten als Verbindlichkeiten der monetären Finanzinstitute i.S. eines schuldrechtlichen und buchhalterischen Begriffs.

## I. Keine allgemeingültige Begriffsbildung wegen Uneinheitlichkeit des Geldbegriffs

Trotz der allgemein anerkannten Aussage, dass Geld nach der herrschenden Geldfunktionslehre alles ist, was die drei entscheidenden Funktionen a) Geld als allgemeines Tausch- und Zahlungsmittel, b) Geld als Wertaufbewahrungsmittel und c) Geld als Recheneinheit[1] ausübt, ist der Geldbegriff sowohl wirtschaftswissenschaftlich als auch juristisch äußerst umstritten.

Die Probleme sind: (1) ob zwischen einem ökonomischen und einem juristischen Geldbegriff unterschieden werden darf;[2] (2) ob Geld von der wirtschaftlichen Funktion her zu definieren[3] oder als Rechtsphänomen[4] zu fassen ist;[5] (3) Streit zwischen staatlicher[6] und gesellschaftlicher Theorie[7] hinsichtlich der Fragestellung, wie das

---

1 Vgl dazu statt aller: *Goldschmidt* Handbuch des Handelsrechts, 1868, S 1060; *Vollmer* Geld- und Währungspolitik, 2005, S 6; *Issing* Einführung in die Geldtheorie[15], S 1 f.

2 Meinungsstand über diesen Methodenstreit um Geldbegriff siehe Staudinger/*K. Schmidt* BGB[1997], Vor §§ 244 ff. Rn A 1; bejahend: *Hahn* Währungsrecht, 1990, § 2 Rn 49 f. *Helfferich* Das Geld, 1928, S 257 ff, 320 ff. *Proctor* Mann on The Legal Aspect of Money, 2005, S 5; *Wolff* Das Geld, in: EhrenbHandB IV/1, 1917, S 563 ff, 573 ff. verneinend: *Simitis* AcP 159 (1960/1961), S 418.

3 *Weber* Berner Kommentar, Art 84 Obligationsrecht Anm 13 „Geld ist, was als Geld fungiert"; *Thywissen* BB 1971, 1347, 1350. Diese vielfach zitierte Aussage ist allerdings eine evidente Zirkeldefinition.

4 Grundlegend dazu: *Knapp* Staatliche Theorie des Geldes, 1923; *Wolff* Das Geld, in: EhrenbHandB IV/1, 1917; heute ganz hM, etwa Staudinger/K. *Schmidt* BGB[1997], Vor §§ 244 ff, Rn A 2; *Hahn* Währungsrecht, 1990, S 30 f; *Proctor* Mann On the Legal Aspects of Money, 2005, S 15 ff. Ähnlicher Streit, ob Geld auf Parteiabsprache oder öffentlich-rechtlicher Widmung beruht, vgl *Fögen* Geld- und Währungsrecht, 1969, S 6.

5 MüKoBGB/*Grundmann*[7] § 245 Rn 10.

6 *Knapp* Staatliche Theorie des Geldes, 1923, S 1 ff, 19; RGZ 96, 262, 265 = JW 1920, 43 f. *F. A. Mann* Das Recht des Geldes, 1960, S 10; *Wolff* Das Geld, in: *EhrenbHandB IV/1*, 1917, S 575.

7 Staudinger/*K. Schmidt* BGB[1997], Vor §§ 244 ff, Rn A 3; *von Savigny* Obligationenrecht I, 1851, S 408; *Nussbaum* Das Geld, 1925, S 14 f. *Fögen* Geld- und Währungsrecht, 1969, S 6; MüKoBGB/*Grundmann*[7] § 245 Rn 10.

Verhältnis der Rechtsordnung zum Geld zu fassen ist[8], d.h. ob das Geld durch tatsächliche Einbürgerung oder durch rechtliche Anerkennung einer fungiblen Werteinheit entsteht, bzw. m.a.W: ob Geld auf Parteiabsprache oder öffentlich-rechtlicher Anerkennung beruht.

Inmitten eines verzwickten wissenschaftlichen und juristischen Begriffs- und Methodenstreites bezüglich des Wesens des Geldes werden von verschiedenen Autoren und Akteuren zahlreichen Stichworte und definitorische Ansätze für den Geldbegriff herausgearbeitet, über deren Bedeutung allerdings bislang keine Einigkeit erzielt werden kann. *Goldschmidt* nahm das Geld als Träger einer allgemeinen, übertragbaren Vermögensmacht[9]. Andere Autoren sahen das Geld als Bruchteil oder Vielfaches einer ideellen Einheit.[10] Von einer Maßgeblichkeit des Nennwertes[11] geprägt, ist Geld nach der Auffassung von *Gustav Hartmann*, ausgehend vom allgemeinen und speziellen rechtlichen Geldbegriff, ein letztes zwangsweises Mittel der *solutio* von Obligationen.[12] *Karsten Schmidt* geht in seinem definitorischen Ansatz von einer ursprünglich von *Martin Wolff*, *von Savigny* und *F. A. Mann* befürworteten Dualität des Geldbegriffes aus, nämlich einer Unterscheidung des *Geldes in konkreter Form* von der *abstrakten Konzeption des Geldes.*[13]

Es gibt also misslicherweise in der gegenwärtig gebräuchlichen Ausgestaltung der nationalen und internationalen Geldordnung aufgrund eben dieser Uneinheitlichkeit der in den einzelnen Wissenschafts- und Rechtsdisziplinen teilweise über Jahrhunderte erarbeiteten und gewachsenen Geldbegriffe keine allgemeingültige Begriffsbildung.[14] Geld im Rechtssinne ist daher ein vielgestaltiger Oberbegriff für die Geldbegriffe der jeweiligen Rechtsgebiete, dessen Anwendung es sowohl ermöglicht als auch voraussetzt, nach jeweiliger Auslegung zwischen einem währungsrechtlichen Geldbegriff, einem verfassungsrechtlichen Geldbegriff und den Geldbegriffen des Schuldrechts, des Sachenrechts, des Vollstreckungsrechts, des Insolvenzrechts und des Strafrechts zu differenzieren.[15]

Es wird ferner zwischen den Zentralbankgeld- und Kassenbeständen der Kreditinstituten einerseits und „Geld“ in der Volkswirtschaft, nämlich das Bargeld und Sichteinlagen der Nichtbanken, andererseits unterschieden, insbesondere bei der Betrachtung der Geldschöpfungsfähigkeit der Geschäftsbanken.[16] Die Banknoten und Münzen in den Kassen der Kreditinstitute und ihre Zentralbankgiralguthaben

---

8 Vgl Staudinger/*K. Schmidt* BGB[1997], Vor §§ 244 ff, Rn A 2.
9 *Goldschmidt* Handbuch des Handelsrechts, 1868, S 1067.
10 *Nußbaum* Das Geld, 1925, S 6; *F. A. Mann* Das Recht des Geldes, 1960, S 19.
11 *Hartmann* Über den rechtlichen Begriff des Geldes, 1868, S 76.
12 *Hartmann* Über den rechtlichen Begriff des Geldes, 1868, S 50.
13 *Proctor* Mann on The Legal Aspect of Money, 2005, S 5 ff.; Staudinger/*K. Schmidt* BGB[1997], Vor §§ 244 ff. Rn A 11.
14 Staudinger/*K. Schmidt* BGB[1997], Vor §§ 244 ff. Rn A 12.
15 *Hahn/Häde* Währungsrecht, 2010, S 19.
16 ZB *Rieken* Die Beziehungen zwischen der Notenbank und den Trägern der Girosysteme, 1964, S 82.

aufgrund Refinanzierungsgeschäfte werden als Liquiditätsreserven[17] ohne Geldfunktion bezeichnet.[18] Da das Ziel dieser Arbeit ist, ein abstrakter Oberbegriff des Geldes für Zentralbank- und Geschäftsbankengeld zu finden, ist es daher in den folgenden Untersuchung von dieser Unterscheidung abgesehen.

## II. Begriffsbestimmung des Giralgeldes

Vorab zu klären ist die Begriffsbestimmung des Giralgeldes. Umstritten ist, welche bei Kreditinstituten unterhaltenen Einlagen der Nichtbanken als Geld anzunehmen sind. Allgemein werden die nach § 8 Abs 3 RechKredV täglich fälligen Sichtguthaben von Nichtbanken als Geschäftsbankengiralgeld bezeichnet, die dem Zahlungsverkehr gewidmet sind.[19] Über die theoretisch notwendige, jedoch praktisch nicht immer durchführbare Trennung zwischen den inaktiven Sichteinlagen mit einer Umlaufsgeschwindigkeit nahe oder gleich null und den Sichteinlagen mit „normaler" Umlaufsgeschwindigkeit wird i.R. dieser Erörterung der Einfachheit halber hinweggesehen.[20] Darüber hinaus wird das Guthaben der Kreditinstitute auf ihren jeweiligen Zentralbankgirokonten als Zentralbankgiralgeld bezeichnet.[21]

Anstatt von Giralgeld wird auch von Buchgeld gesprochen. Allerdings versteht man unter Buchgeld auch andere Buchguthaben, wie z. B. Sparguthaben. Im Gegensatz zu Sichteinlagen werden die Termin- und Spareinlagen zudem gerade nicht als Giralgeld, sondern ausschließlich als Buchgeld angesehen.[22] Das Bargeld und die Giroeinlagen verlieren mit der Einzahlung oder Übertragung auf ein Sparkonto oder Termineinlagenkonto ihre typische Umlaufsgeschwindigkeit und dienen somit nicht mehr den Zwecken des Zahlungsverkehrs.

Das Giralgeld ist folglich das Buchgeld im engeren Sinne. Das Zentralbank- und Geschäftsbankengiralgeld sind die zu untersuchenden Objekte dieser Arbeit. Die zu beantwortende Kernfrage ist, ob das Giralgeld die Geltungsforderungen der

---

17 Zur Definition für *Reserven* siehe § 7 V. IV. 1.: Die Position „Guthaben der Kreditinstitute auf Girokonten beim Eurosystem" (auch als *Reserven* bezeichnet) bildet das sogenannte Zentralbankgiralgeld ab, das sich auf die Guthaben der Kreditinstitute bei der Zentralbank bezieht, die zur Erfüllung von Zahlungsverpflichtungen aus Interbankgeschäften und der Mindestreservepflicht erforderlich sind.

18 *Rieken* Die Beziehungen zwischen der Notenbank und den Trägern der Girosysteme, 1964, S 82, 84.

19 *Rieken* Die Beziehungen zwischen der Notenbank und den Trägern der Girosysteme, 1964, S 79; *Stucken* Geld und Kredit, 1957, S 55, 59; *Lierow* Der Geldschöpfungskoeffizient, 1957, S 15.

20 Vgl *Rieken* Die Beziehungen zwischen der Notenbank und den Trägern der Girosysteme, 1964, S 79; *Feifel* Die Anwendbarkeit der modernen Kreditschöpfungslehre, 1959, S 69 f.

21 Siehe Tabelle 7.

22 *Schneider* Einführung in die Wirtschaftstheorie, III, 1962, S 55; *Stucken* Geld und Kredit, 1957, S 59; *Lierow* Der Geldschöpfungskoeffizient, 1957, S 15.

Geldinhaber, namentlich den Anspruch aus einzelner Kreditgewährungsgutschrift und Saldogutschrift als abstraktes Schuldversprechen nach den §§ 780, 781 BGB gegen die kontoführenden Kreditinstitute oder die Zentralbank darstellt.

## III. Rechtliche und buchhalterische Betrachtung des Giralgeldes und der Banknoten i. R. d. heutigen Zentralbankgeld- und Geschäftsbankengeldschöpfungsprozesse

Ausgangspunkt dieser Arbeit ist, dass – abgesehen von all den Streitigkeiten über die Rechtsnatur des Geldes – das im Euro-Währungsgebiet von den monetären Finanzinstituten (MFIs)[23] in Form von Giralgeld und Banknoten geschöpfte Zentralbank- und Geschäftsbankengeld zunächst ein bilanzielles und buchhalterisches Phänomen darstellt. Obwohl beide Geldformen in einem geschlossenen, einheitlichen Mischgeldsystem geschöpft werden und sowohl in rechtlichen als auch in bankwirtschaftlichen Zusammenhängen stehen, zirkulieren sie allerdings in streng getrennten Geldkreisläufen und vermischen sich nie.

Zu untersuchen ist mithilfe einer eingehenden Betrachtung der Bilanz des Eurosystems und der konsolidierten Bilanz der MFIs im Euro-Währungsgebiet im Hinblick auf dem Geldschöpfungsprozess die Kernfrage, ob die Forderungs- und Schuldbegriffe des Zivilrechts zur rechtlichen Begriffsbestimmung des Zentralbank- und Geschäftsbankengeldes geeignet sind, d. h. ob das bilanzierte Zentralbank- und Geschäftsbankengeld des Euro-Währungsgebiets die Verbindlichkeiten der MFIs gegenüber den Nicht-MFIs darstellen.

Näher betrachtet werden, hinsichtlich des Giralgeldes, die Entstehung und Rechtsnatur der Rechte und Pflichten der Vertragsparteien i. R. d. Zentralbankgeldschöpfung im Wege von Hauptrefinanzierungsgeschäfte – als Pensionsgeschäfte und besicherte Kredite – in Vertragsbeziehungen zwischen dem Eurosystem und seinen zugelassenen Geschäftspartnern. Das Ziel der Untersuchung des Vertrages der HRGs ist es, das Zentralbankgiralgeld als Anspruch aus der aufgrund der Zentralbankgeldzuteilung erteilten Gutschrift durch die Abgrenzung der einzelnen vertraglichen Rechte und Pflichten von den anderen rechtlichen Elementen des Vertrages zu trennen, um ihre Rechtsnatur als eine Forderung der Kreditinstitute zu erhellen. Wesentlich ist dabei, ob die §§ 780, 781 BGB sowohl auf das durch die Gutschrift auf die Betriebsgirokonten bei der Zentralbank symbolisierte Zentralbankgiralgeld als auch auf das ebenfalls durch Gutschrift auf die Kundengirokonten bei Geschäftsbanken getragene Geschäftsbankengiralgeld anzuwenden sind.

---

23 Zu den MFIs zählen hauptsächlich die Europäische Zentralbank und die nationalen Zentralbanken der Länder, deren Währung der Euro ist, und die Kreditinstitute im Euro-Währungsgebiet. Begriffsbestimmung dazu siehe § 2 A. I. 3.

Um zu einer rechtlichen Qualifizierung der Banknoten zu gelangen, werden – im Lichte des Gestaltwandels des Papiergeldes – die Banknoten als gesetzliches Zahlungsmittel, insbesondere angesichts der Anwendbarkeit des § 793 BGB, untersucht. Dies betrifft sowohl die in Edelmetall einlösbaren Banknoten in ihren historischen Formen als auch die gegenwärtig nicht in Edelmetall einlösbaren Euro-Banknoten als gesetzliches Zahlungsmittel. Zu verdeutlichen sind die Einlösungspflicht der Notenbank, die Bedeutung der Aufhebung der Einlösungspflicht und die Notendeckung, um die Rechtsnatur der in den Euro-Banknoten verbrieften Forderungen festzustellen.

Aus der Sicht der Zentralbanken wird streng zwischen den Begriffen „Ausgabe" – durch EZB[24] und NZBen[25] – und „Inverkehrbringen" – lediglich durch NZBen – unterschieden.[26] Der Schwerpunkt der Erörterung über die Rechtsnatur der Banknoten besteht darin, heraus zu eruieren, dass die Notenausgabe als zentralbankwirtschaftlich-rechtlich-buchhalterischer Begriff ausgestaltet ist und ihren Niederschlag in der Bilanz der EZB und der NZBen findet.

Da § 793 BGB ein Unterfall der §§ 780, 781 BGB ist[27], ist zu beantworten, ob das Zentralbank- und Geschäftsbankengeld im Euro-Währungsgebiet zumindest nach deutschem Recht einheitlich als abstraktes Schuldversprechen, letztlich also als die Summe aller Verbindlichkeiten der monetären Finanzinstitute gegenüber den Nicht-MFIs zu betrachten ist. Zusätzlich ist zu erörtern, wie diese bilanzierten Verbindlichkeiten mit Sicherungsrecht gesichert oder durch anderweitige Vermögenswerte lediglich „gedeckt" werden.

---

24 EZB steht für die Europäische Zentralbank.

25 NZB steht für nationale Zentralbank; NZBen für nationalen Zentralbanken.

26 Groeben/Schwarze/*Smits* EU-/EGV[6], Art 106 EG Rn 11.

27 Teilweise str, vgl *Hueck/Canaris* Recht der Wertpapiere[12], S 208; *Canaris* Bankvertragsrecht, 1981, Rn 2243.

# § 2 Hauptrefinanzierungsgeschäfte (HRGs) – Zentralbankgeldschöpfung und Umsetzung der währungspolitischen Befugnisse des Eurosystems in Vertragsbeziehungen mit Geschäftspartnern

## A. Die Beteiligten an den HRGs – das Eurosystem und seine Geschäftspartner

### I. Begriffsbestimmungen für ESZB, Eurosystem, EZB, NZBen und MFIs

Das Europäische System der Zentralbanken (ESZB), das Eurosystem und die Europäische Zentralbank (EZB) wurden durch den Vertrag über die Europäische Union (EUV)[28], den Vertrag über die Arbeitsweise der Europäischen Union (AEUV) und die Satzung des Europäischen Systems der Zentralbanken und der Europäischen Zentralbank (ESZB-Satzung), gemäß Art 51 EUV als Vertragsbestandteil in Form von den Verträgen beigefügten Protokollen, errichtet.

#### *1. EZB*

Die EZB steht im Mittelpunkt des Eurosystems und des Europäischen Systems der Zentralbanken (ESZB) und besitzt gemäß Art 282 Abs 3 AEUV eine eigene Rechtspersönlichkeit. Sie stellt sicher, dass die dem Eurosystem und dem ESZB übertragenen Aufgaben entweder durch sie selbst oder durch die Tätigkeit der NZBen nach Maßgabe der ESZB-Satzung erfüllt werden.[29]

Nicht näher einzugehen ist i.R. dieser Erörterung auf die anhaltend umstrittene Frage bzgl. der Rechtsstellung der EZB, m.a.W., ob sie eine eigenständige vierte Säule der EU oder einen Teil der EG oder eine selbständige supranationale Einrichtung neben EU und EG darstellen sollte.[30] Die Frage, wessen Zentralbank die EZB nun

---

28 Durch den am 1.1.2009 in Kraft getretenen Vertrag von Lissabon wurde der Vertrag über die Europäische Union abgeändert.

29 Die Geldpolitik der EZB, 2011, S 149.

30 Verschiedene Auffassungen zu dieser Problematik, siehe *Sachs/Siekmann* GG[5], Art 88 Rn 46; *Torrent* Common Market Law Review, Bd 36 (1999), S 1229; *Häde* WM 2006, 1605, 1611; *Zilioli/Selmayr* Common Market Law Review, Bd 37 (2000), S 591, 624; *Streinz/Kempen* EUV/EGV[2003], Art 107 Rn 4; *Louis* A legal and institutional approach for building a monetary union, Common Market Law Review, Bd 35 (1998), S 33, 73 f.: kein organ sui generis; *Hahn/Häde* ZHR 165 (2001), 30, 34: „Gemeinschaftsinstitution mit organähnlicher Stellung; Calliess/Ruffert/*Häde* EUV/EGV[3], Art 8 Rn 4:

eigentlich ist, muss dahingehend beantwortet werden, dass sie eine Einrichtung – aber kein Organ – der EU ist, für die in jedem Fall die Regeln des Europarechts über ihre Unabhängigkeit ohne Einschränkung gelten, auch nach dem Vertrag von Lissabon.[31]

Die EZB wird vom EZB-Rat und vom EZB-Direktorium geleitet; ein drittes Beschlussorgan ist der Erweiterte Rat. Das oberste Entscheidungsgremium des Eurosystems ist der EZB-Rat, zu dem der Präsident, der Vizepräsident und die übrigen Direktoriumsmitglieder der EZB sowie die Präsidenten der NZBen der an der EWU teilnehmenden Staaten angehören, Art 283 Abs 1 AEUV. Die NZB-Präsidenten stimmen im EZB-Rat bei geldpolitischen Fragen nicht als Träger nationaler Funktionen, sondern nach persönlichem Wissen und Gewissen ab. Sie werden vielmehr in persönlicher Funktion ernannt und nicht als Vertreter ihres Mitgliedstaats".[32]

Das EZB-Direktorium führt die Geschäfte, Entscheidungen und Geldpolitik der EZB aus, vgl Art 12 12.1 S 3 ESZB-Satzung. Dem EZB-Direktorium gehören sechs Mitglieder an: der Präsident, der Vizepräsident sowie vier weitere Mitglieder.

### *2. ESZB und Eurosystem*

Die EZB und die NZBen der EU-Mitgliedstaaten[33] bilden nach Art 282 Abs 1 AEUV ein einheitliches System: das ESZB, Art 1 ESZB-Satzung, zu dem auch die Zentralbanken derjenigen Länder gehören, die bisher noch nicht die gemeinsame Währung, den Euro, eingeführt haben.[34] Das ESZB wird von den Beschlussorganen der EZB (EZB-Rat und EZB-Direktorium) geleitet. Sofern und solange es Mitgliedstaaten gibt, für die eine Ausnahmeregelung gilt, wird gemäß Art 141 Abs 1 AEUV neben Rat und Direktorium ein drittes Beschlussorgan der EZB – der Erweiterter Rat – gebildet. Die wesentlichste Aufgabe des Erweiterten Rates besteht darin, die währungspolitische Kooperation zwischen den NZBen aller Mitgliedstaaten zu fördern, insbesondere die Bereitstellung von Statistiken und das reibungslose Funktionieren der Zahlungssysteme betreffend, vgl Art 141 Abs 2 AEUV. Das ESZB selbst ist nicht mit eigener Rechtspersönlichkeit ausgestattet, wohl aber seine Bestandteile, die EZB (Art 282 Abs 3 AEUV) und die NZBen, wie die Deutsche Bundesbank, § 2 BBankG.

Die EZB und die NZBen derjenigen Mitgliedstaaten, deren Währung der Euro ist, bilden das Eurosystem und betreiben die Währungspolitik der Union, Art 282 Abs 1 AEUV, Art 1 ESZB-Satzung. Es umfasst das ESZB minus die Nicht-Euro-Mitgliedstaaten. Obwohl das Eurosystem aufgrund der fehlenden Rechtspersönlichkeit

---

„organähnliche Einrichtung eigener Art"; *ders*, WM 2006, 1605, 1613: „Quasi-Organ der EG"; *Beutel* Differenzierte Integration in der Europäischen Wirtschafts- und Währungsunion, 2006, S 39; *Studt* Rechtsfragen einer Europäischen Zentralbank, 1993, S 241 f.

31 Sachs/*Siekmann* GG$^5$, Art 88 Rn 46.

32 *EZB* Monatsbericht, Juli 1999, S 64.

33 EZB/2011/14, Anhang I, S 10.

34 *Weber* Die Kompetenzenverteilung im ESZB, 1995, S 49; *Selmayr* WM 1999, S 2429; *Streinz/Streinz* EUV/EGV$^{2003}$, Art 122 EGV, Rn 16; *Sachs/Siekmann* GG$^5$, Art 88 Rn 42.

keine Kompetenzen innehaben kann, ist es trotzdem Adressat der unionsrechtlichen Aufgabenzuweisung[35], der über eigene Satzung verfügt.

Die EZB bezeichnet diejenigen EU-Mitgliedstaaten und Volkswirtschaften, die den Euro bereits eingeführt haben, als „Euro-Währungsgebiet", nämlich ein Teilgebiet der EU. Soweit es möglich und im Hinblick auf die Gewährleistung operationaler Effizienz sachgerecht erscheint, nimmt die EZB die NZBen für die Durchführung von Operationen, die zu den Aufgaben des Eurosystems gehören, in Anspruch.[36]

### 3. *MFIs*

Zu den monetären Finanzinstituten (MFIs) zählen das Eurosystem (die EZB und die NZBen der Länder, deren Währung der Euro ist), Kreditinstitute und Nicht-Kreditinstitute (vornehmlich Geldmarktfonds), deren wirtschaftliche Tätigkeit darin besteht, Einlagen von anderen Wirtschaftssubjekten als MFIs entgegenzunehmen und Kredite zu gewähren und/oder in Wertpapiere zu investieren.[37] Bei den im Euro-Währungsgebiet ansässigen MFIs handelt es sich zum Großteil um Kreditinstitute (d. h. Geschäftsbanken, Sparkassen, Genossenschaftsbanken, Postbanken, Spezialkreditinstitute usw.), die durch zwei Bankrechtskoordinierungsrichtlinien[38] eindeutig abgegrenzt sind und von allgemein anerkannten EU-weiten aufsichtsrechtlichen Normen geregelt werden.[39]

*Kreditinstitut* ist „ein Institut i.S.v. Art 2 und Art 4 Abs 1 der Richtlinie 2006/48/EG des Europäischen Parlaments und des Rates vom 14. Juni 2006 über die Aufnahme und Ausübung der Tätigkeit der Kreditinstitute, entsprechend deren Umsetzung im nationalen Recht, das der Aufsicht einer zuständigen Behörde unterliegt, oder ein sonstiges Kreditinstitut i.S.v. Art 123 Abs 2 des Vertrags, das der Aufsicht i.R. eines mit der Aufsicht durch eine zuständige nationale Behörde vergleichbaren Standards unterliegt".[40]

35 Vgl *Seidel* EuR 2000, 861, 865; Grabitz/Hilf/Nettesheim/*Palm* Das Recht der Europäischen Union[58. EL], Art 282 AEUV Rn 20 f. zum Kompetenzträger vgl die französische und die englische Fassung des Art 127 Abs 2 AEUV: „Les missions fondamentales *relevant du SEBC* consistent à: [...]"; „The basic tasks *to be carried out through the ESCB* shall be:".

36 EZB/2011/14, Anhang I, S 10.

37 Die Geldpolitik der EZB 2011, S 49.

38 Die Geldpolitik der EZB 2011, S 50, der Begriff „Kreditinstitut" bezieht sich auf ein Institut, das der in den Bankrechtskoordinierungsrichtlinien 77/780/EWG vom 12. Dezember 1977 und 89/646/EWG vom 30. Dezember 1989 enthaltenen Definition entspricht, das heißt auf „ein Unternehmen, dessen Tätigkeit darin besteht, Einlagen oder andere rückzahlbare Gelder des Publikums entgegenzunehmen und Kredite für eigene Rechnung zu gewähren".

39 Die Geldpolitik der EZB 2011, S 49 f.

40 EZB/2011/14, Anlage II, Glossar.

## II. Festlegung und Durchführung der Geldpolitik durch das Eurosystem

### *1. EZB*

Während der EZB-Rat gemäß Art 12.1 Abs 1 ESZB-Satzung über die Ausgestaltung der Geldpolitik der Gemeinschaft und dabei insbesondere die Festlegung der geldpolitischen Ziele, die Erhebung der Leitzinssätze und die Bereitstellung von Zentralbankgeld bestimmt, führen das EZB-Direktorium und die NZBen gemäß Art 12.1 Abs 2 und 3 ESZB-Satzung die Geldpolitik aus. Art 18.1 ESZB-Satzung weist die Durchführung von Offenmarktgeschäften nur undifferenziert dem Tätigkeitsbereich der EZB und den NZBen zu.[41] Die EZB initiiert begriffsnotwendigerweise die HRGs und bestimmt i. R. d. Marktnachfrage alle Parameter der in diesem Zusammenhang erforderlichen Transaktionen. Im Folgenden soll die Rolle der NZBen des Eurosystems hinsichtlich der Abwicklung der HRGs dargelegt werden.

### *2. Die Rolle der NZBen bei Refinanzierungsgeschäften bzw. in der Offenmarktpolitik*

Die NZBen führen die Offenmarktgeschäfte bei der Steuerung des Geldumlaufs zur Sicherung der Preisstabilität im Auftrag des ESZB durch.

#### *a) Keine Mitwirkungsrechte der NZBen bei Entscheidungen des EZB-Direktoriums über die laufenden Geschäfte*

Die laufenden Geschäfte der EZB werden gemäß Art 11.6 ESZB-Satzung allein durch das Direktorium der EZB geführt. Den NZBen stehen dabei keinerlei Mitwirkungsrechte an den Entscheidungen des EZB-Direktoriums über die laufenden Geschäfte zu.[42] Sie können ihren Einfluss und ihre Anliegen nur im EZB-Rat versuchen auszuüben respektive durchzusetzen. Es kann kein gerichtlich durchsetzbarer Anspruch der NZBen auf Zuteilung operativer Aufgaben bzw. Beteiligung an der Geldpolitik gegen die EZB abgeleitet werden, weil nach Art 12.1 ESZB-Satzung die Vorschrift nur „unbeschadet dieses Artikels“ gilt.[43] Die gerichtliche Einklagbarkeit der Zuweisung bestimmter Aufgabenfelder würde zudem auch zu gravierenden Eingriffen in die Ausführung der Geldpolitik führen.[44]

---

41 *Gaitanides* Das Recht der EZB, 2005, S 115.

42 *Gaitanides* Das Recht der EZB, 2005, S 116.

43 *Häde* Die Deutsche Bundesbank in der Währungsunion, in: *Hahn, Hugo J.* Die Europäische Währung, 1999, S 103, S 114; *Stadler* Der rechtliche Handlungsspielraum des ESZB, 1996, S 158; *Gaitanides* Das Recht der EZB, 2005, S 117.

44 *Häde* Die Deutsche Bundesbank in der Währungsunion, in: *Hahn, Hugo J.* Die Europäische Währung, 1999, S 103, 114.

### b) *Die Durchführung geldpolitischer Geschäfte durch die NZBen*

Aus Art 9.2 ESZB-Satzung entscheidet allein die EZB im ESZB darüber, ob die von den Beschlussorganen getroffenen Entscheidungen von der EZB selbst ausgeführt werden, oder ob die Durchführung durch die NZBen erfolgen soll. Die operative Durchführung der Geldpolitik wird von der EZB an die NZBen delegiert. Die NZBen erfüllen nach der einschlägigen Statistik der EZB dabei allerdings in großem Umfang operationelle Aufgaben.[45] Die Umsetzung der vom EZB-Rat für das ESZB festgelegten Geldpolitik erfolgt hingegen grundsätzlich dezentral durch die NZBen, wobei es der jeweiligen NZB freisteht, welche Geschäftsform sie für die Durchführung befristeter Transaktionen verwendet.[46]

Nach Art 12.1 ESZB-Satzung kann die EZB die NZBen zur Durchführung geldpolitischer Aufgaben in Anspruch nehmen, soweit dieses „möglich und sachgerecht erscheint". Daher werden sowohl die HRGs als auch die längerfristigen Refinanzierungsgeschäfte in der Praxis regelmäßig von den NZBen durchgeführt.[47] Bei dieser Tätigkeit zur Erfüllung der HRGs unterliegen die NZBen allerdings den Leitlinien und Weisungen der EZB, Art 12.1 S 2 ESZB-Satzung.

Fraglich ist, ob es sich bei der Ausführung dieser Geschäfte um Ausübung von Gemeinschaftsgewalt durch die NZBen im eigenen Namen, also in Eigenverantwortlichkeit und auf Rechnung des Eurosystems, nämlich auf Rechnung aller NZBen und EZB, handelt[48], oder ob sie diesbezüglich lediglich im Namen und im Auftrag der EZB tätig werden.

Da es an den Voraussetzungen für das Vorliegen sowohl einer Organleihe[49] als auch der Delegation[50] fehlt[51], stellt die Inanspruchnahme der NZBen eine Pflichtübertragung dar, die dem in Art 12.1 ESZB-Satzung vorgeschriebenen Prinzip von Dezentralisierung entspricht.[52] Da es für den indirekten Vollzug kennzeichnend ist, dass die mitgliedstaatlichen nationalen Einrichtungen den mitgliedstaatlichen Rechtsordnungen unterliegen und das Gemeinschaftsrecht eigenverantwortlich durchführen, liegt in der Ausführung der geldpolitischen Geschäfte ein sogenannter

---

45 *Gaitanides* Das Recht der EZB, 2005, S 117; *Görgens/Rückriegel/Seitz* Europäische Geldpolitik[6], S 98.

46 Staudinger/*Mülbert* BGB[2011], § 488 Rn 771; *Potacs* Die Wirtschafts- und Währungsunion, in: *Schwarze* Vom Binnenmarkt zur Europäischen Union, 1993, S 71, 80; *Gaitanides* Das Recht der EZB, 2005, S 116.

47 EZB/2011/14, Anhang I, S 9.

48 *Weber* Die Kompetenzenverteilung im ESZB, 1995, S 207.

49 Vgl BVerfGE 63, 31.

50 *Schloh* Institutioneller Aufbau der EG, in: *Dauses* (Hrsg), Handbuch des EG-Wirtschaftsrechts, 1999, Bd 1, A II, Rn 144; *Glaesner* EuR 1986, S 146; *Schindler* Delegation und Zuständigkeiten in der Europäischen Gemeinschaft, 1972, S 100; Zur Delegation siehe *Kümpel* Bank- und Kapitalmarktrecht[3], Rn 20.218.

51 Vgl *Tschekuschina* Rechtliche Aspekte der geldpolitischen Instrumente des ESZB, 2007, S 72.

52 *Baur* Die Haftung der EZB, 2001, S 91 f.

*Indirekter Gemeinschaftlicher Vollzug* vor, nach dem eine eigenverantwortliche Ausführung der geldpolitischen Geschäfte durch die NZBen anzunehmen ist.[53] Soweit die NZBen in Erfüllung der Aufgaben des Eurosystems (privatrechtliche) Geschäfte mit Kreditinstituten tätigen, wird hieraus im Außenverhältnis zu den Kreditinstituten ausschließlich die jeweilige NZB berechtigt und verpflichtet.[54]

Gemäß Art 32.1 ESZB-Satzung werden die monetären Einkünfte der NZBen aus der Ausführung der währungspolitischen Aufgaben allerdings einheitlich nach Art 32 ff. ESZB verteilt. Hierbei wird deutlich, dass die NZBen diese Geschäfte nicht auf eigene Rechnung, sondern vielmehr auf Rechnung aller NZBen ausführen, da sie als Anteilseigner sowohl Gewinnempfänger als auch Verlustträger der Einkünfte aus den Geschäften des ESZB sind.[55]

Im Rahmen der Durchführung von geldpolitischen Geschäften kommt den NZBen somit eine kommissionärähnliche Stellung zu.[56]

#### *c) Zusammenfassung*

Die wesentlichen Entscheidungen über die Offenmarktpolitik werden vom EZB-Rat getroffen und vom EZB-Direktorium ausgeführt. Das EZB-Direktorium nimmt die NZBen dabei zur Durchführung der Offenmarktgeschäfte in Anspruch. Das EZB-Direktorium koordiniert die dezentral auf die NZBen übertragenen operativen Aufgaben insbesondere i. R. d. Durchführung von Offenmarktoperationen.[57] Die NZBen führen die geldpolitischen Geschäfte im eigenen Namen auf Rechnung des Eurosystems durch und sind Zuordnungsobjekte für Rechte und Pflichten aus den Ausführungsgeschäften.

## III. Geschäftspartner

Diejenigen Geschäftspartner, welche die in Abschnitt 2.1 der Leitlinie EZB/2011/14 festgelegten allgemeinen Zulassungskriterien, welche die Teilnahme eines großen Kreises von Geschäftspartnern gewährleisten[58], erfüllen, können an Standardtendern[59] teilnehmen.[60] Alle mindestreservepflichtigen Kreditinstitute gemäß Art 19.1

53 *Stettner* Gemeinschaftsrecht und nationales Recht, in: *Dauses* (Hrsg.), Handbuch des EG-Wirtschaftsrechts, 1999, B. III, Rn 30; *Kümpel* Bank- und Kapitalmarktrecht[3], Rn 20. 218.

54 *Kümpel* Bank- und Kapitalmarktrecht[3], Rn 20.218.

55 *Stadler* Der rechtliche Handlungsspielraum des ESZB, 1996, S 222; *Weber* Die Kompetenzenverteilung im ESZB, 1995, S 208; **aA** siehe *Hoppe* Der Rechtsschutz gegen Akte der Währungspolitik, 1994, S 183.

56 *Weber* Die Kompetenzenverteilung im ESZB, 1995, S 209; vgl Baumbach/Hopt/*Hopt* HGB[37], § 383 Rn 1 ff.

57 *Goetze* Die Tätigkeit der nationalen Zentralbanken, 1999, S 106.

58 EZB/2011/14, Anhang I, S 12.

59 Zum Standardtender siehe § 2 D. I.

60 EZB/2011/14, Anhang I, S 21.

der ESZB-Satzung, die den Status eines Geschäftspartners besitzen und wirtschaftlich gesund sind[61], dürfen grundsätzlich an Offenmarktgeschäften über Standardtender teilnehmen.[62] Um allerdings tatsächlichen Zugang zu den geldpolitischen Operationen zu haben, müssen mindestreservepflichtigen Kreditinstitute darüber hinaus in der Regel allerdings weitere operationale Kriterien, die die einzelnen NZBen bzw. die EZB einfordern, um eine effiziente Durchführung der geldpolitischen Geschäfte des Eurosystems zu gewährleisten, erfüllen.[63] Die Kreditinstitute als die Geschäftspartner der Zentralbanken bei deren geldpolitischen Geschäften spielen jedoch bei der Übertragung geldpolitischer Impulse auf die Volkswirtschaft eine entscheidende Rolle, da sie sowohl privaten Haushalten als auch Unternehmen Kredite gewähren, und zwar vor allem auf der Grundlage von Krediten der Zentralbank.[64]

## B. Zentralbankgeldbedarf der Kreditinstitute (Liquiditätsbedarf der Kreditinstitute)

Für die Kreditinstitute besteht eine durch die Zentralbank bedingte Zwangsnachfrage nach Zentralbankgeld, nämlich nach Banknoten und Zentralbankguthaben. Diese Zwangsnachfrage wird als Zentralbankgeldbedarf bzw. Liquiditätsbedarf der Kreditinstitute bezeichnet.

Die Geschäftsbankengeldschöpfung der Kreditinstitute bei Transaktionen mit privaten Wirtschaftssubjekten – z. B. Transaktionen des Kreditgeschäfts mit Kunden der Kreditinstitute – bringt Zentralbankgeldbedarf seitens der Kreditinstitute mit sich, da gemäß Art 19 ESZB-Satzung und EZB-Verordnung über Mindestreserven[65] Sicht-, Termin- oder Sparverbindlichkeiten mindestreservepflichtig sind. Mit dem Banknotenbedarf der Kreditinstitute, z. B. aufgrund der Barabhebungsgarantie aus § 3 KWG, geht ein zusätzlicher Zentralbankgeldbedarf seitens der Geschäftsbanken einher.

Die Kreditinstitute weisen infolgedessen aufgrund des Banknotenbedarfs und insbesondere der Mindestreservepflicht ein Liquiditätsdefizit auf, d. h. der Sektor der Geschäftsbanken als Ganzes benötigt ständig neues Zentralbankgeld, um Bargeldauszahlungen tätigen zu können, um an dem bargeldlosen Zahlungsverkehr teilzunehmen oder um von Ausländern Devisen ankaufen zu können; die Kreditinstitute sind deswegen auf die kontinuierliche Refinanzierung durch das Eurosystem angewiesen.[66] Diese Refinanzierung erhält ein Kreditinstitut vom Eurosystem nicht einmalig oder etwa in fortlaufenden Tranchen ausgezahlt, sondern sie wird dem

61 EZB/2011/14, Anhang I, S 11; *Görgens/Ruckriegel/Seitz* Europäische Geldpolitik[6], S 210.
62 EZB/2011/14, Anhang I, S 12.
63 *Görgens/Ruckriegel/Seitz* Europäische Geldpolitik[4], S 200.
64 Die Geldpolitik der EZB 2011, S 50.
65 EZB/2003/9, verändert durch EZB/2008/10 und EZB/2011/26.
66 Vgl auch *Stiglitz/Walsh* Economics, 2002, S 530; *Görgens/Ruckriegel/Seitz* Europäische Geldpolitik[6], S 204; *Junius/Kater/Meier/Müller* Handbuch EZB, 2002, S 95.

jeweiligen Kreditinstitut auf der Basis revolvierender Kredite i. R. d. HRGs (etwa 75 %) und der längerfristigen Refinanzierungsgeschäfte (etwa 25 %) zur Verfügung gestellt[67], die den Großteil der Liquidität in den Vertragsverhältnissen mit Geschäftspartnern des Eurosystems bereitstellen[68].

Über die Geschäfte mit dem Eurosystem gegen die Hinterlegung von Aktiva erhalten die Kreditinstitute vorübergehend Zentralbankgiralgeld, welches die Grundlage für ihre Geschäfte mit den Nichtbanken bildet. Über die Transaktionen mit den Nichtbanken sind die Kreditinstitute wiederum in der Lage, neue Aktiva für weitere Refinanzierungsgeschäfte mit der Zentralbank zu erwerben sowie die für die Zinszahlungen an die Zentralbank erforderlichen Erträge zu erwirtschaften.[69]

Mit seiner Monopolstellung als Liquiditätsanbieter stellt das Eurosystem also, vereinfacht ausgedrückt, hierzu einen bestimmten Betrag an Liquidität in Form von Refinanzierungsmitteln und Fazilitäten zur Verfügung, der es den Kreditinstituten des Eurogebiets ermöglicht, ihren Liquiditätsbedarf zu decken; dies geschieht zu einem Preis, der mit den vom Eurosystem signalisierten geldpolitischen Zielstellungen, die sich in ihrer primärsten Form in den festgesetzten Leitzinsen widerspiegeln, im Einklang steht.[70] Das Eurosystem kann somit also die Zinssätze als Liquiditätsverfügbarkeitsbedingungen am EU-Geldmarkt steuern und geldpolitische Impulse im gesamten Euro-Währungsgebiet setzen.[71]

## C. Zentralbankgiralgeldschöpfende Refinanzierungskredite des Eurosystems an Kreditinstitute

### I. Zentralbankgeldmarkt und Interbankengeldmarkt

#### *1. Zentralbankgiralgeldschöpfung auf dem Regulierungsgeldmarkt durch den Einsatz der geldpolitischen Instrumente des Eurosystems*

Gewöhnlich erhalten die Kreditinstitute das Zentralbankgiralgeld durch Refinanzierungsgeschäfte des Eurosystems, die durch Transaktionen zwischen dem Eurosystem und den Kreditinstituten auf dem Zentralbankgeldmarkt zustande kommen. Dies geschieht regelmäßig durch Offenmarktgeschäfte und die Allokation von Mitteln der Spitzenrefinanzierungsfazilität des ESZB an Kreditinstitute im Euro-Währungsgebiet.

Geldmärkte existieren auf drei Ebenen: Ebene 1) der *Zentralbankgeldmarkt* zwischen der Zentralbank und den Geschäftsbanken, Ebene 2) der *Interbankengeldmarkt* zwischen den Geschäftsbanken und Ebene 3) die umlaufende Geldmenge zwischen

67 *Junius/Kater/Meier/Müller* Handbuch EZB, 2002, S 95.
68 Die Geldpolitik der EZB, 2011, S 122.
69 *Gaitanides* Das Recht der EZB, 2005, S 103.
70 Die Geldpolitik der EZB, 2011, S 102.
71 Die Geldpolitik der EZB, 2011, S 120.

Geschäftsbanken und Privaten.[72] Auf dem Geldmarkt im weiteren Sinne, mit zwei Segmenten zusammengenommen, werden Einlagen bei der Zentralbank (Zentralbankgiralgeld, auch Bankenliquidität genannt) und Einlagen bei Kreditinstituten (Geschäftsbankengiralgeld) als Handlungsobjekte gehandelt.[73] Zentralbankgiralgeld wird auf den Geldmarkt im engeren Sinne gehandelt, der sich wiederum in zwei Teilmärkte aufteilen lassen: den Interbanken- und den Regulierungsgeldmarkt, die für die geldpolitischen Maßnahmen im Eurosystem relevant sind[74].

Zentralbankgiralgeldschöpfende Refinanzierungskredite der Zentralbank werden auf dem Regulierungsgeldmarkt, auch Zentralbankgeldmarkt genannt, getätigt, der das eigentliche Operationsfeld für den geldpolitischen Instrumenteneinsatz des Eurosystems ist.[75] Der Regulierungsgeldmarkt ist als der Markt für Zentralbankgeld Dreh- und Angelpunkt der geldpolitischen Steuerung, auf dem die geldpolitischen Instrumente des Eurosystems zum Einsatz kommen.[76] Das Eurosystem als Monopolanbieter für Zentralbankgeld beeinflusst durch seine Transaktionen mit den Kreditinstituten den Bestand an Zentralbankgeld.[77]

### 2. *Umverteilung des Zentralbankgiralgeldes auf dem Interbankengeldmarkt*

Allerdings nimmt nur ein kleiner Teil der Kreditinstitute im Euro-Währungsgebiet an den zentralbankgeldschöpfenden Geschäften auf dem Zentralbankgeldmarkt teil. Nur 11 % der Kreditinstitute beteiligten sich z. B. im Jahre 2002 direkt an den HRGs der Zentralbank.[78] Im Jahre 2012 und 2013 nahmen nur ca. 4 % der Kreditinstitute, nämlich 95 von den 2.298 Geschäftspartnern im Jahre 2012[79] und 76 von den 1740 im Jahre 2013[80], die zu den Offenmarktgeschäften zugelassen wurden, an den HRGs teil.

Diejenigen mindestreservepflichtigen Kreditinstitute, die nicht direkt mit dem Eurosystem kontrahieren, sind auf Zentralbankgiralgeld anderer Kreditinstitute auf dem Interbankengeldmarkt angewiesen, auf dem Zentralbankguthaben von den Kreditinstituten untereinander ohne transaktionsrelevante Einwirkung durch das Eurosystem gehandelt werden und auf dem sich die zentralbankgeldmarktaktiven

72 *Schaal* Geldtheorie und Geldpolitik in Europa, 1998, S 175 f.
73 Vgl *Görgens/Ruckriegel/Seitz* Europäische Geldpolitik[6], S 236 f.
74 *Gaitanides* Das Recht der EZB, 2005, S 103.
75 *Görgens/Ruckriegel/Seitz* Europäische Geldpolitik[6], S 236 f. vgl auch *Junius/Kater/Meier/Müller* Handbuch EZB, 2002, S 89.
76 *Gaitanides* Das Recht der EZB, 2005, S 103.
77 Vgl *Görgens/Rückriegel* Europäische Geldpolitik[6], S 236 f. *Gaitanides* Das Recht der EZB, 2005, S 103.
78 *EZB* Jahresbericht 2002, S 76; *Gaitanides* Das Recht der EZB, 2005, S 103.
79 *EZB* Jahresbericht 2012, S 87.
80 *EZB* Jahresbericht 2013, S 93.

Kreditinstitute Überschussreserven[81] von dem Eurosystem beschaffen und weiterverleihen.[82] Im Berichtsjahr 2013 betrug der Monatsdurchschnitt der Überschussreserven (d. h. Giroguthaben der Banken beim Eurosystem, die über das Mindestreserve-Soll hinausgehen) z. B. 216,5 Mrd. €.[83]

Die nicht-zentralbankgeldmarktaktiven Kreditinstitute beschaffen sich somit also über den Interbankengeldmarkt Zentralbankgiralgeld durch Kreditgeschäfte mit den anderen Kreditinstituten, und zwar entweder besichert auf der Basis des Tausches gegen Aktiva (Wertpapiere) oder unbesichert auf Basis von bilateralen Kreditlinien.[84]

Während Transaktionen zwischen dem Eurosystem – dem Monopolanbieter für Zentralbankgeld – und den Kreditinstituten zu einer Veränderung des Bestandes an Zentralbankgeld führen, kommt es am Interbankenmarkt nur zu einer Umverteilung des gesamtwirtschaftlich gegebenen Bestandes an Zentralbankguthaben zwischen den einzelnen Kreditinstituten.[85] Die Transaktionen auf dem Interbankengeldmarkt beeinflussen somit weder die Bilanzsumme des Zentralbankgiralgeldes, noch die Struktur der Zentralbankbilanz. Sowohl der Regulierungsgeldmarkt als auch der Interbankengeldmarkt erfüllen aus Sicht eines einzelnen Kreditinstitutes darüber hinaus einerseits die Funktion eines einzelwirtschaftlichen Liquiditätsausgleichs und andererseits diejenige der Absicherung seiner geschäftlichen Aktivitäten und Mindestreservedispositionen gegen das Risiko kurzfristiger Liquiditätsschwankungen.[86]

## II. Offenmarktgeschäfte und Spitzenrefinanzierungsfazilität als Geldpolitische Instrumente des EZB

Bei der Ausführung der Geldpolitik festlegenden geldpolitischen Beschlüsse bedient sich die EZB zweier Arten von geldpolitischen instrumentalen Geschäften: dies sind zum einen Offenmarktgeschäfte und zum anderen ständige Fazilitäten, wobei die weitaus größte Bedeutung den Offenmarktgeschäften zukommt[87], vgl die tabellarische Darstellung der geldpolitischen Instrumente im Zusammenhang mit der Bilanz des ESZB (Zentralbankbilanz) in der Tabelle 1.

---

81 Die Differenz zwischen den Guthaben der Kreditinstitute auf Girokonten beim Eurosystem und dem Mindestreserve-Soll ergibt die Überschussreserven, Die Geldpolitik der EZB, 2011, S 123.

82 *Gaitanides* Das Recht der EZB, 2005, S 103; *Görgens/Ruckriegel/Seitz* Europäische Geldpolitik[2], S 207.

83 *EZB* Jahresbericht 2013, S 93.

84 Vgl *Gaitanides* Das Recht der EZB, 2005, S 103.

85 *Görgens/Ruckriegel/Seitz* Europäische Geldpolitik[6], S 236 f.

86 *Görgens/Ruckriegel/Seitz* Europäische Geldpolitik[6], S 243.

87 Die Geldpolitik der EZB, 2011, S 104.

*Tabelle 1: Geldpolitische Instrumente im Zusammenhang mit der Zentralbankbilanz*[88]

| Bilanz des ESZB (Zentralbankbilanz) | | | |
|---|---|---|---|
| **Geldpolitische Instrumente** | **Aktiva** (Entstehung von Zentralbankgeld) | **Passiva** (Verwendung von Zentralbankgeld) | **Geldpolitische Instrumente** |
| Devisenswapgeschäfte | 1. Gold und Währungsreserven (netto) | 1. Banknotenumlauf | |
| Refinanzierungsgeschäfte | 2. Kredite an Kreditinstitute | 2. Einlagen von Kreditinstituten (Bankenreserven, einschließlich Mindestreserve und Überschussreserve) | |
| | a. Übernacht-Kredite | a. Übernacht-Einlagen | Standing Facilities |
| | | **b. Giroeinlagen** (Bankreserven) | Mindestreservepolitik |
| | | c. Termineinlagen | Einlagenpolitik |
| Offenmarktgeschäfte | b. 14 Tage Laufzeit<br>c. 3 Monate Laufzeit | | |
| Offenmarktpolitik outright | 3. Wertpapiere im Bestand | 3. Eigene Emissionen (Liquiditätspapiere) | |
| | 4. Sonstige Aktiva | 4. Sonstige Passiva | |

## *1. Rechtliche Grundlage der Offenmarktgeschäfte*

Die rechtlichen Ermächtigungen des Eurosystems für die Kreierung und Verwendung der zum Einsatz kommenden geldpolitischen Instrumente und Verfahren finden sich in den Art 18 bis 20 i.V.m. Art 2 und Art 12 ESZB-Satzung, welche die

88 Vgl *Duwendag u.a.* Geldtheorie und Geldpolitik, 1999, S 336.

rechtlichen Rahmen für geldpolitische Operationen bilden, deren Ausgestaltung und Durchführung dem Eurosystem mit der EZB als Beschlussorgan obliegt.[89] Nach Art 2 ESZB-Satzung hat das ESZB, also auch die EZB bzw. das Eurosystem, im Einklang mit dem Grundsatz einer offenen Marktwirtschaft mit freiem Wettbewerb zu handeln. Als geldpolitische Befugnisse des ESZB sieht Art 18 ESZB-Satzung lediglich den Abschluss von Offenmarkt- und Kreditgeschäften und Art 19 ESZB-Satzung die Festsetzung der Mindestreserven vor. Nach Art 18.1, 1. Spiegelstrich ESZB-Satzung ist das Eurosystem befugt, auf den Finanzmärkten tätig zu werden, indem es Forderungen und börsengängige Wertpapiere kaufen und verkaufen kann. Die Modalitäten dieser Geschäfte werden in Art 18.1 und 18.2 ESZB-Satzung beschrieben. Die Form der Ausführung ist dabei sowohl hinsichtlich der Geschäftsart (Pensions- oder Darlehensgeschäfte, definitive Käufe bzw. Verkäufe usw.) als auch hinsichtlich der für die Geschäfte zu verwendenden Vermögenswerte (Forderungen, Wertpapiere, Edelmetalle) durch die Regelung des Art 18.1 ESZB-Satzung nicht beschränkt.[90]

## 2. *Definition des Offenmarktgeschäfts*

Bei den Offenmarktgeschäften als geldpolitischen Operationen geht die Initiative grundsätzlich von der EZB aus, die auch i.R.d. Marktnachfrage alle Parameter der Transaktionen bestimmt, in dem sie nämlich sowohl über das einzusetzende Instrument als auch über die Bedingungen für die Durchführung der Geschäfte entscheidet[91]. Wenn dem entgegen ein Kreditinstitut bei dem Einsatz der Instrumente die Initiative in der Hand hat, handelt es sich regelmäßig um eine Ständige Fazilität. Während ursprünglich unter Offenmarktgeschäften der Kauf und Verkauf von Wertpapieren am offenen Markt verstanden wurde[92], verwendet das Eurosystem den Begriff Offenmarktgeschäfte enumerativ.[93] Dementsprechend sind gemäß Art 18 Art 1, 1. Spiegelstrich ESZB-Satzung unter Offenmarktgeschäften alle Geschäfte zu verstehen, die die Zentralbank als solche bezeichnet, ohne dass es sich dabei um Käufe bzw. Verkäufe handeln muss, die tatsächlich über die Geld- und Kapitalmärkte abgewickelt werden.[94]

---

89 *Jarchow* Theorie und Politik des Geldes, 2003, S 463; *Gaitanides* Das Recht der EZB, 2005, S 110.

90 *Stadler* Der rechtliche Handlungsspielraum des ESZB, 1996, S 197; *Tschekuschina* Rechtliche Aspekte der geldpolitischen Instrumente des ESZB, 2007, S 33.

91 EZB/2011/14, Anhang I, S 10; *Borchert* Geld und Kredit, 2003, S 265; *Görgens/Ruckriegel/Seitz* Europäische Geldpolitik[6], S 221; *Gaitanides* Das Recht der EZB, 2005, S 111; *Junius/Kater/Meier/Müller* Handbuch EZB, 2002, S 99.

92 Deutsche Bundesbank, Die Geldpolitik der Bundesbank, Okt. 1995, S 100, S 110; vgl *Stadler* Der rechtliche Handlungsspielraum des ESZB, 1996, S 200 ff.

93 Siehe EZB/2011/14 Anhang I, S 9; *Görgens/Rückriegel/Seitz* Europäische Geldpolitik[6], S 221.

94 *Görgens/Ruckriegel/Seitz* Europäische Geldpolitik[6], S 219 f, die Federal Reserve Bank gebraucht hingegen den Begriff Offenmarktgeschäfte noch in der herkömmlichen Weise, d.h. damit sind nur Käufe und Verkaufe von Wertpapieren gemeint, wobei

Die Offenmarktgeschäfte als geldpolitische Instrumente dienen nach Art 18 ESZB-Satzung der Steuerung der Leitzinssätze, der Zentralbankgeldversorgung und dadurch auch der Bankenliquiditätsversorgung; sie geben darüber hinaus Signale bezüglich des geldpolitischen Kurses und erfolgen auf Initiative des Eurosystems am Zentralbankgeldmarkt.[95] Zu den Offenmarktgeschäften als geldpolitischen Operationen des Eurosystem gehören vier Kategorien von Geschäften im Hinblick auf ihre Zielsetzung, den Rhythmus und die Verfahren, nämlich *HRGs*, *LRGs*, *Feinsteuerungsoperationen* und *strukturelle Operationen*, vgl Tabelle 2. Die fünf Arten von Instrumenten des Eurosystems zur Durchführung von Offenmarktgeschäften sind *befristete Transaktionen*, *endgültige Käufe bzw. Verkäufe*, die *Emission von EZB-Schuldverschreibungen*, *Devisenswapgeschäfte* und die *Hereinnahme von Termineinlagen*; dabei sind als wichtigstes Instrument die befristeten Transaktionen (in Form von Pensionsgeschäften oder besicherten Krediten) zu benennen.[96] Verfahrenstechnisch können Offenmarktgeschäfte in Form von *Standardtendern*, *Schnelltendern* oder *bilateralen Geschäften* durchgeführt werden.[97]

diese auch in der Form von Repo-Geschäften erfolgen können; *Gaitanides* Das Recht der EZB, 2005, S 111.

95 EZB/2011/14, Anhang I, S 10; *Jarchow* Theorie und Politik des Geldes, 2003, S 463.

96 EZB/2011/14, Anhang I, S 10.

97 EZB/2011/14, Anhang I, S 10.

*Tabelle 2: Geldpolitische Operationen des Eurosystems*

| Geldpolitische Geschäfte | Transaktionsart | | Laufzeit | Rhythmus | Verfahren |
|---|---|---|---|---|---|
| | Liquiditätsbereitstellung | Liquiditätsabschöpfung | | | |
| **Offenmarktgeschäfte (Auf Initiative der EZB)** | | | | | |
| **HRGs → liquiditätszuführend** | **Befristete Transaktionen**<br><br>**- Pensionsgeschäfte**<br>**- Besicherte Kredit** | -- | **Eine Woche** | Wöchentlich | Standardtender |
| Längerfristige Refinanzierungsgeschäfte | Befristete Transaktionen | -- | Drei Monate | Monatlich | Standardtender |
| Feinsteuerungsoperationen | Befristete Transaktionen | - Befristete Transaktionen<br>- Hereinnahme v Termineinlagen<br>- Devisenswaps. | Nicht standardisiert | Unregelmäßig | Schnelltender<br>Bilaterale Geschäfte |
| Strukturelle Oprationen | Befristete Transaktionen | - Emission v EZB-Schuldverschreibungen | Standadisiert/<br>Nicht Standardisiert | Regelmäßig u unregelmäßig | Standardtender |
| | Endgültige Käufe | - Endgültige Verkäufe | -- | Unregelmäßig | Bilaterale Geschäfte |
| Ständige Fazilitäten | | | | | |
| spitzenrefinanzierungs-fazilität | Befristete Transaktionen | -- | Über Nacht | Inanspruchnahme auf Initiative der Geschäftspartner | |
| Einlagefazilität | - | Einlageannahme | Über Nacht | Inanspruchnahme auf Initiative der Geschäftspartner | |

Quelle: Leitlinie der Europäischen Zentralbank vom 20.09.2011 über geldpolitische Instrumente und Verfahren des Eurosystems (EZB/2011/14) (2011/817/EU), Anhang I Durchführung der Geldpolitik im Euro-Währungsgebiet – Allgemeine Regelungen für die geldpolitischen Instrumente und Verfahren des Eurosystems, gültig ab 01.01.2012, S 11, Tabelle 1.

## III. HRGs i.R.v. Offenmarktgeschäften

HRGs sind die wichtigsten Offenmarktgeschäfte und das zentrale geldpolitische Instrument des Eurosystems, über die das Eurosystem seinen Geschäftspartnern den größten Teil des Refinanzierungsvolumens (Zentralbankgiralgeld) auf dem Kreditwege zur Verfügung stellt, um seine Aufgabe der Bankenliquiditätsversorgung zu erfüllen[98], m.a.W. der größte Teil des Zentralbankgiralgeldes wird über HRGs geschöpft. Der Anteil der HRGs an der gesamten Refinanzierung lag 2006 bei gut 70 %.[99]

Den HRGs kommt bei der Steuerung der Zinssätze und der Liquidität am Markt sowie der Signalisierung des geldpolitischen Kurses über den vom EZB-Rat festgesetzten Hauptrefinanzierungssatz eine Schlüsselrolle zu.[100] Die Kreditgeschäfte erfolgen gemäß Art 18. 1 ESZB-Satzung stets gegen ausreichende notenbankfähige Sicherheiten, um das Eurosystem vor finanziellen Risiken zu schützen. Die HRGs werden ausschließlich zum Zwecke der Liquiditätszuführung verwendet, obwohl sie theoretisch auch zum Zwecke des Liquiditätsentzugs eingesetzt werden könnten.[101] Die Nationalzentralbanken können als befristete Transaktion gestaltete HRGs entweder als Pensionsgeschäfte oder als besicherte Kredite durchführen.

## *1. Begriff und operationale Merkmale der HRGs*

Die Gestaltung und Ausführung der HRGs ist im Gegensatz zu den Grundsatzbestimmungen der Refinanzierungspolitik in der ESZB-Satzung nicht näher geregelt. Das Eurosystem ist nach den Bestimmungen des EG-Vertrages und der ESZB-Satzung lediglich dazu verpflichtet, marktkonform zu handeln, weil die Konzeption der währungspolitischen Instrumente fordert, dass das Eurosystem seine Refinanzierungspolitik wie ein Marktteilnehmer mit Mitteln des Marktes auszuführen hat, indem es mit seinen Geschäftspartner Kreditgeschäfte abschließt.[102] Durch ihre Leitlinien hat die EZB die operationalen Merkmale der HRGs jedoch wie folgend festgelegt:[103]

- Es handelt sich um liquiditätszuführende, befristete Transaktionen;
- sie werden regelmäßig jede Woche durchgeführt;
- sie haben in der Regel eine Laufzeit von einer Woche;
- sie werden dezentral von den NZBen durchgeführt;
- sie werden über Standardtender durchgeführt;
- alle Geschäftspartner, die die allgemeinen Zulassungskriterien erfüllen, können Gebote für die HRGs abgeben, und
- sowohl *marktfähige* als auch *nicht-marktfähige Sicherheiten* sind zur Unterlegung der HRGs zugelassen.

---

98 Die Geldpolitik der EZB, 2011, S 104.

99 Anteil an A.2, siehe Tabelle 7; *Görgens/Ruckriegel/Seitz* Europäische Geldpolitik[6], S 219 f.

100 Die Geldpolitik der EZB, 2011, S 113; *Görgens/Ruckriegel/Seitz* Europäische Geldpolitik[6], S 219 f.

101 *Junius/Kater/Meier/Müller* Handbuch EZB, 2002, S 104; vgl Die Geldpolitik der EZB, 2011, S 113.

102 *Tschekuschina* Rechtliche Aspekte der geldpolitischen Instrumente des ESZB, 2007, S 33; *Hahn* Rechtsfragen der Diskontsatzfestsetzung, 1966, S 19.

103 EZB/2011/14, Anhang I, S 15.

Zusammenfassend betrachtet stellen die HRGs eine wesentliche Kategorie der Offenmarktgeschäfte dar, unter deren Einsatz regelmäßig stattfindende, liquiditätszuführende und befristete Transaktionen effektuiert werden, welche von den NZBen i.R. von Standardtendern in wöchentlichem Abstand und mit einer Laufzeit von in der Regel einer Woche durchgeführt werden.[104]

### 2. *HRGs als befristete Offenmarktgeschäfte in Form von Pensionsgeschäften oder Pfandkrediten*

Die HRGs werden entweder als Pensionsgeschäfte oder Pfandkredite und in beiden Fällen ausnahmslos als befristete Transaktionen durchgeführt.[105] Die Geschäftspartner des Eurosystems bekommen das Zentralbankgiralgeld grundsätzlich nicht endgültig von der Zentralbank zugeteilt, sondern nur auf befristete Zeit durch befristete Transaktionen, woraus folgt, dass die Geschäftspartner nach Ablauf eines bestimmten Kreditgeschäftes jeweils eine Anschlussrefinanzierung benötigen, d.h. das Zentralbankgiralgeld strömt regelmäßig zur Zentralbank zurück.[106] Hauptzweck dieser Gestaltung des Systems der befristeten Transaktionen ist das Erzielen und die dauerhafte Gewährleistung voller und ausschließlicher Ausübung von Kontrolle durch das Eurosystem über die Liquiditätsversorgung der Banken mit Zentralbankgiralgeld.

#### *a) Begriff der befristeten Transaktionen*

Als befristete Transaktionen, welche bei allen vier Kategorien der Offenmarktgeschäfte zum Einsatz kommen, werden Geschäfte bezeichnet, bei denen das Eurosystem notenbankfähige Sicherheiten i.R. von Rückkaufvereinbarungen (Pensionsgeschäft, auch Repo-Geschäfte genannt) kauft oder verkauft oder Kreditgeschäfte mit Unterlegung notenbankfähiger Sicherheiten (Pfandkredite[107]) durchführt.[108] Befristete Transaktionen sind das wichtigste Offenmarktinstrument und stellen folgerichtig also temporäre Offenmarktgeschäfte dar, bei denen Zentralbankliquidität nur für einen begrenzten, im Voraus festgelegten Zeitraum zur Verfügung gestellt wird.[109] Für ihre geldpolitischen Zwecke unterscheidet die EZB nicht danach, in welcher rechtlichen Form diese Geschäfte durchgeführt werden – d.h., ob als so genannte Repo-Geschäfte[110] oder als besicherte Pfandkredite – da die Unterschiede aus

---

104 EZB/2011/14, Anhang I, S 10; Die Geldpolitik der EZB 2011, S 151.
105 *Görgens/Ruckregel/Seitz* Europäische Geldpolitik[6], S 221 f.
106 *Junius/Kater/Meier/Müller* Handbuch EZB, 2002, S 100.
107 Vgl *Görgens/Ruckregel/Seitz* Europäische Geldpolitik[6], S 221 f.
108 EZB/2011/14, Anhang I, S 15.
109 *Resinek* Die geldpolitischen Instrumente der EZB, 2002, S 14.
110 Begrifflichkeit vgl EZB/2011/14, Anhang II, Glossar, S 74 – dort werden Pensionsgeschäfte, auch als „Repo-Geschäfte“ bzw. „Repo operation“ bezeichnet.

ökonomischer Sicht sehr klein sind.[111] Eine wesentliche Rahmenbedingung für die Auswahlentscheidung der jeweiligen NZBen hinsichtlich der Fragestellung, welche Alternative der HRGs zur Verwendung kommen soll, stellt denknotwendigerweise das jeweilige nationale Rechtssystem mit seiner konkreten rechtlichen Ausgestaltung dar. So kennen z. B. nicht alle Mitgliedsländer der Europäischen Währungsunion des Rechtsinstituts der Verpfändung.[112] Als Offenmarktgeschäfte betreibt gemäß AGB-Bbk Abschnitt V, Nr 2, Abs 1, S 2 HS 1 die Deutsche Bundesbank befristete Kreditgeschäfte gegen Stellung von Sicherheiten (Offenmarktkredite).

Allerdings stellen die beiden Varianten der HRGs unterschiedliche Rechtsverhältnisse dar, weswegen die rechtliche Qualifikation der jeweiligen Verträge zwischen dem Eurosystem und seinen Geschäftspartnern notwendig ist, um die Rechtsnatur des Zentralbankgiralgeldes zu erhellen.

### *b) Pensionsgeschäfte*

Die Rechtsgrundlage für den Abschluss der Pensionsgeschäfte durch das Eurosystem ist in Art 18.1 S 1 ESZB-Satzung enthalten. Definiert wird das Pensionsgeschäft in der Leitlinie der EZB über die Allgemeinen Regelungen für die geldpolitischen Instrumente und Verfahren des Eurosystems. Demgemäß sind Pensionsgeschäfte (repo operations, auch Repo-Geschäfte genannt[113]) liquiditätszuführende befristete Transaktionen auf der Grundlage einer Rückkaufvereinbarung. Die EZB bezeichnet Pensionsgeschäfte auch als Repo-Geschäfte, um damit die in den jeweiligen nationalen Rechtsordnungen enthaltenen definitorischen Unterschiede zu unterschiedlichen Begriffen zu kompatibilisieren.[114]

Eine Rückkaufvereinbarung (repurchase agreement) ist eine Vereinbarung, gemäß der ein Vermögensgegenstand verkauft wird und die den Verkäufer gleichzeitig dazu berechtigt und verpflichtet, diesen Vermögensgegenstand zu einem bestimmten Preis an einem künftigen Zeitpunkt – nämlich am Rückkauftag (repurchase date), dem Datum, an dem der Käufer verpflichtet ist, dem Verkäufer Vermögenswerte gemäß Rückkaufvereinbarung zurückzuverkaufen – oder alternativ auf Anforderung zurückzukaufen.[115] Das Eurosystem nutzt also bei seinen befristeten Transaktionen Rückkaufvereinbarungen mit fester Fälligkeit.

Von den Pensionsgeschäften des Eurosystems sind die *liquiditätsabschöpfenden Wertpapierpensionsgeschäfte* gemäß AGB-Bbk Abschnitt V. Nr 2, Abs 1, S 2, HS 2, Nr 21 abzugrenzen. Bei dieser Art von Wertpapierpensionsgeschäften, die allerdings

---

111 *Junius/Kater/Meier/Müller* Handbuch EZB, 2002, S 101.

112 *Görgens/Ruckriegel/Seitz* Europäische Geldpolitik[6], S 221 f. *Junius/Kater/Meier/Müller* Handbuch EZB, 2002, S 101.

113 EZB/2011/14, Anhang II, Glossar S 74.

114 *Gillor* Der Rahmenvertrag für Finanzgeschäfte der Europäischen Bankenvereinigung, 2006, S 35 f. *Tschekuschina* Rechtliche Aspekte der geldpolitischen Instrumente des ESZB, 2007, S 73.

115 EZB/2011/14, Anhang I, S 15, Anhang II, Glossar, S 75.

von der Bundesbank in der Praxis nicht eingesetzt werden, handelt es sich lediglich um den Verkauf von Wertpapieren.[116] Die Bundesbank kann nämlich zum Zwecke der Liquiditätsabschöpfung i. R. d. Feinsteuerungsoperationen zugelassene notenbankfähige Wertpapiere in Form bilateraler Geschäfte aus ihrem eigenen Bestand unter der Voraussetzung verkaufen, dass der Geschäftspartner Wertpapiere gleicher Kennnummer zum vereinbarten Datum an die Bundesbank zurück verkauft, vgl AGB-Bbk aF Abschnitt V. Nr 21.

#### *c) Besicherte Kredite – Pfandkredite*

Aus Art 18.1 S 2 ESZB-Satzung ergibt sich die allgemeine Ermächtigung des Eurosystem zur Tätigung von befristeten Kreditgeschäften i. R. d. Einsatzes des geldpolitischen Instrumentariums. Das Eurosystem kann demnach durch notenbankfähige Sicherheiten besicherte Kreditgeschäfte mit seinen Geschäftspartnern abschließen. Die besicherten Kreditgeschäfte, gemäß AGB-Bbk Abschnitt V. Nr 2, Abs 1, S 2, HS 1 auch Offenmarktkredite genannt, werden auch von der Bundesbank i. R. d. HRGs zwecks Liquiditätsbereitstellung vorgenommen; dabei handelt es sich meist um im Standardtenderverfahren vergebene so genannte besicherte HRGs mit in der Regel einwöchiger Laufzeit und längerfristige Refinanzierungsgeschäfte mit in der Regel dreimonatiger Laufzeit, AGB-Bbk Abschnitt V. Nr 16.

Die Zentralbank als Gläubiger erhält beim Pfandkredit ein durchsetzbares Sicherungsrecht an den hinterlegten notenbankfähigen Sicherheiten, die im Eigentum des Kreditinstitut als Schuldners verbleiben. Ein Kreditinstitut als Schuldner erhält bei der Durchführung eines besicherten Kreditgeschäftes Zentralbankgiralgeld gegen die Verpfändung von Vermögenswerten in seinem Sicherheitenpool in entsprechender Höhe. Mit Fälligkeit ist der Kreditbetrag zuzüglich der Verzinsung zurückzuzahlen. In der Praxis werden die Kredite jedoch häufig nicht vollständig getilgt, sondern durch einen unmittelbar folgenden Pfandkredit anschlussfinanziert.[117]

Die Bundesbank führt im Standardtenderverfahren – und daneben zur Feinsteuerung im Schnelltenderverfahren oder auf dem Wege bilateraler Geschäfte – regelmäßig so genannte Offenmarktkredittransaktionen als HRGs in wöchentlichem Abstand mit in der Regel jeweils einwöchiger Laufzeit durch, vgl AGB-Bbk Abschnitt V. Nr 16.

## IV. Besicherung der geldpolitischen Kredite

### *1. Die Besicherung*

Gemäß Art 18.1 ESZB-Satzung sind alle liquiditätszuführenden Operationen des Eurosystems mit Sicherheiten zu unterlegen, welche die akkreditierten Geschäftspartner für Repo-Geschäfte oder Pfandkredite zur Verfügung zu stellen haben. Wegen der unterschiedlichen Ausgestaltung der unterschiedlichen geldpolitischen

---

116 Staudinger/*Mülbert* BGB$^{2011}$, § 488 Rn 771.
117 *Junius/Kater/Meier/Müller* Handbuch EZB, 2002, S 104.

Kreditgeschäfte ist in der ESZB-Satzung nicht bestimmt, in welcher Form die jeweilige Besicherung zu erfolgen hat. Gemäß der Leitlinie der Europäischen Zentralbank vom 20. September 2011 über geldpolitische Instrumente und Verfahren des Eurosystems[118] kann die Besicherung auf zwei Arten erfolgen, und zwar entweder, indem das Eigentum an den Vermögenswerten unter Abschluss einer Rückkaufvereinbarung übertragen wird oder indem die Vermögenswerte als Pfand, Abtretung oder sonstiges umfassendes Sicherungsrecht eingesetzt werden.[119]

## 2. *Refinanzierungsfähige Sicherheiten*

Grundsätzlich gilt, dass alle öffentlichen und privaten Schuldtitel einwandfreier Bonität als Sicherheiten herangezogen werden können.[120] Um die Geeignetheit der notenbankfähigen Sicherheiten für die Sicherung der geldpolitischen Transaktionen, die Gleichbehandlung der Geschäftspartner sowie die Geschäftseffizienz und -transparenz nachhaltig zu gewährleisten, hat das Eurosystem mit dem *Einheitlichen Sicherheitenverzeichnis* am 1.1.2007[121] einen einheitlichen Rahmen für notenbankfähige Sicherheiten in Kraft gesetzt, der für alle Kreditgeschäfte des Eurosystems gilt. Der einheitliche Rahmen umfasst marktfähige und nicht marktfähige Sicherheiten, für die im gesamten Euro-Währungsgebiet die gleichen Zulassungskriterien[122] einschließlich derselben Bonitätsanforderungen gelten, und zwischen denen hinsichtlich ihrer Eignung für die einzelnen geldpolitischen Operationen des Eurosystems keine Unterschiede ausgewiesen werden – mit Ausnahme der Tatsache, dass das Eurosystem bei *endgültigen Käufen bzw. Verkäufen* nur marktfähige Sicherheiten verwendet.[123]

Für alle notenbankfähigen Sicherheiten gelten die Verfahren, Regeln und Methoden über die Bonitätsanforderungen nach dem Rahmenwerk für Bonitätsbeurteilungen der notenbankenfähigen Sicherheiten im Eurosystem (**E**urosystem **C**redit **A**ssessment **F**ramework – ECAF)[124]. Dieses Rahmenwerk basiert auf unterschiedlichen Bonitätsbeurteilungsquellen.

---

118 EZB/2011/14, Anhang I, S 29.

119 Vgl EZB/2011/14, Anhang I, S 30; Vermögenswerte liegen ebenfalls den liquiditätsabschöpfenden Offenmarktgeschäften in Form von endgültigen und befristeten Transaktionen zugrunde, bei denen für Sicherheiten die gleichen Zulassungskriterien wie bei liquiditätszuführenden Offenmarktgeschäften mittels befristeter Transaktionen gelten, allerdings ohne Anwendung der Bewertungsabschläge, EZB/2011/14, Anhang I, S 30, Fn 41.

120 *Görgens/Ruckriegel/Seitz* Europäische Geldpolitik[6], S 234.

121 Dies ersetzte das aus zwei Kategorien bestehende Verzeichnis, das seit Beginn der dritten Stufe der Wirtschafts- und Währungsunion verwendet wurde, EZB/2011/14, Anhang I, S 30.

122 Nähere siehe EZB/2011/14, Anhang I, S 30, Abschnitt 6.2.

123 EZB/2011/14, Anhang I, S 30.

124 Näheres siehe EZB/2011/14, Anhang I, S 39, Abschnitt 6.3.

Bei der regelmäßigen Beurteilung der Bonität notenbankfähiger Sicherheiten stützt sich das Eurosystem generell auf Informationen aus einer der folgenden vier Quellen: (1) externe Ratingagenturen (external credit assessment institutions, ECAIs)[125], die von dem Eurosystem zugelassen werden, (2) interne Bonitätsanalyseverfahren der NZBen (in-house credit assessment systems, ICASs)[126], (3) interne Rating-Verfahren (IRB-Verfahren) der Geschäftspartner und (4) Rating-Tools (RTs) externer Anbieter.[127] Hinsichtlich externer Ratingagenturen muss die Bonitätsbeurteilung auf einem öffentlichen Rating basieren; im Falle von Asset-Backed Securities ist ein öffentlich zugänglicher Rating-Bericht erforderlich, mit durch den ECAF vorgeschriebenen materiellen Inhalt[128] in Form entweder eines „Pre-Sale Reports" oder eines „New Issue Reports".

Der *Bonitätsschwellenwert* nach der harmonisierten Rating-Skala des Eurosystems und die *Ausfallwahrscheinlichkeit* sind die maßgeblichen Werte der Bonitätsanforderungen, die von dem Eurosystem regelmäßig überprüft und für jede zugelassene externe Ratingagentur veröffentlicht werden. Das Eurosystem übernimmt allerdings für die von ihr verifizierte Beurteilung der externen Ratingagentur keine Haftung. Vorbehaltlich ist, dass das Eurosystem nach eigenem Ermessen individuelle Maßnahmen bezüglich der Notenbankfähigkeit der Sicherheiten von bestimmten zugelassenen Geschäftspartnern treffen kann, wenn dies zur nachhaltigen Gewährleistung einer angemessenen Risikoabsicherung des Eurosystems i.S.d. Art 18.1 der ESZB-Satzung erforderlich ist.[129] Die Grundsätze der Bewertung von Sicherheiten – also die Ermittlung des Werts von Sicherheiten – sind in EZB/2011/11/14 Anhang I, Abschnitt 6.5. geregelt. Eine Übersicht der notenbankfähigen Sicherheiten ist in der folgenden Tabelle 3 dargestellt.

125 Vgl EZB/2011/14, Anhang I, S 43.
126 Vgl EZB/2011/14, Anhang I, S 43.
127 EZB/2011/14, Anhang I, S 39; die zugelassenen externen Ratingagenturen und internen Bonitätsanalyseverfahren der NZBen sowie die externen Rating-Tools und deren Anbieter sind auf der Website der EZB unter www.ecb.europa.eu aufgeführt.
128 Die konkreten Anforderungen an den Rating-Bericht siehe EZB/2011/14 Anhang I, S 39.
129 EZB/2011/14, Anhang I, S 39.

*Tabelle 3: Für geldpolitische Operationen des Eurosystems zugelassene Sicherheiten*[130]

| Zulassungskriterien | Marktfähige Sicherheiten | Nicht marktfähige Sicherheiten | |
|---|---|---|---|
| Art der Sicherheit | EZB-Schuldverschreibungen<br>Sonstige marktfähige Schuldtitel | Kreditforderungen | RMBDs |
| Bonitätsanforderungen | Die Sicherheit muss den hohen Bonitätsanforderungen genügen. Die hohen Bonitätsanforderungen werden anhand der ECAF-Regeln für marktfähige Sicherheiten beurteilt | Der Schuldner/Garant muss den hohen Bonitätsanforderungen genügen. Die Kreditwürdigkeit wird anhand der ECAF-Regeln für Kreditforderungen beurteilt. | Die Sicherheit muss den hohen Bonitätsanforderungen genügen. Die hohen Bonitätsanforderungen werden anhand der ECAF-Regeln für RMBDs beurteilt. |
| Emissionsort | EWR | Nicht zutreffend | Nicht zutreffend |
| Abwicklungs-/Bearbeitungsverfahren | Abwicklungsort: Euro-Währungsgebiet<br>Die Sicherheiten müssen zentral in girosammelverwahrfähiger Form bei NZBen oder einem Wertpapierabwicklungssystem hinterlegt werden, das den EZB-Mindeststandards entspricht. | Verfahren des Eurosystems | Verfahren des Eurosystems |
| Art des Emittenten/Schuldners/Garanten | - NZBen<br>- Öffentliche Hand<br>- Privater Sektor<br>- Internationale und supranationale<br>- Organisationen | - Öffentliche Hand<br>- Nicht finanzielle Unternehmen<br>- Internationale und supranationale Organisationen | Kreditinstitute |
| Sitz des Emittenten, Schuldners oder Garanten | - Emittent: EWR o. G-10 Länder außerhalb des EWR<br>- Schuldner: EWR<br>- Garant: EWR | Euro-Währungsgebiet | Euro-Währungsgebiet |

130 Quelle: EZB/2011/14, Anhang I, S 37 f, Tabelle 4.

| **Zulassungskriterien** | **Marktfähige Sicherheiten** | **Nicht marktfähige Sicherheiten** | |
|---|---|---|---|
| Zulässige Märkte | - Geregelte Märkte<br>- Von der EZB zugelassene nicht geregelte Märkte | Nicht zutreffend | Nicht zutreffend |
| Währung | Euro | Euro | Euro |
| Mindestbetrag | Nicht zutreffend | **Mindestbetrag zum Zeitpunkt der Einreichung der Kreditforderung**<br>- Inländische Nutzung: Festlegung durch NZB;<br>- Grenzüberschreitende Nutzung: einheitlicher Mindestbetrag von 500.000 EUR.<br>**Sobald praktikabel im Laufe des Jahres 2013:** Einführung eines einheitlichen Mindestbetrags von 500.000 EUR im gesamten Euro-Währungsgebiet. | Nicht zutreffend |
| Rechtsgrundlage | Bei Asset-Backed Securities muss der Erwerb der zugrunde liegenden Vermögenswerte dem Recht eines EU-Mitgliedstaats unterliegen. Das Recht, dem die zugrunde liegenden Kreditforderungen unterliegen, muss das Recht eines EWR-Mitgliedstaats sein. | Geltendes Recht für den Vertrag über die Kreditforderung und ihre Nutzung als Sicherheit: Recht eines Mitgliedstaats<br>**Insgesamt darf die Zahl der für**<br>a) den Geschäftspartner,<br>b) den Gläubiger,<br>c) den Schuldner,<br>d) den Garanten (falls zutreffend),<br>e) den Vertrag über die Kreditforderung,<br>und<br>f) die Vereinbarung zur Nutzung der Kreditforderungen als Sicherheit geltenden Rechtsordnungen<br>zwei nicht überschreiten | Nicht zutreffend |
| Grenzüberschreitende Nutzung | Ja | Ja | Ja |

## D. Das Zustandekommen der Verträge zwischen dem Eurosystem und seinen Geschäftspartnern in Tenderverfahren – die rechtliche Qualifikation der Vertragsgegenstände der HRGs

Obwohl die von der Bundesbank durchgeführten Offenmarktgeschäfte ausdrücklich und ausschließlich in Form von privatrechtlichen Verträgen ausgestaltet sind, ist die Rechtsnatur der Refinanzierungsgeschäfte umstritten, weil es dabei zweifelhaft ist, ob die zwei wesentlichen Bestandteile der Refinanzierungsgeschäfte, nämlich die von EZB anhand der Leitlinien[131] vorgegebenen *Konditionen der geldpolitischen Geschäfte* und die von der EZB festgesetzten *Refinanzierungssätze* als Leitzinssätze eine öffentlich-rechtliche bzw. *gemeinschaftsrechtlich-hoheitliche Natur* haben, und ob diese hoheitliche Natur den Refinanzierungsgeschäften dadurch quasi deduktiv auch eine öffentlich-rechtliche Natur verleiht. Außerdem ist auch fraglich, welche Bedeutung der *öffentlich-rechtlichen Zielsetzung* der Refinanzierungsgeschäfte des Eurosystems i. R. d. Bestimmung der Rechtsnatur der Refinanzierungsgeschäfte zukommt.

Durch die Untersuchung der Verfahrensschritte der HRGs bei Tenderverfahren sind die Begründungen der jeweiligen Rechtsverhältnisse zwischen dem Eurosystem und seinen Geschäftspartnern rechtlich qualitativ zu definieren, indem die *Form der Refinanzierungsgeschäfte*, die *Rechtsnatur der Allgemeinen Grundsätze* i.S.d. Leitlinie EZB/2011/14, die *Rechtsnatur der Festsetzung der Refinanzierungssätze* als Leitzinssätze und die *Rolle der öffentlich-rechtlichen Zweckbindung* – nämlich der Implementierung der Geldpolitik der EZB – in den privatrechtlichen Vertragsgestaltungen der Refinanzierungsgeschäfte auf der Basis eingehender Analysen festgestellt werden.

Durch die eindeutige Feststellung der Rechtsnatur eines jeden Merkmals der Refinanzierungsgeschäfte lässt sich im Anschluss die Frage beantworten, ob man anhand der *Zweistufentheorie* das Problem der qualitativen Rechtsnatur der Refinanzierungsgeschäfte im Spannungsfeld zwischen *hoheitlichem Geschäftszweck*, bzw. der *Einbeziehung von gemeinschaftsrechtlich-hoheitlichen Elementen als wesentlichen Vertragsbestandteilen* einerseits und der *privatrechtlichen vertraglichen Gestaltung* der Refinanzierungsgeschäfte andererseits lösen kann.[132]

### I. Tender-Grundform mit verschiedenen Varianten

Wirtschaftlich gesehen sind die HRGs *Auktionen von Zentralbankgiralgeld* durch das Eurosystem. Nach allgemeiner Auffassung sind solche Auktionen optimal effizient in dem Sinne, dass sie der Zentralbank zum einen den höchstmöglichen Preis für Zentralbankgeld garantieren und zum anderen jedem als Geschäftspartner zugelassenen Kreditinstitut einen fairen Zugang zu Zentralbankgiralgeld bieten.[133] Die

131 ZB EZB/2011/14.
132 Zum Ergebnis dieser Frage siehe § 2 D. V. 2.
133 *Junius/Kater/Meier/Müller* Handbuch EZB, 2002, S 108.

Offenmarktgeschäfte des Eurosystems werden regelmäßig in Form von Tendern durchgeführt, wobei zwischen *Standardtendern* und *Schnelltendern* unterschieden wird. Tender ist die Bezeichnung für ein Versteigerungsverfahren, bei dem die Zentralbank die Geschäftspartner auffordert, Mengen- und/oder Zinsgebote abzugeben, auf welche die jeweiligen Zentralbankgiralgeldzuteilungen erfolgen.[134]

Abgesehen vom zeitlichen Rahmen und dem Kreis der zugelassenen Geschäftspartner sind die Verfahren für Standard- und Schnelltender identisch.[135] Die HRGs werden stets in Form von Standardtendern und nach einem unverbindlichen Kalender des Eurosystems[136] durchgeführt, der mindestens drei Monate vor Beginn des Jahres veröffentlicht wird, für das er gültig ist.[137] Standardtender gliedern sich in sechs Verfahrensschritte, vgl Tabelle 3, und werden innerhalb von höchstens 24 Stunden von der Tenderankündigung bis zur Bestätigung des Zuteilungsergebnisses durchgeführt (wobei zwischen dem Ablauf der Gebotsfrist und der Bekanntgabe des Zuteilungsergebnisses etwa zwei Stunden liegen).[138]

## II. Tenderankündigung

### *1. Ankündigung*

Die Standardtender des Eurosystems werden über Wirtschaftsinformationsdienste öffentlich bekannt gegeben. Die Tenderankündigung entspricht hinsichtlich ihres Prozederes dem Ausschreibungsverfahren der Bundesbank gemäß AGB-Bbk Abschnitt V. Nr 14 und 15. Die NZBen können gegenüber einzelnen Geschäftspartnern, die keinen Zugang zu Wirtschaftsinformationsdiensten haben, den Tender unmittelbar bekannt geben. Diese Ausschreibungen werden beispielsweise bei Bloomberg veröffentlicht und darüber hinaus den zugelassenen Kreditinstituten auch über elektronische Informationssysteme ihrer jeweiligen NZB bekanntgegeben.[139]

In der Tenderankündigung werden alle wichtigen Spezifikationen über die Konditionen des Tendergeschäfts, welche die Kreditinstitute zur Einreichung von Geboten benötigen, wie Tenderart (Mengen[140]- oder Zinstender[141]), Gebotsfrist, Laufzeit, Zinssätze, Zuteilungsvolumen sowie Abwicklungsinformationen (Zuteilungs- und Valutierungstag), genannt. Die bekannt gemachte Tenderankündigung stellt eine *invitatio ad offerendum* (Aufforderung zur Abgabe eines Angebots) dar.

---

134 Vgl *Claussen* Bank- und Börsenrecht³, München 2003, § 3 Rn 22.

135 EZB/2011/14, Anhang I, S 20.

136 Der Tenderkalender des Eurosystems kann auf der Website der EZB unter www.ecb.europa.eu wie auch auf den Websites des Eurosystems abgerufen werden.

137 EZB/2011/14, Anhang I, S 22.

138 EZB/2011/14, Anhang I, S 20.

139 EZB/2011/14, Anhang I, S 22, 24.

140 So genannte „Festsatztender, fixed rate tender oder volume tender“, EZB/2011/14, Anlage 2, Glossar S 72.

141 Sog „variable rate tender“, EZB/2011/14, Anlage 2, Glossar S 75.

*Tabelle 4: Verfahrensschritte bei Tenderverfahren*

| |
|---|
| Schritt 1: Tenderankündigung<br>a. Ankündigung durch die EZB über Wirtschaftsinformationsdienste<br>b. Ankündigung durch die NZBen über nationale Wirtschaftsinformationsdienste und unmittelbar gegenüber einzelnen Geschäftspartnern (wenn dies notwendig erscheint) |
| Schritt 2: Vorbereitung und Abgabe von Geboten durch die Geschäftspartner |
| Schritt 3: Zusammenstellung der Gebote durch das Eurosystem (Weiterleitung der Gebote durch die NZBen und Zusammenstellung durch EZB) |
| Schritt 4: Tenderzuteilung und Bekanntmachung der Tenderergebnisse<br>a. Zuteilungsentscheidung der EZB: das Direktorium der EZB legt fest, wie viel Liquidität sie in den Markt geben will.<br>b. Mitteilung der Zuteilungsergebnisse über Wirtschaftsinformationsdienste und die Website der EZB |
| Schritt 5: Bestätigung der einzelnen Zuteilungsergebnisse |
| Schritt 6: Abwicklung der Transaktionen durch die NZBen |

Quelle: *EZB/2011/14, Anhang I, S 21, Kasten 3;* vgl auch *Junius/Kater/Meier/Müller,* Handbuch EZB, 2002, S 49.

## 2. *Die Angaben der Ankündigung*

### *a) Notwendige Angaben der Ankündigung*

Die öffentliche Tenderankündigung i.R.d. HRGs enthält notwendigerweise die folgenden Angaben[142]:

(1) Referenznummer der Tenderoperation,
(2) Durchführungstag des Tenders,
(3) Art der Operation (Art des anzuwendenden geldpolitischen Instruments),
(4) Art des Tenders (Mengen- oder Zinstender),
(5) Laufzeit der Operation,
(6) Zuteilungsmethode („holländisches“ oder „amerikanisches“ Verfahren[143]),

142 EZB/2011/14, Anhang I, S 24.
143 Gemäß Definition in: EZB/2011/14, Anlage 2, Glossar.

(7) festgesetzter Zinssatz (bei Mengentendern),
(8) gegebenenfalls niedrigster/höchster akzeptierter Zinssatz,
(9) Starttag und gegebenenfalls Fälligkeitstag des Geschäfts bzw. Abwicklungstag,
(10) gegebenenfalls Höchstbietungsbetrag,
(11) gegebenenfalls individueller Mindestzuteilungsbetrag,
(12) gegebenenfalls Mindestzuteilungsquote,
(13) Zeitplan für die Abgabe der Gebote.

Der Sinngehalt dieser Angaben der Tenderankündigung entspricht sinngemäß den Bestimmungen von Leitlinie EZB/2011/14, ANHANG I, Die Durchführung der Geldpolitik im Euro-Währungsgebiet – Allgemeine Regelungen für die geldpolitischen Instrumente und Verfahren des Eurosystems. Die Angaben der Tenderankündigung zeigen, dass bei den HRGs nicht nur die Initiative von der EZB ausgeht, sondern Letztere auch i. R. d. Marktnachfrage sämtliche Durchführungsparameter der Transaktionen bestimmt. Die EZB entscheidet insbesondere einseitig über die Refinanzierungssätze i.S.d. Leitzinssätze, die Höhe des bereitzustellenden Zentralbankgiralgeldes (d. h. des Zuteilungsvolumens) und die zulässigen Sicherheiten. Die Nachfrage der Kreditinstitute nach Zentralbankgiralgeld ist nur einer der für die Entscheidungsfindung durch die EZB in Betracht zu ziehenden Faktoren. Zu untersuchen sind die Handlungen der EZB i. R. d. Durchführung der HRGs.

### *b) Rechtsform der Allgemeinen Regelungen für die geldpolitischen Instrumente und Verfahren des Eurosystems – Leitlinie der EZB*

Festzustellen ist zunächst die Rechtsnatur der von dem EZB-Rat gemäß Art 18.2 ESZB-Satzung festgelegten *Allgemeinen Grundsätze für die Offenmarktgeschäfte des Eurosystems* als abstrakte Regelung und Bestimmung der geldpolitischen Geschäfte einschließlich der HRGs.

#### aa) Abgrenzung von AGB der NZBen

Die ESZB-Satzung enthält keine Bestimmungen bezüglich der Rechtsform der allgemeinen Regelungen für die Gestaltung der Durchführung von HRGs. Die *Allgemeinen Regelungen* als Anhang der Leitlinie EZB/2011/14 beinhalten die Begriffsbestimmungen, das Geschäftsabschlussverfahren der geldpolitischen Instrumente und die Bestimmungen für zugelassene Geschäftspartner der Eurosystems bzw. Erläuterung aller relevanten Parameter für die Durchführung der geldpolitischen Geschäfte zwischen Eurosystem und akkreditierten Geschäftspartnern.

Manche Autoren betrachten diese daher auf Basis einer zivilrechtlichen Perspektive als allgemeine Geschäftsbedingungen i.S.d. der §§ 305 ff. BGB.[144] Allerdings sind die AGBn als Vertragsbedingungen immer ein notwendiger Bestandteil eines abgeschlossenen Vertrages, der rechtlich für beide Vertragsparteien verbindlich

144 Vgl *Hahn/Häde* ZHR 165 (2001), 39.

wirkt. Die *Allgemeinen Regelungen für die Geldpolitischen Instrumente und Verfahren des Eurosystems* als Anhang von der genannten Leitlinie enumeriert allerdings die Typen der geldpolitischen Instrumente des Eurosystem, legt die jeweilige Gestaltung und die Durchführungsverfahren der Instrumente fest und bestimmt die *Zulassungskriterien für die Geschäftspartner* i. R. d. HRGs für das Eurosystem, d. h., das Regelungswerk bestimmt *generell abstrakt das „Wie" der Durchführung* der genau definierten geldpolitischen Geschäften des Eurosystems. An alle Zentralbanken des Eurosystems gerichtet[145], ist dieses Regelungswerk zwar für das Eurosystem verbindlich, begründet aber keinerlei unmittelbar wirksamen vertraglichen Rechte und Pflichten für die Zentralbanken oder deren Geschäftspartner, da dieses Regelungswerk i.S.d. *Allgemeinen Regelungen* des Anhangs der Leitlinie EZB/2011/14 als generelle Beschreibung und Bestimmung der geldpolitischen Rahmenbedingungen nicht in ein jeweils konkret abgeschlossenes Geschäft einbezogen wird oder werden kann. Davon streng zu unterscheiden sind die *Allgemeinen Geschäftsbedingungen privatrechtlicher Art der NZBen als Mitglieder* – z. B. die AGBn der Bundesbank seit dem 03.05.2013[146] –, die das Eurosystem seinen Geschäftspartnern für den Geschäftsverkehr bedingend stellt.[147]

#### bb) Die Allgemeinen Regelungen im Anhang I der Leitlinie EZB/2011/14 als Allgemeine Grundsätze i.S.d. Art 18.2. ESZB-Satzung – systeminterne Rechtsakte – als Leitlinie der EZB für alle Zentralbanken des Eurosystems

Nach der Ansicht von *Möschel* sollte die Bestimmung der Konditionen für die Offenmarktgeschäfte der Bundesbank ausschließlich dem privatrechtlichen Bereich zugeordnet werden. Die Bundesbank handele bei der Durchführung von Offenmarktgeschäften als ein Marktteilnehmer in Form einer Bank und nicht hoheitlich in den Formen des öffentlichen Rechts. Die für den Abschluss derartiger Verträge festgelegten allgemeinen Regelungen seien daher als *selbst gesetzte Richtlinien* zu qualifizieren.[148]

Allerdings ist das Eurosystem mit der Bundesbank nur bedingt vergleichbar. Obwohl das Eurosystem auch als Bank auf den Geldmärkten agiert, handelt die EZB bei dem Erlassen von Leitlinien und Beschlüssen gemäß Art 12.1 und Art 14.3 ESZB-Satzung, *um ihre geldpolitischen Aufgaben zu erfüllen*, respektive, als ein *Zentralbankgiralgeld-Gesetzgeber*[149]*. Die Zuständigkeit der EZB für die Bereitstellung von Zentralbankgiralgeld aus Art 12.1 S 2 ESZB-Satzung und ihre gemeinschaftsvertraglich*

---

145 Art 5 der EZB/2011/14.

146 Unter: http://www.bundesbank.de/Redaktion/DE/Downloads/Bundesbank/Aufgaben_und_Organisation/AGB_und_Regelungen/2013_05_03_allgemeine_geschaeftsbedingungen.pdf?__blob=publicationFile.

147 Vgl dazu *Baur* Die Haftung der EZB, 2001, S 160.

148 *Möschel* Wirtschaftsrecht der Banken, 1972, S 107 f.

149 Vgl EZB als „Banknoten-Gesetzgeber", Groeben/Schwarze/*Smits*, EU-/EG-Vertrag[6], Art 106 Rn 16.

*übertragene Befugnis zur Gemeinschaftsrechtssetzung* bringen die Verantwortung der EZB mit sich, in dem Bereich von liquiditätszuführenden Offenmarktgeschäften als Zentralbankgiralgeld-Gesetzgeber die notwendigen Regelungen zu schaffen. Die EZB hat also den Auftrag aus Art 18.2 ESZB-Satzung mit der „Durchführung der Geldpolitik im Euro-Währungsgebiet – Allgemeine Regelungen für die geldpolitischen Instrumente und Verfahren des Eurosystems" als Anhang I von der Leitlinie EZB/2011/14 i.S. eines gemeinschaftsrechtlich-hoheitlichen Handelns erfüllt.

Da die Adressaten der Allgemeinen Regelungen gemäß Art 5 der Leitlinie EZB/2011/14 alle Zentralbanken, die Bestandteile des Eurosystems sind, sind, sind die Allgemeinen Regelungen als Anhang I der Leitlinie EZB/2011/14 als allgemeine Binnenrechtsakte des ESZB zu qualifizieren. Da es sich um systeminterne Rechtsakte handelt, kommen nur die in Art 12.1 Abs 1, 2 und Art 14.3 ESZB-Satzung festgelegten Rechtsformen in Betracht, namentlich von dem EZB-Rat zu erlassende Leitlinien, Beschlüsse und EZB-Weisungen.

Anders als eine EZB-Weisung, die gemäß Art 12.1 Abs 1 ESZB-Satzung von dem EZB-Direktorium aufgrund konkreter Durchführung der Geldpolitik erteilt wird, gelten die von dem EZB-Rat erlassenen Allgemeinen Regelungen mit einem allgemein abstrakt generellen Regelungsgehalt als Rahmenkonditionen für alle Offenmarktgeschäfte.[150]

Die Allgemeinen Regelungen sind also allgemeine Rechtsakte des Eurosystems, die den Begriffsmerkmalen der Leitlinien des Eurosystems entsprechen.

Gemäß Art 12.1 S 3 ESZB-Satzung werden die Leitlinien, die begriffsgemäß die allgemeine Richtungsbestimmung über die Geldpolitik des EZB enthalten, vom EZB-Rat erlassen. Die Leitlinien sind sehr detailliert und in ihrer Art einer Verordnung i.S.d. Art 288 AEUV ähnlich, mit dem Unterschied, dass sie nur innerhalb des Eurosystems bindend sind, d.h. gemäß Art 12.1 und 14.3 der ESZB-Satzung also sowohl für die NZBen des Eurosystems, als auch für die EZB-Organe verbindlich sind.[151]

Somit stellen die *Allgemeinen Regelungen* im Anhang der Leitlinie EZB/2011/14 i.S.d. allgemeinen Grundsätze für die Offenmarktgeschäfte des Eurosystems gemäß Art 18.2. ESZB-Satzung eine Leitlinie der EZB für alle Zentralbanken des Eurosystems dar.

Die Leitlinie stellt den Geschäftspartnern gegenüber den geldpolitischen Handlungsrahmen des Eurosystems am Offenmarkt und die Konditionen und ihre Definitionen, Geschäftsgestaltungen und Abschluss- und Abwicklungsverfahren der HRGs klar. Sie ist für das Eurosystem unmittelbar verbindlich und für die Geschäftspartner mittelbar maßgeblich. Da die ESZB-Satzung sehr wenige technische Vorgaben für die geldpolitische Geschäftsdurchführung vorgibt, bleibt dem Eurosystem ein gewisser Ermessensspielraum bei der näheren Ausgestaltung ihrer Verfahren.[152]

---

150 Vgl *Weber* Die Kompetenzenverteilung im ESZB, 1995, S 101.

151 Groeben/Schwarze/*Zilioli* EU-/EG-Vertrag[6], Art 12 ESZB-Satzung, Rn 6.

152 *Knappe* Das Geldpolitische Instrumentarium des ESZB, 1997, S 145; *Tschekuschina* Rechtliche Aspekte der geldpolitischen Instrumente des ESZB, 2007, S 35.

Auch angesichts der Ähnlichkeit zwischen Leitlinien und Richtlinien gemäß Art 288 AEUV ist solch ein Spielraum bei der Umsetzung der Leitlinien – wie der Begriff „Leitlinie" andeutet – für die NZBen des Eurosystems zu vermuten.[153]

Die Allgemeinen Regelungen im Anhang I der Leitlinie EZB/2011/14 als Leitlinie des Eurosystems für die Bereitstellung des Zentralbankgiralgeldes sind allerdings nicht Teil des Offenmarktgeschäfts, sondern der rechtliche Rahmen für die vertraglichen Regelungen des einzelnen Geschäfts, z. B. im Hinblick auf die verbindlichen inhaltlichen Vorgaben für die Tenderankündigungen und die Gestaltung des Verfahrens für die Geschäftsdurchführung. Die gemeinschaftsrechtliche Rechtsnatur der Leitlinie als Binnenrecht des Eurosystems, auch als rechtlicher Rahmen für die geldpolitischen Geschäfte der Geschäftspartner mit dem Eurosystem, hat also keinen Einfluss auf die Rechtsnatur der HRGs.

### *c) Zinsgestaltung – Festsetzung der Refinanzierungssätze durch den EZB-Rat*

Die Rechtsnatur der Refinanzierungsgeschäfte und diejenige der Festsetzung der Refinanzierungssätze sind zwei voneinander zu unterscheidende Problematiken. Wie oben schon festgestellt, werden die Refinanzierungsgeschäfte privatrechtlich vertraglich ausgestaltet. Fraglich ist nun, ob die Rechtsnatur der Festsetzung der Refinanzierungssätze die Rechtsnatur der Refinanzierungsgeschäfte anders bestimmen könnte.

Nach Ansicht von *Möschel* sind die Festsetzung des Diskont- und des Lombardsatzes ebenso wie die Bestimmung der Konditionen für die Offenmarktgeschäfte dem privatrechtlichen Bereich zuzuordnen.[154]

#### aa) Festsetzung des Hauptrefinanzierungssatzes als eines der Leitzinssätze i.S.d. Art 12.1 S 2 ESZB-Satzung durch den EZB-Rat als Entscheidungsorgan des Monopolanbieters EZB

##### (1) Festsetzung des Preises des Zentralbankgiralgeldes, nämlich primär der Hauptrefinanzierungssätze

Das Eurosystem als Monopolanbieter von Zentralbankgiralgeld setzt den Zinssatz für Zentralbankgiralgeld fest. Der Zinssatz, den die Zentralbank für den Abschluss der liquiditätszuführenden geldpolitischen Geschäfte, hauptsächlich der Hauptfinanzierungsgeschäfte, von den Geschäftspartnern verlangt, ist der entscheidende Referenzsatz für den Tagesgeldsatz unter den Banken.[155] Bei all den unterschiedlichen Ausgestaltungsmerkmalen der verschiedenen Offenmarktgeschäfte der EZB

153 Groeben/Schwarze/*Zilioli* EU-/EGV[6], Art 12 ESZB-Satzung Rn 6.

154 *Möschel* Wirtschaftsrecht der Banken, 1972, S 107 f. *Czaja* Die außervertragliche Haftung der EG, 1995, S 178.

155 *Görgens/Ruckriegel/Seitz* Europäische Geldpolitik[6], S 235.

geht es immer um den Handel mit Zentralbankgiralgeld, das den Geschäftspartner von der EZB zu einem bestimmten Preis zur Verfügung gestellt wird.[156]

Bei der *Rückkaufvereinbarung eines Pensionsgeschäfts* wird festgelegt, die von der Zentralbank angekauften Vermögenswerte wieder gegen Zentralbankgiralgeld zurückzukaufen. Die Differenz zwischen Ankaufskurs und Verkaufskurs ergibt die Verzinsung, nämlich die von den Geschäftspartnern zu tragenden Kosten für den temporären Erhalt von Zentralbankgiralgeld.[157] Bei dem *besicherten Kredit* wird Zentralbankgiralgeld den Kreditinstituten gegen Verpfändung von Wertpapieren zugeteilt. Nach Ablauf des Kredits muss der zugeteilte Betrag an die Zentralbank verzinst zurückgezahlt werden, wobei das Sicherungsrecht der Zentralbank erlischt. Diese Zinssätze der geldpolitischen Geschäfte, insbesondere der HRGs, sind also der Preis für das Zentralbankgiralgeld. Der Klarheit halber werden in den folgenden Abschnitten lediglich die Zinssätze der HRGs behandelt, da der größte Teil der Zentralbankgiralgeldschöpfung über HRGs verwirklicht wird.

### (2) Festsetzung der Hauptrefinanzierungssätze durch den EZB-Rat

Problematisch ist, dass Art 18.1 ESZB-Satzung die Offenmarktgeschäfte nur undifferenziert und ohne genaue Bestimmungen dem Geschäftsbereich der EZB und den NZBen zuweist. Im Folgenden soll daher zunächst dargelegt werden, wer die Zinssätze der HRGs festlegt.

### (a) Abgrenzung der Zuständigkeiten von EZB-Rat und EZB-Direktorium

Die Geldpolitik der Gemeinschaft festzulegen und auszuführen ist gemäß Art 3 ESZB-Satzung, Art 127 Abs 2 AEUV die oberste, grundlegende Aufgabe des ESZB. Die Geldpolitik ist nicht mehr Sache der Mitgliedstaaten oder ihrer Zentralbanken, sondern eine Politik der Gemeinschaft. Das ESZB ist allerdings selbst kein Träger von Rechten und Pflichten und verfügt über keine eigene Rechtspersönlichkeit.[158] Das ESZB ist die gemeinsame Bezeichnung von 28 juristischen Personen: den 27 Zentralbanken der Mitgliedstaaten, auch derjenigen NZBen der EU-Mitgliedstaaten, die den Euro noch nicht eingeführt haben – sei es aufgrund ihres Sonderstatus (Dänemark, Vereinigtes Königreich) oder weil auf sie eine Ausnahmeregelung Anwendung findet – und der Europäischen Zentralbank.[159] Geleitet wird das ESZB von den Beschlussorganen der EZB, wobei gemäß Art 12.1 S 2 ESZB-Satzung der EZB-Rat die Geldpolitik festlegt, während das Direktorium ermächtigt ist, die Geldpolitik, nämlich die Liquiditätssteuerungsoperationen, gemäß den Entscheidungen und

---

156 *Junius/Kater/Meier/Müller* Handbuch EZB, 2002, S 108.

157 *Junius/Kater/Meier/Müller* Handbuch EZB, 2002, S 101.

158 Vgl Groeben/Schwarze/*Smits* EU-/EGV$^{6}$, Art 105, Rn 30; vgl auch die obige Ausführung über das Eurosystem, das ebenfalls über keine eigene Rechtspersönlichkeit verfügt, § 2 A. I. 2.

159 Siehe: http://www.ecb.europa.eu/ecb/educational/facts/orga/html/or_001.de.html.

Leitlinien des EZB-Rates auszuführen.[160] Gemäß Art 11.6 ESZB-Satzung führt das Direktorium der EZB die laufenden Geschäfte der EZB.

#### (b) Rechtliche Qualifizierung der Festsetzung des Hauptrefinanzierungssatzes durch den EZB-Rat, Art 12.1 ESZB-Satzung

Wie oben schon erwähnt, kommt den HRGs als den wichtigsten Offenmarktgeschäfte des Eurosystems bei der Steuerung der Zinssätze und der Liquidität am Markt sowie der Signalisierung des geldpolitischen Kurses über den vom EZB-Rat festgesetzten Hauptrefinanzierungssatz eine Schlüsselrolle zu.[161] Die Zinssätze für die HRGs sind der eigentliche einheitliche Leitzins der EZB für das gesamte Euro-Währungsgebiet.[162] Die befristeten Transaktionen, die als Hauptrefinanzierungsinstrument der Finanzwirtschaft fungieren, prägen die Zinssätze am Markt.[163] Vermittels des Hauptrefinanzierungsinstrumentes – bzw. anderer geldpolitischer Instrumente – werden dem Markt Signale bezüglich des geldpolitischen Kurses gegeben und gleichzeitig dem Bankensystem der größte Teil der Liquidität, also des Refinanzierungsvolumens, zur Verfügung gestellt.[164]

Die Festlegung der Hauptrefinanzierungssätze stellen somit *keine laufenden Geschäfte* dar, sondern sind Entscheidungen der Geldpolitik, nämlich Maßnahmen zur Leitzinssetzung und „Bereitstellung von Zentralbankgeld im ESZB" i.S.d. Art 12.1 S 2 ESZB-Satzung, über die der EZB-Rat nach Art 12.1 S 1 und 2 ESZB-Satzung selbst entscheiden muss.

### bb) Einstufung der Handlungsform – Leitzinsfestlegung als Entscheidung, Beschluss oder Verordnung?

#### (1) Rechtsnatur der Zinsfestsetzung gemäß Art 12.1. S 2 ESZB-Satzung – gemeinschaftsrechtliche oder privatrechtliche Natur?

Um die Rechtsnatur der Zinsfestsetzung durch den EZB-Rat festzustellen, ist zunächst die umstrittene Frage zu beantworten, wie man die Festlegung von Leitzinssätzen als geldpolitische Handlung der EZB qualifiziert: stellt die Zinssatzfestlegung

---

160 EZB/2011/14, Anhang I, S 10; *Goetze* Die Tätigkeit der nationalen Zentralbanken, 1999, S 105; *Gaitanides* Das Recht der EZB, 2005, S 116.

161 Die Geldpolitik der EZB, 2011, S 113; vgl auch EZB/2011/14, Anhang I, S 9, 14.

162 Die Geldpolitik der EZB, 2011, S 153; *Resinek* Die geldpolitischen Instrumente der EZB, 2002, S 14.

163 *Goetze* Die Tätigkeit der nationalen Zentralbanken, 1999, S 105; vgl auch von *Poser* Europäische Währungsunion, 1996, S 133; *Gaitanides* Das Recht der EZB, 2005, S 116.

164 *Resinek* Die geldpolitischen Instrumente der EZB, 2002, S 14; Die Geldpolitik der EZB, 2011, S 113.

eine gemeinschaftsrechtlich-hoheitliche Rechtsform[165] dar oder handelt es sich dabei um allgemeine Geschäftsbedingungen privatrechtlicher Art[166]? Das Problem liegt darin, dass die Leitzinssätze als geldpolitisches Instrument von gemeinschaftsrechtlichen Zielsetzungen geprägt werden, während die Durchführung von HRGs auf Grundlage und um den Preis der Leitzinsen vertraglich erfolgt.

### (a) Einseitige Festsetzung durch die EZB und Angewiesenheit der Kreditinstitute auf Zentralbankgiralgeld

Die Refinanzierungssätze werden durch den EZB-Rat einseitig festgesetzt und kommen einer Ansicht nach als vertraglicher Bestandteil der HRG nicht durch individuelle Verhandlung zwischen der EZB und ihren jeweiligen Geschäftspartnern zustande.[167] Die EZB kann – zumindest prinzipiell – durch gezieltes Zusammenwirken von miteinander verknüpften, verschiedenen Zins- und Liquiditätspolitiken eine unmittelbare Zangenwirkung, die faktisch wie eine hoheitliche gemeinschaftliche Wirtschaftsintervention wirkt[168], für die Kreditinstitute konstruieren und ausüben, um die Kreditinstitute quasi dazu zu zwingen, sich bei ihr zu refinanzieren. Dies könnte dafür sprechen, dass die Zinssatzfestlegung durch die EZB als gemeinschaftsrechtlich-hoheitliche Rechtsform ergeht.[169]

Die einseitige Festsetzung durch die EZB stellt allerdings zunächst gar kein Gegenargument für eine Annahme einer privatrechtlichen Natur der Festsetzung der Refinanzierungssätze dar, da beiderseitige Mitwirkung an den wesentlichen Vertragsinhaltsbestimmungen keine Voraussetzung für das Bestehen bzw. Zustandekommen eines privatrechtlichen Vertrags darstellt.[170]

Der Mangel des Vorliegens einer individuellen Vereinbarung bezüglich der Höhe der Refinanzierungssätze spricht auch nicht gegen eine Qualifizierung der Leitzinssetzung als von der EZB gestellte Allgemeine Geschäftsbedingungen, da das Vorliegen einer individuellen Vereinbarung von Vertragsparteien kein notwendiges Merkmal für einen für das wirksame Zustandekommen eines Vertragsschlusses unabdingbaren Vertragsbestandteil darstellt, und die AGBn gerade keine individuelle

---

165 Vgl *Grimberg* Rechtsprobleme der Swapsatzpolitik der Bundesbank, 1974, S 89 ff; *Baur* Die Haftung der EZB, 2001, S 151 ff.; *Hahn/Häde* ZHR 165 (2001), S 46 f.

166 Vgl *Möschel* Das Wirtschaftsrecht der Banken, 1972, S 107 ff, zum Diskont- und Lombardsatz der Deutschen Bundesbank.

167 Vgl *Hahn* Währungsrecht, 1990, § 20 Rn 6, die Zinsfestsetzung der Deutschen Bundesbank.

168 *Fröhlich* Die Währungspolitischen Instrumente der Deutschen Bundesbank, 1983, S 64.

169 *Czaja* Die außervertragliche Haftung der EG, 1995, S 176.

170 Siehe aber *Tschekuschina* Rechtliche Aspekte der geldpolitischen Instrumente des ESZB, 2007, S 36: mit den Aspekten einer mangelnden individuellen Vereinbarung einerseits und einer einseitigen Festsetzung durch die EZB andererseits wurde gegen die Qualifikation der Leitzinsfestlegung als privatrechtlicher AGB argumentiert.

Vereinbarung darstellen. Erforderlich ist für das wirksame Zustandekommen eines Vertragsschlusses lediglich das Vorliegen einer Willensübereinstimmung aller Vertragsparteien. Insofern die Geschäftspartner die Refinanzierungssätze bei Geschäftsabschluss akzeptieren, liegt solch eine Willensübereinstimmung hinsichtlich der Höhe der Refinanzierungssätze vor. Zahlreiche Preise für Daseinsversorgungsgeschäftsgegenstände, wie z. B. Strom, Wasser, Gas etc., und auch die Preise von vielen Produkten für den Massenkonsumenten werden beispielsweise einseitig von derjenigen Vertragspartei, die eine dominante Position oder gar eine Monopolstellung auf dem Markt innehat, bestimmt.

Allein die Monopolstellung der EZB und die Angewiesenheit[171] der Kreditinstitute auf Zentralbankgiralgeld sprechen hinsichtlich der Festlegung der Höhe der Refinanzierungssätze weder gegen die Qualifizierung der Festlegung als privatrechtliche AGBn noch für die Einstufung derselben als öffentlich-rechtliche, nämlich gemeinschaftsrechtlich-hoheitliche Rechtshandlung der EZB.

### (b) Leitzinsen wird durch die öffentlich-rechtliche Zielsetzung geprägt oder als privatrechtliche AGB

Sowohl die Leitzinsen als auch die von der EZB gemäß Art 18 Abs 2 ESZB-Satzung aufzustellenden allgemeinen Grundsätze für die Offenmarktgeschäfte des Eurosystems werden zweifellos durch die öffentlich-rechtliche Zielsetzung, die mit der Anberaumung und Durchführung von Offenmarktgeschäften verfolgt wird, geprägt.[172] Da der Zinssatz der Pensionsgeschäfte in Deutschland als bevorzugtes währungspolitisches Instrument die Funktion eines Leitzinses übernommen hat, liegt es nahe, die Festsetzung der Hauptrefinanzierungssätze analog zu der Festlegung der Diskont- bzw. Lombardsätze durch die Bundesbank nach altem Recht i.S.d. §§ 15, 19 BBankG aF als (gemeinschaftsrechtlich-)hoheitliche Handlung dem öffentlichen Recht zuzuordnen.[173]

Die mitgliedstaatlichen Kreditinstitute könnten im Falle der Verwendung von Allgemeinen Geschäftsbedingungen wider den Gleichbehandlungsgrundsatz je nach Rechtsordnung bevorzugt bzw. benachteiligt werden, wenn die Festlegung der Hauptrefinanzierungssätze der mitgliedstaatlichen Gerichtsbarkeit unterliegen würde.[174] Da das Gemeinschaftsrecht kein Zivilrechtssystem enthält, wäre auch die Unterwerfung der Allgemeinen Geschäftsbedingungen der EZB unter die jeweiligen mitgliedsstaatlichen Rechtssysteme äußerst problematisch.[175] Diese Argumente sprechen eher dafür, die Zinssatzfestlegung als entscheidendes Instrument

---

171 Vgl *Hahn/Häde* ZHR 165 (2001), 39.

172 *Kümpel* WM 1992 Sonderbeil. Nr 1, S 15.

173 *Kümpel* WM 1992 Sonderbeil. Nr 1, S 15; vgl auch *Czaja*, Die außervertragliche Haftung der EG, 1995, S 176.

174 *Baur* Die Haftung der EZB, 2001, S 150.

175 Vgl *Tschekuschina* Rechtliche Aspekte der geldpolitischen Instrumente des ESZB, 2007, S 36.

zur Implementierung der Geldpolitik der EZB den hoheitlichen Rechtsformen des Gemeinschaftsrechts zuzuordnen und damit der gemeinschaftsrechtlichen Kontrolle des EuGH anzuvertrauen.[176]

All diese Argumente vernachlässigen jedoch die Tatsache, dass sowohl die EZB als auch die NZBen des Eurosystems i. R. d. HRGs wie jedes andere Kreditinstitut am Geldmarkt als Marktteilnehmer, nämlich als Käuferin bzw. Verkäuferin auftreten. Das Eurosystem agiert bei HRGs auf dem Geldmarkt nicht als hoheitsrechtlicher Träger sondern als Bank im Bereich des Privatrechts. Soweit das Eurosystem dabei alle wesentliche Parameter für die HRGs einseitig festlegt, wird nach dieser Ansicht im Falle der Festsetzung der Hauptrefinanzierungssätze eine Verwendung von privatrechtlichen Allgemeinen Geschäftsbedingungen angenommen.[177]

### (c) Stellungnahme

Die oben genannten Ansichten betonen entweder die gemeinschaftsrechtliche Zielsetzung der Leitzinsfestsetzungen oder die marktkonforme vertragliche Durchführung der HRGs. Der wirtschaftliche Zweck des Geschäftspartners des Eurosystems, also verzinsliche Überlassung von Zentralbankgiralgeld[178], und der geldpolitische Zweck des Eurosystems, nämlich nicht marktwirtschaftliche Gewinnerzielung[179] sondern öffentlich-rechtliche Zielsetzung i.S.d. Geldmittelversorgung und Gewährleistung von Preisstabilität, gehören aber nicht zum Vertragsgegenstand und können bei der Bestimmung des Rechtscharakters im Prinzip nicht in Erwägung gezogen werden.[180]

Diese verkennen vor allem jedoch, dass die Leitzinsfestsetzung und die Zinsklausel der HRGs zwei von einander zu trennende Rechtsgegenstände sind. Gemäß Art 127 Abs 2 AEUV und Art 3, 1. Spiegelstrich ESZB-Satzung gilt die strenge Trennung von Festlegung und Durchführung der Geldpolitik. Die Leitzinsfestsetzung durch den EZB-Rat gehört zum Bereich der *Festlegung der einheitlichen Geldpolitik der Union* und die Abwicklung von HRGs zu spezifischen Zinssätzen zu dem Bereich der *Durchführung der festgelegten geldpolitischen Geschäfte*.

Die Leitzinsfestsetzungen werden in den Sitzungen des EZB-Rats gefasst und dann in der nachfolgenden Pressekonferenz veröffentlicht. Sie sind kein Bestandteil der verfahrensgemäß abgeschlossenen und abgewickelten HRGs, sondern Instrumente des EZB-Rats, welche für die Zentralbanken des Eurosystems unmittelbar

---

176 *Smits* The European Central Bank, 1997, S 108.

177 *Möschel* Wirtschaftsrecht der Banken, 1972, S 107 f. nach der Auffassung von *Möschel* ist sowohl die Festsetzung des Diskont- und Lombardsatzes als auch die Bestimmung der Konditionen für die Offenmarktgeschäfte dem privatrechtlichen Bereich zuzuordnen; die für den Abschluss der Offenmarktgeschäfte aufgestellte Grundsätze seien als selbst gesetzte Richtlinien einzuordnen.

178 Soergel/*Huber* BGB[12], Vor § 433, Rn 305 ff.

179 Vgl *Czaja* Die außervertragliche Haftung der EG, 1995, S 176.

180 Vgl *Griwotz* JuS 1998, 807 ff, 809; *Lorenz* DVBl. 1997, 865 ff, 866; *Tschekuschina* Rechtliche Aspekte der geldpolitischen Instrumente des ESZB 2007, S 76.

verbindliche Leitzinssätze mit Signalfunktion für die Märkte festsetzen. Als Festlegung der Leitzinsen, der Eckpunkte der Geldpolitik, gilt die Leitzinsfestsetzung als gemeinschaftsrechtliche Handlungsform des EZB-Rates.

Das Direktorium der EZB und die NZBen haben die HRGs i. R. d. jeweiligen staatlichen Systems auszuführen, entweder mit vertraglichen oder/und öffentlich-rechtlichen Geschäftsausgestaltungen. Die Allgemeinen Geschäftsbedingungen der Nederlandsche Bank und der Bundesbank können als Beispiele für ein vertragsrechtlich ausgestaltetes System angeführt werden, während andere NZBen, wie z. B. die Banque de France oder auch die Bank von Griechenland, zum Erlass von Rechtsakten befugt sind, mit denen die allgemeinen Regelungen des Eurosystems inhaltlich übernommen werden.[181]

Zusammenfassend dargestellt ist die Leitzinsfestsetzung – als Teil der Festlegung der Geldpolitik – ein *öffentlich gemeinschaftsrechtlicher,* instrumentaler Akt des EZB-Rats, während die Zinssätze der jeweiligen konkreten Refinanzierungsgeschäfte – z. B. der Bundesbank mit den individuellen Kreditinstituten – *privatrechtliche vertragliche* Zinsbestimmungen i. R. d. Ausführung der Geldpolitik bzw. geldpolitischen Geschäfte darstellen.

### (2) Handlungsform der Leitzinsfestlegung

Soweit die Leitzinsfestlegung auf der gemeinschaftsrechtlichen Ebene erfolgt, ist weiterhin zu fragen, unter welche Kategorien der gemeinschaftsrechtlichen Handlungsformen diese Maßnahme fällt. Die zu beantwortenden Fragen sind: (1) ob diese geldpolitische Handlung als Akt materieller Gesetzgebung in Gestalt der Aufstellung von Rechtsnormen und damit i.S. abstrakter, von konkreten Einzelfällen losgelöster, genereller Regelungen zu begreifen ist, oder (2) als gemeinschaftsrechtliche Regelung eines Einzelfalles einzustufen ist, (3) ob die Leitzinsfestlegung eine Außenwirkung, nämlich die Rechtswirkung außerhalb des ESZB bzw. des Eurosystems hat, und (4) ob die Leitzinsfestsetzung als Rechtsverordnung oder Beschluss zu qualifizieren ist.

#### (a) Rechtsnormen sui generis

Bevor die nationalen geldpolitischen Aufgaben der Bundesrepublik Deutschland auf die EZB übertragen wurden, war die Bundesbank dafür zuständig. Die Festsetzung des Diskont- und Lombardsatzes durch die Bundesbank wurde nach dem Recht als Allgemeinverfügung i.S.d. § 35 S 2 VwVfG qualifiziert.[182] Vor Inkrafttreten des Lissabon-Vertrags zum 1.12.2009 wurden die Leitzinssätze per Beschluss angenommen, wobei es sich um verbindliche Rechtsakte mit normativem Charakter handelte, die sich inhaltlich nicht einer der üblichen Handlungsformen zuordnen lassen[183].

181 Groeben/Schwarze/*Weenink* EU-/EGV[6], Art 18 ESZB-Satzung Rn 43.

182 *Kümpel* WM 1992, Sonderbeil. Nr 1, S 15.

183 *Oppermann* Europarecht[2], Rn 277 ff.

Aufgrund der besonderen und präzedenzlosen Stellung der EZB als einer atypischen Institution des Gemeinschaftsrechts mit funktioneller Unabhängigkeit im Bereich der Eigenzuständigkeit im Gefüge der Gemeinschaftsinstitute haben viele Autoren die von ihr erlassenen Rechtssätze als *atypische Rechtsnormen „sui generis"* qualifiziert.[184]

### (b) Beschluss – die Festlegung der Leitzinssätze wird von der EZB ausdrücklich als Beschluss definiert, Art 12.1. S 2 ESZB-Satzung

#### (aa) Entscheidung i.S.d. Art 110 EGV und Art 12.1 S 2 ESZB-Satzung aF

Nach Art 12.1 S 2 ESZB-Satzung aF[185] legte der EZB-Rat nach überwiegender Ansicht im Schrifttum den Leitzins mit einer besonderen Art von Entscheidung i.S.d. Art 110 EGV bzw. Art 249 Abs 4 EGV fest, die keine Adressaten bezeichnet, jedoch von bedeutender Außenwirkung ist; eben diese Außenwirkung sprach allerdings gegen eine Annahme des Vorliegen eines Beschlusses.[186] Untermauert wurde diese Auffassung durch das Faktum, dass es unter der alten Rechtslage – vor dem Inkrafttreten des Lissabon-Vertrags – auch in anderen Fällen adressatenlose „Entscheidungen" gab, die seit längerem in der Praxis der Unionsorgane verwendet wurden, ohne in Art 249 EGV-Nizza ausdrücklich kodifiziert gewesen zu sein.[187]

Allerdings wurde auch bereits in der Zeit vor dem Inkrafttreten des Lissabon-Vertrags – „Vertrag über die Arbeitsweise der Europäischen Union" – zum 1.12.2009 viel gegen diese Meinung argumentiert. Die Entscheidungen der EZB i.S.d. Art 110 Abs 2 EGV entsprächen hinsichtlich ihrer Rechtswirkung den Begriffsbestimmungen der sonstigen Entscheidungen der Organe der Gemeinschaft gemäß Art 249 Abs 4 EGV. Aufgrund ihrer Verbindlichkeit gemäß Art 110 Abs 2 EGV für ihre Adressaten seien sie ein *typisches adressatenbezogenes Rechtsinstrument zur Regelung von Einzelfällen.* Die bisherigen Entscheidungen nach Art 249 EGV mussten nach dieser Ansicht stets an einen bestimmten Adressaten gerichtet sein.[188]

Mit der Ablösung der Entscheidungen i.S.d. Art 110 und Art 249 Abs 4 EGV durch die *adressatenbezogenen Beschlüsse*[189] gemäß Art 132 und Art 288 Abs 4 AEUV sind sowohl das Einstufungsproblem, d.h., die Frage, ob die Leitzinsfestsetzung als

---

184 *Hahn* in: FS Zweigert, 1981, S 298 ff. *Siebelt/Eckert* ZBB 1991, S 153 ff.

185 In der Fassung von „PROTOKOLL (Nr 18) über die Satzung des Europäischen Systems der Zentralbanken und der Europäischen Zentralbank", Amtsblatt der Europäischen Gemeinschaften Nr. C 191 vom 29.7.1992, S 68, zuletzt geändert durch Vertrag von Nizza vom 26. Februar 2001, Amtsblatt der Europäischen Gemeinschaften Nr. C 80 vom 10.3.2001, S 1, 42.

186 Groeben/Schwarze/*Zilioli*, EU-/EGV[6] Art 12 ESZB-Satzung Rn 18.

187 Vgl Grabitz/Hilf/*Nettesheim* Das Recht der Europäischen Union[58. EL], Art 288 AEUV Rn 195.

188 Vgl Calliess/*Ruffert* EUV/AEUV[5] Art 288 AEUV Rn 87.

189 Begrifflichkeit siehe Grabitz/Hilf/*Nettesheim* Das Recht der Europäischen Union[58. EL], Art 288 AEUV Rn 172.

Entscheidung der EZB zu qualifizieren sei, als auch das Abgrenzungsproblem, ob diese Entscheidungen adressatenbezogen sein müssten, hinfällig.

### (bb) Leitzinsfestsetzung als Beschluss

Laut der eigenen *Erklärung der EZB über die Aufgaben des EZB-Rats* erlässt dieser Leitlinien und Beschlüsse, die zur Erfüllung der dem Eurosystem übertragenen Aufgaben notwendig sind, und befasst sich mit der Festlegung der Geldpolitik des Eurogebiets, was – dem Art 12.1 S 2 ESZB-Satzung entsprechend – die Beschlussfassung über geldpolitische Ziele, Leitzinssätze und die Bereitstellung von Zentralbankgeld im Eurosystem sowie die Formulierung von Leitlinien zur Umsetzung der genannten Beschlüsse beinhaltet.[190] Der EZB-Rat hält seine Sitzungen alle 14 Tage im Eurotower in Frankfurt am Main ab, wobei er bei der jeweils ersten Sitzung eines Monats eine Bewertung der wirtschaftlichen und monetären Entwicklung durchführt und den monatlichen geldpolitischen Beschluss fasst.[191] Die Protokolle der Sitzungen des EZB-Rats werden nicht veröffentlicht; der aktuelle geldpolitische Beschluss wird allerdings unmittelbar nach der ersten Sitzung im Monat bei einer Pressekonferenz ausführlich erläutert.[192]

Da die festgelegten Hauptrefinanzierungssätze nicht unmittelbar für alle mindestreservepflichtigen Kreditinstitute gelten, sondern lediglich innerhalb des ESZB für die EZB und NZBen unmittelbare Verbindlichkeit entfalten – die EZB schließt Offenmarktgeschäfte entweder zu ihren Bedingungen oder gar nicht ab[193] – stellen sie mithin *ESZB-interne Rechtsakte* dar. In Betracht kommt also nur der Beschluss als Handlungsinstrument des Eurosystems. Während der EZB-Rat früher in der Praxis die Zinssätze festgesetzt hatte, ohne eine Aussage über die qualitative Einordnung dieser Maßnahmen in das System der rechtlichen Handlungsformen der EZB zu treffen[194], ordnet der EZB-Rat diese Leitzinsfestsetzung heutzutage ausdrücklich als Beschlussfassung in das System der formell rechtlichen Handlungsformen der EZB ein. Laut der Regelung des Art 12.1 S 2 ESZB-Satzung und der eigenen Erklärung der EZB über die Aufgaben des EZB-Rats erlässt der EZB-Rat Leitlinien und Beschlüsse, die zur Erfüllung der dem Eurosystem übertragenen Aufgaben und zur Festlegung der Geldpolitik des Eurogebiets notwendig sind; dies beinhaltet, dem Art 12.1 S 2 ESZB-Satzung entsprechend, die Beschlussfassung über geldpolitische

---

190 Http://www.ecb.int/ecb/orga/decisions/govc/html/index.de.htmlhttp://www.ecb.int/ecb/orga/decisions/govc/html/index.de.html.

191 Bei der zweiten Sitzung werden vorwiegend Themen behandelt, die sich aus den übrigen Aufgaben und Verantwortungsbereichen der EZB und des Eurosystems ergeben, siehe: http://www.ecb.int/ecb/orga/decisions/govc/html/index.de.htmlhttp://www.ecb.int/ecb/orga/decisions/govc/html/index.de.html.

192 Http://www.ecb.int/ecb/orga/decisions/govc/html/index.de.htmlhttp://www.ecb.int/ecb/orga/decisions/govc/html/index.de.html.

193 Vgl *Voigt* Die Währungsverwaltung der Deutschen Bundesbank, 1970, S 100.

194 Vgl zB *EZB* Monatsbericht, Dez 1999, S 53 ff.

Ziele, Leitzinssätze und die Bereitstellung von Zentralbankgeld im Eurosystem sowie die Formulierung von Leitlinien zur Umsetzung der eben genannten Beschlüsse.[195]

Somit entspricht die Leitzinsfestsetzung formell den Voraussetzung für das Vorliegen einer *Verordnung*, da sie – wie die Verordnungen – nicht nach Art 297 Abs 2 AEUV im Amtsblatt der Europäischen Gemeinschaften zu veröffentlichen ist.[196]

Unter *Beschluss gemäß Art 132 AEUV und Art 288 Abs 4 AEUV* versteht man zwei unterschiedliche[197] Handlungsinstrumente des Gemeinschaftsrechts, namentlich zwei verschiedene Arten von Beschlüssen: adressatenspezifische (auch: adressatenbezogene, adressatengerichtete oder adressierte) Beschlüsse, welche die früher in Art 189 EWGV und Art 249 EGV-Nizza kodifizierte Handlungsform der *Entscheidungen* ersetzt, und nicht-adressatenbezogene, adressatenunspezifische oder adressatenlose Beschlüsse[198], unter die die früheren Rechtsakte – so genannte „adressatenlose Entscheidungen" – des EZB-Rats mit aufgenommen werden, d.h., diejenigen bisher unter dem Begriff „Beschluss" firmierenden Rechtsakte mit erheblicher praktischen Bedeutung, die aber nicht zu den kodifizierten Rechtsakten des Unionsrechts gehörten und sich wegen des Fehlens eines benannten Adressaten bisher nicht unter die Handlungsformenkategorie *Beschluss* einordnen ließen.[199]

Gemäß Art 288 Abs 4 AEUV ist der *adressatenbezogene* Beschluss nach dem geltenden Lissabon-Vertrag der verbindliche Rechtsakt des Unionsrechts für Einzelfälle und löst damit die *Entscheidung gemäß Nizza-Vertrag* ab.[200] Der im alten Art 249 Abs 4 EGV auch nur angedeutete Einzelfallbezug verliert als Merkmal für das Vorliegen eines Beschlusses gemäß Art 288 Abs 4 AEUV in der neuen Rechtslage noch mehr an Bedeutung. Die geminderte Bedeutung des Einzelfallkriteriums findet auch Ausdruck hinsichtlich des Rechtsschutzes: Art 263 Abs 4 AEUV stellt im Gegensatz zu Art 230 Abs 4 EGV für den Rechtsschutz mithin überhaupt nicht mehr auf die Handlungsform ab.[201]

---

195 Http://www.ecb.int/ecb/orga/decisions/govc/html/index.de.htmlhttp://www.ecb.int/ecb/orga/decisions/govc/html/index.de.html.

196 Vgl *Hahn/Häde* ZHR 165 (2001), S 47.

197 Calliess/*Ruffert* EUV/AEUV[5] 288 AEUV Rn 85; Grabitz/Hilf/*Nettesheim* Das Recht der Europäischen Union[58. EL], Art 288 AEUV Rn 172.

198 *Frenz* Handbuch, Rn 1209.

199 Grabitz/Hilf/*Nettesheim* Das Recht der Europäischen Union[58. EL], Art 288 AEUV Rn 172; in früherem Recht gegen die Annahme eines Beschlusses ohne Adressaten siehe: Groeben/Schwarze/*Zilioli* EU-/EGV[6], Art 12 ESZB-Satzung Rn 18, eigene Meinung aber wieder relativiert in Rn 4; vgl auch Calliess/*Ruffert* EUV/AEUV[5], Art 288 AEUV Rn 87.

200 Calliess/*Ruffert* EUV/AEUV[5], Art 288 AEUV Rn 86*; Bockey* Die Entscheidung der Europäischen Gemeinschaft, 1998, S 34f.; *André* EuR 1969, 191; *Börner* Die Entscheidungen der Hohen Behörde, 1965; *Junker* Der Verwaltungsakt im Deutschen und Französischen Recht und die Entscheidung im Recht der EG, 1990; *Paberl* Rechtscharakter und Anwendung der Entscheidung im EWGV, 1969; *Thierfelder* Die Entscheidung im EWG-Vertrag, 1968.

201 Calliess/*Ruffert,* EUV/AEUV[5], Art 263 AEUV Rn 29 mwN.

Bei den *„adressatenunabhängigen* Beschlüssen" gemäß Art 288 Abs 4 AEUV handelt es sich zum einen um Handlungen, die die Rechtslage ändern, ohne in individuell zugeordnete Rechtspositionen einzugreifen – also die *gestaltenden Beschlüsse* –, oder zum anderen um Handlungen, die eine bereits bestehende Rechtslage nur noch einmal verbindlich festlegen, selbst aber keine rechtlichen Veränderungen der Rechtslage vornehmen – nämlich die *feststellenden Beschlüsse*[202].

Der Begriff des Beschlusses i.S.d. Art 288 Abs 4 AEUV entspricht dem der „Entscheidung" im früheren Recht nach Art 189 EWGV und Art 249 EGV-Nizza, der „häufig im weiten Sinne dahingehend verstanden wurde, dass er alle Verwaltungsmaßnahmen umfasst, die eine Rechtslage schaffen, verändern" oder feststellen oder „Verpflichtungen begründen."[203]

## Generalität der Verordnung mit bedingter Abstraktheit – Abgrenzung des adressatenspezifischen Beschlusses von der Verordnung

Verordnungen sind *abstrakt-generelle Rechtssätze* des sekundären Unionsrechts.[204] Unter dem Begriff *„allgemeine Geltung"* ist sowohl die Generalität der zu regelnden objektiven Sachverhalte als auch diejenige des betroffenen Personenkreises zu verstehen[205], d.h. dass die Verordnung grundsätzlich auf objektiv bestimmte Sachverhalte bezogen ist und insbesondere Rechtswirkungen für allgemein und abstrakt umrissene, nicht zahlenmäßig bestimmbare Personengruppen entfaltet"[206]. Die Bestimmung einer Verordnung als *generelle Rechtsnorm des Unionsrechts* beansprucht also eine unmittelbare rechtliche Verbindlichkeit für einen *offenen Adressatenkreis.* Wenn der Adressatenkreis gegebenenfalls bestimm- bzw. begrenzbar ist, muss per definitionem gewährleistet sein, dass weitere Personen als Adressaten hinzukommen können.[207] Verordnungen können prinzipiell entweder mit abstrakter

---

202 *Frenz* Handbuch, Rn 1306.

203 Vgl *EuGH* Rs. 16 u. 17/62, *Conféderation nationale des producteurs de fruits et légumes,* Slg 1962, 961, 991.

204 *Schweitzer/Hummer/Obwexer,* Europarecht, 2007, Rn 257; *Rabe,* Das Verordnungsrecht der Europäischen Wirtschaftsgemeinschaft, 1963; Calliess/*Ruffert,* EUV/AEUV[5], Art 288 AEUV Rn 16.

205 Groeben/Schwarze/*Schmidt* EU-/EGV[6], Art 249 EGV Rn 29.

206 *EuGH, Koninklijke Scholten Honig/Rat und Kommission* 101/76, Slg. 1977, 806; *EuGH Giuffrida und Campogrande/Rat,* 64/80, Slg. 1981, 693 ff.; *EuGH* Rs. 101/76, *Koninklijke Scholten Honig* Slg. 1977, 797/807; *EuGH* verb. Rs. 19–22/62, Slg. 1962, 1003/1020, *Fédération nat. de la Boucherie u.a.*; Vgl Grabitz/Hilf/*Nettesheim* Das Recht der Europäischen Union[58. EL], Art 288 AEUV Rn 89 f.

207 Grabitz/Hilf/*Nettesheim* Das Recht der Europäischen Union[58. EL], Art 288 AEUV Rn 90; *EuGH* Rs. 242/81, *Roquette Frères* Slg. 1982, 3213; *EuGH,* Rs. 307/81; *Alusuisse* Slg. 1982, 3463; *EuGH* Rs. 147/83; *Binderer* Slg. 1985, 257/271; *EuGH* Rs. 206/87; *Societe Lefebvre* Slg. 1989, 275; *EuGH* Rs. C-264/91; *Arnaud* Slg. 1993, I-2573; *EuGH* Rs. C-209/94 P; *Buralux* Slg. 1996, I-615; EuG, Rs. T 482/93; *Weber* Slg. 1996, II-609; *EuG* Rs. T-489/93; *Unifruit Hellas,* Slg. 1994, II-1201; *EuG,* Rs. T-14/97 und T-15/97;

Regelungsqualität unbestimmt viele Sachverhalte betreffen oder auch lediglich eine individuelle Fallkonstellation regeln.[208] Trotz der Legitimationsproblematik der für den Erlass der Verordnungen ausschließlich zuständigen Unionsorgane – nämlich der nicht unmittelbar demokratisch legitimierten Unionsorgane Rat und Kommission – handelt es sich bei dem Erlass von Verordnungen inhaltlich dennoch um einen Akt materieller Gesetzgebung.[209] Die Außenwirkung ist allerdings für die Verordnung nicht begriffsnotwendig, da es durchaus Verordnungen des Binnenrechts gibt.[210]

Im Gegenteil zur Verordnung ist der Adressatenkreis des Beschlusses grundsätzlich geschlossen und kann auch künftig nicht mehr erweitert werden[211], d.h. der *adressatenbezogene Beschluss* richtet sich ausnahmslos *ohne* allgemeine Geltung[212] an einen *geschlossenen, abschließend bestimmten Adressatenkreis.*[213] Der wesentliche Unterschied des adressatenbezogenen Beschlusses von der Verordnung liegt daher in dem Tatbestandsmerkmal der allgemeinen Geltung.[214]

Außerdem sind adressatenspezifische Beschlüsse Rechtsakte des *unionsinternen Rechts*, die EU-Organe ausschließlich an die Rechtsträger im unionsinternen Bereich richten, welche aber unter Umständen auch auf die Außenrechtsbeziehungen mittelbar einwirken können.[215] Dem Verwaltungsakt bzw. der Allgemeinverfügung gemäß § 35 VwVfG des Deutschen Rechts entspricht der *adressatenspezifische, rechtsvollziehende Beschluss*[216], welcher gleichermaßen Einzelfälle als auch eine unbestimmte Vielzahl von Fällen regeln kann.[217]

---

*EuGH*, Rs. 1997, 193, 99 und 215/86, *Asteris u.a.* Slg. 1988, 2200; *Sofivo SAS* Slg. 1998, Slg. II-2601.

208 Grabitz/Hilf/*Nettesheim* Das Recht der Europäischen Union[58. EL], Art 288 AEUV Rn 92.

209 Geiger/Khan/*Kotzur* EUV/AEUV, 2010, Art 288 AEUV Rn 6; Grabitz/Hilf/*Nettesheim* Das Recht der Europäischen Union[58. EL], Art 288 AEUV Rn 89.

210 *Oppermann/Classen/Nettesheim* Europarecht, 2011, § 10 Rn 92; Calliess/*Ruffert* EUV/AEUV[5], Art 288 AEUV Rn 17.

211 *EuGH* verb. Rs. 106, 107/63, *Töpfer u. Getreide Import Ges.* Slg. 1965, 554, 556; *EuGH* verb. Rs. 41–44/70, *Fruit Company u.a.* Slg. 1971, 411, 422; Grabitz/Hilf/*Nettesheim* Das Recht der Europäischen Union[58. EL], Art 288 AEUV Rn 175.

212 Vgl Wortlaut des Art 288 Abs 2 und Abs 4 S 2 AEUV; Calliess/*Ruffert* EUV/AEUV[5], Art 288 AEUV Rn 86; Schlussbericht der Gruppe IX. Vereinfachung, Dok. CONV 424/02, S 4 mit Fn 1.

213 Grabitz/Hilf/*Nettesheim*, Das Recht der Europäischen Union[58. EL], Art 288 AEUV Rn 91, 175, 197.

214 Calliess/*Ruffert* EUV/AEUV[5], Art 288 AEUV Rn 18; Grabitz/Hilf/*Nettesheim* Das Recht der Europäischen Union[58. EL], Art 288 AEUV Rn 175.

215 Vgl Grabitz/Hilf/*Nettesheim* Das Recht der Europäischen Union[58. EL], Art 288 AEUV Rn 174.

216 Grabitz/Hilf/*Nettesheim* Das Recht der Europäischen Union[58. EL], Art 288 AEUV Rn 180.

217 Grabitz/Hilf/*Nettesheim* Das Recht der Europäischen Union[58. EL], Art 288 AEUV Rn 174.

### Abgrenzung zum adressatenlosen Beschluss – das Innenrecht des ESZB

Während die Verordnung unmittelbare Rechte und Pflichten für jeden Regelungsadressaten begründet, zu denen nicht nur Mitgliedstaaten und Gemeinschaftsorgane, sondern auch der Marktbürger gehört[218], handelt es sich bei adressatenlosen Beschlüssen um Rechtsakte, die zwar keine allgemeine Geltung beanspruchen[219] aber anhand der unmittelbaren Regelungswirkung die Rechtslage ändern, ohne dabei jedoch in individuell zugeordnete Rechtspositionen einzugreifen[220].

Ohne individuellen Gestaltungscharakter und ohne Aufweisen eines Adressatenkreises ergibt sich der Bezugspunkt eines adressatenunabhängigen Beschlusses aus dem von ihm geregelten Sachbereich, nämlich den bestimmten Fragestellungen des Innenbereichs der Union.[221] Gerade aufgrund einer derart sachlichen Spezialisierung hat der adressatenlose Beschluss nicht den abstrakt-generellen Charakter, den Verordnungen besitzen.[222] Die unmittelbare Verbindlichkeit des adressatenlosen Beschlusses gemäß Art 288 Abs 4 S 1 AEUV entfaltet sich gegenüber *allen tatsächlichen an dem jeweiligen tatbestandsmäßigen sachlichen Regelungsbereich Beteiligten.*[223] Da der adressatenunabhängige Beschluss sich weder an Mitgliedstaaten noch an Private richtet, kann dieser mit seinen Rechtswirkungen eine Statusveränderung *lediglich im Innenbereich der Union* begründen, d.h. eine unmittelbare Verpflichtung der Mitgliedstaaten oder unbeteiligter Dritter durch einen adressatenlosen Beschluss ist grundsätzlich nicht möglich.[224]

### Zwischenergebnis

Zusammenfassend beanspruchen die Beschlüsse i.S.d. Art 12.1 ESZB-Satzung und Art 132 Abs 1, 2. Spiegelstrich, sowie Art 288 Abs 4 AEUV mit vollziehender Funktion, anders als die Verordnung i.S.d. Art 132 Abs 1, 1. Spiegelstrich und Art 288 Abs 4 AEUV, keine allgemeine Geltung und gelten rechtlich ausschließlich im Innenbereich der Union. Sie richten sich mit einer unmittelbaren Verbindlichkeit gemäß Art 288 Abs 4 S 1 AEUV entweder als adressatenbezogene Beschlüsse gemäß Art 288 Abs 4 S 2 AEUV an einen bestimmten, geschlossenen Adressatenkreis oder als adressatenunabhängigen Beschlüsse gemäß Art 288 Abs 4 S 1 an die tatsächlich

218 Groeben/Schwarze/*Schmidt* EU-/EGV[6], Art 249 EGV Rn 29.

219 Calliess/*Ruffert* EUV/AEUV[5], Art 288 AEUV Rn 86; *Frenz* Handbuch, Rn 849.

220 Grabitz/Hilf/*Nettesheim* Das Recht der Europäischen Union[58. EL], Art 288 AEUV Rn 195.

221 Grabitz/Hilfe/*Nettesheim* Das Recht der Europäischen Union[58. EL], Art 288 AEUV Rn 197.

222 Ähnlich *Frenz* Handbuch, Rn 849.

223 *Frenz* Handbuch, Rn 849; Grabitz/Hilfe/*Nettesheim* Das Recht der Europäischen Union[58. EL], Art 288 AEUV Rn 197.

224 Streinz/*Schroeder* EUV/AEUV[2], Art 288 AEUV Rn 133, 134; *Frenz* Handbuch, Rn 850; Grabitz/Hilf/*Nettesheim* Das Recht der Europäischen Union[58. EL], Art 288 AEUV Rn 93, 195, 197 f.

Beteiligten an dem sachlich spezialisierten Regelungsbereich. In Abgrenzung zum adressatenbezogenen Beschluss nach Art 288 Abs 4 S 2 AEUV liegt bei dem adressatenunabhängigen Beschluss *keine individuelle Geltung* vor.

Trotz des stark geminderten Einzelfallbezugs fehlt es bei dem Beschluss weiterhin an der allgemeinen Geltung, welche ein kennzeichnendes Merkmal der Rechtsverordnung darstellt[225]. Notwendig ist dabei, wie die Rechtswirkung der Leitzinssetzung von derjenigen der Rechtsverordnung i.S.d. Art 132 Abs 1, 1. Spiegelstrich und Art 288 Abs 2 AEUV abzugrenzen ist.

Die Hauptrefinanzierungssätze als Leitzinsen der EZB sind diejenigen Zinssätze, welche die EZB bei Pensionsgeschäften und besicherten Krediten für das befristete Zurverfügungstellen des Zentralbankgiralgelds von den zugelassenen Geschäftspartnern verlangt. Von der Festsetzung der Zinssätze bis hin zur Ankündigung, dem Geschäftsabschluss und der Geschäftsabwicklung sind die Hauptrefinanzierungssätze für die EZB und die NZBen des Eurosystems als dem Monopolanbieter von Zentralbankgeld unmittelbar verbindlich.

Allerdings betreffen die Hauptrefinanzierungssätze unmittelbar weder den Rechtsstatus bzw. die Rechtspositionen all derjenigen mindestreservepflichtigen Kreditinstitute, die als potentielle Geschäftspartner des ESZB zugelassen sind, noch den Rechtsstatus bzw. die Rechtspositionen der für alle zukünftigen Geschäfte neu hinzukommenden Institute. Die Hauptrefinanzierungssätze sind erst für die Kreditinstitute rechtlich verbindlich, wenn Letztere tatsächlich die HRGs mit dem Eurosystem vertraglich abgeschlossen haben. Dabei handelt es sich jedoch gerade nicht mehr um eine Beschlussfassung der EZB sondern um eine in das jeweilige Refinanzierungsgeschäft durch vertragliche Vereinbarung in den jeweiligen konkreten Kreditvertrag einbezogene Zinsregelung für konkrete Kreditgeschäfte. Die Refinanzierungszinssätze, die nur von den *abschließenden Kreditinstituten* für die Refinanzierungsgeschäfte zu zahlen sind, bestimmen allerdings wirtschaftlich die Nachfrage nach Zentralbankgeld in Form von Refinanzierungskrediten der Notenbank.[226] Ein Veränderung des Zinssatzes für die HRGs bewirkt daher eine entsprechende wirtschaftliche Anpassung beim Tagesgeldsatz und damit verbunden der kurzfristigen Bankzinsen.[227]

Es handelt sich bei den Zinsbeschlüssen als *adressatenlosen Beschlüssen* also um *generell-abstrakte Rechtsakte*, da sie den Adressatenkreis außerhalb des ESZB nicht konkret festlegen und auch für zukünftige geldpolitische Geschäfte gelten.[228] Obwohl Leitzinsbeschlüsse nicht an einen festlegten Adressatenkreis außerhalb des Eurosystems gerichtet sind, beziehen sich diese aber ausdrücklich auf einen konkreten Sachverhalt, nämlich hauptsächlich auf den Preis für Zentralbankgiralgeld auf dem Zentralbankgeldmarkt, und gelten somit nur für die potenziell zum

225 Vgl Calliess/*Ruffert* EUV/AEUV[5], Art 288 AEUV Rn 86.

226 *Gaitanides* Das Recht der EZB, 2005, S 104; vgl auch *Junius/Kater/Meier/Müller*, Handbuch EZB, 2002, S 90.

227 *Görgens/Ruckriegel/Seitz*, Europäische Geldpolitik[6], S 235.

228 Vgl *Endler* EZB und Preisstabilität, 1998, S 514 f.

Abschluss geldpolitischer Geschäfte zugelassenen Marktteilnehmer. Genau diese Eingrenzung des Adressatenkreises bedeutet allerdings zugleich auch die Abgrenzung des Beschlusses von der Rechtsverordnung, welche eine allgemeine Geltung beansprucht.[229]

##### (3) Abgrenzung der Refinanzierungssätze als vertraglicher Preisbestimmung für das Zentralbankgiralgeld von den Leitzinsen als EZB-Beschlüssen

Festzuhalten ist bisher somit, dass die Leitzinssetzungen *nicht-adressatenbezogene Beschlüsse* darstellen. Allerdings sind die in diesen Beschlüssen enthaltenen Leitzinsen nicht Vertragsbestandteil des individuellen HRGs. Sie binden rechtlich nur das ESZB und entfalten ökonomisch ihre Signalfunktion für die Kreditinstitute und die anderen Wirtschaftsbeteiligten. Erst mit dem Geschäftsabschluss für die Zuteilung von Zentralbankgiralgeld kommt der jeweilige Zinssatz als ein Resultat beiderseitig übereinstimmender Willenserklärungen – i.S.v. Angebot des Eurosystems und Annahme durch den jeweiligen Geschäftspartner – und als Vertragsbestandteil zustande, mit anderen Worten, der Preis für das Zentralbankgiralgeld als wesentlicher Vertragsbestandteil entspricht den maßgeblichen Leitzinsbeschlüssen, die für die Zentralbanken des Eurosystems rechtlich verbindlich sind.

#### cc) Ankündigung der Zinssätze in der Tenderankündigung

Gemäß der durch den EZB-Rat in Form von Beschlüssen festgelegten Leitzinssätze werden konkrete Zinsgestaltungen i. R. d. Zentralbankgeldzuteilungsverfahrens, des *Tenderverfahrens*, den jeweiligen Refinanzierungsgeschäften entsprechend als individuelle Willenserklärungen der EZB über den Preis des zuzuteilenden Zentralbankgiralgeldes angekündigt, um die zugelassenen Geschäftspartner zum Geschäftsabschluss aufzufordern.

Die HRGs können entweder in Form eines *Zinstenders* oder eines *Mengentenders* durchgeführt werden.[230] Während bei Mengentendern der Refinanzierungssatz stets für alle Zuteilungen einheitlich ist, gilt bei Zinstendern mit unterschiedlichen Zuteilungssätzen je nach Geboten *der von der EZB festgelegte Mindesbietungssatz* als Refinanzierungssatz. Sowohl der festgesetzte einheitliche Zinssatz bei Mengentendern als auch der niedrigste bzw. höchste akzeptierte Zinssatz bei Zinstendern müssen also in dem jeweiligen Tenderverfahren ordnungsgemäß angekündigt werden. Diese Refinanzierungssätze sind die Leitzinsen, also der zentrale Notenbankzinssatz der EZB, die eine Signalfunktion bezüglich der aktuellen Geldpolitik der EZB haben.[231]

229 Calliess/*Ruffert* EUV/AEUV[5], Art 288 AEUV Rn 86; vgl auch *Kümpel* WM 1992 Sonderbeil. S 8, Ausführung über die Diskontsätze.

230 EZB/2011/14, Anhang I, S 21.

231 EZB/2011/14, Anhang I, S 9; Die Geldpolitik der EZB, 2011, S 114; *EZB* Die Geldpolitik der Stufe 3, 2000, S 15.

Erst mit dem vertraglichen Abschluss der Refinanzierungsgeschäfte – beispielsweise mit der Bundesbank – werden die jeweiligen Zinssätze als Preis für das den Kreditinstituten bereitgestellte Zentralbankgeld zu einem Vertragsgegenstand des jeweiligen Refinanzierungsgeschäftes.

Schließlich hat die öffentlich-gemeinschaftsrechtliche Natur der Leitzinsbeschlüsse keinen Einfluss auf die Bestimmung der Rechtsnatur der Refinanzierungsgeschäfte, da die Leitzinsen als Beschlussgegenstand von der vertraglichen Zinsklausel der Refinanzierungsgeschäfte als Vertragsbestandteil rechtlich zu trennen sind.

Diese Zinssätze spielen in den verschiedenen Phasen der Festlegung und Implementierung der Geldpolitik der EZB rechtlich verschiedene Rollen. Deutlich wird die Unterschiedlichkeit der Rollen der jeweiligen Zinssätze bei Zinssatzveränderungen infolge einer das Zuteilungsvolumen der Zentralbank über- oder unterschreitenden Zentralbankgiralgeldnachfrage. Bei Mengentendern ist der Betrag des Zentralbankgiralgeldes, den die Geschäftspartner bereit sind, unter den angekündigten Zinssätzen mit den NZBen zu kontrahieren, in den Geboten anzugeben. Bei jedem Gebot in den Zinstendern ist neben dem Betrag auch der jeweilige Zinssatz anzugeben, zu dem die Zentralbankgiralgeldnachfrager mit den NZBen das jeweilige Geschäft abschließen bereit sind.[232] Die Zentralbankgiralgeldnachfrage durch die Geschäftspartner stimmt jedoch nur selten mit der von der Zentralbank im Vorfeld des Tenders festgelegten Zielmenge des Zentralbankgiralgeldes überein. Passt sich die jeweilige Zentralbank nicht der Nachfrage an, und ist die Nachfrage nach Zentralbankgeld höher als das Zuteilungsvolumen, wird es zu Zinssteigerungen kommen, die durch Mengensteuerung induziert werden, die aber nicht notwendig den geldpolitischen Intentionen der jeweiligen Zentralbank entsprechen.[233]

Die maßgeblichen Zinssätze sind nicht in jeder Phase ein- und derselbe Rechtsgegenstand sondern von einander zu unterscheidende Rechtsinstitutionen. Die Leitzinssätze sind zuerst als *nur für das Eurosystem bindende Beschlüsse* aufzufassen. Dann werden sie zum Zeitpunkt der notwendigen Ankündigungsangabe der EZB i. R. d. Tenderankündigung zu einer *invitatio ad offerendum*. Schließlich werden sie, ggf. unter Zinssatzveränderung, mit dem Abschluss der Refinanzierungsgeschäfte zu *einem Vertragsbestandteil, der auch für die Geschäftspartner des Eurosystems unmittelbar verbindlich ist.*

## III. Gültige Gebote der Geschäftspartner als Vertragsangebote

Auf die von der EZB angekündigten Tenderverfahren können die Geschäftspartner durch ihre jeweilige NZB im zeitlichen Rahmen der angekündigten Bietungsfrist Gebote abgeben, die dem von den NZBen des Eurosystem für das jeweilige Geschäft vorgegebenen Muster zu entsprechen haben.[234] Bei der Zuteilung von

232 EZB/2011/14, Anhang I, S 24.
233 *Gaitanides* Das Recht der EZB, 2005, S 105.
234 Ausführlich siehe EZB/2011/14, Anhang I, S 24.

Zentralbankgiralgeld werden nur gültige Gebote berücksichtigt, nämlich diejenigen, die fristgemäß und zugleich allen Formvorschriften vollständig entsprechend abgegeben werden.[235] Die in Deutschland ansässigen Geschäftspartner des Eurosystems sind dabei frei, darüber zu entscheiden, ob sie ihre Gebote entsprechend den Zinssätzen und den Beträgen abgeben, zu denen sie bereit sind, die jeweiligen Refinanzierungsgeschäfte mit dem Eurosystem abzuschließen. Diese Gebote sind somit die Vertragsangebote an das Eurosystem und werden mit dem Bietungsschluss unwiderruflich.[236] Die gültigen Gebote werden für den jeweiligen gesamten Zuständigkeits- und Einzugsbereich einer NZB – z.B. den gesamten Zuständigkeits- und Einzugsbereich der Bundesbank – zusammengefasst und im Anschluss an die EZB weitergeleitet.

## IV. Tenderzuteilung und Bekanntmachung der Tenderergebnisse – Ablehnung der Gebote der Geschäftspartner verbunden mit neuem Vertragsangebot

### *1. Entscheidung über das Zuteilungsvolumen, d.h. die Höhe der bereitzustellenden Liquidität, durch das EZB-Direktorium*

Bei beiden Tenderverfahren entscheidet die EZB über die Höhe der bereitzustellenden Liquidität[237], die auch als *Zuteilungsvolumen* bezeichnet wird. Während die maßgeblichen Entscheidungen sowohl über die Zinssätze als auch hinsichtlich der Zwischenziele der Geldmengen vom EZB-Rat getroffen werden[238], trifft die Entscheidungen über die Tenderzuteilungen grundsätzlich das Direktorium der EZB – und zwar auf Arbeitsebene, d.h. das Direktorium der EZB[239] legt turnusmäßig fest, wie viel Liquidität in den Markt gegeben werden soll.[240] Hierfür ist der Offenmarktausschuss der EZB zuständig, der gemäß der geldpolitischen Leitlinien des EZB-Rates und in Anbetracht der gegenwärtigen Liquiditätslage am Geldmarkt vorgeht.[241]

### *2. Zuteilungsvolumen*

Bei einem Mengentender bedeutet dies in der Regel die Effektuierung einer *Pro-Rata-Zuteilung an die teilnehmenden Banken*, die sich folgerichtig aus dem Verhältnis

---

235 EZB/2011/14, Anhang I, S 25.
236 Bis zum Bietungsschluss können Gebote zurückgerufen werden, EZB/2011/14, Anhang I, S 25.
237 Die Geldpolitik der EZB, 2011, S 114.
238 *Gaitanides* Das Recht der EZB, 2005, S 116.
239 Vgl *EWI* The Single Monetary Policy in Stage Three: Elements of the Monetary Policy Strategy of the ECB, 1997.
240 Vgl *Junius/Kater/Meier/Müller* Handbuch EZB, 2002, S 49, 109.
241 *Junius/Kater/Meier/Müller* Handbuch EZB, 2002, S 109.

zwischen Gesamtbietungsaufkommen und Gesamtzuteilungsbetrag ergibt[242], d.h. übersteigt das Bietungsaufkommen der Zentralbankgiralgeldnachfrager den vom Eurosystem angestrebten Zuteilungsbetrag, werden die Gebote anteilig im Verhältnis des vorgesehenen Zuteilungsbetrages zum Gesamtbietungsaufkommen zugeteilt (so genannte *Repartierung*).[243] Die Repartierung stellt eine Einschränkung oder sonstige Änderung i.S.d. § 150 BGB dar. Eine Annahme unter Erweiterungen, Einschränkungen oder sonstigen Änderungen gilt als Ablehnung verbunden mit einem neuen Antrag, § 150 BGB.

Bei *Zinstendern* erfolgt die Zuteilung entweder zu einem einheitlichen Satz, was auch als *holländisches Zuteilungsverfahren* bezeichnet wird, oder zu mehreren individuellen Sätzen - auch *amerikanisches Zuteilungsverfahren* genannt[244]. Bei der Zuteilung zu einem einheitlichen Bietungssatz nach dem holländisches Zuteilungsverfahren erfolgt die Zuteilung bei allen zum Zuge kommenden Geboten zum *marginalen Zinssatz*, d.h., demjenigen Zinssatz, bei dem der gesamte Zuteilungsbetrag ausgeschöpft wird[245]. Gegebenenfalls kommt es bei Anwendung dieses Verfahrens auch zu einer Repartierung, die sich ebenfalls als erneutes Angebot der EZB darstellt.

Bei einer Zuteilung nach dem amerikanischen Zuteilungsverfahren erfolgt die Zuteilung grundsätzlich zu den individuell gebotenen Zinssätzen. Wenn beim niedrigsten akzeptierten Zinssatz (d.h. dem *marginalen Zinssatz*) der Gesamtbetrag dieser Gebote den verbleibenden Zuteilungsbetrag übersteigt, wird Letzterer anteilig auf die Gebote nach Maßgabe des Verhältnisses zwischen dem verbleibendem Zuteilungsbetrag und dem Gesamtbetrag der Gebote zu dem marginalen Zinssatz zugeteilt.[246] Der Zuteilungssatz ist dabei gleich dem bei der individuellen Bietung jeweils angebotenen Zinssatz. Der Zinstender zeichnet sich aufgrund dieses Prozederes dadurch aus, dass die bietenden Kreditinstitute zum einen neben der Betragshöhe auch den Zinssatz nennen müssen, zu dem sie bereit sind, Geschäfte mit dem Eurosystem abzuschließen und zum anderen eine eigene Einschätzung der Zinsentwicklung am Geldmarkt vornehmen müssen.[247]

Die EZB übermittelt nach Zusammenstellung aller Bietungsergebnisse die *Global-Zuteilungsentscheidung* an die NZBen des Eurosystems. Die jeweilige NZB – beispielsweise die Bundesbank – errechnet im Anschluss daran dann auf Basis der Globalzuteilung die individuellen Zuteilungsbeträge für die einzelnen zugelassenen Kreditinstitute und informiert diese in der Folge sowohl über die globale als auch über die individuelle Zuteilungsentscheidung.[248]

---

242 Die Geldpolitik der EZB, 2011, S 114; vgl auch EZB/2011/14, Anhang I, S 25, Kasten 4.

243 *Görgens/Ruckriegel/Seitz* Europäische Geldpolitik[6], S 226 f.

244 Sog „American auction, multiple rate auction", EZB/2011/14, Anlage 2, S 69.

245 Die Geldpolitik der EZB, 2011, S 114; EZB/2011/14, Anhang I, S 25 f., Kasten 5.

246 EZB/2011/14, Anhang I, S 24.

247 *Görgens/Ruckriegel/Seitz* Europäische Geldpolitik[6], S 226 f.

248 *Görgens/Ruckriegel/Seitz* Europäische Geldpolitik[6], S 225 f.

### *3. Bekanntmachung der Zuteilungsergebnisse über Wirtschaftsinformationsdienste und die Website der EZB*

Das Ergebnis der Standardtender wird sowohl über Wirtschaftsinformationsdienste als auch auf der Website der EZB öffentlich bekannt gegeben. Den Geschäftspartnern ohne Zugang zu Wirtschaftsinformationsdiensten können die NZBen das Zuteilungsergebnis unmittelbar mitteilen. Die öffentliche Mitteilung über das Zuteilungsergebnis muss grundsätzlich die nachfolgend in Tabelle 5 aufgeführten notwendigen Angaben über die abgeschlossenen Hauptfinanzierungsgeschäfte enthalten. Die NZBen des Eurosystems bestätigen allen Zentralbankgiralgeld erhaltenden Geschäftspartnern ihre Zuteilung direkt.

Mit Absendung der Mitteilung der Zuteilungsergebnisse kommen die Verträge über Pensionsgeschäfte und besicherte Kredite durch die stillschweigende Annahme der Geschäftspartner ohne Erklärung gegenüber der antragenden EZB am Abschlusstag zustande, vgl AGB-Bbk Abschnitt V. Nr 15 Abs 4[249], da eine solche Erklärung nach der Verkehrssitte nicht zu erwarten ist, vgl § 151 BGB.

Das Datum, an dem ein Abschluss, d. h. eine vertragliche Vereinbarung über die Transaktionen i. R. d. HRGs zwischen dem Eurosystem und seinen akkreditierten Geschäftspartnern mit Zugang der Zuteilungsentscheidung an die Zentralbankgiralgeldnachfrager getätigt wird, wird als *Abschlusstag* – auch *trade date* (T) – bezeichnet, der sich von dem *Abwicklungstag* unterscheidet und entweder mit dem Abwicklungstag für die Transaktion zusammenfällt (*gleichtägige Abwicklung*) oder aber dem Abwicklungstag um eine bestimmte Anzahl von Geschäftstagen vorausgeht (der Abwicklungstag wird in diesem Zusammenhang definiert als der Abschlusstag T + die Zeit bis zur Abwicklung).[250]

Nach Zugang der Mitteilung der Zuteilungsentscheidung von EZB-Direktorium und NZBen an die bietenden Kreditinstitute wird am konkreten Abwicklungstag (*Valutierungstag*) einerseits die Valutierung und andererseits die *Inanspruchnahme der entsprechenden Sicherheiten* vollzogen. Die Erfüllung der vertraglichen Verpflichtungen des Eurosystems erfolgt *ohne jedwedes Zutun der Kreditinstitute.*

---

249 *AGB-Bbk* Abschnitt V. Nr 15 Abs 4: *„Die Zuteilungen werden den einzelnen Geschäftspartnern unter Mitteilung der erforderlichen Angaben auf elektronischem Wege (Tenderbedingungen) bekannt gegeben, bei Zinstendern unter Mitteilung der zu unterschiedlichen Sätzen zugeteilten Beträge. Mit Absendung dieser Mitteilung kommt das Tendergeschäft zustande.“*

250 EZB/2011/14, Anlage 2, Glossar, S 69.

*Tabelle 5: Angaben der öffentlichen Mitteilung über das Tenderergebnis*

| |
|---|
| 1) Referenznummer der Tenderoperation, |
| 2) Tag der Durchführung des Tenders, |
| 3) Art der Operation, |
| 4) Laufzeit der Operation, |
| 5) Gesamtbetrag der von den Geschäftspartnern des Eurosystems eingereichten Gebote, |
| 6) Anzahl der Bieter, |
| 7) Zugeteilter Gesamtbetrag, |
| 8) Prozentsatz der Zuteilung (bei Mengentendern), |
| 9) Akzeptierter marginaler Zinssatz und Prozentsatz der Zuteilung zum marginalen Zinssatz (bei Zinstendern), |
| 10) Niedrigster und höchster Bietungssatz und gewichteter Durchschnittssatz (beim amerikanischen Zuteilungsverfahren), |
| 11) Starttag und gegebenenfalls Fälligkeitstag des Geschäfts bzw. Abwicklungstag, |
| 12) Gegebenenfalls individueller Mindestzuteilungsbetrag, |
| 13) Gegebenenfalls Mindestzuteilungsquote. |

### *4. Rechtliche Qualifikation der Entscheidungen des EZB-Direktoriums über die jeweiligen Zuteilungsvolumina*

Bei dem Standardtenderverfahren entscheidet das EZB-Direktorium unter Beratung durch den Offenmarktausschuss der EZB einseitig über die Zuteilungsvolumina. Dies begründet keine hoheitliche, öffentlich-rechtliche Natur der Zuteilungsentscheidungen, da diese Refinanzierungsvolumenentscheidungen rechtlich und auch in der Wirklichkeit Entscheidungen i. R. d. Vertragsbeziehungen mit den Geschäftspartnern darstellen. Vielmehr stellt dies nach deutschem Recht für jede einzelne derartige Entscheidung eine Annahme unter Erweiterungen, Einschränkungen oder sonstigen Änderungen dar und gilt infolge dessen gemäß § 150 Abs 2 BGB als Ablehnung verbunden mit einem neuen Antrag.

## V. Umsetzung der Währungsbefugnisse in privatrechtlichen Vertragsbeziehungen – Anwendung der Zweistufentheorie?

### *1. Mit der Durchführung von Offenmarktkrediten verbundene währungspolitische Ziele sind kein Vertragsbestandteil der HRGs*

Wie oben schon festgestellt wurde, stellen die allgemeinen Grundsätze der Refinanzierungsgeschäfte, die auch als Konditionen in der Ausschreibung der Refinanzierungsgeschäfte konkret auf einzelne Geschäfte bezogen bekannt gegeben und für jedes einzelne Geschäft als Rahmenbedingungen vorausgesetzt werden, eine von

251 Vgl EZB/2011/14, Anhang I, S 27.

der EZB beschlossene Leitlinie dar, wobei die Festsetzung der Refinanzierungssätze als Leitzinssätze ein *adressatenunabhängiger Beschluss* des EZB-Rats ist. Die wesentlichen Merkmale der Hauptfinanzierungsgeschäfte werden von der EZB festgelegt. Während weitere Bestimmungen zu befristeten Transaktionen über Pensionsgeschäfte in den vertraglichen Vereinbarungen der jeweiligen NZB (oder der EZB) festgelegt werden, tragen die jeweiligen Regelungen für befristete Transaktionen in Form von besicherten Krediten den unterschiedlichen Verfahren und Formalitäten Rechnung, die in den jeweiligen Rechtssystemen zur Begründung und späteren Verwertung eines Sicherungsrechts (z.B. eines Pfands, einer Abtretung oder eines sonstigen umfassenden Sicherungsrechts) i.R.d. Abwicklung zu beachten sind.[252]

Die NZBen führen diese Leitlinie i.R.d. jeweiligen staatlichen Systems aus und haben infolge dessen in Abhängigkeit von der jeweiligen nationalen Gesetzeslage die HRGs entweder vertraglich oder/und öffentlich-rechtlich auszugestalten. Die Bundesbank führt die HRGs gemäß AGB-Bbk in privatrechtlichen Vertragsbeziehungen mit ihren Geschäftspartnern durch, obwohl die über HRGs vorgenommene Liquiditätsversorgung und -steuerung nicht privatrechtlichen Zwecken sondern einem gemeinschaftlichen Ziel, nämlich der *Gewährleistung der Preisstabilität*, dient. Fraglich ist, wie sich dabei die gemeinschaftsrechtliche Zielsetzung mit der privatrechtlichen Vertragsform – Darlehen i.S.d. § 488 BGB – vereinbaren lässt.

Vertragsrechtlich wird zwischen dem gesetzlich vorausgesetzten, von der Person der Vertragsparteien und deren individuellen Motiven losgelösten „abstrahierten" *rechtsgeschäftlichen Zweck* des Darlehensvertrages – nämlich der zeitweiligen Überlassung eines Geldbetrages – und dem konkreten, mit dem Darlehensvaluta verfolgten *wirtschaftlichen Zweck*[253] *unterschieden, wobei beide Zwecke stets bei der Auslegung des Darlehensvertrages nach den §§ 133, 157 BGB zu berücksichtigen sind, um zu ermitteln, ob es sich bei der Kennzeichnung des Anlasses der Darlehensgewährung lediglich um ein rechtlich irrelevantes*[254] *Motiv* handelt, oder ob die wirtschaftliche Zweckbestimmung der Darlehensgewährung Teil des ausdrücklich oder stillschweigend vereinbarten Vertragsinhaltes i.S. einer *rechtsgeschäftlichen Zweckbindung* geworden ist[255].[256]

252 EZB/2011/14, Anhang I, S 95; Groeben/Schwarze/*Weenink* EU-/EGV[6], Art 18 ESZB-Satzung Rn 43; Die Allgemeinen Geschäftsbedingungen der Nederlandsche Bank und der Deutschen Bundesbank bilden Beispiele für ein vertragsrechtlich ausgestaltetes System. Andere nationale Zentralbanken, wie z.B. die Banque de France oder die Bank von Griechenland, sind zum Erlass von Rechtsakten befugt, mit denen die allgemeinen Regelungen des Eurosystems inhaltlich übernommen werden.

253 MüKoBGB/*Berger*[7] § 488 Rn 9; *Schütz* WM 1964, 38; *Behrmann* Zweckgebundene Darlehen, 1995, S 12 ff.

254 *RGRK/Ballhaus* Vor § 607 Rn 3.

255 Vgl *Behrmann* Zweckgebundene Darlehen, 1995, S 74; *Sebode* DR 1940, 429, 431; *Olzen* ZZP 97 (1984), 1, 18.

256 *MüKoBGB/Berger*[7], § 488 Rn 9.

Der rechtsgeschäftliche Zweck der HRGs zwischen der Bundesbank und ihrer Geschäftspartner liegt in der verzinslichen Überlassung von Finanzierungsmitteln.[257]

Die HRGs werden eingesetzt, um die monetäre Basis als Bankenliquidität am Markt mengenmäßig vollständig zu kontrollieren, die Zinssätze am Markt zu steuern und Signale bezüglich des geldpolitischen Kurses zu setzen, da das Eurosystem aufgrund des Angewiesenseins des Bankensektors auf die monetäre Basis maßgeblichen Einfluss auf die Bedingungen am Geldmarkt und auf die Geldmarktsätze nehmen muss.[258] Der gegenteiligen Ansicht, die davon ausgeht, dass der durch die Offenmarktgeschäfte zu erzielende Effekt, der – aus dieser Sicht – vor allem in einer Beeinflussung des Liquiditätsniveaus besteht, um vorübergehende Schwankungen der Liquidität des Bankensystems auszugleichen, nicht überschätzt werden darf[259], widerspricht allerdings die empirische Erfahrung der Zentralbanken. Die EZB und die NZBen, wie auch die Bundesbank, dürfen HRGs grundsätzlich nur dann abschließen, wenn es der Erfüllung ihrer Aufgaben, d. h. der auf die Geldmenge M 3 bezogenen[260] *Regulierung des Geldumlaufs* dient.[261] Es handelt sich dabei um die *Umsetzung einer öffentlichen Aufgabe des Eurosystems* durch Finanzmarktoperationen.

Die währungspolitische Zielsetzung hat maßgebliche Bedeutung für die vertraglichen Bestimmungen und die Ausgestaltung der Pensionsgeschäfte und besicherten Kredite, schlägt jedoch nicht auf die Natur der Rechtsbeziehungen zwischen dem Eurosystem und seinen Geschäftspartner durch. Die Bundesbank bezweckt ökonomisch die Liquiditätszuführung in Höhe des Darlehensbetrages in den Geldkreislauf und die Vergrößerung der Geldmenge. Diese Zielsetzungen gehören jedoch nicht zum Vertragsgegenstand und können bei der Bestimmung des Rechtscharakters deshalb nicht in Erwägung gezogen werden.[262] Die Zentralbanken des Eurosystems einschließlich der Bundesbank sind zwar öffentlich gemeinschaftsrechtliche Instanzen, die für die Festlegung und Durchführung der Geldpolitik der EU zuständig sind, nehmen allerdings als in das Bankensystem integrierte, nach Wettbewerbsgrundsätzen agierende Marktteilnehmer an dem Geldmarkt teil, wo die geldpolitische Kreditgeschäfte des Eurosystems privatrechtlich vertraglich marktkonform zu gestalten sind.

Das Gesetz über die Bundesbank weist systematisch darauf hin, indem es die Kreditgeschäfte der Bundesbank von deren währungspolitischen Befugnissen unterscheidet und in die Ausführungshandlungen i. R. d. banktechnischen Geschäftskreises einordnet, vgl Abschnitt 5 § 19 BBankG, während die währungspolitischen

---

257 Soergel/*Huber* BGB[12], Vor § 433 Rn 305 ff.

258 Http://www.ecb.int/ecb/educational/facts/orga/html/or_009.de.html.

259 Vgl *Möschel* Wirtschaftsrecht der Banken, 1972, S 91.

260 Vgl *Gaitanides* Das Recht der EZB, 2005, S 102 ff.

261 *Kümpel* WM 1992, Sonderbeil. Nr 1, S 10; *Studt* Rechtsfragen einer Europäischen Zentralbank, 1993, S 261; *Czaja* Die außervertragliche Haftung der EG, 1995, S 175.

262 *Griwotz* JuS 1998, S 807 ff. *Lorenz* DVBl. 1997, S 865 ff.

Befugnisse der Bundesbank dagegen im Abschnitt 4 in den §§ 14, 18 BBankG geregelt werden.[263]

Die *hoheitliche geldpolitische Aufgabe* des Eurosystems wird in *Geschäftsformen und durch unternehmerische Tätigkeit erfüllt*, d. h., die Aufgabenerfüllung ist einerseits – auf der Implementierungsebene – durch das Geldwesen und das Bankensystem mit seiner fortdauernden Weiterentwicklung der rein privatrechtlich verfassten Bankgeschäfte zwischen Zentralbank und Geschäftsbanken gekennzeichnet, jedoch andererseits – auf der Intentionsebene gemeinschaftsrechtlicher Bankenliquiditätsversorgung und Geldmengensteuerung – durch die hoheitliche Steuerung durch die Spitzenorgane der Geld- und Kreditsteuerung im Dreieckssystem, das aus Eurosystem, Bundesregierung und Bankaufsichtsbehörde gebildet wird, geprägt[264].

Die Kreditgeschäfte der Bundesbank am offenen Markt sind durch ihre Zielsetzung, die Preisstabilität zu gewährleisten charakterisiert und damit öffentlich-rechtlich motiviert und werden nach AGB-Bbk ausdrücklich vertraglich ausgestaltet.[265] Die öffentlich-rechtliche Klassifizierung der Leitzinsfestsetzung schließt allerdings nicht aus, die mit den Kreditinstituten abgeschlossenen Refinanzierungsverträge privatrechtlich zuzuordnen.

## *2. Anwendung der Zweistufentheorie auf die Offenmarktgeschäfte?*

Um die scheinbar vorhandenen Widersprüche einer hoheitlichen Zielsetzung bei gleichzeitigem Vorliegen privatrechtlicher vertraglicher Geschäftsabwicklung aufzulösen, wird nach einer Ansicht eine Anwendung der so genannten *Zweistufentheorie* herangezogen, d. h. die HRGs des Eurosystems sind rechtlich i.S.d. Zweistufentheorie zuzuordnen und die Festsetzung der Zinssätze öffentlich-rechtlich einzustufen, während die Vertragsverhältnisse mit den Geschäftspartnern dem Privatrecht zuzuordnen sind.[266]

Die Zwei-Stufen-Theorie des allgemeinen Verwaltungsrechts bezweckt die jedenfalls teilweise Einordnung bestimmter Rechtsverhältnisse zu dem öffentlichen Recht durch Unterscheidung zwischen einem öffentlich-rechtlichen Grundverhältnis und einem privatrechtlichen Abwicklungsverhältnis.[267]

---

263 *Tschekuschina* Rechtliche Aspekte der geldpolitischen Instrumente des ESZB, 2007, S 83.

264 Vgl *Duden* Der Gestaltwandel des Geldes, 1968, S 22.

265 *Czaja* Die außervertragliche Haftung der EG, 1995, S 175.

266 *Kümpel* WM 1992, Sonderbeil. Nr 1, S 7.

267 Vgl BVerwGE 1, 308, 310; BVerwG NJW 1990, 134 f. BGH BB 1973, 258 f. BGHZ 61, 296, 299; NVwZ 1988, 472, 473; Schoch/Schneider/Bier/*Ehlers* VwGO, 26. Erg.-Lfg. 2014, § 40 Rn 245; *Maurer* Allg Verwaltungsrecht, 18. A., 2011, § 17 Rn 11 ff, 14 ff. *Schenke*, Verwaltungsprozessrecht[13], Rn 118; *Schmitt Glaeser/Horn* Verwaltungsrecht[16] Rn 46; Stelkens/Bonk/Sachs/*Stelkens*[8] VwVfG, § 35 Rn; Stelkens/Bonk/Sachs/*Bonk* VwVfG [8], § 54 Rn 21.

Demgemäß kann sich die staatliche Leistungsverwaltung – aufgrund eines Verwaltungsakts auf der öffentlich-rechtlichen Stufe – des privatrechtlichen Vertrags mit den anspruchsberechtigten Personen bedienen, um die im Verwaltungsakt festgelegte öffentlich-rechtliche Ziel umzusetzen, wobei das Verwaltungsakt als der erste Rechtsakt rechtlich direkt auf das privatrechtliche Vertragsverhältnis der zweiten Stufe einwirkt.

Während Streitigkeiten aus der ersten öffentlich-rechtlichen Stufe im Verwaltungsrechtsweg auszutragen ist, ist der ordentliche Rechtsweg für Streitigkeiten aus der zweiten privatrechtlichen Stufe eröffnet.[268]

Wenn der klassische Fall der Zwei-Stufen-Theorie des deutschen Verwaltungsrechts nach europäischem Verwaltungsrecht zu beurteilen wäre, so wäre der Verwaltungsakt ein *adressatenbezogener Beschluss* der Behörde, der direkt auf das Rechtsverhältnis zwischen der erlassenen Behörde und ihrem privatrechtlichen Vertragspartner einwirkt.

Im Fall der Offenmarktgeschäfte mag man zwar die Festsetzung des Leitzinses als erste öffentlich-rechtliche und den Abschluss konkreter Offenmarktgeschäfte mit den Geschäftspartner der Zentralbank als privatrechtliche qualifizieren. Es fehlt jedoch an der direkt rechtlichen Einwirkung der Leitzinsfestlegung auf die nachfolgenden Verträge, da die Leitzinsfestlegung, wie oben schon festgestellt, ein *adressatenloser Beschluss* der EZB darstellt, der von der Zinsklausel als Vertragsbestandteil der Offenmarktgeschäfte rechtlich streng zu trennen ist.

Nach der „klassischen“ Zweistufentheorie muss die Behörde sich auf der ersten Stufe durch Verwaltungsakt über das Bestehen/Nichtbestehen eines öffentlich-rechtlichen Anspruchs auf Vertragsschluss entscheiden, bevor sie auf der zweiten Stufe einen privatrechtlichen Vertrag abschließen, m.a.W. bei der Person der privatrechtichen Vertragspartner der staatlichen Leistungsverwaltung handelt es grundsätzlich um die anspruchsberechtigten Personen.[269] Nach allgemeiner Meinung haben die Kreditinstitute gerade keinen generellen Anspruch auf Abschluss eines Refinanzierungsgeschäfts.[270] Die Zentralbank stellt vor den marktkonformen Geschäftsabschlüssen niemals den Anspruch ihres Geschäftspartners auf Zuteilung vom Zentralbankgeld fest.

Die Zweistufentheorie ist somit auf die Offenmarktgeschäfte nicht anwendbar. Die Offenmarktgeschäfte sind in Form von den rein privatrechtlichen Verträgen durchgeführt. Im Ergebnis kommt das Refinanzierungsgeschäft *mit der Bekanntmachung der Zuteilungsentscheidung als privatrechtlicher Darlehensvertrag* zustande. Die Refinanzierungssätze werden vermittels vertraglicher Vereinbarungen – ausgehend von den maßgeblichen Leitzinssätzen als Ergebnis gemeinschaftsrechtlich-hoheitlicher Beschlussfassung – privatrechtlicher Rechtsgeschäftsbestandteil des Refinanzierungsvertrages.

---

268 Bader/Ronellenfitsch/*von Alemann/Scheffczyk* VwVfG 2014, § 35 Rn 209.

269 Vgl Stelkens/Bonk/Sachs/*Stelkens* VwVfG[8], § 35 Rn 110.

270 Vgl *Kümpel* WM 1992, Sonderbeil. Nr 1, S 7.

## VI. Valutierung: Abwicklungsverfahren gemäß Regelungen aus EZB/2011/14

Die Valutierung erfolgt am Abwicklungstag durch Erteilung einer Gutschrift durch die EZB in Euro zugunsten des jeweiligen empfangsberechtigten Geschäftspartners, vgl AGB-Bbk Abschnitt V. Nr 5 Abs 1, Nr 15 Abs 5. Die geldlichen Verrechnungen i. R. d. Offenmarktgeschäfte werden über die Konten der Geschäftspartner bei den NZBen oder über ihre Konten bei Zahlungsausgleichsbanken, die an TARGET2 teilnehmen, *erst nach endgültiger Übertragung der Sicherheiten* abgewickelt.[271] Vor (oder zum Zeitpunkt) der Valutierung müssen die zu bestellenden Sicherheiten entweder im Voraus auf dem Depotkonto der betreffenden NZB des Eurosystems hinterlegt worden sein oder dieser gleichtägig verschafft werden. Die vereinbarten Sicherheiten werden entweder über die Wertpapierabwicklungskonten der Geschäftspartner bei Wertpapierabwicklungssystemen, die den Mindestanforderungen der EZB entsprechen, oder über ein Wertpapierabwicklungskonto oder ein Depot bei einer Korrespondenzbank übertragen.

Mit der elektronischen Übermittlung der Zuteilungsinformationen durch die Bundesbank an das Dispositionsdepot (AGB-Bbk Abschnitt V. Nr 7) und das Sicherheitenverwaltungssystem der Clearstream AG (Xemac) (AGB-Bbk Abschnitt V. Nr 8) am Valutierungstag (Abwicklungstag) wird normalerweise zum einen die Inanspruchnahme der Sicherheiten im Pfandpool (Reduzierung des nominalen Globalbetrags der Beleihungsgrenze) und zum anderen die Gutschrift der Geldbeträge auf den Girokonten der Kreditinstitute erfolgen.[272]

Die HRGs werden prinzipiell am ersten Geschäftstag des TARGET 2 und aller entsprechenden Wertpapierabwicklungssysteme nach dem Abschlusstag gleichzeitig – soweit wie möglich – in allen Mitgliedstaaten mit sämtlichen Geschäftspartnern abgewickelt. Die Abwicklungsverfahren der jeweiligen NZBen des Eurosystems können aufgrund verschiedener nationaler Rechtsvorschriften und verfahrenstechnischer Abläufe geringfügig voneinander abweichen.[273] Der Zeitpunkt der Abwicklung der HRGs ist im Regelfall identisch mit dem Zeitpunkt der Rückzahlung einer früheren Transaktion mit entsprechender Laufzeit.[274]

271 EZB/2011/14, Anhang I, S 29.

272 Vgl *Görgens/Ruckriegel/Seitz* Europäische Geldpolitik[6], S 225 f.

273 EZB/2011/14, Anhang I, S 29.

274 EZB/2011/14, Anhang I, S 30.

# § 3 Schuldrechtliche Vertragstypisierung der Pensionsgeschäfte und besicherten Kredite

## E. Vertragliche Rechte und Pflichte aus HRGs

Ziel der Untersuchung des HRG-Vertrages ist es, das Zentralbankgiralgeld qualitativ als Anspruch aus der aufgrund der Zentralbankgiralgeldzuteilung erteilten Gutschrift darzustellen und im Anschluss durch die Abgrenzung der einzelnen aus der Gutschrift resultierenden vertraglichen Rechte und Pflichten von den anderen rechtlichen Elementen des Vertrages zu trennen, um die Rechtsnatur der Gutschrift als eine Forderung der Kreditinstitute zu erhellen.

*Tabelle 6: Ablauf der einzelnen Rechtsgeschäfte i.R.d. HRG-Abschlusses*

| |
|---|
| 1) Ankündigung sämtlicher Parameter der abzuschließenden HRGs, insbesondere der Hauptrefinanzierungssätze<br>2) Gebote der Geschäftspartner – Zusammenstellung der Gebote der Geschäftspartner durch NZBen<br>**3) Abschluss eines HRGs – Das Zustandekommen des Vertrags**<br>→ Angebot der EZB: Mitteilung der Zuteilungsergebnisse<br>→ Annahme der Geschäftspartner: stillschweigende Annahme der Zuteilungsentscheidung<br>→ Entstehung des Anspruchs auf Bereitstellung des Zentralbankgiralgeldes in Form der Erteilung einer Gutschrift<br>→ Anspruch auf Inanspruchnahme der vereinbarten vertraglich bestimmten Sicherheiten<br><br>**4) Abwicklung der HRGs – Die Valutierung**<br>a) Erteilung der Gutschrift auf Zentralbank-Girokonten und Entstehung des Anspruchs des Geschäftspartners aus der Gutschrift<br>→ strenge Unterscheidung zwischen dem Anspruch aus der Gutschrift und den Verfügungsbefugnissen über Kontoguthaben aufgrund des Girovertrags bei der Zentralbank<br><br>b) Inanspruchnahme der Sicherheiten – Übermittlung der Zuteilungsinformationen an das Pfandkonten- und Depotsystem<br>→ Eigentumsübertragung von Wertpapieren oder<br>→ Reduzierung der Beleihungsgrenze für den Geschäftspartner<br><br>c) Entstehung des Rückzahlungsanspruchs und des Zinszahlungsanspruchs der EZB gegen die Geschäftspartner |

## I. Anspruch der Kreditinstitute auf Bereitstellung von Zentralbankgeld und Anspruch der Zentralbank auf Sicherheitsbestellung

Mit dem Zustandekommen eines HRGs entsteht zugunsten des Geschäftspartners ein Anspruch auf *Bereitstellung von Zentralbankgeld* i.S.d. Art 12.1 S 2 ESZB-Satzung, wobei diese Bereitstellung durch *Erteilung der Gutschrift* entsprechend der Zuteilungsbeträge auf dem Girokonto des Geschäftspartners bei der Zentralbank und durch *Entstehung des Anspruchs aus der Gutschrift* erfolgt. Die Gutschrift symbolisiert daher das eigentliche Zentralbankgiralgeld. Der Anspruch aus der Gutschrift als Substrat des Zentralbankgiralgeldes ist in dem folgenden separaten Kapitel zu erörtern.

## II. Rückzahlungsanspruch der EZB gegen ihre Geschäftspartner

Mit der Erteilung der Gutschrift auf die Girokonten der Geschäftspartner entsteht ein Anspruch der Geschäftspartner aus der Gutschrift und ein Rückzahlungsanspruch der EZB gegen ihre Geschäftspartner. Die Nenngröße beider gegenüberstehender Ansprüche entspricht dem Umfang der hinterlegten notenbankfähigen Sicherheiten. Zentralbankgiralgeld als passivaseitige Forderungen der Kreditinstitute an die Zentralbank entspricht außerdem den bilanzierten Aktiva im Umfang der Forderung der Zentralbank gegen ihre Geschäftspartner aus geldpolitischen Operationen an Kreditinstitute im Euro-Währungsgebiet.

## III. Vertraglicher Zinsanspruch der EZB aus den Pensionsgeschäften und besicherten Krediten

Nach dem Ablauf der Laufzeit des befristet bereitgestellten Zentralbankgeldes ist der jeweilige Betrag zusätzlich einer Verzinsung gemäß der jeweiligen geltenden Hauptrefinanzierungssätze für Mengentender bzw. Zinstender am Fälligkeitsdatum zur Rückzahlung fällig.

Während die Differenz zwischen Kaufpreis und Rückkaufpreis bei Pensionsgeschäften den für die Laufzeit des Geschäfts anfallenden Zinsen für den aufgenommenen oder ausgeliehenen Betrag entspricht, d.h. der Rückkaufpreis die jeweils zu zahlenden Zinsen einschließt, werden bei befristeten Transaktionen in Form von besicherten Krediten die Zinsen aus dem *festgesetzten Zinssatz* auf den ausstehenden Kreditbetrag und der *Laufzeit des Geschäfts* berechnet.[275] Der Zinssatz bei befristeten Offenmarktgeschäften des Eurosystems wird dabei grundsätzlich als einfacher Zins nach der Eurozinsmethode (act/360) berechnet.[276]

275 EZB/2011/14, Anhang I, S 15.
276 EZB/2011/14, Anhang I, S 15.

## IV. Anspruch auf ausreichende Sicherheiten für das zuzuteilende Zentralbankgiralgeld

Bei Pensionsgeschäften entstehen Ansprüche der Zentralbank auf Übertragung des Eigentums an den Wertpapieren. Die besicherten Kredite begründen die Ansprüche der Zentralbank auf Sicherheitsbestellung, nämlich die Pflicht der Geschäftspartner, den entsprechend ausreichenden Nennwert in ihrem Sicherheits-Pool spätestens zum Zeitpunkt der Valutierung des Zentralbankgiralgeldes, d. h. der Erteilung einer Gutschrift auf das Konto der Kreditinstitute bei der Zentralbank, aufzustellen, was bedeutet, dass die im Pfandpool der Geschäftspartner vorhandenen freien Sicherheiten spätestens zum Zeitpunkt der Valutierung mindestens die Höhe des Zuteilungsbetrages zzgl. einer angemessenen Sicherheitenmarge erreichen müssen.[277]

Um Zentralbankgiralgeld i. R. d. temporären HRGs – seien es Pensionsgeschäfte oder eben Pfandkredite – zu erhalten, müssen die Geschäftspartner im Euro-Währungsgebiet als Schuldner des Eurosystems über ausreichende notenbankfähige Sicherheiten verfügen – in der Hauptsache sind dies regelmäßig notenbankfähige Wertpapiere – welche als Aktiva i.H. des geliehenen Zentralbankgiralgeldbetrages bei der EZB bzw. Bundesbank für die Dauer der Überlassung von Zentralbankgeld hinterlegt werden müssen.[278]

Die Besicherung vermittels Pfandkrediten bietet im Vergleich zu Pensionsgeschäften eine einfachere Handhabung mit geringeren Transaktionskosten, da das Eigentum an Wertpapieren als Sicherheiten rechtlich nicht übertragen werden muss. Darüber hinaus muss das die jeweiligen Sicherheiten einreichende Kreditinstitut diese nicht spezifizieren und auch nicht benennen, welche einzelnen Wertpapiere verpfändet werden. Die einzelnen Pfänder müssen auch nicht einem bestimmten Refinanzierungsgeschäft zugeordnet werden sondern dienen „en bloc" der Besicherung aller Arten von Zentralbankkrediten, die von den Geschäftspartnern flexibel disponiert und darüber hinaus auch jederzeit ausgetauscht werden können.[279] Die Zentralbank erhält ein Sicherungsrecht i.H.d. anstehenden Transaktion an einem allgemein bestimmten Pfandpoolkonto mit einer bestimmten Gesamtsicherungskapazität an refinanzierungsfähigen Wertpapieren des Geschäftspartners. Eine dem Nennwert der Transaktion entsprechende Nenngröße dieses Pfandpools wird dann von der Sicherungskapazität des Pfandpools gesperrt.

Bei der Blockierung des entsprechenden Betrages in dem allgemein bestimmten Sicherheitenpool an Wertpapieren der Geschäftspartner geht es nicht um eine bestimmte Besicherung der Kredite durch präzis genannte Sicherungsgegenstände,

277 *Görgens/Ruckriegel/Seitz* Europäische Geldpolitik[6], S 225 f. während früher bei der Bundesbank bereits die Gebote der Kreditinstitute durch Sicherheiten gedeckt sein mussten, reicht im Eurosystem grundsätzlich die Deckung der Zuteilungsbeträge aus.

278 Vgl *Junius/Kater/Meier/Müller* Handbuch EZB, 2002, S 100.

279 *Görgens/Ruckriegel/Seitz* Europäische Geldpolitik[6], S 221.

sondern um *einen dem Nennwert des zugeteilten Zentralbankgeldes entsprechenden Teil des Bestandes an Wertpapieren* in dem Sicherheits-Pools.

Mittels dieser auf revolvierender Basis besicherten Kredite, die sich aufgrund der flexibleren Handhabung im Laufe der Zeit gegenüber den Repo-Geschäften immer stärker durchgesetzt haben, deckt das Eurosystem den Grundbedarf an Zentralbankgeld ihrer Geschäftspartner im Eurowährungsgebiet ab. Durch die damit verbundene starke prozessuale Vereinfachung wickelt die Bundesbank liquiditätszuführende befristete Transaktionen nicht mehr wie früher auf der Basis von Pensionsgeschäften, sondern in der Regel nur noch gegen *Verpfändung von refinanzierungsfähigen Sicherheiten* ab.[280]

Kommt ein Geschäftspartner seinen Verpflichtungen bei Fälligkeit der besicherten Kredite einmal nicht nach, so ist die Bank berechtigt, die ihr gestellten Sicherheiten im erforderlichen Umfang nach eigener Wahl zusammen oder einzeln gemäß der Regelungen des AGB-Bbk Abschnitt V. Nr 6 zu verwerten. Im Fall der vertragsgemäßen Rückzahlung erlischt das Sicherungsrecht im Moment des Rückzahlungeingangs. Die Bundesbank gibt auf Antrag geschäftstäglich nicht zur Besicherung in Anspruch genommene Sicherheiten frei, AGB-Bbk Abschnitt V. Nr 3 Abs 3 S 3.

## F. Schuldrechtliche Vertragstypisierung

### I. Besicherter Kredit – Darlehensvertrag und Sicherungsvertrag

#### *1. Keine Legaldefinition durch die EZB – Offenmarktkredite der Bundesbank*

Eine Legaldefinition des Kreditbegriffs durch die EZB liegt im Hinblick auf die Feststellung der Grundsätze für die Durchführung von Offenmarktgeschäften nicht vor. Allerdings legt die Bundesbank den Begriff *Offenmarktkredite* konnotativ als *befristete Kreditgeschäfte gegen Stellung von Sicherheiten* fest, vgl AGB-Bbk Abschnitt V. Nr 2 Abs 1 S 2 HS 1.

Festzustellen ist zunächst, welche Normen das den besicherten Krediten zugrunde liegende Rechtsverhältnis regeln und unter welchen Voraussetzungen der Vertrag abgeschlossen wird. Für die Kreditgeschäfte der Bundesbank sind vor allem ihre eigenen AGBn maßgebend, die ja bei Abschluss zum Vertragsbestandteil der Refinanzierungsgeschäfte werden, und welche die Vertragsrahmenbedingungen aufstellen, die den Geschäftsabschluss bzw. die Transaktionsabwicklung und die gegenseitigen vertraglichen Rechte und Pflichten regeln. Maßgeblich könnten darüber hinaus das deutsche Bankenaufsichtsrecht und das allgemeine Zivilrecht sein. Aus § 1 Abs 1 S 2 KWG ergibt sich der Begriff der *Kreditgeschäfte*, die als *bankmäßige Gewährung von Gelddarlehen und Akzeptkrediten* gekennzeichnet werden. Gelddarlehen sind gemäß

280 *Görgens/Ruckriegel/Seitz* Europäische Geldpolitik[6], S 221; *Junius/Kater/Meier/Müller* Handbuch EZB, 2002, S 101.

§ 488 BGB Verträge, aufgrund derer der Darlehensgeber zur Hingabe von Geld und der Darlehensnehmer zur Rückzahlung von Geld verpflichtet sind.[281]

## 2. *Besicherte Kredite als Darlehen gemäß § 488 BGB*

### *a) Wesentliche Merkmale des § 488 Abs 1 BGB*

Zur Klärung der Frage, ob die besicherten Kredite Darlehen i.S.d. § 488 BGB darstellen, sind die wesentlichen Merkmale des Gelddarlehens gemäß der §§ 488 ff. BGB maßgeblich, nämlich Vertragsgegenstand sowie die Rechte und Pflichten von Darlehensgeber und Darlehensnehmer.

#### aa) Vertragsgegenstand

Die Willenserklärungen der Bundesbank als Darlehensnehmerin und der Geschäftspartner als Darlehensgeber müssen sich übereinstimmend auf die nach dem Gesetz zwingenden, weil typbildenden Pflichten beider Vertragsparteien, also auf die zeitweilige Überlassung eines Geldbetrages durch den Darlehensgeber (§ 488 Abs 1 S 1 BGB) und die Rückzahlungspflicht durch den Darlehensnehmer (§ 488 Abs 1 S 2 BGB), beziehen.[282]

#### bb) Darlehensgewährungspflicht und Valutabelassungspflicht des Darlehensgebers

Laut der gesetzlichen Formulierung „Geldbetrag" ist der Darlehensgeber lediglich zur „wertmäßigen Verschaffung eines Geldbetrages"[283] verpflichtet. Diese rein am Wert orientierte Entmaterialisierung[284] des Gelddarlehensvertrages aufgrund der gesetzlichen Trennung von Gelddarlehens- und Sachdarlehensverträgen ermöglicht es daher, die Überlassung von Giralgeld als *Darlehen mit Darlehensvertrag* zu erfassen.[285] Durch den Gesetzeswortlaut trägt der Gesetzgeber darüber hinaus auch der Rechtsnatur der Darlehensgewährungspflicht des Darlehensgebers gebührend Rechnung, die nämlich eine *Wertverschaffungspflicht darstellt.*[286] Diese Wertverschaffungspflicht verpflichtet den Darlehensgeber einzig zur Verschaffung des *die Kaufkraft vermittelnden Nennwertes als abstrakte Vermögensmacht*[287], nicht

---

281 Boos/Fischer/Schulte-Mattler/*Schäfer* KWG[5], § 1 Rn 55; *Bähre/Schneider,* KWG[3], 1986, § 1 Anm 8.

282 MüKoBGB/*Berger*[7] § 488 Rn 8; **aA** Soergel/*Häuser,* BGB[12], § 607 Rn 16 und Soergel/*Seifert,* BGB[13], § 488 Rn 88, die Rückzahlungspflicht folge aus dem Gesetz und müsse daher nicht Bestandteil der Einigung sein.

283 RegE zur Schuldrechtsreform, BT-Drucks 14/6040, S 253.

284 *Mülbert* WM 2002, 465, 468; Staudinger/*Freitag* BGB[2011], § 488 Rn 15.

285 MüKoBGB/*Berger*[7] § 488 Rn 26; BT-Drucks 14/6040, S 253.

286 MüKoBGB/*Grundmann*[7], § 245 Rn 83.

287 Vgl S 98 ff. über die abstrakte Vermögensmacht und die Vermittlung der Kaufkraft durch mit Nennwert quantifizierte Währungseinheiten.

jedoch zur Übereignung konkreter oder der Gattung nach bezeichneter Sachen.[288] Der Darlehensgeber ist mithin also lediglich verpflichtet, dem Darlehensnehmer den in der Valuta verkörperten Wert – z. B. einen Zentralbankgiralgeldbetrag in der entsprechenden Höhe – für die festgelegte Laufzeit des Darlehensvertrages als Dauerschuldverhältnis[289] bis zur Fälligkeit seines Rückzahlungsanspruchs zu belassen.[290]

Mittels der besicherten Kredite verschafft die Bundesbank ihren Geschäftspartnern durch Bereitstellung – i.S.d. Begründung eines Anspruchs aus der Gutschrift – Zentralbankgiralgeld und überlässt es ihnen jeweils für einen einwöchigen Zeitraum gemäß AGB-Bbk Abschnitt V. Nr 16 Abs 1. Die einzelnen Bestimmungen – wie die Zinszahlungspflichten (Höhe, Fälligkeit etc.) des Geschäftspartners oder die andere Gegenleistungenpflichten für die Überlassung der Darlehensvaluta – sind keine zwingenden Bestandteile des Gelddarlehensvertrages, sondern unterliegen der privatautonomen Gestaltungsfreiheit der Vertragsparteien.[291] Eine vertragliche Zinszahlungspflicht aus den besicherten Krediten gemäß AGB-Bbk Abschnitt V. Nr 16 Abs 1 S 4 macht allerdings den zweiseitig verpflichtenden Vertrag zum gegenseitigen Vertrag gemäß der §§ 320 ff. BGB. Im Synallagma stehen einerseits die von der Bundesbank geschuldete Darlehensgewährung bzw. -überlassung und andererseits die Zinszahlung i.S.d. § 488 Abs 2 BGB und die Sicherheitsbestellung.[292]

### cc) Betagter Rückzahlungsanspruch des Darlehensgebers

Der sogenannte betagte Rückzahlungsanspruch[293] des Darlehensgebers entsteht nicht aus dem Darlehensvertrag gemäß § 488 BGB, sondern kraft Gesetzes im Zeitpunkt des Vertragsabschlusses als Folge der Vereinbarung der zeitlich begrenzten Überlassung der Valuta durch den Darlehensgeber.[294] Als bloßer gesetzlicher Abwicklungsanspruch steht die Rückzahlungspflicht gerade nicht mit der Darlehensgewährungspflicht im

---

288 MüKoBGB/*Grundmann*[7], § 245 Rn 83; RGZ 101, 312, 313; zum Meinungsstand *Grothe* Fremdwährungsverbindlichkeiten, 1998, S 24 ff.

289 MüKoBGB/*Berger*[6], Vor § 488 Rn 12.

290 *Habersack* in: *Hadding/Hopt/Schimansky* (Hrsg), Bankrechtstag 2002, Neues Schuldrecht und Bankgeschäfte – Wissenszurechnung bei Kreditinstituten, 2003, S 3, 6 f. BT-Drucks 14/6040, S 253, „Pflicht des Darlehensgebers zur Verschaffung *und Belassung* eines Geldbetrages"; Soergel/*Seifert* BGB[13] § 488 Rn 102; Staudinger/*Freitag* BGB[2011], § 488 Rn 163; MüKoBGB/*Berger*[7], § 488 Rn 31; *Mülbert* WM 2002, 465, 467; *Larenz II* § 51 I; **aA** *Canaris* Bankvertragsrecht, 1981, Rn 1322.

291 Vgl MüKoBGB/*Berger*[7], § 488 Rn 8.

292 Vgl MüKoBGB/*Berger*[7], § 488 Rn 8.

293 MüKoBGB/*Krüger*[7], § 271 Rn 13.

294 BGHZ 25, 174, 177 f. („... Darlehn [setzt] begrifflich das Recht des Gläubigers, den Darlehensbetrag vom Schuldner zurückzufordern, ... voraus ..."); *Mülbert,* WM 2002, 465, 469; MüKoBGB/*Berger*[7], § 488 Rn 43; Soergel/*Seifert*[13], § 488 Rn 88; Staudinger/*Mülbert* BGB[2011], § 488 Rn 289; **aA** (Parteivereinbarung als Grundlage der Rückzahlungspflicht) Staudinger/*Freitag* BGB[12], § 488 Rn 165.

Synallagma.[295] Mit der Valutierung des Zuteilungsbetrages entsteht somit *kraft Gesetzes* der Rückzahlungsanspruch der Bundesbank i.S.d. § 488 BGB, der zu dem Zeitpunkt seiner Entstehung allerdings gemäß AGB-Bbk Abschnitt V. Nr 16 Abs 1.1 S 4 *erst am Ende der einwöchigen Laufzeit fällig ist.*

### *b) Pflicht der Sicherheitsbestellung aufgrund eines Sicherungsvertrag*

Vorsorglich lässt der Kreditgeber regelmäßig bei Gewährung eines Kredits eine angemessene Sicherheit, d.h. ein vertraglich begründetes Recht bestellen, welches er in Anspruch nehmen darf, wenn die durch dieses Recht gesicherte Forderung nicht befriedigt wird.[296] Ein *Sicherungsvertrag* enthält dabei einerseits die *Sicherungszweckvereinbarung*, welche eine fiduziarische Verknüpfung der zu sichernden Forderung und dem Sicherungsrecht darstellt[297], und andererseits den Rechtsgrund für die Sicherheitsbestellung.[298] Die *Sicherheitsbestellungsverpflichtung* des Geschäftspartners für die Rückzahlungsforderung der Bundesbank aus dem Sicherungsvertrag aufgrund AGB-Bbk Abschnitt V. Nr 3 Abs 4 stellt demnach eine Nebenpflicht aus dem Darlehensvertrag dar. Laut der AGB-Bbk Abschnitt V. Nr 2 Abs 1 und Nr 3 Abs 4 müssen alle Formen von Offenmarktkrediten – also auch die besicherten Kredite – jederzeit durch ausreichende Sicherheiten unterlegt sein. Der Sicherungsvertrag über die Sicherheitsbestellung für die besicherten Kredite kommt mit der Anerkennung der AGB der Bundesbank einschließlich der Pfandklausel durch den Geschäftspartner zustande.[299] Die Gutschrift der zugeteilten Beträge erfolgt bei Standardtendern an dem in der Ausschreibung genannten Abwicklungstag, sobald eine hinreichende Sicherheitendeckung für den Gesamtbetrag besteht, wobei fehlende Sicherheiten unverzüglich, jedoch spätestens bis 16 Uhr am Abwicklungstag einzuliefern sind und auslaufende Geschäfte bis 9.20 Uhr desselben Tages belastet werden, *AGB-Bbk*, Abschnitt V. Nr 15, Abs 5.

### *c) Zwischenergebnis*

Folglich ist es deutlich, dass die besicherten Kredite, welche die Bundesbank ihren Geschäftspartnern bereitstellt, den Voraussetzungen des Darlehens, das mit einem Sicherungsvertrag verbunden ist, i.S.d. §§ 488 ff. BGB entsprechen. Da die Leistungszeitpunkte bei Geschäftsabschluss präzise festgelegt werden und der Bundesbank für den Fall, dass ein Geschäftspartner die Sicherheiten nicht fristgerecht liefert oder den Kredit bei Fälligkeit nicht zurückzahlt, ein Kündigungsrecht zuerkannt

---

295 MüKoBGB/*Berger*[6] Vor § 488 Rn 10, MüKoBGB/*Berger*[7] § 488 Rn 43.
296 *Weber* Kreditsicherheiten, 2002, S 6.
297 MüKoBGB/*Berger*[7] § 488 Rn 57.
298 MüKoBGB/*Berger*[7] § 488 Rn 57.
299 Vgl *Tschekuschina* Rechtliche Aspekte der geldpolitischen Instrumente des ESZB, 2007, S 86; vgl BGH WM 1983, 926, 927; *Canaris* Bankvertragsrecht, 1981, Rn 2657.

ist, stellen die besicherten Kredite als Darlehen der Bundesbank Fixgeschäfte i.S.d. § 323 II Nr 2 BGB dar.[300]

## II. Pensionsgeschäfte

Die Instrument der Rückkaufsvereinbarung, das dem früher von der Bundesbank häufiger verwendeten Wertpapierpensionsgeschäft entspricht, gleicht *wirtschaftlich*[301] einem besicherten Kredit, allerdings mit dem entscheidenden Unterschied, dass das Eigentum an den Sicherheiten auf den Käufer übertragen wird[302]. Die konkrete Ausgestaltung der Pensionsgeschäfte, die gemäß Art 2 S 3 ESZB-Satzung i.V.m § 3 S 1 BBankG dem *Grundsatz der offenen Marktwirtschaft mit freiem Wettbewerb* zu entsprechen haben, ist ansonsten rechtlich weder im EG-Vertrag noch in der ESZB-Satzung geregelt. Die Rechtsnatur eines Wertpapierpensionsgeschäftes hängt dabei grundsätzlich von den durch die Vertragspartnern getroffenen Vereinbarungen ab, so dass verschiedene vertragliche Gestaltungen denkbar sind.[303] Fraglich ist dabei, ob diese vertraglichen Vereinbarungen auch juristisch als Kredit einzuordnen sind. Im Art 12 Abs 1 der EG-Bankbilanzrichtlinie, der die Rechtsnatur des Pensionsgeschäfts offenlässt, wird allerdings nicht vom Kaufpreis, sondern lediglich vom Preis gesprochen. Auch die Legaldefinition des Pensionsgeschäfts gemäß § 340 Abs 1 HGB spricht lediglich von der *Übertragung des verpensionierten Gegenstandes* und lässt dabei jedoch die Rechtsform der Übertragung offen. Umstritten ist letztendlich, ob Pensionsgeschäfte der EZB als Kauf i.S.d. § 433 BGB oder als Darlehen gemäß § 488 BGB einzuordnen sind.

Um die Rechtsnatur der Pensionsgeschäfte zu erhellen, muss festgestellt werden, welche Rechtsnormen für das Vertragsverhältnis maßgeblich sind. Da für die Pensionsgeschäfte der Bundesbank mit ihren Geschäftspartnern das deutsche Recht maßgebend ist, lässt sich folglich der Rechtsrahmen für diese Geschäfte auch durch das deutsche Zivilrecht bestimmen.[304]

---

300 Vgl *Tschekuschina* Rechtliche Aspekte der geldpolitischen Instrumente des ESZB, 2007, S 86.

301 *Junius/Kater/Meier/Müller* Handbuch EZB, 2002, S 104; *Gesell* Wertpapierleihe und Repurchase Agreements im deutschen Recht, 1994, S 159.

302 EZB/2011/14, Anlage 2, Glossar, S 75.

303 Schimansky/Bunte/Lwowski/*Kienle* Bankrechts-Handbuch[2011], § 105 Rn 26; *Bieg* Die externe Rechnungslegung der Kreditinstitute und Finanzdienstleistungsinstitute, 1999, S 133; vgl ausführlich *Gillor* Der Rahmenvertrag für Finanzgeschäfte der Europäischen Bankenvereinigung, 2006, S 38 ff.

304 Schimansky/Bunte/Lwowski/*Kienle* Bankrechts-Handbuch[2011], § 105 Rn 12 ff.

### 1. *Begriffsbestimmung: das Pensionsgeschäft als echtes Wertpapierpensionsgeschäft i.S.d. § 340 b HGB*

Die Pensionsgeschäft unterscheidet sich begrifflich vom Wertpapierleihgeschäft – einschließlich dem Wertpapierdarlehen – als häufigstem Anwendungsfall der §§ 607 ff. BGB und unterliegt daher nicht den gleichen Regelungen wie denen der §§ 607 ff. BGB.[305]

Wertpapierpensionsgeschäfte sind gemäß der Legaldefinition in § 340 b Abs 1 HGB Verträge, vermittels derer der Pensionsgeber ihm gehörende Wertpapiere dem Pensionsnehmer auf Zeit gegen Zahlung eines bestimmten Betrages überträgt und in denen gleichzeitig bindend vereinbart wird, dass selbige Wertpapiere zu einem späteren Zeitpunkt entweder gegen Entrichtung des empfangenen oder eines im Voraus vereinbarten anderen Betrages an den Pensionsgeber rückübertragen werden müssen oder können. § 340 b HGB unterscheidet zwischen dem *echten* und dem *unechten Wertpapierpensionsgeschäft.* Ein *echtes Wertpapierpensionsgeschäft* liegt nach § 340 b HGB vor, wenn der Pensionsnehmer verpflichtet ist, die verpensionierten Wertpapiere zu einem bestimmten oder vom Pensionsgeber noch zu bestimmenden Zeitpunkt auf diesen zurück zu übertragen, während ein *unechtes Wertpapierpensionsgeschäft* vorliegt, wenn der Pensionsnehmer berechtigt, *aber nicht verpflichtet* ist, die Wertpapiere zurück zu verkaufen.[306]

Da der von der EZB verwendete Begriff (liquiditätszuführendes) *„Pensionsgeschäft"* eine Rückkaufpflicht umfasst, entsprechen die Pensionsgeschäfte der EZB folgerichtig nach hM dem echten Wertpapierpensionsgeschäft i.S.d. § 340 b HGB[307], das von den *liquiditätsabsorbierenden Wertpapierpensionsgeschäften* der Bundesbank i.S.d. AGB-Bbk Abschnitt V. Nr 2, S 2, HS 2, Nr 21 streng zu unterscheiden ist.

Außer der Erwähnung in einzelnen spezialgesetzlichen Vorschriften gibt es keine weiteren ausdrücklichen gesetzlichen Regelungen der Pensionsgeschäfte der EZB. Es handelt sich dabei um Geschäftsformen, die sich in der Praxis entwickelt haben.

---

305 MüKoBGB/*Berger*[6] § 607 Rn 6, 8.

306 Baumbach/Hopt/*Merkt* HGB[37] § 246 Rn 20: *Der Pensionsnehmer darf nicht das empfangene Wertpapier, sondern muss eine Forderung in Höhe des gezahlten Betrags aktivieren (Aktivtausch), str, nach a. A. wegen Eigentums auf Zeit Aktivum auch beim Pensionsnehmer; § 340 b gilt zwar nur für Kreditinstitute, entspricht aber darüber hinaus richtiger Bilanzierung, str,* vgl *Meyer-Sievers,* Wpg, 1988, S 292; Schimansky/Bunte/Lwowsky/*Kienle* Bankrechts-Handbuch[2011], § 105 Rn 15.

307 MüKoBGB/*Berger*[6] § 607 Rn 8; Staudinger/*Mülbert* BGB[2011] § 488 Rn 771; *Gesell* Wertpapierleihe und Repurchase Agreement im deutschen Recht, 1994, S 158; *Schwintowski/Schäfer* Bankrecht[2] S 927; *Prahl/Naumann* WM 1992, 1173, 1174.

## 2. *Schuldrechtliche Charakterisierung – Darlehen oder Kauf mit Rückkaufsverpflichtung?*

Anhand der oben schon dargestellten typischen vertraglichen Leistungen und Gegenleistungen der Pensionsgeschäfte der EZB ist nachfolgend im Einzelnen zu verdeutlichen, wie das Pensionsgeschäft nach dem deutschen Zivilrecht schuldvertragsrechtlich zu typisieren ist.

In der Praxis werden Wertpapierpensionsgeschäfte häufig als so genannte *Kassaverkäufe*, verbunden mit einem *deckungsgleichen Terminrückkauf* rechtlich vereinbart, d. h. entweder werden Wertpapiere als Kassageschäft gekauft und auf Termin an den Verkäufer wieder zurück verkauft oder umgekehrt.[308] Bei liquiditätszuführenden Wertpapierpensionsgeschäften werden Wertpapiere als Kassageschäfte an die Zentralbank gegen Bereitstellung von Zentralbankgiralgeld verkauft. Gleichzeitig verpflichtet sich der Geschäftspartner der Zentralbank zu einem Rückkauf der Wertpapiere mit gleicher Wertpapier-Kennzeichennummer zu einem festgelegten Termin. Bei dem *Termingeschäft*, nämlich dem Rückkauf, überträgt die Zentralbank die gleichen Wertpapiere an den Geschäftspartner zurück und erhält dafür einen Geldbetrag, der sich aus dem Kaufpreis in entsprechender Höhe zzgl. der für die gesamte Laufzeit aufgelaufenen Zinsen zusammensetzt.[309]

### *a) Als Kauf i.S.d. § 433 BGB*

Die Leitlinien der EZB bezeichnen die Pensionsgeschäfte als *Verkauf mit Rückkaufsvereinbarung*. Nach einer Ansicht liegt hierbei dogmatisch im Einklang mit der rechtlichen Einordnung sonstiger Pensionsgeschäfte ein Kauf mit Rückkaufsvereinbarung i.S. eines doppelten Kaufvertrages gemäß § 433 BGB vor[310], obwohl es sich wirtschaftlich betrachtet um eine Kreditgewährung handelt. Hinsichtlich einer Umdeutung des Pensionsgeschäfts als eines kombinierten Kassa/Termingeschäfts in ein Darlehen

---

308 Schimansky/Bunte/Lwowski/*Kienle* Bankrechts-Handbuch[2011], § 105 Rn 27; *Bachmann* ZHR 173 (2009), 601 Fn 16; MüKoBGB/*Berger*[6], Vor § 488 Rn 16 und § 607 Rn 8; MüKoInsO/Jahn[2], § 104 Rn 96 f. **kritisch** *Assmann/Schütze* Handbuch des Kapitalanlagerechts, 2007, § 10 Rn 28.

309 Schimansky/Bunte/Lwowski/*Papathanassiou* Bankrechts-Handbuch[2011], § 134 Rn 70; *Gesell* Wertpapierleihe und Repurchase Agreement im deutschen Recht, 1994, S 136.

310 MüKoBGB/*Berger*[6], § 607 Rn 8; *Dörge* AG 97, 401; *Grimm* Das Vertragsrecht des Wertpapierdarlehens, 1996, S 193; *Ebenroth/Bader* ZBB 1990, S 75, 76; *Kropff* ZGR 1993, S 41, 51; *Köndgen* WM 2001, 1637, 1641; Staudinger/*Freitag* BGB[2011], § 607 Rn 22; *Neuhaus* Außerbörsliche Finanz(termin)geschäfte, in: *Gößmann/Hellner u. a.* (Hrsg), Bankrecht und Bankpraxis, Stand 11/2008, Rn 7/1214; für atypischen kaufähnlichen Vertrag *Ziegler* ZfK 1962, 1086; für ein Schuldverhältnis *sui generis* mit kauf- und darlehensvertraglichen Elementen *Gesell* Wertpapierleihe und Repurchase Agreement im deutschen Recht, 1994, S 164.

ist demgemäß größte Vorsicht geboten.[311] Die Annahme eines *Gelddarlehens unter Sicherungsübereignung der verpensionerten Wertpapiere* wird dabei weder der äußeren Form des Geschäfts noch den damit verfolgten, sehr unterschiedlichen Zwecken der Vertragspartner gerecht.[312]

### b) *Als Darlehen – keine Sicherungsübereignung aber lediglich Sicherungsfunktion*

Gegen die Annahme eines Darlehens spricht hauptsächlich die Übereignung des Eigentums an den Wertpapieren als Vertragsgegenstand, wobei nach der von den Vertragsparteien gewollten rechtlichen Konstruktion gerade keine Sicherungsübereignung vorliegt. Anhand der gängigen Rahmenverträge für Pensionsgeschäfte wird in der bankwirtschaftlichen Praxis regelmäßig eine Vollrechtsübertragung von Wertpapieren vereinbart und gerade nicht das Sicherungseigentum. Nach näherer Untersuchung könnten die Wertpapiere dennoch – trotz fehlender Sicherungsübereignung – lediglich einer *Sicherungsfunktion für die Liquiditätszuführung durch die Zentralbank* dienen, welche im Fall des liquiditätszuführenden Pensionsgeschäfts der EZB die Annahme eines Darlehens gemäß § 488 BGB begründet.

#### aa) Keine endgültige Vermögensverschiebung sondern vorübergehende verzinsliche Liquiditätszuführung durch die Zentralbank

Obwohl das Pensionsgeschäft formell als Kaufgeschäft konstruiert wird, ist der dabei effektuierte Leistungsaustausch gerade keine endgültige Vermögensverschiebung, wobei letztere aber ein typisches kaufvertragliches Merkmal darstellt. Dem Pensionsnehmer/Käufer wird vielmehr eben nur die *Möglichkeit einer vorübergehenden Nutzung* der in Pension gegebenen Wertpapiere eingeräumt, so dass ausschließlich *dieses Recht* auf Dauer in seine Vermögenssphäre übertritt.[313] Das *Pensionsgeschäft gegen Übertragung der verpensionierten Wertpapiere* ist eines der wichtigsten liquiditätszuführenden geldpolitischen Instrumente der Zentralbank. Die den zugelassenen Geschäftspartnern dadurch bereitgestellte Liquidität ist je nach vertraglicher Regelung dem Pensionsnehmer marktgerecht zu verzinsen.[314] Abgesehen von dem gezielten *vorübergehenden Nutzungsrecht* des Pensionsnehmers bezweckt das Pensionsgeschäft der Zentralbank hauptsächlich die *entgeltliche Überlassung einer bestimmten Menge an Zentralbankgiralgeld*, was den wesentliche Inhalt eines Gelddarlehen nach den §§ 488 ff. BGB darstellt.[315] Nach den Eigenschaften und dem

311 *Kümpel* WM 1992, Sonderbeil. Nr 1, S 13.

312 *Kümpel* WM 1992, Sonderbeil. Nr 1, S 13; Staudinger/*Hopt/Mülbert* BGB[2011], § 607 Rn 22.

313 Schimansky/Bunte/Lwowski/*Kienle* Bankrechts-Handbuch[2011], § 105 Rn 27.

314 Schimansky/Bunte/Lwowski/*Kienle* Bankrechts-Handbuch[2011], § 105 Rn 26.

315 Vgl *Waclawick* Die Verbindlichkeiten von Devisenterminvereinbarungen, Berlin 2000, S 115; Jauernig/*Berger* BGB[16], § 488 Rn 1.

Sinn und Zweck des Pensionsgeschäfts der EZB bemessen ist die Annahme eines Kaufgeschäfts nicht überzeugend.

#### bb) Sicherungsfunktion trotz Ablehnung einer Umdeutung der Eigentumsübertragung der verpensionierten Wertpapiere in eine Sicherungsübereignung

Gegen einen Charakter des Pensionsgeschäfts als Darlehen i.S.d. §§ 488 ff. BGB bzw. eines Kreditgeschäfts spricht hauptsächlich der Eigentumsübergang der Wertpapiere. Gegen die Umdeutung der Übertragung in eine Sicherungsübereignung spricht, dass nach den getroffenen Vereinbarungen der Käufer regelmäßig nur verpflichtet ist, gleichartige und nicht die identischen Wertpapiere zurückzugeben[316], während im Falle einer Sicherungsübereignung *die identischen Wertpapiere* zurückgeliefert werden müssen. Da Wertpapierpensionsgeschäfte grundsätzlich nicht durch Lieferung von Stücken sondern vielmehr durch Übertragung von Miteigentumsanteilen an einem Sammelbestand erfüllt werden, ist die Rücklieferung der identischen Wertpapiere ohnehin nicht möglich.[317] Somit ist der Pensionsnehmer weder vertraglich noch sachenrechtlich daran gehindert, über die aufgrund eines Erwerbs von Vollrechtseigentum in Pension genommenen Wertpapiere frei zu verfügen.[318]

Eine Umdeutung des Wertpapier-Pensionsgeschäfts/Repurchase Agreements in eine Sicherungsübereignung kann nur dann in Betracht kommen, wenn entweder der Pensionsnehmer/bzw. -käufer hinsichtlich der erworbenen Wertpapiere treuhänderischen Bindungen unterliegt oder ausschließlich die Zahlung und Verzinsung des Kaufpreises im Vordergrund steht.[319] Somit ist eine allgemeine Umdeutung der Eigentumsübertragung der Wertpapiere aufgrund des Pensionsgeschäfts in die Sicherungsübereignung nicht anzunehmen.

Obwohl Wertpapier-Pensionsgeschäfte zu den gleichen Zwecken wie Wertpapierdarlehen getätigt werden können, falls der Pensionsnehmer lediglich vorübergehend Wertpapiere benötigt, ersetzen Wertpapierpensionsgeschäfte im Fall von Liquiditätsversorgung de facto eine Kreditaufnahme, wobei der Pensionsgeber sich damit den aufwendigen und möglicherweise zudem noch verlustreichen Verkauf der Wertpapiere erspart, falls er nur kurzfristig Liquidität benötigt[320].

---

316 *Cahn/Ostler* AG 08, S 222; Schimansky/Bunte/Lwowski/*Kienle* Bankrechts-Handbuch[2011], § 105 Rn 12; Gegenansicht *Dörge* AG 97, S 399.

317 *Tschekuschina* Rechtliche Aspekte der geldpolitischen Instrumente des ESZB, 2007, S 77; *Gillor* Der Rahmenvertrag für Finanzgeschäfte der Europäischen Bankenvereinigung, 2006, S 117 f.

318 Vgl *Kümpel* Bank- und Kapitalmarktrecht[3], Rn 13.18; *Dörge* AG 97, S 398.

319 Schimansky/Bunte/Lwowski/*Kienle*, Bankrechts-Handbuch[2011], § 105 Rn 26; Staudinger/*Freitag*, BGB[2011], § 607 Rn 22; Staudinger/*Mülbert* BGB[2011], § 488 Rn 60; *Schwintowski/Schäfer* Bankrecht, 2. A., 2004, S 915.

320 *Bachmann* ZHR 173 (2009), 600; *Cahn/Ostler* AG 08, 222; *Gillor* Der Rahmenvertrag für Finanzgeschäfte der Europäischen Bankenvereinigung, 2006, S 41 f.

Die Eigentumsübertragung aufgrund des liquiditätszuführenden Pensionsgeschäfts der EZB hat infolgedessen hauptsächlich eine Kreditsicherungsfunktion, da in diesem Fall der Pensionsgeber einen bestimmten verzinslichen Geldbetrag für einen befristeten Zeitraum gegen Übertragung der Wertpapiere erhält.[321] Zweck der Übertragung der Wertpapiere ist dabei gerade nicht ihr zeitweiliger Erwerb durch die EZB, sondern allein die Möglichkeit des Zugriffs auf sie für den Fall, dass die Geschäftspartner ihren Verpflichtungen aus dem Vertrag nicht erfüllen.[322]

Wie bei besicherten Krediten ist hier nicht die Präzisierung der individuellen Wertpapiere entscheidend, sondern allein die Nenngröße der sicherheitsdienenden verbrieften Forderung, da ja bei Inhaberschuldverschreibungen gemäß § 793 BGB schuldrechtlich der verbriefte Forderungsinhalt maßgeblich ist und lediglich die Übertragung zwecks Vereinfachung durch sachenrechtliche Vorschriften geregelt wird. Wertpapiere sind nur bei Übertragung sachenrechtlich zu handhaben. Der als Sicherheit dienende Gegenstand ist nicht die Urkunde als Sache, sondern allein die von der Urkunde verbriefte Forderung. Da die vom Geschäftspartner zu einem bestimmten Termin zurück zu verkaufenden Sicherheiten vom selben Emittenten begeben werden und darüber hinaus Teil derselben Emission bilden müssen und außerdem diese Sicherheiten von gleicher Art sein und auch denselben Nennwert, Betrag und dieselbe Beschreibung vorweisen müssen wie die per Kasse ge- bzw. verkauften Sicherheiten[323], bleibt der Sicherheitsgegenstand der juristisch identische Forderungsinhalt mit demselben Nennwert und derselben Beschreibung, nur durch eine andere Urkunde verbrieft.

Für die Sicherungsfunktion der verpensionierten Wertpapiere spricht auch eine einheitliche Behandlung der Übertragungsgegenstände bei Pensionsgeschäften und der Verpfändungsgegenstände bei besicherten Krediten als notenbankfähige Sicherheiten in dem „einheitliches Sicherheitenverzeichnis“[324] seit dem 1.1.2007.

Die EZB spricht einheitlich von *Kreditgewährung durch Pensionsgeschäfte und besicherte Kredite als liquiditätszuführende HRGs*[325], welche gemäß Art 18.1. 2. Spiegelstrich ESZB-Satzung grundsätzlich nur gegen die Bestellung ausreichender notenbankfähiger Sicherheiten durchgeführt werden dürfen, um das Eurosystem vor jedweden finanziellen Risiken zu schützen, und im Interesse der Stabilität des gesamten Finanzsystems verhindern, dass dem ESZB aus der Vergabe von Krediten

---

321 Schimansky/Bunte/Lwowski/*Kienle* Bankrechts-Handbuch[2011], § 105 Rn 22.

322 *Waclawick* Die Verbindlichkeiten von Devisenterminvereinbarungen, 2000, S 113 f.

323 *Tschekuschina* Rechtliche Aspekte der geldpolitischen Instrumente des ESZB, 2007, S 79.

324 EZB/2011/14, Anhang I, S 30 ff.

325 Vgl Die Geldpolitik der EZB, 2011, S 104.

Verluste entstehen können.[326] Liquiditätszuführende HRGs als Offenmarktgeschäfte sind infolge Dessen Kreditgeschäfte i.S.d. Art 18.1. ESZB-Satzung.[327]

Der *Sicherungsfunktion der Wertpapiere* des Pensionsgeschäftes entspricht zumal auch die Bilanzierung von echten Pensionsgeschäften, da nämlich der Pensionsgeber die verpensionierten Wertpapiere nach § 340b Abs 4 HGB weiterhin auszuweisen hat, obwohl ja das Eigentum an den Wertpapieren schon auf den Pensionsnehmer übertragen wird. Das Pensionsgeschäft der EZB ist infolge Dessen nicht als Verkauf und Rückkauf i.S.d. § 433 BGB, sondern eben als Darlehen gemäß § 488 BGB anzusehen[328], da die Übertragung der Wertpapiere zwar keiner Sicherungsübereignung aber hauptsächlich der Sicherungsfunktion dient, was bedeutet, dass das durch Pensionsgeschäfte auf dem Wege der Kreditgewährung bereitgestellte Zentralbankgiralgeld gerade nicht durch Sicherungsrecht sondern durch Eigentum an den verpensionierten Wertpapiere gesichert wird.

## G. Zusammenfassung

Die vertraglichen Konstruktionen und die Parteiwillen i. R. d. Refinanzierungsgeschäfte der Zentralbank entsprechen somit den gesetzlichen Vertragstypisierungen gemäß der §§ 488 ff. BGB. Da die sich aus dem Darlehensvertrag ergebenden Rechte der Geschäftspartner der Zentralbank nur auf deren Girokonten bei der Zentralbank realisiert werden können – die Gutschrift aufgrund der Zuteilung des Zentralbankgeldes wird ausschließlich auf die jeweiligen Girokonten der Geschäftspartner bei der Zentralbank erteilt und buchhalterisch weiter abgewickelt – muss die Untersuchung der Rechtsnatur des Zentralbankgiralgeldes i. R. d. Giro- und Darlehensrechts erfolgen.

326 Groeben/Schwarze/*Smits* EU-/EGV[6], Art 18 ESZB-Satzung Rn 32; *Gaitanides* Das Recht der EZB, 2005, S 120.

327 *Goetze* Die Tätigkeit der nationalen Zentralbanken, 1999, S 108; *Gaitanides* Das Recht der EZB, 2005, S 120.

328 So auch *Acker* Die Wertpapierleihe, 1995, S 44; *Canaris* Bankvertragsrecht, 1981, Rn 1595. (Wechselpensionsgeschäft); *Dörge* Rechtliche Aspekte der Wertpapierleihe 1992, S 45; *Kümpel* WM-Festgabe für Heinsius, 1991, S 33 (für Repo-Geschäfte); *Wittkämper* DB 66, 1960; Baumbach/*Hefermehl* Anhang, Art 11, WG Rn 13, zum Wechselpensionsgeschäft.

# § 4 Die §§ 780, 781 BGB als Rechtsgrundlagen für Ansprüche aus Gutschriften auf Zentralbankgirokonten aufgrund von HRGs

Die aufgrund der Valutierung der HRGs durch die Bundesbank erteilte Gutschrift transferiert das Guthaben zugunsten der Geschäftspartner der Bundesbank auf deren jeweiliges Zentralbankgirokonto – das sog. PM-Konto gemäß AGB-Bbk Abschnitt II. A. Nr 1 Var 1 und B. – und symbolisiert somit das eigentliche Zentralbankgiralgeld. Die eindeutige Feststellung der Rechtsnatur dieser Gutschrift gleicht demnach der Begriffsbestimmung des Zentralbankgiralgeldes als Zahlungsmittel. Umstritten ist allerdings nach wie vor, ob das Zentralbankgiralgeld eine Forderung oder eine Verbindlichkeit der Zentralbank darstellt.

Nach einer Ansicht sind sowohl die Giroguthaben bei einer Zentralbank als auch diejenigen bei einer Geschäftsbank gleichermaßen Forderungen, nur dass im einen Fall eine staatliche oder halbstaatliche Notenbank und im anderen Fall eine Privatbank, deren Zahlungsfähigkeit unter Umständen in Zweifel gezogen werden kann, Schuldner des jeweiligen Guthabens ist.[329] Nach der Gegenansicht ist die Anwendung des Forderungs- und Schuldbegriffs auf das Giralgeld – d. h. die Giroguthaben bei Banken – überwiegend als problematisch anzusehen – und dies insbesondere im Fall des Zentralbankgiralgeldes, da kein begriffsnotwendiger Forderungsinhalt in dem Giralgeld gefunden werden könne und es zudem fraglich sei, worauf eine angenommene „Forderung" bezogen ist.[330] Forderungen auf Noten der Bank oder auf die Begründung eines Giroguthabens sind demnach keine befriedigende Antwort.

Entscheidend ist es somit, den Forderungsinhalt des Anspruchs aus der Gutschrift bzw. Zentralbankgiroguthaben, der das Substrat des Zentralbankgiralgeldes darstellt, festzustellen. Zunächst muss die Rechtsgrundlage dieses Anspruchs spezifiziert werden. Der Anspruch auf die Erteilung der der nominalen Refinanzierungshöhe entsprechenden Gutschrift auf das Zentralbankgirokonto ergibt sich zweifelsohne aus dem Vertrag des HRGs. Fraglich ist aber, worin genau die Rechtsgrundlage für den Anspruch aus der Gutschrift, der einen notwendigen rechtlichen Bestandteil der Bereitstellung von Zentralbankgiralgeld darstellt, besteht, d. h., ob das HRG als Kausalgeschäft unmittelbar einen Anspruch aus der Gutschrift begründet, oder ob

329 *Höpker-Aschoff* Geld und Gold, 1939, S 59; allerdings wurde die Forderung als Substrat des Giralgeldes in beiden Fällen irrtümlich als Geldforderung angenommen, dh der Gläubiger kann von dem Schuldner Geld verlangen. Nach der in dieser Arbeit vertretenen Auffassung ist Giralgeld als Forderung eine viel umfassendere Rechtsposition des Giralgeldinhabers, nicht lediglich eine Geldforderung.

330 *Duden* Der Gestaltwandel des Geldes, 1968, S 7.

dieser Anspruch – ebenso wie im Falle einer Überweisungsgutschrift auf ein Girokonto bei einer Geschäftsbank – auf den §§ 780, 781 BGB beruht.

## H. Abgrenzung von dem „Verfügbarmachen des Giralgeldes" und dem „Verfügungsrecht über Giralgeld"

Bei dem durch HRGs geschöpften Zentralbankgiralgeld sind drei wesentliche Momente deutlich von einander abzugrenzen: die Abwicklung bzw. Valutierung i.S. der Erteilung der Gutschrift, die Entstehung des konkreten Anspruchs aus der erteilten Gutschrift, und endlich die Verfügung über die Rechte aus dieser Gutschrift bzw. aus dem Giroguthaben.

Durch den Vertrag bezüglich der Durchführung von HRGs verpflichtet sich die Bundesbank verbindlich zur Bereitstellung von Zentralbankgiralgeld i.S.v. Art 12.1. S 2 ESZB-Satzung in der vertraglich genau bestimmten Höhe und Abwicklungsbuchung gemäß AGB-Bbk Abschnitt II. A. Nr 1 Var 1, Abschnitt V. Nr 15 Abs 5 auf den PM-Konten der jeweiligen Geschäftspartner. Entstanden ist also ein Anspruch auf Erteilung der Gutschrift entsprechend der Zuteilungsbeträge zugunsten des jeweiligen Geschäftspartners auf dessen Girokonto bei der Zentralbank. Der Anspruch der Geschäftspartner aus der Gutschrift entsteht mit dem Erfolgen der Gutschrifterteilung, durch die die Valutierung am Abwicklungstag vollzogen wird, vgl AGB-Bbk Abschnitt V. Nr 15 Abs 5.

Somit steht fest: während die Abwicklung der HRGs die Bereitstellung, nämlich d*as Verfügbarmachen des Zentralbankgiralgeldes* darstellt, ist die *Verfügung über das Zentralbankgeld* kein Bestandteil des Regelungsgehalts eines HRGs.

Problematisch ist vor allem die Frage, welche juristischen Elemente der Sichteinlagen bei einer Zentralbank gemeinsam die Eigenschaft des „Zentralbankgiralgeldes" als Zahlungsmittel zu fungieren begründen. Die aus der Kreditgewährung resultierenden Sichteinlagen stellen nämlich erst dann Geld dar, wenn sie eine *normale Umlaufsgeschwindigkeit* erreichen, deren Begriff jedoch nicht präzise zahlenmäßig definiert werden kann.[331] Unter normaler Umlaufsgeschwindigkeit als rein monetärer Kategorie versteht man allgemein eine Umlaufsgeschwindigkeit, die ständig in Bewegung befindliche, kontinuierlich zu Zahlungen verwendete Zahlungsmittel aufweisen.[332] Ohne eine denkbare quantitativ-statistische Begriffsfassung kann man jedoch vereinfacht annehmen, dass die normale Umlaufsgeschwindigkeit sich auf jeden Fall in der *täglichen Fälligkeit der Sichteinlagen* gemäß § 8 Abs 3 RechKredV – nämlich in der *jederzeitigen Verfügungsmöglichkeit* über die Sichteinlagen – manifestiert. Gemäß AGB-Bbk Abschnitt II. A. Nr 1 Var 1, B. Nr 1 i.V.m. Art 1 und Art 13 der „Geschäftsbedingungen für die Teilnahme an TARGET2-Bundesbank (TARGET2-BBk)" und

331 *Rieken* Die Beziehungen zwischen der Notenbank und den Trägern der Girosysteme, 1964, S 122.

332 *Feifel* Die Anwendbarkeit der modernen Kreditschöpfungslehre, 1959, S 70.

AGB-Bbk Abschnitt II. E. Und F. erfolgen solche Verfügungen über die Kontoguthaben auf PM-Konten vermittels Überweisung, Lastschrift und Scheck.

Zu untersuchen ist somit, was unter einer Gutschrift auf dem Girokonto i. R. d. HRGs rechtlich zu verstehen ist, auf welchen Rechtsgrundlagen dieser Anspruch beruht, und wie der Anspruch der Geschäftspartner aus dieser Gutschrift inhaltlich zu bestimmen ist.

## I. Die §§ 780, 781 BGB als Rechtsgrundlagen für den Anspruch aus der einzelnen Gutschrift auf einem Zentralbankgirokonto zugunsten der Geschäftspartner

Im Folgenden wird zwischen der *Überweisungsgutschrift*, die i. R. d. Überweisung entsteht, der *Kreditgewährungsgutschrift*, die aufgrund des Abschlusses eines Darlehensvertrages zwischen Bank und Kunde entsteht, und der *Saldogutschrift* unterschieden. Durchaus allgemein anerkannt ist die Anwendung der §§ 780, 781 BGB als Rechtsgrundlage für die einzelne Überweisungsgutschrift auf ein Girokonto bzw. Zahlungskonto bei einer Geschäftsbank. Ein Anspruch auf die Bereitstellung von Giralgeld besteht auf Erteilung einer Gutschrift (Buchungsakt) und die Begründung des Anspruchs aus der jeweiligen einzelnen Gutschrift.

## I. Allgemeine zivilrechtliche Grundsätze für die einzelne Überweisungsgutschrift – die §§ 780, 781 BGB als Rechtsgrundlagen für den Anspruch aus der Überweisungsgutschrift

Nach der hM begründet die Erteilung einer Überweisungsgutschrift ein abstraktes Schuldversprechen oder eine Schuldanerkenntnis gemäß der §§ 780, 781 BGB.[333] Aufgrund der Verselbständigung des Anspruchs aus der Gutschrift lassen die Einwendungen aus dem Deckungsgeschäft, also dem Kausalgeschäft, das abstrakte

333 BGHZ 6, 121, 124; BGH, WM 1970, 751; WM 1970, 110; BGHZ 26, 187; 70, 177 ff.; 87, 246; 103, 143; BGH 72, 11; 103, 146 mN; 161, 273; BGH NJW 1991, 2140, 2141; BGH WM 1997, 1324; BGH WM 2002, 951, 953; BGH NJW 2002, 1722, 1723; 2005, 1771; 2005, 3213, 3214; 2006, 503, 505; *Häuser/Welter* WM 1994, 95; *Bröcker* WM 95, 469; *Koller* BB 1972, 687; *Blaurock* NJW 1984, 1 f. *Nobbe* WM 2001 Sonderbeilage Nr 4, S 16; *Grundmann* WM 2009, 1113; *Hadding/Häuser* ZHR 145 (1981), S 138 f. MüKoBGB/*Habersack*[6] § 780 Rn 41; Jauernig/*Stadler* BGB[16], §§ 780, 781 Rn 22; Ebenroth/Boujong/Joost/Strohn/*Grundmann* HGB[3] BankR I, Rn I 215; *Canaris* Bankvertragsrecht, 1981, Rn 415; MüKoHGB/*Häuser* ZahlungsverkehrsR[3], Rn B 388; MüKoBGB/*Casper*[6], § 675 t Rn 6, 24; Staudinger/*Marburger* BGB[2009], § 780 Rn 42; Schimansky/Bunte/Lwowski/*Mayen* Bankrechts-Handbuch[2011], § 47 Rn 52; *Einsele* in: FS Reuter, 2010, S 53, 56 f; *Fischer/Klanten/Koch* Bankrecht[2010], Rn 10.128.

Leistungsversprechen aus der Gutschrift unberührt.[334] Sowohl die EG-Zahlungsdienste-Richtlinie als auch die §§ 675 c ff. BGB lassen diese hM unberührt.

Es ist jedoch umstritten, wie der Regelungsinhalt des § 675 t Abs 1, S 1 BGB auszulegen ist. Nach der Begründung zum Regierungsentwurf[335] und einer gewichtigen Auffassung in der Literatur sei aus dem Begriff des „Verfügbarmachens" entweder nur oder zumindest auch der Anspruch aus der Gutschrift herzuleiten.[336] Soweit das „Verfügbarmachen" nach § 675 t Abs 1 S 1 BGB lediglich auf den Anspruch aus einer Gutschrift begrenzt wird[337], sollte der Anspruch auf Gutschrift entweder aus einem Rückgriff auf die mittlerweile aufgehobenen Rechtsvorschriften bzw. aus der Verweisung in § 675 c Abs 1 BGB folgen[338] oder als durch das *Verfügbarmachen* verdrängt, also von § 675 f. BGB mitumfasst werden[339].

Die Gegenansicht leitet allerdings aus § 675 t Abs 1 BGB ausschließlich den *Anspruch auf eine Gutschrift* ab, weil sich der *Anspruch aus einer Gutschrift* nach der bisher allgemein anerkannten hM, die auch für das neue Recht für den bargeldlosen Zahlungsverkehr gilt, nur aus den §§ 780, 781 BGB ergebe.[340] Auch wenn nach aktuellem Recht § 675 t Abs 1 S 1 BGB anders als noch § 676 g Abs 1 S 1 BGB a.F. nicht mehr von „gutschreiben", sondern im Unterschied dazu von „verfügbar... machen" spricht, sprechen die besseren Gründe dafür, in 675 t Abs 1 S 1 und S 2 BGB nicht nur lediglich den *Anspruch aus Gutschrift,* sondern primär *auch* den *Anspruch auf Gutschrift* zu sehen.[341]

§ 675 t Abs 1 BGB bestimmt nicht, wie das Giralgeld verfügbar gemacht wird und gibt zudem auch keine ausschlaggebenden Anhaltspunkte dafür, dass die tradierte Qualifikation der Gutschrift als abstraktes Schuldversprechen bzw. Schuldanerkenntnis gemäß der §§ 780, 781 BGB mit dieser neuen Vorschrift verdrängt werden soll.[342]

Folglich ist daher festzuhalten, dass die Formulierung des § 675 t Abs 1 BGB mit dem Begriff des Verfügbarmachens lediglich klarlegt, dass die Bereitstellung

---

334 Vgl Ebenroth/Boujong/Joost/Strohn/*Grundmann*, HGB[3] BankR I, Rn I 215; Schimansky/Bunte/Lwowski/*Mayen* Bankrechts-Handbuch[2011], § 47 Rn 52; *Koller* BB 1972, S 690; *Hadding/Häuser* WM 1988, 1149, 1150.

335 RegE BT-Drucks 16/11643, S 112.

336 Langenbucher/Bliesener/Spindler/*Langenbucher* BankR[2013], § 675 t Rn 6; *Köndgen* JuS 2011, 481, 487; Ellenberger/Findeisen/Nobbe/*Burghardt* ZahlungsverkehrsR[2010], § 675 t Rn 163; Schimansky/Bunte/Lwowski/*Mayen* Bankrechts-Handbuch[2011], § 49 Rn 163.

337 Erman/*v. Westphalen*[13] § 675 t Rn 2; BT-Drucks 16/11 643, S 112.

338 *Meckel* jurisPR-BKR 1/2010 Anm 1 V.15.

339 Erman/*v. Westphalen*[13] § 675 t Rn 2.

340 Palandt/Sprau, BGB[74], § 675 t Rn 4; *Schürmann* in: *BRV* (Hrsg), Finanzmarktkrise und Umsetzung der Verbraucherkreditrichtlinie, Bankrechtstag 2009, S 11, 45; Ebenroth/Boujong/Joost/Strohn/*Grundmann* HGB[2] BankR II, Rn II 83, 85; Bamberger/Roth/*Schmalenbach* BGB[3], § 675 t Rn 2.

341 MüKoBGB/*Casper*[6] § 675 t Rn 5.

342 So auch MüKoBGB/*Casper*[6] § 675 t Rn 5.

des Giralgeldes gleichermaßen die Begründung des Anspruchs ***auf*** Erteilung einer Überweisungsgutschrift ***und*** des Anspruchs ***aus*** der Überweisungsgutschrift bedeuten muss.

## II. Inhalt des Anspruchs aus der einzelnen Überweisungsgutschrift gemäß der §§ 780, 781 BGB – die Geltungsforderung auf Gewährleistung der Geltung des Nennwerts

Fraglich ist des Weiteren der Forderungsinhalt der Überweisungsgutschrift gemäß der §§ 780, 781 BGB, d.h. wie sich die von der Geschäftsbank gegenüber dem Gutschriftsinhaber versprochenen Leistungen bestimmen. Obwohl überwiegend Einigkeit dahingehend besteht, dass die einzelnen Gutschrift über die §§ 780, 781 BGB eine Forderung des Gutschriftinhaber gegen die Bank begründet[343], fehlt es an einer einheitlichen Bestimmung über den Forderungsinhalt des abstrakten Versprechens.

### *1. Meinungsstand*

Teilweise wird vom Bestehen eines unmittelbaren **Auszahlungsanspruchs** gemäß der §§ 780, 781 BGB in Höhe des von der Gutschrift denominierten Betrages gesprochen.[344] Es wird behauptet, das Kreditinstitut verspreche damit, seinem Kunden alle dem Kundenkonto gutgeschriebenen Beträge abstrakt zu schulden[345]. Allerdings wird über die forderungsrechtliche Bedeutung dieses „Schuldens" der einem Kundenkonto gutgeschriebenen Beträge rein gar nichts gesagt – insbesondere inhaltlich nichts über die versprochene, konkrete Leistungspflicht aufgrund dieses „Schuldens".

Wesentlicher ist noch die Frage, ob der angenommene unmittelbare Auszahlungsanspruch den wirklichen Willen des die Leistung Versprechenden und des Leistungsempfängers – wie Treu und Glauben es mit Rücksicht auf die Verkehrssitte gemäß der §§ 133, 157 BGB erfordern – entspricht. Bevor die rechtliche Bedeutung der wirksam entstandenen Gutschrift genauer festgestellt werden kann, kann man zumindest einmal festhalten, dass der Gutschriftinhaber eine bestimmte Summe Giralgeld durch die Gutschrift erhält – m.a.W. durch die betreffende Gutschrift wird das Giralgeld in entsprechender Betragshöhe zugunsten seines Inhabers geschaffen[346] – und dass er nach Belieben mit diesem Giralgeld verfahren kann, so wie es die technischen und vertraglichen Girorahmenbedingungen ihm eben ermöglichen.

---

343 Vgl Schimansky/Bunte/Lwowski/*Mayen* Bankrechts-Handbuch[2011], § 47 Rn 52; *Hadding/Häuser* ZHR 145 (1981), S 159.

344 *Hadding/Häuser* WM 1988, 1149, 1150; WM 1988, 322; NJW 1988, 1320; NJW 2005, 1771; NJW-RR 2005, 560.

345 *Fischer/Klanten/Koch* Bankrecht[2010], Rn 10.128.

346 *Canaris* Bankvertragsrecht, 1981, Rn 410.

Ein unmittelbarer Auszahlungsanspruch kann demnach lediglich eine von vielen Verfahrensmöglichkeiten darstellen, neben der mehrere andere Verfügungsmöglichkeiten über das Giralgeld gemäß dem jeweiligen vereinbarten Zahlungsdienste- bzw. Girovertrag bestehen.

Daher scheint eine andere Ansicht überzeugender, die den Standpunkt vertritt, dass die Rechtsfolge der einzelnen Gutschrift ausschließlich in der Verfügungsmacht des Gutschriftinhabers über die jeweilige Geldsumme und dies nach Maßgabe des Girovertrages liege[347], ohne dass der Gutschriftinhaber für seinen Anspruch aus der Gutschrift noch in irgendeiner Form tätig zu werden habe; insbesondere müsse er von ihr keine Kenntnis erlangen.[348]

Aus dem Anspruch aus der Gutschrift, der als Anspruch auf Verfügbarmachung des Eingangsbetrages aus § 675 t Abs 1 S 1 BGB zu sehen ist[349], ergibt sich nach einer anderen Auffassung infolge Dessen denknotwendig die Verfügungsberechtigung des Kunden bezüglich des bereitgestellten Mittelzuflusses an den Gutschriftempfänger.[350]

Allerdings erschöpft selbst eine derartige „Verfügungsmacht" bzw. „Verfügungsberechtigung" im vorgenannten Sinne nicht vollständig den Rechtsgehalt, den die Gutschrift dem Gutschriftinhaber zuweist. Um das Wesen des Giralgeldes präzise festzustellen, ist es daher zwangsläufig erforderlich, den rechtlichen Inhalt der mit einer Gutschrift entstandenen subjektiven Rechtsposition vollständig darzulegen.

### *2. Geltungsforderung auf Gewährleistung der Geltung des Nennwerts und Bezugsgegenstand dieser Forderung*

Die Gutschrift ist sowohl einerseits ein Skripturakt der Buchhaltung[351] als auch andererseits der Ausdruck des Nennwerts eines Zahlungsmittels, der von Zahlen und Euro als Währungseinheit ausgemacht wird, und ein bestimmtes Quantum von Währungseinheiten bedeutet.

Währungsrechtlich bezieht sich der Euro als Währung bzw. Währungseinheit auf ein gesetzlich festgelegtes Maß.[352] Jede Währungseinheit ist zugleich *Rechen-* und/oder

347 Vgl *Bröcker* WM 1995, 468.

348 *Canaris* Bankvertragsrecht, 1981, Rn 419.

349 *Meckel* jurisPR-BKR 1/2010, Anm 15; Ellenberger/Findeisen/Nobbe/*Burghardt* ZahlungsverkehrsR, 2010, § 675 t BGB Rn 163.

350 Ellenberger/Findeisen/Nobbe/*Burghardt* ZahlungsverkehrsR, 2010, § 675 t BGB Rn 163.

351 *Canaris* Bankvertragsrecht, 1981, Rn 420.

352 Staudinger/*K. Schmidt* BGB[1997], Vor §§ 244 ff. Rn A 40; das Wort Währung bedeutet ursprünglich „Gewährleistung", so *Grimm* Deutsches Wörterbuch, S 1854 ff, Stichwort „Währung", Bd 27, S 1008 ff. <http://germanzope.uni-trier.de/Projects/DWB>.

*Rechnungseinheit*[353], umgekehrt ist allerdings nicht jede Rechnungseinheit zugleich eine Währungseinheit.[354] Während die Rechnungseinheit ihre bilanzielle und buchhalterische Denominationsfunktion entfaltet, bildet die Währungseinheit eine *objektive Währungsrechtsordnung*, welche die abstrakte, ideelle Einheit des Mischgeldsystems im Euro-Währungsgebiet gewährleistet.[355]

Mit dem Wirksamwerden der Gutschrift wird dem Gutschriftinhaber in dem ersten juristischen Moment – d.h. vor jeglicher tatsächlicher Adhibierung des Giralgeldes in den bargeldlosen Zahlungsverkehr – somit ein bestimmtes Quantum an Währungseinheiten sowohl buchhalterisch als auch rechnerisch *zugewiesen*. Nach der buchhalterischen und der rechtlichen Zuweisungshandlung – nämlich der Bewerkstelligung des Skripturakts und dem Wirksamwerden der Gutschrift – werden die rechtlich objektiven Währungseinheiten zum Bezugsgegenstand eines Schuldverhältnisses zwischen Bank und Kunden. An diesen *versubjektivierten Währungseinheiten* entsteht erst das Recht des Gutschriftinhabers auf einen *dauerhaften Geltungszustand ihrer* auf ihn bezogenen *Zugewiesenheit*. Diese versubjektivierten Währungseinheiten – im entsprechenden zuweisungsbezogenen Quantum – sind daher streng von der *objektiv abstrakten Währungseinheit*, deren Geltung ihr von der objektiven währungsrechtlichen Rechtsordnung verliehen wird, zu unterscheiden.

Diese Geltung jener Währungseinheiten zugunsten des Gutschriftinhabers formalrechtlich zu gewährleisten, stellt den Inhalt einer Geltungsforderung aus den §§ 780, 781 BGB gegen die Gutschrift erteilende Bank dar, welche dem Gutschriftinhaber – in dem juristischen Moment vor einer tatsächlichen Verfügung – eine materielle Zugewiesenheits- und Geltungsgewährleistung eines konkreten Währungseinheitsquantums formell vermittels eines in der Gutschrift selbst manifestierten abstrakten Schuldversprechens zuspricht. Die Bank ist also dazu verpflichtet, die Geltung des zugewiesenen Nennwertes – also die richtige Quantifizierung und die richtige Zugehörigkeit – durch zahlungsdienstevertragliche (also girovertragliche[356]) und gesetzlich vorgeschriebene ordnungsgemäße Buchhaltung zu erwirken, vgl Art 40 ff. ZDRL, § 675 f. BGB.

Entgegen der herkömmlichen Auffassung, dass nämlich der Bezugsgegenstand des Anspruchs aus der Gutschrift eine Zahlungsforderung sei, ist der Gegenstand des Anspruchs aus der Gutschrift in Form solch einer Geltungsforderung aus den §§ 780, 781 BGB tatsächlich das der Zuweisung hinsichtlich der Betragshöhe entsprechende Quantum *versubjektivierter* währungsrechtlich geltender *Währungseinheiten*, wobei Letztere ursprünglich als konstituierendes quintessenzielles Legalsubstrat einer objektiven Währungsrechtsordnung bestanden und nun – aufgrund und infolge

353 Staudinger/*K. Schmidt* BGB[1997], Vor §§ 244 ff. Rn A 41; *Münch* Das Giralgeld, 1990, S 51; *Helfferich* Das Geld, 1928, S 412; *Lipfert* Einführung in die Währungspolitik, 1974, I A, S 1; *Fögen* Geld- und Währungsrecht, 1969, S 35 ff.

354 *Hahn/Häde* Währungsrecht, 2010, S 28.

355 Vgl Staudinger/*K. Schmidt* BGB[1997], Vor §§ 244 ff. Rn A 41.

356 *Grundmann* WM 2009, 1113.

der Begründung eines Schuldverhältnisses zwischen der Bank und ihrem Kunden – als Gegenstand eines subjektives Rechts zugunsten des Gutschriftinhabers gelten. Genau diese Geltungsforderung stellt damit den Inhalt des Anspruchs aus der Gutschrift gemäß der §§ 780, 781 BGB dar.

### 3. *Verfügungsrecht des Gutschriftinhabers*

Da das Giralgeld aber auch ein *dynamisches* Wesensmerkmal – nämlich dasjenige seiner in einer täglichen Fälligkeit manifestierten Verfügbarkeit – beinhaltet, muss daher die versprochene Leistung gemäß der §§ 780, 781 BGB durch die Gutschrift infolge dessen auch ein jederzeitiges Verfügungsrecht des Gutschriftinhabers inkludieren, da Letzteres ein denknotwendiges Merkmal des Giralgeldes als Zahlungsmittel darstellt. Die Besonderheit der von einer Kontogutschrift begründeten Leistungspflicht der Bank liegt somit darin, dass das abstrakte Schuldversprechen nicht nur in der Geltungsgewährleistung der Zugewiesenheit des Währungseinheitsquantums besteht, sondern darüber hinaus auch die Gewährleistung des Verfügungsrechts des jeweiligen Giralgeldinhabers über das mit der Erteilung der Gutschrift geschaffene und ihm zugewiesene Giralgeld inkludiert.

Fraglich ist, in welchem Verhältnis die §§ 780, 781 BGB als Rechtsgrundlagen der Geltungsforderung einerseits und der dem Konto zugrunde liegende Giro- bzw. Zahlungsdienstevertrag andererseits zueinander stehen, und auf welchen Verfügungsgegenstand sich das Verfügungsrecht bezieht. Diese Fragen sind nur durch eingehende Erforschung der Parteiwillen bei Entstehung der Gutschrift und der in der Gutschrift versprochenen Rechte und Pflichte der Vertragsparteien gemäß §§ 133, 157 BGB zu beantworten.

#### a) *Rechtliches Verhältnis zwischen den §§ 780, 781 BGB als Rechtsgrundlagen der Geltungsforderung und dem dem Konto zugrunde liegenden Giro- bzw. Zahlungsdienstevertrag*

Denknotwendig liegt bereits vor Erteilung der Gutschrift schon ein Konto – also ein Giro- bzw. Zahlungsdienstevertrag, jeweils i.S.d. § 676 f. BGB aF und § 675 f. BGB – vor, da eine Gutschrift ja schon rein technisch auch nur aufgrund einer gegebenen Giro- bzw. Zahlungskontonummer an dieselbe erfolgen kann. Mit Erteilung der Gutschrift verspricht somit die erteilende Bank, dass die versprochene Leistung gemäß der §§ 780, 781 BGB die notwendigen girovertraglichen bzw. zahlungsdienstevertraglichen Elemente inkludiert, da eine isolierte Versprechung lediglich einer Zuweisung von Giralgeld zugunsten des jeweiligen berechtigten Empfängers ohne Einschließung der kontovertraglichen Rechtselemente bereits begrifflich ausgeschlossen ist. Das Giralgeld erhält also durch Erteilung einer Gutschrift auf ein Konto seine kontovertraglich bedingte buchhalterisch-existenzielle Form, die zwingend in dem bargeldlosen Zahlungssystem entstanden ist und zu bestehen hat, und die auch zwingend bezweckt, der Abwicklung bargeldloser Zahlungsvorgänge zu dienen. Darüber hinaus erklärt bzw. verspricht die Gutschrift erteilende Bank bei der Abgabe und i. R. d. abstrakten Versprechens auch bereits, dass die gemäß der §§ 780, 781 BGB dem Gutschriftinhaber zugewiesenen und gewährleisteten Währungseinheiten jederzeit nach den Maßstäben des Giro- bzw. Zahlungsdienstevertrages verfügbar sind.

### b) *Verfügungsgegenstand bei Übertragung des durch Gutschrift geschaffenen Giralgelds*

#### aa) Währungseinheiten als Verfügungsgegenstand

Es besteht seit jeher dahingehend einen Widerspruch bei der rechtlichen Qualifizierung des Giralgeldes, dass man zwar einerseits das Giralgeld mit einer Forderung gleichsetzt, sich aber andererseits mit der Begründung weigert, dann das Recht der Forderung bei der Übertragung anzuwenden, dass eine Abtretung nicht dem tatsächlichen Willen der Beteiligten entspreche.[357] Der wahre Grund des Widerspruchs liegt allerdings darin, dass der genaue Übertragungsgegenstand bei der Übertragung des Giralgeldes nicht hinreichend präzisiert wurde.

Die Summe der Inhaltsbestandteile der aus der Gutschrift aus den §§ 780, 781 BGB resultierenden Geltungsforderung umfasst nämlich nicht nur die *Geltungsgewährleistung der Zugewiesenheit des Währungsquantums*, sondern zudem eben auch die *Verfügungsrechte des Gutschriftinhabers über jede der ihm zugewiesenen und geltend-gehaltenen Währungseinheiten*, welche einen Nennwert bilden. Mit eben diesem Nennwert wird dann der *bankbilanzielle Erfüllungsbetrag der Verbindlichkeiten* der MFIs denominiert, welcher die MFIs zur Bereitstellung der Verfügbarkeit der Summen von Währungseinheiten verpflichtet.

In diesem Zusammenhang ist klar zwischen der *Geltungsgewährleistung* der dergestalt zugewiesenen Währungseinheiten und dem *Verfügungsrechts* über dieselben als *Forderungsgegenstand* einerseits und den Währungseinheiten als dem *Bezugsgegenstand* der Gewährleistungspflicht aus der Geltungsforderung anderseits zu unterscheiden. Folglich ist denknotwendig die *Abtretung über die Geltungsforderung* aus den §§ 780, 781 BGB gemäß der §§ 398 ff. BGB von der *Verfügung über die Währungseinheiten* in entsprechendem Quantum, welche nach girorechtlichen Regelungen zu handhaben ist, zu differenzieren.

Der Gegenstand der Verfügung ist demnach bei Übertragung des Giralgeldes vermittels beispielsweise einer Überweisung gerade nicht die Geltungsforderung aus den §§ 780, 781 BGB als solche, sondern Gegenstand der Verfügung sind *die dem Gutschriftinhaber zugewiesenen Währungseinheiten als Bezugsgegenstand der Leistungspflicht*. Durch die Übertragung der Währungseinheiten anhand erneuter Zuweisung findet eine entsprechende Erhöhung oder Kürzung der Nenngröße der Geltungsforderung gegen die jeweilige Bank als Schuldner ohne Übertragung, nämlich Abtretung der Forderung als solche, statt.

357 *Thymissen* BB 1971, S 1349.

In diesem Zusammenhang wird auch offenbar, dass bei der Übertragung von Giralgeld eben keine Forderung abgetreten wird[358], da in der Rechtswirklichkeit die einzelne einem Rechtssubjekt zugewiesene Währungseinheit aus ihrem Rechtsbereich abgeschieden, und erneut einem anderen Rechtssubjekt zugewiesen wird, und zwar durch die vom jeweiligen gültigen Giro- bzw. Zahlungsdienstevertrag bestimmten Instrumente des bargeldlosen Zahlungsverkehrs, wie z.B. Überweisung, Lastschrift usw.

Die dogmatisch widersprüchliche Vorstellung ohne Begründung, dass die Giroforderung als Substrat des Giralgeldes zwar nicht abgetreten, sondern als Giralgeld einerseits vernichtet und andererseits neu geschöpft wird[359], ist abzulehnen. Zwar wird die Geltungsforderung als Substrat des Giralgeldes in dem Zahlungsvorgang nicht abgetreten bzw. übertragen. Tatsächlich „übertragen" werden allerdings die versubjektivierten Währungseinheiten als *das Substrat des Substrats,* wobei die Währungseinheiten als Substrat der Geltungsforderung und die Geltungsforderung als Substrat des Giralgeldes anzusehen sind. Die eigentliche Besonderheit des Giralgeldes liegt nämlich gerade in dem von ihm beinhalteten, spezifischen Rechtsbezugs- bzw. Verfügungsgegenstand, d.h. die dem Rechtssubjekt banktechnisch und -rechtlich zugewiesenen und demzufolge versubjektivierten Währungseinheiten. Diese versubjektivierten Währungseinheiten als solche sind jedoch keine Forderungsrechte und stellen demnach auch keinen tauglichen Abtretungsgegenstand dar.

### bb) Rechtliche Qualifikation der Übertragung von Währungseinheiten

Grundsätzlich gilt, dass Verfügungen Rechtsgeschäfte darstellen, durch die bestehende Rechte mit unmittelbarer Wirkung aufgehoben, übertragen, belastet oder inhaltlich verändert werden.[360] Verfügungsgegenstand können nicht nur sachenrechtliche und schuldrechtliche Rechtspositionen, sondern daneben auch Immaterialgüterrechte sein.[361] Im vorliegenden Fall könnte die zu untersuchende Verfügung über die Rechte an den Währungseinheiten – einem Immaterialgut – als eine Verfügung über Immaterialgüter zu verorten sein, welche allerdings weder nach den §§ 929 ff. BGB noch gemäß der §§ 398 ff. BGB erfolgt.

#### (1) Die Währungseinheit als Wertmesser und als Bezugsgegenstand einer Forderung

Gemäß Art 3 Abs 4 EUV, Art 119 Abs 2 AEUV ist *Euro* die geltende *Währungseinheit* im Euro-Währungsgebiet. Die Währungseinheit unterscheidet sich streng von den vermittels der objektiv währungsrechtlich geltenden Währungseinheit

---

358 *Hefermehl* in: FS Möhring, 1975, S 382; *Kümpel* Bank- und Kapitalmarktrecht[4], Rn 7.8.

359 *Kümpel* Bank- und Kapitalmarktrecht[4], Rn 7.8.

360 MüKoBGB/*Bayreuther*[7] § 185 Rn 3.

361 MüKoBGB/*Bayreuther*[7] § 185 Rn 6.

denominierten *Zahlungsmitteln*. Sie ist ein ideeller, abstrakte Wertmesser und zugleich eine Recheneinheit, mit der man allerdings nicht zahlt, sondern dem hingegen wirtschaftliche Größen – darunter insbesondere auch konkretes Geld – misst und vergleicht, genau so, wie man physikalische Größen in Metern, Gramm, Kalorien, Volt usw. misst und vergleicht.[362]

*Von Savignys* Formel des Geldbegriffs[363], die von der Theorie der Doppeleigenschaft des Geldes[364] als Wertmesser und Objekt des Messens ausgeht, ist hiermit abzulehnen. Klarzustellen ist dabei, dass nicht das Geld, sondern *ausschließlich die Währungseinheit* als Rechenmittel und Wertmesser fungiert, und dass das Geld lediglich das Objekt des Messens ist.[365] Zu unterscheiden ist dabei zwischen der Funktion eines Tauschmittels und der Funktion eines Wertmaßstabes der abstrakten Währungs- bzw. Rechnungseinheit.[366]

Durch das abstrakte Schuldversprechen i.S. einer Geltungsforderung aus der Gutschrift werden solche Währungseinheiten in ein Schuldverhältnis zwischen Bank und Kunde miteinbezogen und somit dem Gutschriftinhaber zugewiesen. Dabei entsteht ein subjektives Recht an den Währungseinheiten, die außerhalb dieses konkreten Schuldverhältnisses nur eine objektive Rechtsordnung und maßgebliche Rechnungseinheiten darstellen.

Laut hM wird das Giralgeld nicht übertragen, sondern auf der Stelle vernichtet und woanders neu geschöpft.[367] Dem ist zu widersprechen. Anstelle Dessen wird den Währungseinheiten ein neuer Rechtsinhaber zugewiesen. Es kommt auch nicht darauf an, ob der Giralzahlungsvorgang ein vermögensneutraler Vorgang ist oder nicht.[368] Genau genommen werden die zu verfügenden Währungseinheiten aus dem Vermögen des Gutschriftinhabers ausgeschnitten und dann einem neuen Inhaber zugewiesen. Es handelt sich um also eine Verfügung i.S.d. jeweiligen Aufhebung und Begründung von einem subjektiven Recht aus der Geltungsforderung gemäß der §§ 780, 781 BGB an den ideellen abstrakten Währungseinheiten.

---

362 *Duden* Der Gestaltwandel des Geldes, 1968, S 6; vgl auch zB *F. A. Mann* Das Recht des Geldes, 1960, S 4 ff, S 31 ff. (über das Geld als Zahlungsmittel) und andererseits S 25 ff, S 37 ff. (über Rechnungseinheiten).

363 Vgl *Münch* Das Giralgeld, 1990, S 67.

364 *Thomas von Aquin* de regno – ad regem Cypri -, nach folgender Ausgabe: *S. Thomae Aquinatis*, opuscula omnia, tomus primus, opuscula genuina philosophica, hrsg von *Petri Mandonnet* Paris, 1927, S 312 ff. *Hoffmann* Die Lehre vom Gelde, 1838, S 1.

365 Vgl *Fögen* Geld- und Währungsrecht, 1969, S 2; *Veit* Reale Theorie des Geldes, 1966, S 51 ff. *Schumpeter* Das Wesen und der Hauptinhalt der theoretischen Nationalökonomie, 1908, S 288 f.

366 *Fögen* Geld- und Währungsrecht, 1969, S 2.

367 *Kümpel* Bank- und Kapitalmarktrecht[4], Rn 7.8.

368 *Kümpel* Bank- und Kapitalmarktrecht[4], Rn 7.8.

Zu unterscheiden sind somit die abstrakte unteilbare Rechnungseinheit, eine methodisch schwer definierbare abstrakte Maßeinheit[369], als allgemeiner objektiver Wertmesser und das konkret dem Rechtssubjekt zugewiesene Währungseinheitsquantum, das – dem Nennwert entsprechend –, im abstrakten Schuldversprechen als abstrakte Vermögensmacht[370] bei seiner Einsetzung ein bestimmtes Quantum konkrete Kaufkraft, d.h. einen konkreten materiellen Realwert in den volkswirtschaftlichen Kontext hinein vermittelt[371], in etwa so, wie der Geldwert des Metallgeldes nicht der Metallwert ist, sondern der Kaufkraft einer Gewichtseinheit Silber, Bronze, Kupfer oder Gold entspricht.[372] Die konkrete Funktion der dem Rechtssubjekt zugewiesenen Währungseinheiten ist es somit, diesem ein bestimmtes Quantum an Vermögensmacht bzw. Kaufkraft zu vermitteln.

### (2) Nennwert – Realwert

#### (a) Drei von dem Nennwert des Giralgeldes vermittelte Werte

Der buchhalterische Nennwert stellt demzufolge lediglich eine mathematische Größe dar, welche die Wirkungen der Geltungsforderung erst in konkreten rechtlichen Verhältnissen zur Entfaltung bestimmt und ausprägt. Der Wert der Geltungsforderung – gemeinhin als Geldwert bezeichnet – hat drei Extensionen, nämlich den inneren, den äußeren und den intertemporalen Geldwert[373], die sich alle voneinander und von dem nominalen Nennwert unterscheiden.

Der *innere Geldwert*, der auch als Realwert bezeichnet wird, entspricht der oben angeführten, von dem Nennwert vermittelten *Kaufkraft im konkreten Rechtsverhältnis*. Der *äußere Geldwert* bemisst sich am Außenwert einer Währung, der durch den Wechselkurs bestimmt wird und sich daher aus dem jeweiligen Verhältnis der eigenen Währung zu den Währungen anderer Staaten ergibt.[374] Als *intertemporaler Geldwert* wird schließlich die Differenz zwischen dem zukünftigen Wert des Geldes im Vergleich zu seinem heutigen Wert bezeichnet, die durch den jeweiligen Zinssatz zum Ausdruck gebracht wird.[375] Die US-Notenbank ist beispielsweise nicht nur im Hinblick auf die Fazilitierung von stabilen Preisen und Vollbeschäftigung, sondern insbesondere auch zur Aufrechterhaltung eines stabilen intertemporalen Geldwertes – also moderater und weitestgehend konstanter Zinsen – verpflichtet.[376] Da Zinsen und Aktienkurse sich erfahrungsgemäß in einer negativen Korrelation zueinander befinden, hat die Notenbank dadurch gewissermaßen indirekt auch die

---

369 *F. A. Mann* Das Rechts des Geldes, 1960, S 62.

370 *Von Savigny* Obligationenrecht I, 1851, S 405; *Wolff* Das Geld, in: *EhrenbHandB IV/1*, 1917, S 569; *Simitis* AcP 159 (1960/1961), S 415, 430.

371 Vgl *Küpisch* WM 79, 7.

372 Vgl *North/Metz*, Ein historisches Lexikon, 1995, S 133.

373 Vgl *Junius/Kater/Meier/Müller* Handbuch EZB, 2002, S 33 f.

374 *Dolzer/Vogel/Graßhof/Hahn/Häde* GG, 2004, Art 88 Rn 134.

375 *Gaitanides* Das Recht der EZB, 2005, S 19.

376 *Gaitanides* Das Recht der EZB, 2005, S 19.

zunächst durchaus unpolitisch anmutende Aufgabe, für hohe bzw. kontinuierlich steigende Aktienkurse Sorge zu tragen.[377]

Genau genommen stellen allerdings weder der innere bzw. reale Wert, noch der äußere Wert und der intertemporale Wert die immanenten Werte der Geltungsforderungen als Giralgeld dar, sondern sie verkörpern jeweils die konkreten materiellen Größen, die von einem bestimmten Nennwert einer Geltungsforderung als Finanzinstrument und Zahlungsmittel im jeweiligen wirksamen Rechtsverhältnis vermittelt werden.

Die begriffliche Gegenüberstellung von *Nennwert und Realwert* hat seinen historischen Ursprung in dem für das Metallgeld seit Jahrhunderten geltenden Begriffspaar *Innerer und Äußerer Wert*, der auf den *valor intrinsecus* sowie den *valor extrinsecus* der ökonomischen Terminologie des Mittelalters zurückgehen.[378] Der Realwert wird auch als der *innere Geldwert* bezeichnet, unter dem man den Kauf einer Menge von Gütern bzw. Vermögenswerten versteht, die allerdings je nach deren Art und Zusammensetzung schwanken kann.[379]

Die Unterscheidung von Nenn- und Realwert ist wichtig für alle Zahlungen, deren Höhe zu einer Zeit festgelegt wurde, als die beiden Werte sich noch nicht voneinander entfernt hatten, was besonders wichtig ist für die Zahlung von Abgaben, Gehältern, Renten und Zinsen sowie im Fall von Kapitalrückzahlungen bei gefallenem oder bei gestiegenem Geldwert.[380]

Außerdem wird in der Geldtheorie zwischen dem nominalen und dem realen Wert eines Forderungstitels unterschieden. Allgemein erhält man eine reale Größe in der Weise, dass man die entsprechende Nominalgröße durch das Preisniveau dividiert.[381] Es gibt verschiedene Theorien zur Erklärung des wechselnden realen Wertes des Geldes, nämlich der Forderungen als dem Substrat des Geldes, darunter befinden sich z. B. die Quantitätstheorie, die Einkommenstheorie, die neoklassische Theorie, die Keynesianische Theorie usw.[382] Dabei wurden sowohl das nominale Volkseinkommen als auch seine Komponenten, das reale Inlandsprodukt und das Preisniveau, als Parameter angesehen, also nicht aus dem Modell heraus erklärt.[383]

Zur Erläuterung mag an dieser Stelle ein vereinfachtes Beispiel von *Duwendag* aus wirtschaftswissenschaftlicher Perspektive hilfreich sein[384]:

> „Der Geldbestand eines Haushalts steige von M 0 = 1.000 Euro am Anfang eines Jahres auf M 1 = 1.200 Euro am Ende desselben Jahres an. Gleichzeitig steige das Preisniveau

---

377 Vgl *Gaitanides* Das Recht der EZB, 2005, S 19.

378 *Andreae* Geld und Geldschöpfung, 1953, S 83.

379 *Gaitanides* Das Recht der EZB, 2005, S 19.

380 *Andreae* Geld und Geldschöpfung, 1953, S 83.

381 *Duwendag u. a.* Geldtheorie und Geldpolitik, 1999, S 36.

382 *Jarchow* Theorie und Politik des Geldes, 2003, S 168 ff., 183 ff.; *Andreae,* Geld und Geldschöpfung, 1953, S 90 ff.

383 *Jarchow* Theorie und Politik des Geldes, 2003, S 167.

384 Ein Beispiel von *Duwendag u. a.* Geldtheorie und Geldpolitik, 1999, S 36.

(welches mit einem Preisindex P gemessen wird) von P 0 = 100 bzw. 1,0 am Jahresanfang auf P 1 = 150 bzw. 1,5 am Jahresende an. *Nominal* hat sich der Geldbestand des Haushaltes um 200 Euro erhöht. Die *reale* Geldmenge des Haushaltes ist dagegen von (100 Euro durch 1,0 gleich) 1.000 Euro am Jahresanfang auf (1.200 durch 1,5 gleich) 800 Euro am Jahresende gesunken. Das Preisniveau ist schneller gestiegen als die nominale Geldmenge, so dass sich die von der Geldmenge vermittelbare Kaufkraft – nämlich die reale Geldmenge – verringert hat."

Der Nennwert der monetären Forderung, also das Giralgeld, bezeichnet eine *Nenngröße*, während die reale Größe des Forderungstitels die von dem bestimmten Nennwert vermittelbare Kaufkraft quantitativ darstellt. Die Gutschrift manifestiert also demzufolge eine Forderung und deren Nennwert. Dieser Nennwert bestimmt nicht die Kaufkraft des Giralgeldes, denn die Kaufkraft dieser durch den Nennwert ausgedrückten und von der Gutschrift bezeichneten *Rechengröße* hängt von ihrer Bewertung durch den wirtschaftlichen Verkehr und von den Preisen ab. Daher ist dieser Nennwert eine rein bankwirtschaftlich bestimmte abstrakte Rechengröße, also lediglich eine rechnerische Quantifizierung einer Summe von Währungseinheiten. Dieser als Solcher hat keinen Realwert inne; er vermittelt lediglich einen Realwert, wenn das Währungseinheitsquantum mit seinem Nennwert in Tauschverhältnissen eingesetzt wird.

Außer der Vermittlungsfunktion bezüglich einer materiellen Kaufkraft liegt der Nennwert als Rechnungsmittel der Buchhaltung und der Bilanz der MFIs zugrunde. Der Nennwert fungiert hierbei als Rechenmittel und bilanzielle Größe, während die versubjektivierte Währungseinheit den Vermittler von konkreten materiellen Kaufkraft darstellt. Während der formelle Nennwert konstant ist, ist der materielle Realwert, die vermittelbare Kaufkraft, variabel und hängt von der Relation des Nennwertes zum Preisgefüge im Währungsgebiet ab.

Die Kaufkraft, die kennzeichnet, welche Gütermenge mit dem Giralgeld eines bestimmten Nennwertes ertauscht werden kann, ist der Maßstab für den realen Wert des Giralgeldes[385], weshalb die Kaufkraft des Geldes nur in Bezug auf bestimmte Güter gemessen werden kann. Der Warenkorb, welcher der Messung der Preisstabilität und folglich der Kaufkraft der Euro-Banknoten und des Euro-Giralgeldes zugrunde liegt, wird im so genannten Harmonisierten Verbraucherpreisindex (HVPI) abgebildet: „The price stability shall be defined as a year-on-year increase in the Harmonized Index of Consumer Prices (HICP) for the euro area of below 2 %.[386]

Anhand des Preisindex' wird allerdings eine allgemeine Kaufkraft festgestellt – ein Begriff der Statistik, der einen methodisch abhängig errechneten Durchschnittswert in einer Volkswirtschaft darstellt und der nicht der volkswirtschafltichen

385 Vgl *Bundeszentrale für Politische Bildung* (Hrsg), Das Lexikon der Wirtschaft, 2004, S 108.

386 *EZB* Press Conference, Oct 1998, The President's Introductory Statement, S 3, http://www.ecb.int/press/pressconf/1998/html/is980912.en.html.

Vermittlungsquantität des Nennwertes gleichzusetzen ist.[387] In der Wirklichkeit vermitteln die vom Rechtsinhaber eingesetzte Währungseinheiten keinen allgemeinen, sondern einen zeitlich und räumlich spezifischen individuellen Realwert, der nur in dem Moment der Verfügung der versubjektivierten Währungseinheiten gilt. Der Unterschied zwischen der „individuellen“ und der allgemeinen Vermittlungsquantität der Währungseinheiten bildet eines der schwierigsten und daher einstweilen zurückzustellenden Probleme der Geldtheorie, auf das hier nicht näher einzugehen ist.[388]

Die Vermittlungskapazität eines Nennwertes, der einen Realwert vermittelt, findet ihre Bestimmung somit nur im Schuldverhältnis und im volkswirtschaftlichen Zusammenhang. Isoliert hat die Währungseinheit keinen konkreten materiellen Wert. Der Nennwert als eine abstrakte Denomination ist abstrakt und vermittelt als abstrakte Vermögensmacht eine vom volkswirtschaftlichen Kontext bedingte Kaufkraft.

Die Vermittlungsquantität wird längst nicht mehr aus dem Bezug auf Edelmetall – wie z. B. bei der Goldwährung[389], Rechte bestimmter Art oder Rechte an Grundbesitz[390] abgeleitet; es ist auch nicht ausreichend, sie als quantitatives Verhältnis der Geldmenge zur Menge der verfügbaren Güter zu sehen.[391] Vielmehr ist das Entscheidende die Bankwirtschaft insgesamt – das Zentralbanksystem – und zwar in der Wahrung der richtigen räumlich, zeitlich, quantitativ definierten Tätigkeit der Banken, nämlich Geldschöpfung, Geldbewegung, Geldvernichtung, zum Stand und zur Entwicklung der Gesamtwirtschaft.[392]

Letztendlich hat die Zentralbank die Sicherung der Vermittlungskapazität der bankwirtschaftlich geschöpften abstrakten Nennwerte zu besorgen, und die gesetzliche Pflicht der Gewährleistung von Preisstabilität aus Art 3 ESZB-Satzung im Wege von Geldmengenkontrolle zu erfüllen.

### (b) Geld ist kein Wertaufbewahrungsmittel sondern Wertvermittler

Die Bezeichnung des Anspruchs aus der Gutschrift als Geltungsforderung aus den §§ 780, 781 BGB kennzeichnet eine den Begriff der Wertaufbewahrungsfunktion[393] modifizierende Betrachtung des Nennwerts des Giralgeldes, nämlich ein statisches

---

387 *Andreae* Geld und Geldschöpfung, 1953, S 113.

388 *Andreae* Geld und Geldschöpfung, 1953, S 84.

389 North/*Ziegler* Ein historisches Lexikon, 1995, S 144, eine Goldwährung liegt vor, wenn die Währungseinheit (zB Pfund oder Mark) eines Landes in einer festen Goldmenge ausgedrückt wird.

390 Im Falle der Rentenmark.

391 Vgl *Duden* Der Gestaltwandel des Geldes, 1968, S 11.

392 *Duden* Der Gestaltwandel des Geldes, 1968, S 11.

393 *Hahn/Häde* Währungsrecht, 2010, S 9 Rn 34; *Goldschmidt* Handbuch des Handelsrechts, 1868, S 1060 ff. *Proctor* Mann On the Legal Aspect of Money, 2005, 1.07; *Vollmer* Geld- und Währungspolitik, 2005, S 6. Geld ist nach ökonomischem Verständnis alles, was die erwähnten Geldfunktionen aufweist, *Issing* Einführung

Merkmal des Giralgeldes: die Aufrechterhaltung eines Geltungszustandes als abstrakte Vermögensmacht.

In der Möglichkeit, die Zahlungsmittel in der Zukunft als Tauschmittel einzusetzen, sieht man eine Aufbewahrung eines der Kaufkraft entsprechenden Wertes. Dies bezeichnet man als *Wertaufbewahrungsfunktion.*[394] Abweichend wird auch vom Wertspeicherungsmittel gesprochen.[395] Die Währungseinheit drückt einen Nennwert buchhalterisch aus, der aufgrund eines Schuldversprechens der Bank zugunsten des Gutschriftinhabers gilt. Die Geltung der Zugewiesenheit ermächtigt der Zugewiesenen, das Recht an den Währungseinheiten zukünftig geltend zu machen. Der *Nennwert* wird somit nicht von dem durch Währungseinheiten symbolisierte Giralgeld aufbewahrt; er wird juristisch durch ordnungsgemäße Buchhaltung zugunsten des Zugewiesenen aufgrund des abstrakten Schuldversprechens geltend gehalten. Auch nur, wenn die Währungseinheiten in einem Schuldverhältnis zwischen Bank und Kunden ihren Bestand finden, erhalten sie eine Tauschfunktion und stellen dadurch dann Zahlungsmittel dar.

Von einer Aufbewahrung des sogenannten Realwerts des Geldes kann auch nicht die Rede sein, da der Realwert erst überhaupt nicht besteht, solange der Nennwert noch dem spezifischen Geldinhaber wirksam zugewiesen ist und geltend bleibt. Ein Realwert entsteht erst in seinem – von dem jeweiligen konkreten Rechtsverhältnis getragenen – Verwirklichungsmoment, in dem der Nennwert erst seine Vermittlungsfunktion entfaltet. Der Nennwert, der zuerst lediglich eine abstrakte Vermittlungskapazität hat, findet erst in dem jeweiligen Vermittlungsverhältnis seine konkrete Vermittlungskapazität bzw. die reale Vermittlungsgröße. Geld ist also kein Wertaufbewahrungsmittel und bewahrt keinen Realwert auf. Geld ist mit seiner Nenngröße lediglich ein Realwert-Vermittler.

## *4. Zusammenfassung*

### *a) Die Geltungsforderung aus den §§ 780, 781 BGB als Substrat des Geschäftsbankengiralgeldes*

Zusammenfassend begründet die Überweisungsgutschrift auf ein Giro- bzw. Zahlungsdienstekonto ein abstraktes Schuldversprechen gemäß der §§ 780, 781 BGB. Die von der Gutschrift erteilenden Bank versprochene Leistung liegt zum einen in der Zuweisungs- und Geltungsgewährleistung eines Währungseinheitenquantums zugunsten des Gutschriftinhabers und zum anderen in der Versprechung seines Verfügungsrechts über jede einzelne ihm so zugewiesene Währungseinheit i. R. d.

---

in die Geldtheorie[15], S 1. *Hermann* Währungshoheit, Währungsverfassung und subjektive Rechte, 2010, S 40 ff.

394 *Borchert* Geld und Kredit, 2003, S 29; *Hahn/Häde* Währungsrecht, 2010, S 9, Rn 36.

395 Groeben/Schwarze/*Smits* EU-/EGV[6], Art 106 EG Rn 11; vgl *Weenink* The Legal Nature of Euro Banknotes, S 433 ff. in: *J.I.B.L.R*, 2003, Abs 3.1.

gemäß der §§ 675 c ff. BGB giro- bzw. zahlungsdienstevertraglich geregelten bargeldlosen Zahlungssystems.

Die Zuweisung, die Geltungsgewährleistung durch die Bank und das Verfügungsrecht des Gutschriftinhabers haben dabei einen einheitlichen Rechtsgegenstand: die durch ein Schuldverhältnis subjektivierten Währungseinheiten, welche ursprünglich eine objektive währungsrechtliche Geltung beanspruchten und eine objektive Rechtsordnung darstellten.

Die Zuweisung, die Geltung der Zugewiesenheit sowie das Verfügungsrecht des Gutschriftinhabers über die ihm zugewiesenen Währungseinheiten ergeben sich aus einer einzelnen Geltungsforderung, die auf einem abstrakten Schuldversprechen der Bank gemäß der §§ 780, 781 BGB beruht. Sämtliche Rechte aus dieser Forderung erfolgen einheitlich entsprechend der jeweiligen übereinstimmenden Willenserklärungen des Gutschriftinhabers durch die für bargeldlose Zahlungssysteme spezifischen buchhalterischen Leistungen der Bank nach giro- bzw. zahlungsdiensterechtlichen Maßstäben gemäß der §§ 675 c ff. BGB, die in dem Moment der Abgabe des Schuldversprechens als ein notwendiger Vertragsbestandteil einbezogen sind.

Die versprochenen Leistungen aus den §§ 780, 781 BGB, also der Inhalt des Anspruchs aus der Gutschrift, sind somit giro- bzw. zahlungsdiensterechtliche, buchhalterische Geltungsgewährleistung der Zugewiesenheit der Währungseinheiten und des Verfügungsrechts über dieselben in einem konkreten Quantum in dem von der Zentralbank und den Geschäftsbanken gemeinsam ausgestalteten bargeldlosen Zahlungssystem.

### *b) Das Wesen der Geltungsforderung als Inbegriff einer Reihe von Rechten und Befugnissen*

Das Wesen der Geltungsforderung ist, wie das Wesen des Eigentums, ein Inbegriff einer Reihe dem Rechtsinhaber zustehender Rechte und Befugnisse, welche viel umfassender sind als lediglich einen unmittelbaren Auszahlungsanspruch oder die Verfügungsmacht über etwas darzustellen. Die konkrete Geltungsgewährleistung ermöglicht die dieser Geltung immanente *abstrakte* Verfügbarkeit der Währungseinheiten als des Geltungsgegenstandes. Diese Verfügbarkeit ist streng von einer tatsächlichen Durchführung von *konkreten* Verfügungen zu unterscheiden. Da die Innehabung dieser Forderung nicht eine Summe einzelner Befugnisse ist, lässt sich diese Forderung infolgedessen nicht so teilen, dass dem einen und dem anderen Bestandteil eine Reihe bestimmter in der Innehabung liegender Befugnisse zugewiesen werden und dem beiderseitigen Rechte der Charakter der Geltungsforderung beigemessen wird. Man spricht von Totalität (i.S.v. Ungeteiltheit).[396] Anders als das Eigentum der Person an Sachen als eigene Sachherrschaft besteht die Geltungsforderung in einem

396 Eine Parallele zu dem Gesagten kann man schon unmittelbar im Wesen des Eigentums konstatieren: „... da das Eigenthum nicht eine Summe einzelner Befugnisse ist. Deshalb lässt sich das Eigenthum auch nicht so theilen, dass dem Einen und dem Anderen eine Reihe bestimmter im Eigenthume liegender Befugnisse zugewiesen

Zwei-Personen-Verhältnis, d.h. das Recht des Einen wird aus der Forderung des Anderen gewährleistet und materialisiert.

Die Rechte und Befugnisse aus der Geltungsforderung als einer *unteilbaren umfassenden Geltung der Zugehörigkeit des Währungseinheitsquantums,* d.h. die Geltung der Zugewiesenheit, die abstrakte Verfügbarkeit und die jederzeitigen Verfügungsrechte, stellen einerseits das *statische* und andererseits das *dynamische* Wesensmerkmal[397] der Geltungsforderung dar. Sie begründen gemeinsam die zweck- und funktionsgemäßen Eigenschaften des Giralgeldes als einer abstrakten Vermögensmacht und einem für den bargeldlosen Zahlungsverkehr entwickelten Zahlungsmittel. Das Giralgeld beinhaltet nicht erst „in Aktion" (bei Zahlungsvorgängen), sondern schon im Ruhezustand, also im schuldrechtlich dauerhaften *Geltungszustand,* seine umfassende „Geldqualität".[398] Durch Verfügung über die in dem Giralgeld beinhalteten Währungseinheiten nach jeweiligem Quantum wird das Giralgeld in dem bargeldlosen Zahlungssystem übertragen.

Diese Geltungsforderung als eine abstrakte Vermögensmacht ist das Giralgeld. Das von Geschäftsbanken geschöpfte Giralgeld als Geltungsforderung ergibt sich weder aus dem kausalen Vertrag noch aus dem Girovertrag, sondern aus einem abstrakten Versprechen der Geschäftsbanken gemäß der §§ 780, 781 BGB, welches mit seinem Kausalgeschäft zwischen Bank und Kunden verknüpft ist. Giralgeld, das sein Substrat in den §§ 780, 781 BGB findet, fungiert als Zahlungsmittel, Pfändungsmittel[399] und deklaratorisch als ein gesetzliches Einlösungsrecht in gesetzliche Zahlungsmittel aus § 3 KWG.

### c) *Konstruktion des Abschlusstatbestandes*

Der Entstehungstatbestand des abstrakten Schuldversprechens durch die Erteilung der Gutschrift ist in einer konstruktionellen Hinsicht umstritten. Eine Ansicht sieht in jeder Gutschrift jeweils einen gesonderten, erneut abzuschließenden Vertrag über ein Schuldversprechen; demnach soll der Kunde zugleich mit dem Abschluss des Girovertrags eine Vielzahl von Offerten abgeben und auf den Zugang der Annahme gemäß § 151 BGB verzichten.[400] Nach der Gegenansicht stellt der Girovertrag einen Globalvertrag dar, der die Rechtsgrundlage für das abstrakte Schuldversprechen bei Abschluss eines Girovertrages schon begründet.[401]

---

werden und dem beiderseitigen Rechte der Charakter des Eigenthumes [beigemessen] wird", *Mugdan* Materialien, Bd 3, 1899, S 145.

397 Siehe auch oben § 4 I. II.

398 Gegenansicht siehe Staudinger/*K. Schmidt* BGB[1997], Vor §§ 244 ff. Rn A 32.

399 Ebenroth/Boujong/Joost/Strohn/*Grundmann* HGB[3] BankR I, Rn I 210.

400 *Canaris* Bankvertragsrecht, 1981, Rn 416; *Hildbrandt* JW 1933, S 2528; *Ulmer* SJZ 1948, 237; ähnlich auch *Rospatt,* BankArch 1933, S 325.

401 *Canaris* Bankvertragsrecht, 1981, Rn 416; *Meyer-Cording* Das Recht der Banküberweisung, 1951, S 42 f. *Kiehnscherf* Widerruf und Anfechtung eines Giroüberweisungsauftrages, 1954, S 39 f.; *Schlegelberger/Hefermehl* HGB, Bd IV, 1976,

Angesichts des umfassenden Rechtsinhaltes der Geltungsforderung aus der Gutschrift ist die Ansicht für einen Globalvertrag, der zahlreiche abstrakte Schuldversprechen schon antizipiert begründet, abzulehnen. Dies vor allem wegen Verstoßes gegen den Bestimmtheitsgrundsatz für die Begründung eines Rechtsgeschäfts. Jede einzelne Gutschrift, sei es eine Überweisungs-, eine Kreditgewährungs- oder eine Saldo-Gutschrift, hat ein ihr zugrunde liegendes spezifisches Kausalgeschäft als Verknüpfungspunkt. Obwohl die in der Gutschrift manifestierte Geltungsforderung als abstraktes Schuldversprechen von diesem Kausalgeschäft verselbständigt und deshalb abstrakt ist, stehen die Geltungsforderung als das eigentliche Giralgeld und ihr Kausalgeschäft in einem rechtlich notwendigen Zusammenhang.

Die als notwendig für die einzelnen Gutschriften vorausgesetzten Kausalgeschäfte hängen jeweils noch vom Rechtsbindungswillen eines von der kontoführenden Bank und dem Kontoinhaber verschiedenen Dritten ab. Solche noch gar nicht existierenden zukünftigen Kausalgeschäfte und die vo ihnen abstrahierten Geltungsforderungen mit umfassendem Rechtsgehalt als Giralgeld – der wesentlichsten abstrakten Vermögensmacht des Rechtsinhaber – können nicht global antizipierend in einem Moment begründet werden, da diesbezüglich ein konkretes Rechtsbewusstsein von dreiseitigen Rechtssubjekten – wie z. B. der Rechtsbindungswille bezüglich des „ob“ und „wie“ der Rechtsausübung im Rahmen einer Geltungsforderung – noch gar nicht zustande gekommen ist bzw. sein kann. Beim Abschluss des Girovertrages als Rahmenvertrages wird hauptsächlich ein Konto mit klarer Zweckbestimmung eröffnet, das als buchhalterischer und rechtlicher Ausgangspunkt für die weiteren Einzelverträge tauglich ist.

Der Regelung von § 675 f. Abs 1 und 2 BGB für den Einzelzahlungsvertrag und den Zahlungsdiensterahmenvertrag entspricht die rechtliche und praktische Wirklichkeit, dass das abstrakte Schuldversprechen, also die einzelne Geltungsforderung, in jeder Gutschrift jeweils durch einen gesonderten, erneut abzuschließenden Vertrag i.S. der §§ 780, 781 BGB zustande kommt.

# J. Die §§ 780, 781 BGB als Rechtsgrundlage für den Anspruch aus Kreditgewährungsgutschrift auf das Geschäftsbankengirokonto

Zu erörtern ist eine mögliche Gleichbehandlung der Überweisungsgutschrift und der Kreditgewährungsgutschrift auf Geschäftsbanken- und Zentralbankgirokonten.

Da die Rechtsgrundlage für die Überweisungsgutschrift gemäß der §§ 780, 781 BGB auf andere Rechtsbeziehungen zwischen Bank und Kunde nicht ohne weiteres übertragbar ist[402], ist es fraglich, ob die §§ 780, 781 BGB auf die Gutschrift aufgrund einer reinen Bereitstellung eines Geldbetrages – also einer Kreditgewährung

Rn 59; *Schönle* Bank- und Börsenrecht, 1976, § 31 III 3 c Ziff 2; *Köller* BB 1972, S 691 ff.

402 BGHZ 161, 273.

in einem Zwei-Personen-Darlehensverhältnis – anwendbar ist. Wesentlich ist in diesem Zusammenhang, ob die Kreditgewährungsgutschrift eine von dem Kreditvertrag verselbständigte Geltungsforderung des Gutschriftinhabers gegen die kreditierende Geschäftsbank begründet. Der Sinn einer Annahme der Anwendung der §§ 780, 781 BGB auf die Kreditgewährungsgutschrift liegt in der Verselbständigung und Verstärkung des darlehensvertraglichen Zahlungsanspruchs des Darlehensnehmers gegen die Bank durch einen dem Kausalgeschäft parallelen, abstrakten Anspruch aus den §§ 780, 781 BGB.

Das abstrakte Schuldversprechen bewirkt, dass eine neue Verbindlichkeit – nämlich der Anspruch aus der Gutschrift ohne Rücksicht auf den Bestand des Kausalverhältnisses – begründet wird.[403] Einwendungen aus dem Kausalverhältnis begründen lediglich einen Kondiktionsanspruch gemäß §§ 812 ff. BGB.[404] Zu untersuchen ist also, ob durch die Erteilung der Kreditgewährungsgutschrift eine von dem kausalen Darlehensvertrag verselbständigte Forderung aus den §§ 780, 781 BGB begründet wird.

Die maßgeblichen Wertungsgesichtspunkte in der Begründung für die Anwendung der §§ 780, 781 BGB auf das Mehr-Personen-Verhältnis bei der Überweisung könnten die Anwendbarkeit derselben Rechtsgrundlage auch auf die lediglich Giralgeld schöpfende Gutschrift im Zwei-Personen-Verhältnis zwischen den Geschäftsbanken und ihren Kunden rechtfertigen.

## I. Das Prinzip des Vertrauensschutzes

Eine gewisse Rolle spielt der Vertrauensschutz in dem Mehr-Personen-Verhältnis bei der Überweisung. Die Schutzwürdigkeit des Vertrauens des Gutschriftinhabers i. R. d. Überweisung liegt in einem einer Mehr-Personen-Rechtsbeziehung immanenten Risiko, das nicht aus der Zurechnungssphäre des Gutschriftempfängers stammt, z. B. die mangelnden Deckung der Gutschrift.[405] Allerdings ist die Wirkungsweite des Vertrauensschutzes als Argument für die Begründung eines abstrakten Schuldversprechens bzw. einer Schuldanerkenntnis gemäß der §§ 780, 781 BGB strittig.[406] In dem Zwei-Personen-Zuteilungsverhältnis zwischen der Bank als dem Darlehensgeber bzw. Giralgeldschöpfer und ihrem Kunden stellt sich jedoch die Frage einer derartigen Vertrauensschutzbedürftigkeit wie im Falle des Mehr-Personen-Verhältnisses nicht. Dergestalt lässt sich die Anwendbarkeit der §§ 780, 781 BGB auf den Anspruch aus der Gutschrift mit Vertrauensschutz somit nicht begründen.

---

403 MüKoBGB/*Habersack*[6] § 780 Rn 47.

404 BGH NJW 1991, 2140; NJW-RR 1999, 573; NJW 2000, 2501; BGH ZIP 2008, 1669 Tz 21 ff.; MüKoBGB/*Habersack*[6] § 780 Rn 47; Ebenroth/Boujong/Joost/Strohn/*Grundmann* HGB[3], BankR I, Rn I 215.

405 Vgl *Koller* BB 1972, 690 f. *Canaris* Bankvertragsrecht, 1981, Rn 410.

406 Vgl *Koller* BB 1972, 690 f. *Canaris* Bankvertragsrecht, 1981, Rn 410.

## II. Die Verkehrsfähigkeit des Giralgeldes – Das Ersetzen der Zahlung mit Bargeld durch Schaffung von Giralgeld per Gutschrift

Der tiefere Grund für die Verselbständigung des Anspruchs aus der Gutschrift nach den §§ 780, 781 BGB ist, dass dieser unwiderrufliche, von Einwendungen und Einreden freie Anspruch aus den §§ 780, 781 BGB eine wirtschaftliche Gleichstellung von Giralgeld und Bargeld und der Verwertung von beiden Formen von Zahlungsmitteln gewährleisten sollte.[407]

Der entscheidende Grund für die Notwendigkeit, die Stellung des Überweisungsempfängers zu stärken und ihn vor Einwendungen aus dem Deckungs- bzw. Kausalverhältnis zu schützen, liegt also in der Funktion der *bargeldlosen Überweisung*, welche die Übereignung von Bargeld durch die Übertragung von Giralgeld ersetzen soll und es daher erforderlich macht, dem Überweisungsempfänger so weit wie möglich eine ähnlich sichere Stellung wie beim Erhalt von Bargeld zu verschaffen.[408]

Die Gutschrift, welche das Bargeld ersetzende Giralgeld schöpft, als effizientes Zahlungsmittel erfüllt den Zweck und die Funktion des bargeldlosen Zahlungsverkehrs[409], womit das heutige Mischgeldversorgungssystem überhaupt erst existieren und funktionieren kann. Die Verstärkung der rechtlichen Weite der Gutschrift zugunsten des Überweisungsempfängers entspricht also den Interessen aller Beteiligten am bargeldlosen Zahlungsverkehr.

Die Qualifizierung des Anspruchs aus der Gutschrift als ein abstraktes Schuldversprechen bzw. eine Schuldanerkenntnis nach den §§ 780, 781 BGB dient der Funktionsfähigkeit des bargeldlosen Zahlungssystems, dem ordentlichen Betrieb des Bankensystems[410] und der Gewährleistung der Verkehrsfähigkeit des durch Gutschrift geschaffenen Giralgeldes.

Durch die Kreditgewährungsgutschrift wird ebenfalls Giralgeld als Zahlungsmittel für den bargeldlosen Zahlungsverkehr geschaffen. Als Zahlungsmittel unterscheidet sich die Kreditgewährungsgutschrift nicht von der Überweisungsgutschrift. Hinsichtlich der Verkehrsfähigkeit stehen die Merkmale und Funktionen des Giralgeldes unabhängig davon, ob die das Giralgeld schöpfende Gutschrift in einer Zwei-Personen-Rechtsbeziehung oder in einer Mehr-Personen-Rechtsbeziehung entsteht. Somit spricht die Gewährleistung der Funktionsfähigkeit des Giralgeldes

---

407 Vgl Soergel/*Häuser/Welter* BGB[2011], §§ 780, 781 Rn 81.

408 *Canaris* Bankvertragsrecht, 1981, Rn 410; vgl auch BGHZ 6, 121, 124; *Ulmer* AcP 126, 156; *Meyer-Cording* Das Recht der Banküberweisung, 1951, S 35, 48; *Kübler* Feststellung und Garantie, 1967, S 201 f. *Koller* BB 1972, S 690 f.

409 *Canaris* Bankvertragsrecht, 1981, Rn 410.

410 Die Banken betreiben das Girogeschäft, um einerseits mit Hilfe des bargeldlosen Zahlungsverkehrs das Kreditvolumen zu erweitern und andererseits das Girogeschäft als Kontaktmöglichkeit und Katalysator für andere gewinnträchtigere Bankgeschäfte, wie das Wertpapier- oder das Kreditgeschäft, zu nutzen, *Koller*, BB 1972, 691; *Diepen* Der Bankbetrieb, 1970, S 288 ff.

und des bargeldlosen Zahlungssystems für die Gleichbehandlung der Überweisungsgutschrift und der Kreditgewährungsgutschrift, d. h. bei Erteilung der Kreditgewährungsgutschrift liegt ebenfalls eine konkludente Abgabe eines abstrakten Schuldversprechens gemäß der §§ 780, 781 BGB vor, welches von dem Darlehensvertrag als kausalem Rechtsgeschäft unabhängig abstrakt besteht.

### III. Prozessuale Erleichterung der Rechtsverfolgung durch die §§ 780, 781 BGB

Schließlich wirkt auch die prozessuale Erleichterung der Rechtsverfolgung durch die §§ 780, 781 BGB zugunsten der Funktionsfähigkeit des Giralgeldes bzw. des bargeldlosen Zahlungsverkehrs und spricht für die Gleichbehandlung der Überweisungsgutschrift und der Kreditgewährungsgutschrift.

Rechtsgrund des Anspruchs aus der Gutschrift ist nicht das Kausalverhältnis, sondern das parallele Versprechen, eine abstrakte Forderung zu begründen, deren Rechtsfolge allerdings doch noch mit dem Kausalverhältnis verknüpft ist.[411] Gegen diese Forderung kann grundsätzlich[412] die Bereicherungseinrede gemäß § 821 BGB klage- oder einredeweise geltend gemacht werden, auch wenn der Gläubiger die Forderung abgetreten hat, § 404 BGB. Schuldversprechen und -anerkenntnis bewirken den Übergang der Darlegungs- und Beweislast für den Bestand der Kausalforderung vom Gläubiger auf den Schuldner.[413]

### IV. Zwischenergebnis

Aufgrund dieser Wertung scheint eine Gleichstellung der Rechtsgrundlagen von Überweisungsgutschrift und Kreditgewährungsgutschrift folgerichtig zu sein, da die Funktionen der beiden Arten von Gutschriften im bargeldlosen Zahlungsverkehr die gleichen sind, obwohl sie auf verschiedenen Kausalverhältnissen beruhen. Einer einheitlichen Rechtsgrundlage für die Gutschrift auf Girokonten entspricht die einheitliche Behandlung des Girokontoguthabens als Giralgeld.

## K. Forderung aus dem Guthaben/Tagesguthaben nicht aus den §§ 700, 488 BGB, sondern aus den §§ 780, 781 BGB

Im Blickfeld der Geltungsforderung als Rechtsinhalt des Anspruchs aus einer Überweisungs- bzw. Kreditgewährungsgutschrift fallen folglich die Saldo-Gutschrift und die Forderung aus dem Tagesguthaben bzw. Giroguthaben auf. Hier sind zunächst

---

411 MüHoBGB/*Habersack*[6], § 780 Rn 47; *Zeiss* AcP 164 (1964), S 50, 71 ff. vgl auch Soergel/*Häuser/Welter* BGB[2011], §§ 780, 781 Rn 33; Staudinger/*Marburger* BGB[2009], § 780 Rn 23; *Larenz* II § 68 I 4b; *Gernhuber* Die Erfüllung und ihre Surrogate, 1983, § 18 I 4.

412 Ausnahmen siehe MüKoBGB/*Habersack*[6], § 780 Rn 47.

413 *Flume* Rechtsgeschäft, 1975, § 12 II 4a: Unterschied in der Technik der Rechtsverfolgung.

die Abgrenzungsprobleme bezüglich der Gutschrift, des Tagesguthabens, des Tagessaldos und des Giroguthabens zu erörtern.

Unter Tagessaldo – auch Tagesguthaben genannt – versteht man jeden neuen rechnerischen[414] Überschuss auf einem Girokonto. Zu beachten ist diesbezüglich, dass es jederzeit nur einen einzelnen Überschuss auf einem Girokonto mit einer spezifischen Nenngröße gibt, die mit einer Saldo-Gutschrift gekennzeichnet wird. Somit ist eine Unterscheidung zwischen „Tagesguthaben" und allgemeinem Giroguthaben nicht möglich. Bei den beiden handelt es sich um das gleiche Saldoguthaben, also das gleiche Giroguthaben. Zu unterscheiden sind letztendlich die einzelne Gutschrift aufgrund eines einzelnen entsprechenden Kausalgeschäftes und die Saldo-Gutschrift.

Bezüglich des Saldoguthabens werden die Begriffe *Geltungsforderung aus einzelner Gutschrift, Anspruch aus Saldogutschrift* und *Einlagenrückzahlungsanspruch aus unregelmäßiger Verwahrung* unterschieden.

Bei diesem Giroguthaben handelt es sich unstrittig um Forderungen gegen das Kreditinstitut. Strittig ist allerdings deren Rechtsgrundlage. Nach der weit verbreiteten Trennungstheorie sind die Forderungen aus Giroguthaben auf zweierlei von einander streng zu trennende schuldvertragliche Rechtsgrundlagen gestützt: *neben* dem bestehenden Girovertrag als Geschäftsbesorgungsverhältnis bestehe noch eine unregelmäßige Verwahrung gemäß § 700 Abs 1 S 1 BGB als Einlagengeschäft[415]. Die beiden Rechtsgrundlagen sollten auch nach Inkrafttreten des neuen Zahlungsverkehrsrechts nach den §§ 675 c ff. BGB[416] streng von einander unterschieden werden[417]. Die kontozentrierte Gegenansicht betrachtet das Bankkonto als den Nukleus des Bankgeschäftes.[418] Danach sollte der Auszahlungsanspruch aus dem Kontoguthaben die Rechtsgrundlage in der Kontoabrede selbst und nicht einem anderweitigen Rechtsverhältnis finden.[419]

---

414 *Mülbert* in: FS Kümpel, 2003, S 395.

415 BGHZ 84, 325; 84, 371; Baumbach/*Hopt* HGB[37], V. (7) Bankgeschäfte Rn B/1; *Häuser* Giroverhältnis, Gutachten und Vorschläge zur Überarbeitung des Schuldrechts, Bd II, 1981, S 1317, 1367; *Pikart* WM 1980, 510, 511; *Schütz* JZ 1964, 91; *Liesecke* WM 1975, 214, 215; *Koch* ZHR 107 (1940), 272, 276. Das Giroguthaben auf einem Girokonto wird mehrmals in den Protokollen der Zweiten Kommission zu § 700 BGB erwähnt; vgl *Mugdan* Materialien, Bd 2, 1899, S 971 f. MüKoHGB/*Hadding/Häuser* ZahlungsverkehrsR[3], Rn A 177; Schimansky/Bunte/Lwowski/*Mayen* Bankrechts-Handbuch[2011], § 47 Rn 1b.

416 Schimansky/Bunte/Lwowski/*Mayen* Bankrechts-Handbuch[2011], § 47 Rn 1b.

417 BGH WM 1993, 1585, 1586; BGHZ 131, 60; 133, 10; Schimansky/Bunte/Lwowski/*Mayen* Bankrechts-Handbuch[2011], § 47 Rn 1b; *Canaris* Bankvertragsrecht, 1981, Rn 64, 158; OLG Celle ZIP 1981, 496, 497 mit zutreffend kritischer Anm; *Berger* ZIP 1981, 583.

418 *Mülbert* in: FS Kümpel, 2003, S 396.

419 *Mülbert* in: FS Kümpel, 2003, S 395.

Die h.L. und der BGH sehen folglich in dem Anspruch aus dem Tagessaldo einen Anspruch aufgrund des Girovertrages, der streng von dem Anspruch aus unregelmäßiger Verwahrung zu trennen ist.[420] Neben dem Anspruch aus dem Tagessaldo ergebe sich zudem noch ein weiterer Anspruch - nämlich die Einlagenauszahlungsforderung, auch Einlagenrückzahlungsanspruch genannt[421], der sich nach hM aus unregelmäßiger Verwahrung gemäß der §§ 700 Abs 1 S 1 i.V.m. § 488 Abs 1 S 2 BGB ergebe[422], da der BGH sowohl zwischen einem Girovertrag und Bareinzahlungen bzw. Barauszahlungen als auch zwischen dem Girogeschäft i.S.d. § 1 Abs 1 Nr 9 KWG aF und dem Einlagengeschäft i.S.d. § 1 Abs 1 S 2 Nr 1 KWG scharf trennt.[423] Die Unterhaltung von Bankguthaben i.R. eines Girovertrages (nicht dieser selbst) wird gar als Hauptanwendungsfall der unregelmäßigen Verwahrung gemäß § 700 BGB angesehen.[424] Das Giroguthaben, die sogenannten Sichteinlagen, wird als Teil des Einlagengeschäfts behandelt.[425] Laut einer gegenständlichen Begrenzung des Inhalts des Girovertrages dient der Girovertrag allein der „Teilnahme am bargeldlosen Zahlungsverkehrs“.[426] Die unregelmäßige Verwahrung solle die anderweitigen Dispositionsmöglichkeiten über das Guthaben festlegen.[427] Infolgedessen kann mit einem solchen Auszahlungsanspruch aus § 700 Abs 1 S 1 BGB nur ein Barauszahlungsanspruch i.S. einer Einlösung des Giralgeldes in Bargeld als gesetzliches Zahlungsmittel gemeint sein.

Zu untersuchen sind dabei zweierlei Problematiken: *erstens*, ob die Barauszahlung tatsächlich den Voraussetzungen der unregelmäßigen Verwaltung i.S.d. § 700 Abs 1 S 1 BGB entspricht; *zweitens* ist, ausgehend von der obigen Feststellung der Rechtsnatur des Anspruchs aus dem Giroguthaben als Geltungsforderung, die ein umfassendes Innehabungs- und Verfügungsrecht über das zugewiesene Währungseinheitsquantum beinhaltet und die das Giralgeld zum Hauptzahlungsmittel in dem Zahlungssystem macht, zu erörtern, ob die Einlösung des Giralgeldes in einen dem Nennwert nach entsprechenden Bargeldbetrag mit in der Geltungsforderung aus

---

420 BGH WM 1989, 126, 128; 1993, 2237; 2000, 469; BGHZ 124, 254, 258; 131, 10, 14; 131, 60, 64 f.; *Schimansky* WM 1995, 461, 464; *Koller* LM Anm zu § 675 BGB Nr 222; *Mülbert* in: FS Kümpel, 2003, S 395, S 402; Palandt/*Sprau* BGB[68], § 676 f. Rn 8; Palandt/*Sprau* BGB[74], § 700, Rn 1; *Schönle* Bank- und Börsenrecht, 1976, § 8 I; *Sprengel* MDR 192, S 9; *Weber* Die Bank, 1983/2, S 85; *Rehbein* JR 1983, S 112; Staudinger/*Reuter* BGB[1995], § 700 Rn 3; *Canaris* Bankvertragsrecht, 1981, Rn 318.

421 *Mülbert* in: FS Kümpel, 2003, S 395.

422 St Rspr Seit BGHZ 84, 325, 328 f.; 84, 371, 377; MüKoHGB/*Hadding/Häuser* ZahlungsverkehrsR[3], Rn A 177; *Fischer/Klanten* Bankrecht, 2000, Rn 8.4 ff. Schimansky/Bunte/Lwowski/*Gößmann* Bankrechts-Handbuch[2011], § 70 Rn 3, 7, 19.

423 Vgl *Graf von Westphalen*, WM 1995, 1209.

424 MüKoBGB/*Henssler*[6], § 700 Rn 1, 15 ff.

425 *Kümpel*, Bank und Kapitalmarktrecht[2], 3. Teil; *Schwintowski/Schäfer*, Bankrecht, 1997, S 161 ff.; *Fischer/Klanten*, Bankrecht[4], Rn 12.5 ff.

426 BGH WM 1989, 126, 128.

427 Vgl *Mülbert* in: FS Canaris, Bd. II, 2007, S 271, 273.

den §§ 780, 781 BGB erfasst wird, oder ob dies einen von der Geltungsforderung aus der Gutschrift des Gutschrift- bzw. Forderungsinhaber zu trennenden, unabhängigen Anspruch aufgrund anderweitigen Rechtsgrundlage darstellt.

## I. Ablehnung der Trennungstheorie

Bei der Trennungstheorie geht es eigentlich um zwei rechtliche Trennungen, nämlich zwischen bargeldlosem Zahlungsverkehr und Bargeld-Verkehr und zwischen Girovertrag und Einlagenvertrag.

Gemäß § 1 Abs 2 Nr 1 ZAG sind Bareinzahlungen oder -auszahlungen auf ein bzw. von einem Zahlungskonto i.S.d. § 1 Abs 3 ZAG, also einem Girokonto, ausdrücklich Zahlungsdienste, mit denen primär die *girovertraglichen Dienstleistungen* gemeint sind[428]. § 1 Abs 2 Nr 1 ZAG stellt materiell keine Erweiterung des Girogeschäfts nach § 1 Abs 1 S 2 Nr 9 KWG aF dar. Bareinzahlungen bzw. -auszahlungen waren bereits nach alter Rechtslage Teilakte i. R. d. Durchführung des bargeldlosen Zahlungsverkehrs (Girogeschäft).[429] Überwiegend wird in der Literatur die Doppelfunktion des Girovertragsverhältnisses bezüglich des bargeldlosen Zahlungsverkehrs und des Bargeld-Verkehrs mit Recht hervorgehoben.[430]

Die Trennung von Einlage(-forderung) und Girovertrag begründete der BGH[431] mit dem Befund, dass die Einlagenforderung im Einzelfall andere Wege gehen könne als die mit der Rechtsstellung als Girovertragspartner verbundene Kontoinhaberschaft, so führe etwa die Abtretung des Anspruchs auf Auszahlung des Tagesguthabens nicht dazu, dass der Zessionar auch Kontoinhaber werde.[432] Vor allem ist der Einlagerückzahlungsanspruch jedenfalls beim Fehlen einer Kontokorenntabrede an sich selbständig abtretbar, so dass es in der Tat zum Auseinanderfallen von Kontoinhaberschaft und Kontoforderung kommen könnte.

Das bedeutet allerdings dennoch nicht, dass es sich bei der Einlage und Girovertrag notwendig um zwei verschiedene Rechtsverhältnisse – nämlich die *unregelmäßige Verwahrung* einerseits und den *Geschäftsbesorgungsvertrag* andererseits – handeln muss. Für das Auseinanderfallen von Kontoinhaberschaft und Einlagenforderung bei der selbständigen Abtretung der Einlagenforderung könnte eine andere rechtliche Konstruktion gefunden werden, insbesondere dann, wenn die Voraussetzungen einer unregelmäßigen Verwahrung überhaupt nicht vorlägen.

---

428 *Grundmann* WM 2009, S 1113.
429 Ellenberger/Findeisen/Nobbe/*Findeisen* ZahlungsverkehrsR, 2010, § 1 ZAG Rn 123.
430 *Graf von Westphalen* WM 1995, 1209; *Canaris* Bankvertragsrecht, 1981, Rn 301.
431 BGHZ 131, 60, 64.
432 *Mülbert* in: FS Kümpel, 2003, S 395, 402.

## II. Ablehnung der unregelmäßigen Verwahrung und des Darlehens als der Rechtsgrundlage für den Barauszahlungsanspruch aus der Saldo-Gutschrift als Einlagenrückzahlungsanspruch

Des Weiteren ist infolgedessen zu untersuchen, ob die Barauszahlung tatsächlich den Voraussetzungen der unregelmäßigen Verwaltung i.S.d. § 700 Abs 1 S 1 BGB entspricht.

### *1. Argumente aus Interessenerwägungen*

Zunächst wird die unregelmäßige Verwahrung dadurch begründet, dass Sichteinlagen im Interesse des Hinterlegers, nicht aber im Interesse des Empfängers gefestigt werden[433]; demgemäß überwiege das Interesse an völliger Liquidität das Rentabilitätsinteresse.[434] Dem ist jedoch zu widersprechen. Die Sichteinlagen sind wesentlicher Teil des Einlagengeschäfts der Bank, insbesondere weil Giroguthaben unstrittig nicht oder gering verzinst werden. Das Interesse der Bank als Empfänger ist daher mindestens genau so groß wie das Interesse des Kunden als Hinterleger.[435] Die Interessenerwägungen können die Rechtsnatur der Sichteinlagen somit kaum erleuchten.

### *2. Gesetzliche Voraussetzungen des § 700 Abs 1 BGB*

Aufgrund einer rechtspolitischen Erforderlichkeit der Annahme der unregelmäßigen Verwahrung und um der Zwecksetzung der Kreditinstitute, nämlich die Verfügungsfreiheit über die Gelder als notwendige Mittel für die Kreditvergabe zu erlangen, zu entsprechen, geht die hM bei der Beurteilung der Rechtsnatur des Girovertrages insbesondere davon aus, dass der Einleger seine dingliche Berechtigung an den Geldern verliert.[436] In Betracht kommen dabei nur die unregelmäßige Verwahrung und das Darlehen. Diese Art von Argumentation ist allerdings dogmatisch äußerst fragwürdig. Für die Beantwortung der Frage, ob eine Übertragung der dinglichen Berechtigung an den Geldern vorliegt, ist die Auslegung des Vertrages zwischen dem Kreditinstitut und den Kunden gemäß § 133 BGB maßgeblich. Auch wenn eine vertragliche Vereinbarung über den Erwerb der dinglichen Berechtigung an den Geldern durch die Kreditinstitute vorliegen würde, sind die Tatbestände in den §§ 700 ff. BGB maßgeblich um festzustellen, ob überhaupt eine unregelmäßige Verwahrung vorliegt.

Daher ist zu prüfen, ob die vertraglichen Pflichten der Vertragsparteien den gesetzlichen Tatbestandsmerkmalen des Darlehens gemäß der §§ 488 ff. BGB oder denjenigen des § 700 BGB entsprechen, und ob das Giroguthaben ein Gegenstand

433 Palandt/*Sprau* BGB[74], § 700 Rn 1.
434 MüKoBGB/*Henssler*[6] § 700 Rn 3.
435 Staudinger/*Reuter* BGB[1995], § 700 Rn 3.
436 *Canaris* Bankvertragsrecht, 1981, Rn 1164.

der unregelmäßigen Verwahrung ist. Die Hauptvertragsverpflichtung der Kunden ist die Entgeltzahlungspflicht. Die wesentlichen Vertragsverpflichtungen des Kreditinstituts i. R. d. Girovertrages sind: (1) Einrichtung und Führung des Kontos[437]; (2) Entgegennahme und Gutschrift von Geldeingängen für Kunden; (3) Auszahlungspflicht i.R. eines Giroguthabens (die Rechtsnatur des Auszahlungsanspruchs gegen das Kreditinstitut ist dabei umstritten[438]); (4) Überweisungen; (5) Scheckinkasso[439] und (6) Lastschrifteneinlösung.

### *a) Die kennzeichnenden Merkmale des § 700 Abs 1 BGB*

Unregelmäßige Verwahrung unterscheidet sich von sowohl der Verwahrung i.S. der §§ 688 bis 699 BGB als auch von dem Darlehen gemäß der §§ 488 BGB. § 700 BGB bezweckt die Definition und die Festlegung der wesentlichen Vertragspflichten bei dem *depositum irregulare.*[440]

#### aa) Eigentumserwerb des Verwahrers

Eine unregelmäßige Verwahrung liegt grundsätzlich vor, wenn der Verwahrer Eigentümer der hinterlegten Sachen werden und zudem Sachen gleicher Art, Güte oder Menge zurück gewähren soll, § 700 Abs 1 S 1 BGB. Notwendig ist der anfängliche (§ 700 Abs 1 S 1 BGB) oder nachträgliche (§ 700 Abs 1 S 2 BGB) Eigentumserwerb des Verwahrers. Als Eigentümer kann der Verwahrer über die hinterlegten Sachen nach seinem Belieben verfügen (§ 903 BGB). Folgerichtig ist er nur zur Rückgewähr von Sachen gleicher Art, Güte und Menge verpflichtet. Man versteht unter der unregelmäßigen Verwahrung einen Tausch des Eigentums gegen eine Forderung auf Eigentum.[441] Mit dem Eigentumswechsel verliert der Hinterleger die Ansprüche aus dem Eigentum gemäß der §§ 985 ff. Er kann dem Vollstreckungszugriff von Gläubigern des Verwahrers beispielsweise nicht mit der Drittwiderspruchsklage aus § 771 ZPO begegnen und kann in der Insolvenz seines Vertragspartners darüber hinaus auch nicht nach § 47 InsO aussondern. Es steht ihm lediglich ein schuldrechtlicher Verschaffungsanspruch zu, der grundsätzlich kein Interventionsrecht begründet.[442]

---

437 Vgl §§ 238, 355 HGB.

438 Die Rechtsprechung nahm an, dass es sich beim Auszahlungsanspruch um den Rückzahlungsanspruch von Sichteinlagen gemäß der §§ 700 I, 607 BGB handelt. Vgl. BGHZ 1984, 325, 328; OLG Celle, ZIP 1981, 497; **aA** *Mülbert* in: FS Canaris, Bd II, 2007, S 271, 274.

439 *Canaris* Bankvertragsrecht, 1981, Rn 688.

440 MüKoBGB/*Henssler*[7] § 700 Rn 1.

441 *Opitz* DepG[2], die §§ 10, 11 Anm 3 sowie § 15 Anm 10.

442 Vgl MüKoHGB/*Einsele* Depotgeschäft, Rn 149 mwN.

### bb) Jederzeitige Verfügung des Hinterlegers, §§ 700 Abs 1 S 3, 695 BGB

Das Verwahrungselement findet seinen Ausdruck in der Bestimmung des § 700 Abs 1 S 3 BGB, die auf § 695 BGB verweist. Demgemäß hat der Hinterleger anders als der Darlehensgeber die jederzeitige Verfügung über Vertragsgegenstände, die den hinterlegten nach Art, Güte und Menge entsprechen. Das kennzeichnende Merkmal des Darlehens ist vielmehr in der Regelung der §§ 488 Abs 3, 608 Abs 1 BGB zu sehen, die für den unregelmäßigen Verwahrungsvertrag gerade nicht gilt.

### cc) Gegenstand des Vertrags

Da die hM dem Kreditinstitut die Verfügungsfreiheit über das Geld unter der Bedingung der jederzeitigen Verfügung über den Geldwert durch den Kunden zuspricht, sind die oben genannten zwei Merkmale eine ideale Rechtsgrundlage für die Annahme von § 700 Abs 1 BGB im Fall von Giroguthaben.

Hinzu kommt allerdings noch das dritte Merkmal in § 700 BGB. Den Gegenstand des Vertrags müssen vertretbare Sachen bilden.[443] Es muss sich also um körperliche Gegenstände gemäß § 90 BGB handeln, die im Verkehr nach Maß, Zahl oder Gewicht bestimmt zu werden pflegen, § 91 BGB. Nach der in dieser Arbeit vertretenen Auffassung sind Banknoten keine beweglichen Sachen sondern die verbrieften Geltungsforderungen gemäß § 793 BGB als Unterfall der §§ 780, 781 BGB.[444]

Hat der Kunde bar auf sein Girokonto eingezahlt, erhält er Giralgeld in Form einer Geltungsforderung gemäß der §§ 780, 781 BGB aus der deklaratorisch erfolgten Gutschrift. Diese Geltungsforderung bezieht sich nicht auf die Rückgewähr von Sachen gleicher Art, Güte und Menge gemäß § 700 Abs 1 S 1 BGB. Vielmehr begründet die Bareinzahlung das von der Geltungsforderung als ihr Substrat substanziierte Giralgeld, durch das der Kunde die umfassenden Rechte gemäß der §§ 780, 781 BGB einschließlich der einbezogenen girorechtlichen Regelungen auf dem Wege von Überweisung, Lastschrift, Scheckinkasso oder einfacher Innehabung ausüben kann.

Darüber hinaus handelt sich bei Guthaben auf dem Girokonto regelmäßig nicht um Geldbeträge, die zu Gunsten des Kunden in Sachwerten eingezahlt werden. Im Falle der Überweisung als häufigstem Vorgang beim Girogeschäft werden die in dem Giralgeld beinhalteten Währungseinheiten im Quantum als ideeller Verfügungsgegenstand von einem Konto auf ein anderes übertragen. Weder das *Giralgeld* als solches noch die in dem Giralgeld beinhalteten *Währungseinheiten* im entsprechenden Nennwert sind gesetzlich vorgeschriebene Vertragsgegenstände der unregelmäßigen Verwahrung, sodass an beiden kein Eigentum gemäß § 700 Abs 1 S 1 BGB erworben werden kann.

---

443 MüKoBGB/*Henssler*[7] § 700 Rn 6.

444 Zur Rechtsnatur der Euro-Banknoten siehe § 6 T. IV. 2. e) dd).

### b) Zwischenergebnis

Eine Verneinung der unregelmäßigen Verwahrung im Fall des Giroguthabens ist also zwingend. Auch ist eine analoge Anwendung des § 700 BGB zu verneinen, da die Geltungsforderung als Substrat der Banknoten und des Giralgeldes mit dem Eigentum nicht vergleichbar ist. Die Regelung des umfassenden abstrakten Schuldversprechens lässt im Fall von Giroguthaben keine Regelungslücke offen.

## 3. Darlehen, § 488 BGB

Der Inhaber des Giroguthabens könnte ein Darlehensgeber i.S.d. § 488 BGB sein.[445] Der Darlehensvertrag ist gekennzeichnet durch die folgenden wesentlichen Merkmale. Die Hauptpflichten des Darlehensnehmers bestehen in der Rückzahlungspflicht und der (nicht zwingenden) Zinszahlungspflicht gemäß § 488 Abs 1 S 2 BGB. Zu prüfen ist, ob die Kreditinstitute doch seit jeher ein zinsloses bzw. niedrig zu verzinsendes Darlehen genießen, während die Girokontoinhaber relative hohe Zinsen (7 % bis 15 %) für eine Überziehung aufbringen müssen. Denkbar wäre im bejahenden Fall eine Sittenwidrigkeit gemäß § 138 BGB aufgrund eines Missbrauchs der dominanten Marktposition der Banken.

### a) Gegenstand des Darlehensvertrags

Gegenstand des Darlehensvertrags ist ein „Geldbetrag". Das können Bargeld (Banknoten und Münzen) jeder Währung sein (die zu übereignen sind), aber auch jede andere Form der Begründung von Verfügungsmacht über Geldbeträge, etwa durch Kontogutschrift.[446] Regelmäßig ist eine Geldschuld vereinbart, die durch Gutschrift auf einem Darlehenskonto, nur ausnahmsweise durch Barzahlung (§ 929 BGB) zu erfüllen ist.[447] Das Giroguthaben als Kontogutschrift ist ein tauglicher Gegenstand eines Darlehensvertrages.

### b) Wertverschaffungspflicht: das „Zur-Verfügung-Stellen" der Valuta – die Verschaffung und Belassung der Valuta

Die Wertverschaffungspflicht – also das Zur-Verfügung-Stellen des Geldbetrages, als Hauptpflicht des Darlehensgebers – ist eine auf die Verschaffung eines abstrakten Geldwertes gerichtete Pflicht[448], d. h. im vorliegenden Fall beispielsweise die Pflicht, dem Darlehensnehmer die Verfügungsfreiheit über den betreffenden Geldwert zu verschaffen, z. B. durch die Verschaffung von Giralgeld[449]. Diese Darlehensgewährungspflicht ist gemäß § 362 Abs 1 BGB nur erfüllt, wenn der Geldbetrag endgültig

---

445 So zB *Schwintowski* V & R 2001, S 136.
446 Jauernig/*Berger* BGB[16], § 488 Rn 2.
447 Jauernig/*Berger*, BGB[16], § 488 Rn 12.
448 AnwK-BGB/*Reiff*, § 488 Rn 4.
449 MüKoBGB/*Berger*[7], § 488 Rn 29.

aus dem Vermögen des Darlehensgebers ausgeschieden und dem Vermögen des Darlehensnehmers in der vereinbarten Form endgültig einverleibt worden ist.[450] Daher muss der Darlehensgeber dem Darlehensnehmer die Verfügungsfreiheit über die Darlehensvaluta verschaffen.

Der Begriff des „Zur-Verfügung-Stellens" gemäß § 488 Abs 1 S 1 BGB ist dahingehend dynamisch zu verstehen, dass der Darlehensgeber dem Darlehensnehmer den in der Valuta verkörperten Wert verschaffen und für die Laufzeit des Vertrages „überlassen", d.h. belassen *muss*[451], weil der Geschäftszweck des Darlehensvertrag als Dauerschuldverhältnis[452] gerade darin liegt, dem Darlehensnehmer abstrakte Vermögensmacht auf Zeit zu verschaffen.

Die Hauptpflicht des Girokontoinhabers ist laut Girovertrag die Entgeltzahlungspflicht. Neben dem Anspruch auf Abwicklung von Zahlungsvorgängen i.R.d. Kontodeckung hat der Kunde ein jederzeitiges Verfügungsrecht an dem Tagessaldo. Es besteht weder eine Mittelverschaffungspflicht zum Zwecke der Teilnahme am Zahlungsverkehr noch eine Pflicht zur Belassung der Valuta. Im Gegenteil hat der Guthabeninhaber ein jederzeitiges Verfügungsrecht an seinem Guthaben.

#### *c) Die Regelung der §§ 488 Abs 3, 608 Abs 1 BGB*

Während i.R.d. Geltungsforderung gemäß §§ 780, 781 BGB der Giroguthabeninhaber ein jederzeitiges Verfügungsrecht, also ohne vorherige notwendige Ausübung eines Gestaltungsrechts, hat, ist für Darlehen kennzeichnend die Regelung der §§ 488 Abs 3, 608 Abs 1 BGB, die für den unregelmäßigen Verwahrungsvertrag gerade nicht gilt.

Demgemäß hängt die Rückzahlung des Darlehens vom Ablauf der vereinbarten Zeit oder vom Wirksamwerden einer Kündigungserklärung des Darlehensgebers ab. Entsprechend der Zweckbestimmung des Darlehensvertrages kann der Darlehensgeber das Darlehen nach § 488 Abs 1 S 2 i.V.m. Abs 3 BGB erst dann zurückverlangen, wenn die Fälligkeit seines Rückerstattungsanspruchs durch Beendigung der Laufzeit des Vertrages oder Kündigung herbeigeführt worden ist. Die Darlehensgewährung wird also vom Darlehensgeber – abgesehen vom Sonderfall des Gefälligkeitsdarlehens – als eine Vermögensanlage aufgefasst. Aufgrund seines Interesses an Verzinsung tritt das Interesse an völliger Liquidität zurück.[453]

---

450 MüKoBGB/*Berger*[7], § 488 Rn 27, 44.

451 MüKoBGB/*Berger*[7], § 488 Rn 31; vgl auch OLG Karlsruhe NJW-RR 1989, 1069; BT-Drucks 14/6040 S 253 („Pflicht des Darlehensgebers zur Verschaffung *und Belassung* eines Geldbetrages"); Staudinger/*Freitag*, BGB[2011], § 488 Rn 163; Palandt/*Weidenkaff* BGB[74], § 488 Rn 5; *Mülbert* AcP 192 (1992), 447, 457 f.; *ders* WM 2002, 465, 467; *Larenz* II § 51 I; **aA** *Canaris* Bankvertragsrecht, 1981, Rn 1322; *Mack* WM 1986, 1337, 1341.

452 MüKoBGB/*Berger*[6], Vor § 488 Rn 12.

453 Staudinger/*Freitag* BGB[2011], § 488 Rn 3; zur Beurteilung eines Cash Pools vgl *Habersack/Schürnbrand* BB 2006, S 288, 289.

*d) Zwischenergebnis*

Die Eigenschaften des Giroguthabens entsprechen also auch nicht denen des Darlehens gemäß § 488 BGB. Der Giroguthabeninhaber ist somit kein Darlehensgeber des kontoführenden Kreditinstituts.

Das Giroguthaben ist daher weder Darlehensvertrag gemäß § 488 BGB noch unregelmäßige Verwahrung gemäß § 700 BGB. Die Einlagenforderung, also der Rückzahlungsanspruch, ergibt sich infolge Dessen weder aus unregelmäßiger Verwahrung noch aus Darlehen. Die Kreditinstitute können somit nicht im Wege der §§ 488 oder 700 BGB die Verfügungsbefugnis über das Giralgeld aufgrund §§ 780, 781 BGB erwerben.

## III. Die §§ 780, 781 BGB als Rechtsgrundlage einer einheitlichen Geltungsforderung aus der Saldo-Gutschrift

### *1. Einheitstheorie – Einlage und Giroabrede als einheitlicher gemischttypischer Vertrag*[454]

Die Trennungstheorie ist somit abzulehnen. Der Hauptgesichtspunkt ist dabei, dass Bareinzahlungen bzw. Barauszahlungen Teil des Giro- bzw. Zahlungsdienstevertrages sind. Hinzu kommt, dass die Guthabenforderung prinizipiell auch allein auf den Girovertrag gestützt werden kann, weil nicht ein *Verwahrungsinteresse* sondern der *Zahlungsverkehrszweck* beim Giroverhältnis insgesamt im Vordergrund steht.[455] Schließlich trifft die Annahme der §§ 700, 488 BGB für die Einlagen auf Girokonten wie oben festgestellt gar nicht zu. In Betracht kommt daher ein einheitlicher gemischttypischer Vertrag über Einlage und Zahlungsdienste.

Die Trennungstheorie ist die zivilrechtliche Fortführung der bankaufsichtsrechtlichen Unterscheidung zwischen dem Einlagengeschäft (§ 1 I Nr 1 KWG) und dem Girogeschäft (§1 I Nr 9 KWG). Es gibt aus zivilrechtlicher Sicht jedoch keine positivrechtliche Notwendigkeit beim Girokonto die Einlagenvereinbarung und den Girovertrag als je eine eigene Abrede zu behandeln.[456] Die Gegenansicht befürwortet einen Kontovertrag i.S. eines *Geschäftsbesorgungsvertrags,* der das kontoführende Institut zur jederzeitigen Auszahlung des Tagessaldos und zur Verfügung[457] darüber unter Anweisung der Kunden im Zahlungsverkehr verpflichtet.[458]

---

454 *Mülbert* in: FS Canaris, Bd II, 2007, S 271, 274; Ebenroth/Bojong/Joost/*Grundmann* HGB² BankR I, Rn I 209 f.

455 *Putzo,* Erfüllung mit Giralgeld, 1977, S 23; MüKoHGB/*Hadding/Häuser* ZahlungsverkehrsR³, Rn A 177.

456 *Mülbert* in: FS Kümpel, 2003, S 395, 404 f.

457 BGHZ 84, 325, 329 ff. 84, 371, 377; *Peckert* Das Girokonto und der Kontokorrentvertrag, 1985, S 103, 126.

458 Ebenroth/Bojong/Joost/*Grundmann* HGB² BankR I, Rn I 209.

## 2. *Die §§ 780, 781 BGB als Rechtsgrundlage des Anspruchs aus der Saldo-Gutschrift*

Zu widersprechen ist jedoch der Annahme, dass der einheitliche Kontovertrag die Rechtsgrundlage für die Rechte aus der Saldo-Gutschrift darstellt.

Wie oben schon festgestellt ergibt sich die Geltungsforderung aus der einzelnen Gutschrift aus den §§ 780, 781 BGB. Nach hM ist der Girovertrag die Rechtsgrundlage für den Anspruch aus dem Giroguthaben.[459] Zu prüfen ist, ob es sich dabei um zwei von einander zu unterscheidende Ansprüche aufgrund verschiedener Rechtsgrundlagen handelt.

Eine Hauptleistungspflicht der Bank ist nach der Giroabrede aufgrund jedes neuen Überschusses (so genanntes Tagessaldo bzw. Guthaben) eine Saldo-Gutschrift zugunsten des Überschussinhabers zu erteilen. Mit der Erteilung der Saldo-Gutschrift gibt die Bank zugleich auch ein abstraktes Schuldversprechen ab. Hier entsteht somit auch ein Anspruch aus der Gutschrift, der – wie bei der einzelnen Überweisungs- bzw. Kreditgewährungsgutschrift – eine Geltungsforderung aus den §§ 780, 781 BGB darstellt, welche von der girovertraglichen Saldierung als das Kausalgeschäft verselbständigt und abstrakt ist.

Die einzelnen Überweisungs-, Kreditgewährungs- und Saldo-Gutschriften unterscheiden sich nicht im Hinblick auf die Rechtsnatur und die Rechtsgrundlagen der jeweiligen einschlägigen Geltungsforderungen. Sie sind vielmehr an jeweils verschiedene eigene spezifische Kausalverhältnisse geknüpft.

Während die einzelne Überweisungsgutschrift ihr Kausalgeschäft in dem Deckungsverhältnis und die Kreditgewährungsgutschrift ihr Kausalgeschäft in dem Darlehensvertrag finden, liegt das Kausalgeschäft der Saldo-Gutschrift in der girovertraglichen Leistungspflicht zur Erteilung einer Saldo-Gutschrift bei Saldierung des jederzeitigen Überschusses als Giroguthaben.

Folglich können die Kondiktionsansprüche nur aufgrund von Fehlern aus jeweiligen mit dem entsprechenden abstrakten Schuldversprechen verknüpften Kausalverhältnissen geltend gemacht werden, d.h. z.B., ein Mangel in dem Deckungsverhältnis i.R.d. Überweisung führt zur Kondiktion gegen den Inhaber der Überweisungsgutschrift und das Fehlen des Girovertrages führt zur Kondiktion gegen den Inhaber der Saldo-Gutschrift.

Die Forderungen aus der Überweisungsgutschrift und der Saldo-Gutschrift sind somit zwei gleichartige Forderungen aus den §§ 780, 781 BGB. Sie beruhen zwar auf völlig verschiedenen Kausalverhältnissen und sind zwei verschiedene Forderungen, haben allerdings die gleiche Rechtsnatur hinsichtlich der Forderungsinhalte.

Während der Anspruch aus der Überweisungsgutschrift eine Geltungsforderung aus §§ 780, 781 BGB i.H. des durch das Deckungsverhältnis der Überweisung und den Überweisungsauftrag bestimmten Nennwerts darstellt, ist der Anspruch aus dem Tagessaldo bzw. Giroguthaben eine einheitliche Geltungsforderung aus §§ 780,

---

459 *Mülbert* in: FS Kümpel, 2003, S 395, erster HS in Fn 4.

781 BGB i.H. des Nennwerts des rechnerisch saldierten Kontoüberschusses. Diese Geltungsforderung ist von dem Girovertrag als zu verknüpfendem Kausalverhältnis streng zu trennen und folgerichtig von dem Girovertrag unabhängig und abstrakt.

## IV. Geltungsanspruch aus den §§ 780, 781 BGB und Barauszahlungsanspruch

Schließlich ist zu beantworten, ob die Einlösung des Giralgeldes in Bargeld in dem Nennwert entsprechendem Betragswert mit von der Geltungsforderung aus Saldo-Gutschrift gemäß der §§ 780, 781 BGB umfasst wird, oder ob dies einen getrennten, von der Geltungsforderung des Gutschrift- bzw. Forderungsinhabers abhängigen Anspruch darstellt.

Wie oben festgestellt, sind die Barein- bzw. Barauszahlung untrennbarer Teil des Giro- und Zahlungsdiensteverhältnisses. Der Geltungsanspruch aus den §§ 780, 781 BGB ist eine umfassende Rechtsposition des Gutschriftinhabers, welche ihm alle Rechte über die durch Saldo-Gutschrift zugewiesenen Währungseinheiten im jeweiligen Quantum verschafft, einschließlich des Rechtes auf Einlösung des Giralgeldes in gesetzliche Zahlungsmittel.

Aus § 3 Nr 3 KWG wird die gesetzliche Einlösbarkeit des Giralgeldes in das gesetzliche Zahlungsmittel begründet, nämlich Einlösbarkeit in „Bargeld". Vergleichbar damit ist die gesetzliche Einlösbarkeit der Metallwährung in der Zeit des reinen Goldstandards, aber auch des Silberstandards oder des Bimetallismus, als die damaligen Banknoten in Münzgeld oder ungeprägtes Münzmetall in Bargeld bzw. gesetzliches Zahlungsmittel einlösbar waren.[460] Gemäß § 3 Nr 3 KWG soll aus währungspolitischen Gründen verhindert werden, dass bei Kredit- und Einlagengeschäften Barabhebungen ausgeschlossen oder wesentlich erschwert werden.[461] Wäre dies den Kreditinstituten erlaubt, bräuchten sie wegen der fehlenden Auszahlungsverpflichtung lediglich deutlich geringere liquide Mittel bereithalten und könnten darüber hinaus auch in erheblich größerem Umfange Kredite gewähren, was zu einer Ausdehnung des Geldvolumens und zu einer Störung der finanziellen Stabilität der Volkswirtschaft beitragen könnte.[462]

Die gesetzliche Einlösbarkeit des Giralgeldes in das gesetzliche Zahlungsmittel materialisiert sich in dem deklaratorischen vertraglichen Barauszahlungsanspruch der Rechtsinhaber des Geltungsanspruchs aus den §§ 780, 781 BGB gegen die kontoführende Bank.

Die Geltungsforderung gemäß §§ 780, 781 BGB aus der Saldo-Gutschrift als umfassende, einheitliche Rechtsposition des Forderungsinhabers schließt somit girorechtliche Elemente mit in sich ein und beinhaltet neben den Rechten zur Teilnahme am bargeldlosen Zahlungsverkehr mit den zugewiesenen Währungseinheiten als

460 North/*Ziegler* Ein historisches Lexikon, 1995, „Notendeckung", S 280.
461 *Erbs/Kohlhaas/Häberle* KWG[207. EL] § 3 Rn 9.
462 BGH NJW 1995, 1494.

Giralgeld auch den Barauszahlungsanspruch. Dieser der Geltungsforderung aus §§ 780, 781 BGB immanente Barauszahlungsanspruch stellt ein Teil des dynamischen Wesensmerkmals der Giralgeldes dar.[463]

Durch § 3 Nr 3 KWG und die §§ 780, 781 BGB werden Giralgeld als gesellschaftlich anerkanntes und dominierendes Zahlungsmittel einerseits und Bargeld als gesetzliches Zahlungsmittel andererseits anhand ihrer jederzeitigen wechselseitigen Eintauschbarkeit in einem integrierten Zahlungssystem zusammengeschlossen.

## L. Die §§ 780, 781 BGB als Rechtsgrundlage für das aufgrund von HRGs auf Zentralbankgirokonten geschöpfte Zentralbankgiralgeld

Zu prüfen ist nun, ob die Kreditgewährungsgutschrift bzw. das Zentralbankgiroguthaben auf einem Girokonto bei der Bundesbank – unter Berücksichtigung der abweichenden Regelungen der AGBn der Bundesbank – grundsätzlich wie die Geschäftsbankengirogutschrift zu behandeln sind. Die wesentliche Frage ist also, ob die §§ 780, 781 BGB auch die Rechtsgrundlage für die Zentralbankgirogutschrift, nämlich das Zentralbankgiralgeld, darstellen.

### I. Das auf Zentralbankgiralgeld anwendbare Recht

Da die Bundesbank ein vertragsrechtlich ausgestaltetes System für Durchführung der HRGs ausgewählt hat, sind für die Sichteinlagen bei der Bundesbank die AGBn der Bundesbank und die Vorschriften des deutschen Zivilrechts maßgeblich.

#### *1. AGB-Bbk Abschnitt I.*

Für den Geschäftsverkehr mit der Bundesbank gelten die Allgemeinen Geschäftsbedingungen, AGB-Bbk Abschnitt I. Nr 1 Abs 1. Für die Geschäftsverbindung zwischen dem Geschäftspartner und der Bank gilt gemäß AGB-Bbk Abschnitt I. Nr 27 Abs 1 das deutsche Recht.

Die Zahlungen der Bundesbank zugunsten der Kontoinhaber aufgrund der HRGs i.S.d. AGB-Bbk Abschnitt V. Nr 1 Abs 1a, Nr 14 ff. werden im Tenderverfahren auf dem PM-Konto[464] mit Gutschrift gebucht, AGB-Bbk Abschnitt V. Nr 15 Abs 5.

---

463 Zu dem *statischen* und *dynamischen* Element des Giralgeldes, also der Geltungsforderung, siehe S § 4 I. II. 3. und § 4 I. II. 3. b) bb) (2) (b).

464 *AGB-Bbk* Abschnitt II. A. Nr 1, Abschnitt V. Nr 1 Abs 1a: *„Girokonten im Zahlungsmodul (Payments Module, PM) des Echtzeit-Brutto-Zahlungsverkehrssystems der Bank (TARGET2-Bundesbank)"*; siehe auch die GESCHÄFTSBEDINGUNGEN FÜR DIE TEILNAHME AN TARGET2-BUNDESBANK (TARGET2-BBk) TITEL I Art 1 und Titel IV Art 12 bis 22.

## 2. *Die §§ 675 c ff. BGB sind für Zahlungsvorgänge auf Zentralbankgirokonten nicht anwendbar*

Im geltenden deutschen Recht ergeben sich die Begriffe *Bereitstellung* und *Verfügbarmachen*, also Zur-Verfügung-Stellen – wobei dieser Begriff als Synonym von Bereitstellung i.S.d. Art 12.1 S 2 ESZB-Satzung betrachtet werden kann – aus den §§ 675 f. Abs 3 S 1, 675 t BGB. Gemäß § 1 Abs 1 ZAG sind die Kreditinstitute als Geschäftspartner des Eurosystems sowie die EZB, die Bundesbank und andere NZBen des Eurosystems – soweit diese nicht hoheitlich handeln – Zahlungsdienstleister nach der *EU-Zahlungsdiensterichtlinie (ZDRL)*[465], dem Zahlungsdiensteumsetzungsgesetz[466], dem Gesetz zur Umsetzung der Verbraucherkreditrichtlinie, dem zivilrechtlichen Teil der Zahlungsdiensterichtlinie sowie der Neuordnung der Vorschriften über das Widerrufs- und Rückgaberecht vom 29. Juli 2009[467], welches das BGB mit den §§ 675 c bis 675 z BGB ergänzt hat.[468] Somit könnten die Zuteilungen von Zentralbankgiralgeld i.R. von privat-vertraglichen Hauptfinanzierungsgeschäften vermittels Gutschrifterteilung durch die Bundesbank Zahlungsdienste der Bundesbank als Zahlungsdiensteleister darstellen. Laut der ausdrücklichen Regelung der AGB-Bbk sind die §§ 675 c ff. BGB auf die Bundesbank als Zahlungsdiensteleister bzw. zwischengeschaltete Stelle anwendbar.

Der sachliche Anwendungsbereich der §§ 675 c – 676 c BGB wird durch die Begriffsbestimmung des Zahlungsdienstes definiert, die sich gemäß § 675 c Abs 3 BGB aus der zusammenstellenden Auslegung von § 1 Abs 2 und Abs 10 ZAG ergibt[469]. Unter dem Begriff *Zahlungsdienste* versteht man jede privatrechtliche Dienstleistung eines Dritten (eines Zahlungsdienstleisters), welche die Ausführung einer Zahlung zwischen zwei Parteien, dem Zahler und dem Zahlungsempfänger, unterstützt; unter einer Zahlung ist – Scheck- und Wechselverkehr ausgenommen – gemäß § 1 Abs 10 ZAG die Übertragung von Bar- oder Giralgeld bzw. elektronischem Geld aus dem Vermögen des Zahlers an den Zahlungsempfänger zu verstehen.[470] Gemäß § 1 Abs 10 Nr 7 ZAG, die den Art 3 h der ZDRL umsetzt, gehören jedoch diejenigen Zahlungsvorgänge, welche innerhalb von Zahlungs- und Wertpapierabwicklungssystemen zwischen Zentralbanken und anderen Teilnehmern des Systems und Zahlungsdienstleistern abgewickelt werden, nicht zum sachlichen und persönlichen Anwendungsbereich

---

465 Richtlinie 2007/64/EG des Europäischen Parlaments und des Rates über Zahlungsdienste im Binnenmarkt, zur Änderung der Richtlinien 97/7/EG, 2002/65/EG, 2005/60/EG und 2006/48/EG sowie zur Aufhebung der Richtlinie 97/5/EG, ABl. Nr. L 319 v. 5.12.2007, S 1 ff.

466 BGBl. I, 1506 ff.

467 BGBl. I, 2355 ff.

468 *Fischer/Klanten/Koch* Bankrecht[4], S 663, 665.

469 RegE BT-Drucks 16/11643 S 99; Bamberger/Roth/*Schmalenbach*, BGB[3] § 675 c Rn 2.

470 Ellenberger/Findeisen/Nobbe/*Findeisen* ZahlungsverkehrsR, 2010, § 1 ZAG Rn 331 ff.

der ZDRL bzw. der §§ 675 c ff. BGB.[471] Bei der Zahlungsdiensterichtlinie handelt es sich allerdings nicht um eine Verbraucher schützende Richtlinie, die daher grundsätzlich auf *sämtliche Zahlungsvorgänge* anwendbar ist jedoch ausnahmsweise für den Interbankenverkehr nicht gilt.[472] Die Abwicklung der Zahlungsvorgänge unter den Kreditinstituten (Skontration, Clearing), die nach § 3 BBankG eine der Aufgaben der Bundesbank darstellt[473], entspricht der Begriffsbestimmung für den Abrechnungsverkehr i.S.d. § 1 Abs 1, S 2 Nr 9 KWG aF.

Somit stellen die Zuteilungen von Zentralbankgiralgeld i. R. d. HRGs keine Zahlungsdienste dar. Folglich sind die §§ 675 c ff. BGB im Falle der Valutierung der HRGs durch die Bundesbank zugunsten der in Deutschland ansässigen Kreditinstitute als Zuteilungsempfänger nicht anwendbar.

## II. Die Kreditgewährungsgutschrift auf das Zentralbankkonto

Gemäß der AGB-Bbk Abschnitt II, B. Nr 1 und die Geschäftsbedingungen für die Teilnahme an TARGET2-Bundesbank umfasst der Giroverkehr mit der Bundesbank die Führung der PM-Konten einschließlich der Verfügungen über die PM-Konten, auf die die geldpolitischen Geschäfte abgewickelt werden, vermittels Überweisung, Lastschrift und Scheck. Gemäß Art 12 Nr 5 S 1 der „Geschäftsbedingungen für die Teilnahme an TARGET2-Bundesbank (TARGET2-BBk)“ werden die Guthaben auf PM-Konto und deren Unterkonten nicht verzinst.

Abgesehen von den vom allgemeinen Girorecht abweichenden speziellen Regelungen aufgrund der Besonderheit der Kontrahierung mit der Bundesbank, unterliegt der Girovertrag mit der Bundesbank den gleichen zivilrechtlichen Vorschriften, welche für den Girovertrag zwischen Geschäftsbanken und ihren Kunden gelten. Die Girogutschrift auf ein Zentralbankgirokonto, insbesondere die Kreditgewährungsgutschrift aufgrund der Durchführung von HRGs, ist somit gleich wie die von Geschäftsbanken erteilten Kreditgewährungsgutschriften zu behandeln, d. h. aufgrund der Darlehensverträge gibt die Bundesbank konkludent ein abstraktes Schuldversprechen gemäß der §§ 780, 781 BGB zugunsten ihrer Geschäftspartner.

Die Zentralbankgiralgeldschöpfung vermittels Zentralbankgiralgeldzuteilung anhand der Erteilung von Kreditgewährungsgutschriften stellt die eigentliche Liquiditätsquelle des gesamten Giralgeldschöpfungs- und Kreditschöpfungssystems dar. Das von der Gutschrift manifestierte Zentralbankgiroguthaben fungiert die Bankenliquiditäten, also die Mindestreserven und Überschussreserven des Bankensystems, welche die Liquidität für den Interbanken-Zahlungsverkehr und die Basis für die Geld- und Kreditversorgung der Wirtschaft durch Geschäftsbankengiralgeldschöpfung darstellen.

---

471 Ellenberger/Findeisen/Nobbe/*Findeisen* ZahlungsverkehrsR, 2010, § 1 ZAG Rn 358 ff.

472 MüKoBGB/*Casper*[6], § 675 c Rn 20.

473 Boos/Fischer/Schulte-Mattler/*Schäfer* KWG[3], § 1 Rn 101.

Die Rechtsnatur des Anspruchs aus der Zentralbankgirogutschrift stellt juristisch einen fundamentalen Baustein der rechtlichen Konstruktion des Mischgeldsystems dar, die den Zweck und die Funktion des Giralgeldsystems erfüllen soll. Die Funktionsfähigkeit des bankmäßigen bargeldlosen Zahlungsverkehrs gehört gemäß § 3 BBankG ausdrücklich zu den *wesentlichen Aufgaben der Bundesbank*. Gemäß Art 127 Abs 2, 4. Spiegelstrich AEUV gehört es zur Aufgabe des ESZB, das reibungslose Funktionieren der Zahlungssysteme zu fördern.

Abgesehen von der technischen Infrastruktur für den Giro- und Abrechnungsverkehr[474], erscheint eine *rechtliche Konstruktion der Zentralbankgirogutschrift als Zahlungsmittel* zugunsten der Verkehrsfähig- und Bestandsfestigkeit des Zentralbankgiralgeldes sowie des ordentlichen Betriebs des Zentralbanksystems und insbesondere der effizienten Erfüllung geldpolitischer Aufgaben i.S.d. Geldmittelversorgung und Geldumlaufsteuerung gerechtfertigt. Juristisch nicht zuzustimmen ist allerdings, das Zentralbankgiralgeld, das durch die Kreditgewährungsgutschrift i. R. d. HRGs als Darlehensvertrag symbolisiert wird, faktisch wie Euro-Banknoten als gesetzliches Zahlungsmittel anzunehmen[475].

Gemäß AGB-Bbk Abschnitt II. D. Nr 3 Abs 2 darf die Bundesbank die Gutschriften, die ohne eine Verpflichtung gebucht werden (z. B. wegen Irrtums oder Schreibfehlers), durch einfache Buchung rückgängig machen (d. h. stornieren), soweit ihr diesbezüglich ein Rückforderungsanspruch zusteht. Obwohl die §§ 780, 781 ff. BGB nur eine materiell-rechtliche Regelung darstellen, verstärken sie jedoch praktisch auch in prozessualer Hinsicht die Rechtsstellung des Gutschriftinhabers als Gläubiger der Forderung aus der Gutschrift gegen die Bundesbank, da die Bundesbank als Schuldner darzulegen und zu beweisen hat, dass die Kondiktionsvoraussetzungen vorliegen.

Diese Wertungsgesichtspunkte sprechen somit für die Annahme eines abstrakten Schuldversprechens im Falle der Valutierung der Bundesbank i. R. d. HRGs. Da die Geschäftspartner aufgrund der Monopolstellung und hoheitlichen Funktionsbestimmung der Bundesbank auch trotz der Vertragsverhältnisse faktisch eine untergeordnete Position innehaben, ist ein Darlegungs- und Beweislastübergang auf die Bundesbank gerade interessengerecht, um die Rechtsstellung der Geschäftspartner gegenüber der Sonderstellung der Zentralbank ausreichend zu bewahren, und somit letztendlich um die Bankenliquidität – die Fundament der Geldversorgung der Volkswirtschaft – zu sichern.

---

474 Vgl *von Spindler/Becker/Starke*, Die Deutsche Bundesbank[4], S 197; Bamberger/Roth/*Schmalenbach*, BGB[3], S 197.

475 Vgl *Duwendag u. a.* Geldtheorie und Geldpolitik, 1999, S 110 „Zentralbankgeld, das aus Noten, Münzen und Sichtguthaben bei der Zentralbank besteht, ist das einzige definitive, d. h. mit gesetzlichem Annahmezwang ausgestattete Zahlungsmittel. Diese Aussage gilt zwar streng genommen nur für das Bargeld (Noten und Münzen); da jedoch Sichtguthaben bei der Zentralbank jederzeit gegen Bargeld einzutauschen sind, können wir faktisch auch diese Sichtguthaben hierin einbeziehen."

Schließlich sind die §§ 780, 781 BGB auch die Rechtsgrundlage für eine Kreditgewährungsgutschrift auf ein Zentralbankgirokonto. Der Anspruch aus dieser Gutschrift auf das Girokonto bei der Bundesbank ist zwar mit dem kausalen HRG verknüpft, besteht jedoch davon unabhängig und abstrakt. Die in Form von Guthaben bzw. Gutschrift auf dem betreffenden Zentralbankkonto manifestierte Geltung einer Zuweisung eines Währungseinheitsquantums stellt also den eigentlichen Forderungsinhalt des Zentralbankgiralgeldes als Forderung bzw. Verbindlichkeit dar.

Erst mit der Entstehung des Anspruchs aus der einzelnen Gutschrift gemäß der §§ 780, 781 BGB, welcher dem Gutschriftempfänger seine Rechtsposition über das Valuta in Form von Giralgeld vollständig zuweist, erfolgt die vollständige Bereitstellung des Zentralbankgiralgeldes aufgrund des jeweiligen einzelnen Refinanzierungsgeschäfts.

Da die Geltung der maßgeblichen Währungseinheit Euro in dem Nennwert von der EU bzw. vom Europäischen Rat im Art 3 Abs 4 EUV gesetzlich bestimmt ist, ist die EZB lediglich dazu verpflichtet, das Quantum in dem Nennwert für jeden juristischen Moment durch buchhalterische Leistungen gelten zu lassen, m.a.W. die Geltung der Zuweisung des Währungseinheitsquantums zugunsten des Guthabeninhabers zu gewährleisten, real banktechnisch nämlich durch die ordnungsgemäße Buch- und Kontoführung gemäß AGB-Bbk Abschnitt II. B. Nr 1 Var 1 und B. Nr 1 i.V.m. den Geschäftsbedingungen für die Teilnahme an TARGET2-Bundesbank, juristisch durch rechtliche Zuweisung in Form einer Gutschrift, AGB-Bbk Abschnitt V Nr 15 Abs 5.

Das Zentralbankgiralgeld als Geltungsforderung ergibt sich weder aus dem kausalen HRG noch aus dem Girovertrag mit der Bundesbank, sondern aus einem abstrakten Versprechen der Zentralbank gemäß der §§ 780, 781 BGB, welches mit einem Kausalgeschäft zwischen der Zentralbank und ihrem Geschäftspartner in Form von Pensionsgeschäften bzw. besicherten Krediten verknüpft ist.

So wie das Geschäftsbankengiralgeld ist das Zentralbankgiralgeld ebenfalls in das gesetzliche Zahlungsmittel einlösbar, Art 3 Abs 2 des Beschlusses von EZB/2010/29. Geltend gemacht gegen die Bundesbank wird die Einlösung per Scheck gemäß AGB-Bbk Abschnitt II. D. Nr 4, E. Nr 2 Abs 2 Var 2, F. und Abschnitt XII. Nr 1 ff.

Hierbei wird zudem auch deutlich, dass die Barabhebung einen notwendigen Bestandteil des Girovertrages darstellt, der durch Erteilung der Gutschrift auf Girokonten mit in das abstrakte Schuldversprechen der Bundesbank gegenüber ihrem jeweiligen Geschäftspartner einbezogen wird. Der Barabhebungsanspruch ist somit keine selbständige Forderung sondern in dem Geltungsanspruch aus der Gutschrift bzw. Guthaben auf Zentralbankgirokonto mit umfasst.

Der von dem Vertrag des HRG legitimierte und von dem Girovertrag gewährleistete Geltungsanspruch richtet sich auf eine umfassende Rechtsstellung des Gutschriftinhabers, wobei das abstrakte Schuldversprechen die der Gutschrift immanenten girovertraglichen Bestimmungen als unteilbaren Regelungsbestandteil einbezieht und eine die abstrakte Verfügbarkeit und konkrete Rechtsausübung umfassende Geltungsgewährleistung aus einem abstrakten Schuldversprechen der Bundesbank aus den §§ 780, 781 BGB herstellt.[476]

Der Gegenstand der Verfügungen sind ebenfalls die dem Gutschriftinhaber zugewiesenen Währungseinheiten, also der Bezugsgegenstand der Gewährleistungspflicht aus der Geltungsforderung. Durch die Übertragung der Währungseinheiten anhand neuer Zuweisung wird die Nenngröße der Geltungsforderung gegen die Bundesbank als Schuldner ohne Übertragung – nämlich Abtretung der Forderung als solche – entsprechend gekürzt bzw. erhöht. Dies erklärt auch, dass trotz des Abtretungsausschlusses gemäß AGB-Bbk Abschnitt I. Nr 22 das Zentralbankgiralgeld als Forderungen frei verfügbar ist.

Anders als das bei dem in Geschäftsbanken-Nichtbanken-Schuldverhältnissen bestehende Geschäftsbankengiralgeld der Fall ist, ist die Geltungsforderung als das Substrat des Zentralbankgiralgeldes die von der Zentralbank versprochene Geltungsgewährleistung des den Kreditinstituten zugewiesenen Währungseinheitsquantums. Die Übertragung der Währungseinheiten erfolgt ausschließlich i. R. d. Interbankenverkehrs der MFIs. Somit vermischt sich die Zirkulation des Zentralbankgiralgeldes nicht mit der des Geschäftsbankengiralgeldes.

## M. Zentralbankgiralgeld als ein buchhalterischer Begriff – Aktivierung der Rückzahlungsforderungen der EZB aus HRGs als Gegenposten zum passivierten Zentralbankgeld

Das Zentralbankgiralgeld – juristisch gesehen als Geltungsforderung aus den §§ 780, 781 BGB, die mit einem Darlehen als Kausalgeschäft verknüpft und begriffsnotwendigerweise durch buchhalterische Leistungen gewährleistet wird – ist naturgemäß als ein Finanzvermögen mit Doppelwertigkeit ein buchhalterischer Begriff.

Bilanziell wird ökonomisch von der Entstehung und Verwendung des Zentralbankgeldes gesprochen. Das Zentralbankgeld entsteht durch Monetarisierung von Aktiva durch das Eurosystem, die hauptsächlich mittels einer Kreditgewährung an Kreditinstitute verwirklicht wird. Diese monetarisierende Entstehung der monetären Basis spiegelt sich auf der Aktivseite der Zentralbankbilanz wider; auf der Passivseite schlägt sich die Verwendung der monetären Basis nieder.[477] Die Entstehung und die Verwendung der monetären Basis lassen sich ökonomisch auch anhand einer Gleichung darstellen.[478]

---

476 Vgl obige Ausführung über Geschäftsbanken-Gutschrift unter „Das Wesen der Geltungsforderung als Inbegriff einer Reihe von Rechten und Befugnissen“, S 105.

477 *Duwendag u. a.* Geldtheorie und Geldpolitik, 1999, S 336; *Issing* Einführung in die Geldtheorie[15], S 56.

478 Siehe dazu *Issing* Einführung in die Geldtheorie[15], S 54, 56.

*Tabelle 7: Offenmarktgeschäfte und Standardisierter Konsolidierter Ausweis des Eurosystems*[479] *(vereinfachte Darstellung)*

| **Aktiva** | **Passiva** |
|---|---|
| | Monetäre Verbindlichkeiten: |
| A.1: Währungsreserven<br>A.1.1: Gold<br>A.1.2: Nettoposition der Fremdwährungsforderungen | P.1: Banknotenumlauf |
| A.2: Refinanzierungsgeschäfte mit Kreditinstituten<br>Forderungen in € an Kreditinstitute im Euro-Währungsgebiet – Forderungen in Euro aus geldpolitischen Operationen an Kreditinstitute im Euro-Währungsgebiet[480],<br>darunter:<br><br>A.2.1: **Hauptrefinanzierungsgeschäfte**<br>- Pensionsgeschäfte (repo) oder<br>- Pfandkredit<br><br>A.2.2: Längerfristige Refinanzierungsgeschäfte<br><br>A.3: Spitzenrefinanzierungsfazilität | P.2: Verbindlichkeiten in € gegenüber Kreditinstituten im Euro-Währungsgebiet<br>darunter:<br><br>P.2.1: **Guthaben der Kreditinstitute** (Reserven) einschließlich Mindestreserveguthaben + Überschussreserven<br><br>P.2.2: Einlagefazilität |
| A.4: Sonstiges, darunter<br>- Bestand an Wertpapieren, die den geldpolitischen Operationen nicht zugeordnet sind | P.3: Sonstiges, darunter<br>- Verbindlichkeiten aus emittierten Wertpapieren |

*Quelle*: *EZB* Jahresbericht 2015, K1, „Konsolidierte Bilanz des Eurosystems zum 31. Dez. 2015"; Geldpolitik der EZB 2011, S 121.

479 Vgl *EZB* Jahresbericht 2015, K 1, „Konsolidierte Bilanz des Eurosystems zum 31. Dezember 2015"; die vereinfachte Darstellung in der Abbildung II.3.6: Offenmarktgeschäfte und Ausweis des Eurosystems, *Görgens/Ruckriegel/Seitz* Europäische Geldpolitik[6], S 222; *Jarchow* Theorie und Politik des Geldes, 2003, S 101, die modellhafte Darstellung in Tab. 1A, Zentralbankbilanz.

480 Vgl *EZB* Jahresbericht 2015, K 1, „Konsolidierte Bilanz des Eurosystems zum 31. Dezember 2015"; die vereinfachte Darstellung in der Abbildung II.3.6: Offenmarktgeschäfte und Ausweis des Eurosystems, *Görgens/Ruckriegel/Seitz* Europäische Geldpolitik[6], S 222; *Jarchow* Theorie und Politik des Geldes, 2003, S 101, die modellhafte Darstellung in Tab. 1A, Zentralbankbilanz.

## I. Aktiva Position A. 2 – Forderungen aus HRGs

Wie weiter oben bereits festgestellt stellen die HRGs als Darlehen die Kausalgeschäfte des bereitgestellten Zentralbankgiralgeldes als Geltungsforderung aus den §§ 780, 781 BGB dar. Klarzustellen ist hierbei, dass dabei keineswegs die HRGs selbst sondern die *Rückzahlungsforderungen des Eurosystems aus den HRGs* als Darlehen gegen seine Geschäftspartner als Aktivposition unter „Forderungen in Euro aus geldpolitischen Operationen an Kreditinstitute im Euro-Währungsgebiet" unter der Unterposition „Hauptrefinanzierungsgeschäfte"[481] bilanziert werden[482].

## II. Passiva Position P.2.1 – Bilanzierung des Zentralbankgiralgeldes als Geltungsforderungen

Die Geltungsforderung als das eigentliche Substrat des Zentralbankgiralgeldes ist ein Ausdruck von Gläubiger-Schuldner-Beziehungen des Banksystems. Als das Finanzvermögen geht sie aufgrund der Doppelwertigkeit stets in die Bilanzen von zwei Wirtschaftssubjekten – nämlich die der jeweiligen Zentralbank und diejenigen ihrer Geschäftspartner – ein und bestimmt damit auch die ökonomischen Dispositionen des Gläubigers und des Schuldners mit.[483]

Das Zentralbankgiralgeld als Geltungsforderung aus den §§ 780, 781 BGB stellt das eigentliche Valuta des Kreditgeschäfts dar und findet seinen Niederschlag in der konsolidierten Bilanz des Eurosystems unter P.2 Verbindlichkeiten in Euro gegenüber Kreditinstituten: Unterposition von Passiva: Bilanzposition P.2.1 Einlagen auf Girokonten (einschließlich Mindestreserveguthaben)[484], vgl Tabelle 7.

Als Guthaben bei Zentralbanken (Aktivposten Nr 1 Buchstabe b) sind gemäß § 12 Abs 2 S 1 RechKredV alle täglich fälligen Guthaben[485] bei Zentralnotenbanken der Niederlassungsländer des Kreditinstituts – einschließlich der täglich fälligen Fremdwährungsguthaben bei der Zentralnotenbank – auch in der Bilanz des Kreditinstituts auszuweisen, wobei Guthaben bei der Bundesbank gesondert anzugeben sind.[486] Durch währungspolitische oder bankaufsichtsrechtliche Erfordernisse – wie

---

481 Vgl *EZB* Jahresbericht 2015, K 1, Konsolidierte Bilanz des Eurosystems zum 31. Dez. 2015; diese Position entspricht: Aktiva Position 5.1: Unterposition von Aktiva Position 5 „Forderungen in Euro aus geldpolitischen Operationen an Kreditinstitute im Euro-Währungsgebiet", siehe EZB/2010/21, Anhang I, S 6.

482 Vgl Tabelle 7, Position A.2.

483 Vgl *Duwendag u. a.* Geldtheorie und Geldpolitik, 1999, S 33.

484 *EZB* Jahresbericht 2015, K 1, „Konsolidierte Bilanz des Eurosystems zum 31. Dezember 2015"; vgl auch EZB/2010/21, Anhang II, „Jahresbilanz der EZB".

485 Nach § 8 Abs 3 RechKredV.

486 *Krumnow u. a.* (Hrsg), Rechnungslegung der Kreditinstitute, Kommentar zum deutschen Bilanzrecht unter Berücksichtigung von IAS/IFRS, 2. A., 2004, § 12 Rn 6; *Bieg* Bankbilanzierung nach HGB und IFRS, 2010, S 188.

etwa Mindestreserven oder Kassenhaltungsquotienten – wird die Klassifikation der Mittel als jederzeit verfügbar nicht beeinträchtigt.[487]

Da die HRGs revolvierend sind, d. h. Neuabschlüsse an die Stelle von auslaufenden Geschäften treten, kommt es nur für den Fall zu einer Veränderung der Bankenliquidität (Position P.2 – Einlagen auf Girokonten), dass die aus den Neuabschlüssen resultierende Bereitstellung von Zentralbankgeld die Abschöpfung von Zentralbankgeld aus auslaufenden Geschäften über- oder unterschreitet.[488]

Wenn beispielsweise die Rückzahlungsforderung aus dem HRG nach einer Woche fällig wird, wird der dem Nennwert entsprechende Betrag vom Girokonto des Geschäftspartners beim Eurosystem mit einer Belastungsbuchung abgebucht, d. h. Der Bilanzposten P.2. ‚Einlagen auf Girokonten' nimmt ab. Gleichzeitig erhält allerdings das Kreditinstitut Zentralbankgeld mittels neuer Gutschrift aus dem neu abgeschlossenen HRG auf sein Girokonto, d. h. Der Bilanzposten P.2. ‚Einlagen auf Girokonten' nimmt zu. Die Bankenliquidität (Position P.2 – Einlagen auf Girokonten) wird per Saldogutschrift also nur dann verändert, wenn der Zufluss und der Abfluss an Zentralbankgiralgeld betragsmäßig nicht identisch sind.[489]

Die Geltungsforderung aus den §§ 780, 781 BGB als Zentralbankgiralgeld – verselbständigt von ihrem Kausalgeschäft – und die Rückzahlungsforderung unmittelbar aus dem Kausalgeschäft stehen in der Zentralbankbilanz gegen einander als korrespondierende Gegenposten.

## III. Zusammenfassung

Die Bilanzierung der Rückzahlungsforderungen aus den HRGs und des i. R. d. HRGs als Kausalgeschäften zugeteilten Zentralbankgiralgeldes als Verbindlichkeiten des Eurosystems zeigen deutlich, dass die Rückzahlungsforderungen des Eurosystems an Kreditinstitute, die Kreditsicherheiten und das den Kreditinstituten zugewiesene Zentralbankgiralgeld sich streng voneinander unterscheidende, jedoch in einem interdependenten Zusammenhang stehende Rechtsobjekte darstellen. Das Zentralbankguthaben – also das in den Rechtsbereich der Kreditinstitute fallenden Zentralbankgiralgeld – ist eine bilanzierte Verbindlichkeit des Eurosystems gegenüber den Kreditinstituten, nämlich eine Geltungsforderung aus den §§ 780, 781 BGB und somit der eigentliche Anspruch der Kreditinstitute aus der vom Eurosystem erteilten Kreditgewährungs- und Saldo-Gutschrift auf ihrem jeweiligen Zentralbankkonto.

Da die Rückzahlungsforderungen des Eurosystems gegen seine Geschäftspartner stets durch notenbankfähige Sicherheiten gesichert werden müssen, unterliegt die

---

487 Vgl Erläuterungen der EG-Kommission zu Art 11 im Vorschlag zur EG-BBRL, abgedruckt bei *Mayer/Maiß* 1987, S 162 f. *Krumnow u. a.* (Hrsg), Rechnungslegung der Kreditinstitute, Kommentar zum deutschen Bilanzrecht unter Berücksichtigung von IAS/IFRS, 2. A., 2004, § 12 Rn 6; *Bieg* Bankbilanzierung nach HGB und IFRS, 2010, S 188.

488 *Görgens/Ruckriegel/Seitz* Europäische Geldpolitik[6], S 221.

489 *Görgens/Ruckriegel/Seitz* Europäische Geldpolitik[6], S 223.

gesamte Nenngröße dieser Forderungen als Gegenposten des Zentralbankgelds als Geltungsforderungen der Geschäftspartner aus den §§ 780, 781 BGB gegen das Eurosystem einer quantitativen Grenze in der Höhe der verfügbaren Sicherheiten der Geschäftspartner, die dadurch ihrerseits die Grenze für die gesamte Nenngröße des Zentralbankgeldes setzen.

Das gesamte Zentralbankgeld, als ein rechtlicher und buchhalterischer Begriff, stellt einen buchhalterischen, bilanziellen Nennwert der Summe der gemäß der §§ 780, 781 BGB geleisteten abstrakten Schuldversprechen dar.

## N. Deckung des Zentralbankgeldes – stets durch Eigentum?

Die aufgrund des Sicherungsvertrages i. R. d. HRGs für die Rückzahlungsforderungen als Gegenposten des Zentralbankgeldes bestellten unabdingbaren Sicherheiten haben ebenfalls keinen Realwert. Der Nennwert der Sicherheiten, die die Forderungen des Eurosystems besichern, wird geschäftstäglich neu bewertet und festgestellt, vgl AGB-Bbk Abschnitt V. Nr 4 Abs 1 „Bewertung der Sicherheiten, Abschläge und Margen".

Die Geltungsforderungen der Kreditinstitute gegen die Zentralbank aus den Kreditgewährungs- und Saldo-Gutschriften sind wegen ihrer Abstraktheit und Selbständigkeit von den ihnen zugrunde liegenden Kausalgeschäften auch von dem jeweiligen Sicherungsvertrag des entsprechend zugehörigen kausalen Darlehensvertrages abstrakt und verselbständigt. Diese *Geltungsforderungen als Zentralbankgiralgeld* sind somit nicht durch den Sicherungsvertrag und vertragsgegenständliche Sicherheiten gesichert. Diese Sicherheiten fungieren lediglich als eine Deckung für das Zentralbankgeld, die begrifflich streng von dem Begriff der Sicherung zu unterscheiden ist.[490]

Fraglich und umstritten ist, ob die Rückzahlungsforderungen des Eurosystems lediglich durch „Finanzinstrumente" – nämlich andere in den Wertpapieren mit nominalem Werte verbriefte Forderungen – *gesichert* werden oder am Ende der Sicherungskette letztendlich durch Eigentum gesichert werden.

Fraglich ist darüber hinaus auch, ob das Zentralbankgeld – ein abstraktes Schuldversprechen der Zentralbanken auch als Quelle der Geschäftsbankengiralgeldschöpfung – lediglich durch Forderungen oder durch Eigentum *gedeckt* wird. Diese Fragen bleiben an dieser Stelle offen.[491]

490 Zum Begriff „Deckung" vgl „Notendeckung" in North/*Ziegler* Ein historisches Lexikon, 1995, S 280.

491 Für eine Sicherung bzw Deckung durch Eigentum: *Kunzmann* Geld, Kredit, Krise, 2001, S 58; *Heinsohn/Steiger* Eigentum, Zins und Geld, 2002, S 292.

# § 5 Einlösbare Banknoten als Surrogate der gesetzlichen Zahlungsmittel und die Einlösungspflicht ihrer Emittenten

Um die Rechtsnatur der Euro-Banknoten zu erhellen, ist es zunächst erforderlich, die Begrifflichkeiten und Eigenschaften der verschiedenen Arten von Papiergeld und Banknoten zu klären. Euro-Banknoten sind eine Art Banknoten, also Bankpapiergeld, das sich vom Staatspapiergeld unterscheidet.

## O. Abgrenzung von Banknote und Papiergeld

### I. Einlösbares und uneinlösbares Papiergeld

#### *1. Papiergeld im weiteren Sinne*

Bis zum Ersten Weltkrieg war das Monetäre System ein auf Metall, d. h. auf Gold basiertes, da jede Währungseinheit als eine bestimmte Menge Goldes definiert war.[492] In dieser Zeit der Metallwährungen entwickelten sich neben den vollwertigen Münzen, die als die gesetzliche Zahlungsmittel[493] insbesondere aus Gold oder Silber gefertigt waren, verschiedenen Arten von Papiergeld.

Der Papiergeldbegriff entstand aufgrund der Parallelexistenz der Urkunde als Geldfunktionsträger neben dem Münzgeld, wobei der Geldbegriff im laxeren wissenschaftlichen Sinn ohne genaue juristische Feststellung benutzt wird. Papiergeld im weitesten Sinne ist aus Papier (oder papierähnlichem Stoff) bestehendes, durch bestimmte sich auf einen Nennwert[494] beziehende Bezeichnungen charakterisiertes Tausch- und Zahlmittel, welches an Stelle von Münzen im Verkehr benutzt werden soll und im allgemeinen auch tatsächlich benutzt wird.[495] Das rein äußerliche Moment des Stoffs, des Papiers, mit den angegebenen bestimmten Bezeichnungen und der angegebenen Funktion ist hier das Kriterium für die Begriffsbildung.[496] Dieses Kriterium ist allerdings lediglich ein Unterscheidungsmerkmal des Papierzahlungsmittels zum Metallgeld. Als Papiergeld bezeichnet werden demgemäß insbesondere Staatspapiergeld und Banknoten.

---

492 *Weenink* The Legal Nature of Euro Banknotes, S 433 ff. in: *J.I.B.L.R*, 2003, S 436.
493 Vgl *Hahn/Häde* Währungsrecht, 2010, S 20, Rn 13.
494 Zur Begriffsbestimmung des Nennwerts siehe § 4 I. II. 3. b) bb) (2).
495 *Wagner* Theoretische Sozialökonomie, 1909, S 674.
496 *Wagner* Theoretische Sozialökonomie, 1909, S 674.

### 2. *Verschiedene Arten von Papiergeld: Einlösbare Staatspapiergelder/ Banknoten und uneinlösbare Staatspapiergelder/Banknoten*

Historisch gesehen gab es in dem jeweiligen Zeitraum zahlreiche verschiedene allgemein anerkannte Formen des Papiergeldes als Tausch- und Zahlungsmitteln, wie die einlösbaren Staatspapiergelder/Banknoten und die uneinlösbaren Staatspapiergelder/Banknoten – unterschieden je nach ihren rechtlichen Merkmalen und nach der Person des Emittenten. Die Papiergeldausgabe erfolgte entweder durch den Staat oder durch eine Bank, insbesondere durch eine Zentralbank. Die wesentlichen Merkmale der verschiedenen Zahlungsmittel liegen in drei Verschiedenheiten: (1) Wer ist der Emittent? (2) Sind die Zahlungsmittel von einer Einlösbarkeit gegen gesetzliche Zahlungsmittel gekennzeichnet? (3) Haben sie selbst die Eigenschaft als gesetzliche Zahlungsmittel inne?

Mittels der Einlösbarkeit des Papiergeldes gegen gesetzliche Münzen und der Eigenschaft des gesetzlichen Zahlungsmittels unterscheidet man zwischen dem *einlösbaren Papiergeld* als Surrogat des gesetzlichen Zahlungsmittels und dem *uneinlösbaren Papiergeld* als dem gesetzlichen Zahlungsmittel. Das Unterscheidungsmoment liegt also darin, ob das Papiergeld gegen gesetzliche Münzen oder Münzmetalle einlösbar ist.

## II. Die Abgrenzung zwischen Staats- und Bankpapiergeld

Obwohl historisch gesehen unterschiedliche Arten von Papiergeld zur Geltung gekommen sind, werden Banknoten häufig als Papiergeld bezeichnet.[497] Es ist daher erforderlich, eine begriffliche Abgrenzung zwischen Staatspapiergeld und Banknoten vorzunehmen, um die begriffliche Verwilderung zu beseitigen und die Voraussetzungen für die Wesensbestimmung der Banknoten klar zu stellen.

Nach der Person von den verschiedenen Emittenten (Verpflichteten oder Aussteller) wird zwischen vom Staate bzw. dem Fiskus direkt ausgegebenem *Staats*papiergeld und von einer oder mehreren Banken – insbesondere von einer Zentralbank – emittiertem *Bank*papiergeld unterschieden.[498] Um die erforderliche Klarheit und Simplizität der Darstellung über Banknoten zu erzielen, werden hier das *Kommunalpapiergeld* und das *Privatpapiergeld nicht-bankmäßiger Art* außer Betracht gelassen.

Hauptbeispiel des *uneigentlichen, einlösbaren Papiergeldes* sind die *Reichskassenscheine*[499] nach Gesetz vom 30. April 1874[500] als einlösbares Staatspapiergeld und die

497 ZB Staudinger/*K. Schmidt*, BGB[1997], Vor §§ 244 ff. Rn A 20; *Fögen* Geld- und Währungsrecht, 1969, S 17; *Grenz* Geldregal und Währungsverwaltung, 1955, S 169.

498 *Wagner* Theoretische Sozialökonomie, 1909, S 675.

499 Zum Thema Reichskassenschein, siehe *Wagner* Staatspapiergeld, Reichs-Kassenscheine und Banknoten, 1874; ihrer Bedeutung für die Reichsbank und für deren Liquidität, in den Verhandlungen der deutschen Bankenquête 1908, besonders die Verhandlungen der Gesamtkommission.

500 Vgl *Wagner* Theoretische Sozialökonomie, 1909, S 677, 681.

*Reichsbanknoten* gemäß dem Bankgesetz von 1875 als *einlösbares Bankpapiergeld.* Die DM-Banknoten der Bundesbank stellen im Gegensatz dazu ein uneinlösbares Bankpapiergeld dar.

Der geldpolitische Zweck der Ausgabe von Papiergeld liegt zum einen in der Beschaffung eines – im Verhältnis zu Münzen – bequemeren Umlaufszahlungsmittels im Verkehr und zum zweiten in der volkswirtschaftlichen Einsparung der sonst gebotenen Beschaffung von Edelmetallgeld. Bei den prinzipiellen Verschiedenheiten und Gleichartigkeiten allen Staats- und Bankpapiergeldes hinsichtlich derer rechtlichen Merkmale, wie der Person der Emittenten und der Einlösbarkeit, bestehen bei allen Formen von Staatspapiergeld allerdings einige Gleichartigkeiten, gemäß derer sich das Staatspapiergeld wesensgemäß von Banknoten unterscheidet. Diese Gleichartigkeiten der verschiedenen Formen von Staatspapiergeld liegen in den verschieden Gründen der Ausgabe und in den dadurch bedingten verschiedenen Arten der Rückführung zu den Emittenten. Ausschlaggebend sind nicht die verschiedenen Ausgeber, sondern die unterschiedlichen volkswirtschaftlichen Ursprünge und finanziellen Funktionen der verschiedenen Papiergelder.

## *1. Ausgabe des Staatspapiergelds grundsätzlich ohne seine Rückkehr zur Staatskasse zur Erfüllung staatlicher Zahlungsverpflichtung*

Zweck des Staatspapiergelds ist hauptsächlich ein fiskalischer und finanzieller Art, nämlich, geschichtlich gesehen, durch die Ausgabe eine Geldzahlungsverpflichtung des Staats als Ausgebers zu erfüllen, z.B. die Staatsschuld und Besoldungen.[501] Solche Staatspapiergeldausgabe fiel regelmäßig mit einer bezweckten Zahlung zeitlich zusammen und wurde nicht von einer speziellen Deckung gedeckt.[502] Das Staatspapiergeld diente also überwiegend der Staatsfinanzierung, namentlich finanzpolitisch zur Tilgung einer Zahlungsverpflichtung des emittierenden Staats. Das so emittierte Staatspapiergeld kommt nur unregelmäßig zurück zu den Staatskassen des Emittenten, entweder im Falle von Steuerzahlungen oder auch durch die Rückkehr des einlösbaren Staatspapiergelds aufgrund der Einlösung.[503] Das Staatspapiergeld wird also grundsätzlich nicht als Zirkulationsinstrument ausgegeben und bildet aber eine bleibende Vermehrung der Zahlungsmittel, die den Geldwert drückt.[504]

---

501 *Wagner* Theoretische Sozialökonomie, 1909, S 678, 681.

502 *Wagner* Theoretische Sozialökonomie, 1909, S 678 f.

503 *Wagner* Theoretische Sozialökonomie, 1909, S 678 f.

504 Vgl *Wagner* Theoretische Sozialökonomie, 1909, S 679.

### 2. *Banknotenausgabe mit kreditwirtschaftlichem Ursprung und der regelmäßige Rückgang der Banknoten zum Emittenten aufgrund einer vertraglichen Rückzahlungspflicht*

Die Banknoten, als ein kreditwirtschaftliches Instrument des Bankensystems, werden nicht zur Deckung der staatlichen Finanzausgabe, sondern *aufgrund wirtschaftlicher Kreditbedürfnisse* ausgegeben. Der Hauptfall der Notenausgabe durch eine Notenbank ist die Gewährung von Darlehen mit der Valuta in Notenform überwiegend gegen *gute Wechsel nicht langer Lauffrist* (gewöhnliches Maximum etwa 3 Monate)[505]. Die Banknoten kehren wegen der darlehensrechtlichen Natur regelmäßig durch Rückzahlung an die Emittenten zurück. Sie dienen somit angesichts des gesamten Bankensystems als ein in dem Zahlungsverkehr temporär bleibendes Zirkulationsinstrument.

## III. Uneinlösbare Banknoten als bewegliche Sachen oder öffentlich-rechtliche Geldzeichen mit absoluten Rechte der Noteninhaber?

Um die Rechtsnatur der Euro-Banknoten festzustellen, ist es zunächst notwendig, den Meinungsstand über die Rechtsnatur der uneinlösbaren Banknoten darzustellen. Damit ist klar aufzuzeigen, welche juristischen Probleme angesichts der rechtlichen Qualifikation der Euro-Banknoten zu erörtern und zu lösen sind.

### 1. *Uneinlösbare Banknoten als bewegliche Sachen oder als eine in sich nicht weiter zerlegbare immaterielle Rechtsinstitution*

#### a) *Die Banknote als öffentliche Sache*

##### aa) Meinungsstand

Teilweise wird die Banknote als Sache des Gemeinwesens empfunden, die den Voraussetzungen einer öffentlichen Sache entspricht[506], die dem Gemeininteresse dienen solle.[507] Verglichen wird die Banknote mit Landstraßen, Gewässern oder Strömen.[508] Die Entwicklung der Regalität dieser Sachen zum Recht der öffentlichen

---

505 *Wagner* Theoretische Sozialökonomie, 1909, S 679.

506 *Wolff* Verwaltungsrecht I, 1974, § 55 II und III b 2; *Forsthoff* Verwaltungsrecht I, 1973, S 347 ff, 360 ff.

507 *Pfennig* Notenausgabe, 1971, S 32; *Badura* Das Verwaltungsmonopol, 1963, S 106; *Grenz* Geldregal und Währungsverwaltung, 1955, S 247 ff. *Franzke,* Geldhoheit und Währungssteuerung, 1964, S 69; *Coburger* Die währungspolitischen Befugnisse der Deutschen Bundesbank, 1988, S 64 f. *Gramlich* Die Begebung von Geldzeichen, 1987, S 548, 552.

508 *Fögen* Geld- und Währungsrecht, 1969, S 21; Pr. ALR, II. Teil, 15. Titel: Von den Rechten und Regalien des Staates in Ansehung der Landstraßen, Ströme.

Sachen im Gemeingebrauch[509] wird auf die Banknoten entsprechend übertragen, angesichts der angeblichen Verwirklichung totaler Abstraktheit in der Banknote nach der Aufhebung der Einlösbarkeit.[510] Durch die öffentlich-rechtliche Widmung erhalten die bedruckten Papierscheine nach dieser Ansicht einen dem Gemeininteresse dienenden Verwendungszweck, nämlich als allgemein zugängliches und verbindliches Zahlungsinstrument, dem eine Vermögensmacht innewohnt, zur nicht zulassungsbedürftigen Benutzung zur Verfügung zu stehen.[511]

Allerdings ist es für die Einordnung der Banknote als öffentliche Sache mit unterschiedlichen Begründungen umstritten, worin die **Widmung**, die durch Gesetz, sonstigen Rechtssatz oder Verwaltungsakt eines dazu ermächtigten Subjekts öffentlicher Verwaltung erfolgen kann[512], i. R. d. Notenausgabe liegt: in der Anordnung eines Annahmezwangs[513], im In-Verkehr-Bringen[514], in der Begebung als solche[515] oder in der wirksamen Willensentäußerung des Emittenten bezüglich der Begebung des Wertzeichens als gesetzliches Zahlungsmittel und des Unterliegens desselben unter dem Gemeingebrauch[516]. Auch die Rechtsnatur dieser Widmung war schon vor der Übertragung der Notenemissionsaufgabe auf die EZB nicht unumstritten. Die hM sieht darin einen dinglichen Verwaltungsakt i.S.d. § 35 S 2, 2. Alt VwVfG.[517] Der Widmungsakt stelle demnach trotz des Fehlen eines bestimmten Adressaten keine Normsetzung dar.

---

509 *Stern* Die öffentliche Sache, in: *Kunst/Grundmann/Schneemelcher/Herzog* Evangelisches Staatslexikon, 1966, S 1890.

510 Vgl *Pfennig* Notenausgabe, 1971, S 33.

511 *Pfennig* Notenausgabe, 1971, S 32.

512 *Wolff* Verwaltungsrecht I, 1974, § 56 II.

513 *Gramlich* Bundesbankgesetz, Währungsgesetz, Münzgesetz, 1988, § 8 MünzG Rn 16; *Münch* Das Giralgeld, 1990, S 90.

514 *Pfennig* Notenausgabe, 1971, S 37.

515 *Fögen* Geld- und Währungsrecht, 1969, S 20 f. *Gramlich,* Die Begebung von Geldzeichen, 1987, S 548, 552.

516 Vgl *Fögen* Geld- und Währungsrecht, 1969, S 21. Angenommen als Widmung ist hier die Bekanntmachung der Stückelung und der Unterscheidungsmerkmale oder die tatsächliche Notenbegebung. Obwohl die Bekanntmachung der Stückelung und der Unterscheidungsmerkmale der Banknoten gemäß der §§ 14 Abs 1 S 3 BBankG zwar in der Regel keine unerlässliche Voraussetzung der Entstehung der gesetzlichen Zahlungsmittel ist, manifestiert ihr Erfolgen jedoch den Widmungswillen des Emittenten.

517 *Fögen* Geld- und Währungsrecht, 1969, S 21; *Gramlich,* Bundesbankgesetz, Währungsgesetz, Münzgesetz, 1988, § 8 MünzG Rn 16; *Münch* Das Giralgeld, 1990, S 90; *Pfennig* Notenausgabe, 1971, S 38.

### bb) Die Annahme der Banknote als öffentliche Sache ist zu widerlegen

Die öffentliche Sache im Gemeingebrauch ist eine durch die öffentlich-rechtliche Zweckbestimmung erfolgte Überlagerung[518] der privatrechtlichen Sachherrschaft mit einer besonders gearteten *öffentlich-rechtlichen Sachherrschaft*[519] *begrenzten Inhalts*[520].[521] Das Recht der öffentlichen Sache, das auf der Theorie des modifizierten Privateigentums beruht[522], regelt die öffentlich-rechtlichen Rechte und Pflichten bezüglich einer Sache, insbesondere die nicht zulassungsbedürftige Benutzung einer Sache durch Jedermann. Das Einordnen der Banknoten als Geldzeichen unter diesen Begriff ist jedoch zu widerlegen.[523]

Nicht die einzelnen individuellen Noten als solche dienen dem Gemeinwohl und der öffentlichen Zweckbestimmung, sondern das Geldwesen insgesamt.[524] Insbesondere stehen die Banknoten nicht im Gemeingebrauch, der nur vorliegt, wenn die öffentliche Sache nach ihrer Widmung einer unbeschränkten Öffentlichkeit frei zugänglich ist.[525] Es handelt sich bei der Voraussetzung der Nutzung der Banknoten nicht um die Zulassungspflichtigkeit sondern um den *Eigentumserwerb an den Noten als Urkunden*, d.h. bei den Banknoten ist der Eigentümerwechsel eine notwendige Voraussetzung für ihre Einsetzung als Zahlungsmittel, während bei den öffentlichen Sachen die Eigentümer regelmäßig nicht gewechselt werden. Infolgedessen überwiegt der private Verwendungszweck der Banknoten, welche dadurch *res intra commercium* sind, während öffentliche Sachen aufgrund der Überlagerung der öffentlichen Sachherrschaft ihre potenzielle zivilrechtliche Verkehrsfähigkeit verlieren und zu *res extra commercium* werden.[526]

Die Eigenschaft als gesetzliches Zahlungsmittel mit einem gesetzlich festgesetzten Nennwert könnte ein öffentlich-rechtliches Merkmal der Banknoten sein. Jedoch muss nicht jede Verleihung einer öffentlich-rechtlichen Eigenschaft zugleich den Status der öffentlichen Sache begründen.[527]

---

518 *Wolff* Verwaltungsrecht I, 1974, § 57 I a 2, § 57 II b 1; vgl auch BGHZ 9, 383.

519 *Maunz* Hauptprobleme des öffentlichen Sachenrechts, 1933, S 194 ff, 224 ff.

520 BGHZ 9, 373, 382; *Forsthoff* Verwaltungsrechts I, 1973, S 350 f.

521 Vgl *Pfennig* Notenausgabe, 1971, S 33.

522 *Wolff* Verwaltungsrecht I, 1974, § 57 I a.

523 Staudinger/*K. Schmidt* BGB[1997], Vor §§ 244 ff, Rn A 21; *ders* Jus 1984, 739 f. *Häde* Geldzeichen, 1991, S 161 ff.

524 *Münch* Das Giralgeld, 1990, S 91; Staudinger/*K. Schmidt*, BGB[1997], Vor §§ 244 ff. Rn A 21.

525 *Münch* Das Giralgeld, 1990, S 91; *Pappermann/Löhr/Andriske* Recht der öffentlichen Sachen, 1987, S 6 f. *Wolfgang* Öffentliches Sachenrecht, in: *Görres-Gesellschaft* (Hrsg), Staatslexikon, 1988, S 125 f.

526 *Gutzwiller* Währungen als Gegenstände der Gesetzgebung, Schweizerische Juristen-Zeitung, 1942/43, S 159; *Münch* Das Giralgeld, 1990, S 91.

527 *Gornig* Die sachbezogene hoheitliche Maßnahme, 1985, S 62; *Kromer* Sachenrecht des öffentlichen Rechts, 1985; *Pappermann/Löhr/Andriske* Recht der öffentlichen Sachen, 1987, S 6 f. *Münch* Das Giralgeld, 1990, S 91.

#### b) *Uneinlösbare Banknoten als öffentlich-rechtliche Geldzeichen i.S. einer nicht weiter zerlegbaren Rechtsinstitution*

##### aa) Kein Sonderrechtsobjekt

Häufig werden Banknoten bzw. Zahlungsmittel ohne genaue Begründung als Sonderrechtsobjekte betrachtet.[528] Diese Ansicht hat seinen gewohnheitsmäßigen Ursprung teilweise in dem sakralen Ursprung des Geldes als Opferleistung (Kult)[529] und in der nicht lediglich zufälligen Gedankenverbindung von Geld mit einer *res sacra.*[530] Es wird demnach behauptet, dass das Geld ursprünglich aus der Hortung sakraler Güter entstanden sei; es sei jedoch nicht als Tauschmittel, sondern nur ausnahmsweise als als Tauschmittel dienendes Gut hervorgegangen.[531] In der modernen Währungsverfassung ist das gesetzlich oder gesellschaftlich anerkannte Zahlungsmittel ein Rechtsobjekt ohne jeglichen Sonderstatus. Zu untersuchen ist lediglich, ob die Banknote als gesetzliches Zahlungsmittel dem öffentlichen oder dem Privatrecht unterliegt.

##### bb) Uneinlösbare Banknoten als öffentlich-rechtliche Geldzeichen

Vereinzelt werden Noten als öffentlich-rechtlicher Begriff des Privatrechts angesehen.[532] Die hM sieht darin ein öffentlich-rechtliches Rechtsobjekt[533], das durch einen hoheitlich-rechtlichen Akt die Eigenschaft „Geld- bzw. Wertzeichen" erhalte.[534]

Die in gesetzliche Münzen – insbesondere aus Gold – einlösbare Banknoten waren privatrechtliche, einlösungsforderungverbriefende Wertpapiere[535] und stellten Surrogate der gesetzlichen Münzen als gesetzliches Zahlungsmittel dar[536]. Da die uneinlösbaren Banknoten keinen privatrechtlichen Einlösungsanspruch mehr verbriefen[537], definiert die hM die Banknoten als bewegliche Sachen, die nach einer bestimmten Währungseinheit gestückelt seien und als Zahlungsmittel mit einem

528 ZB *Pfennig* Notenausgabe, 1971, S 31.

529 *Andreae* Geld und Geldschöpfung, 1953, S 13; *Gerloff* Die Entstehung des Geldes und die Anfänge des Geldwesens, 1947, S 54; *Laum* Heiliges Geld, 1924.

530 *Grenz* Geldregal und Währungsverwaltung, 1955, S 178.

531 *Andreae* Geld und Geldschöpfung, 1953, S 13; *Gerloff* Die Entstehung des Geldes und die Anfänge des Geldwesens, 1947, S 54.

532 *Frauenfelder* Das Geld als allgemeiner Rechtsbegriff, 1938, S 82 ff.

533 *von Spindler/Becker/Starke* Die Deutsche Bundesbank[4], S 283; *Hahn/Häde* Währungsrecht, 2010, S 20 Rn 15; *Pfennig* Notenausgabe, 1971, S 31; *Duden* Der Gestaltwandel des Geldes, 1968, S 19.

534 *Hahn/Häde* Währungsrecht, 2010, S 20 Rn 15; *Pfennig* Notenausgabe, 1971, S 31.

535 *Hahn/Häde* Währungsrecht, 2010, S 20 Rn 13.

536 *Goldschmidt* Handbuch des Handelsrechts, 1868, S 1189 ff.

537 *Grenz* Geldregal und Währungsverwaltung, 1955, S 169; *von Spindler/Becker/Starke* Die Deutsche Bundesbank[4], S 283; RGRK/*Steffen*[1978], Vor § 793 Rn 2; *Hueck* Recht der Wertpapiere[10], S 115; *Nußbaum* Das Geld, 1925, S 28.

Nennwert dienen[538]. Ohne das zu beurkundende privatrechtliche Forderungsrecht seien sie weder Wertpapiere[539] noch Inhaberschuldverschreibungen.[540] Sie seien reine öffentlich-rechtliche Geldzeichen bzw. Wertzeichen[541] und selbst als Träger ihres Wertes eine nicht weiter zerlegbare Rechtsinstitution; sie enthielten in sich keine voneinander abtrennbaren Rechtsbestandteile. Vereinzelt wird noch angenommen, dass uneinlösbare Banknoten einen öffentlichen Wert, den Währungswert, innehaben.[542]

Der auf den Stoff gedruckte gesetzliche Nennwert der Banknoten wurde nach dieser sachenrechtlichen Betrachtung als ein von dem Wertzeichen verbriefter, abstrakter und absoluter Wert angesehen. *J. v. Gierke* meinte, dass Banknoten kein Recht verbriefen.[543] Einige andere Autoren behaupteten, die Banknoten verbriefen doch subjektives Recht, jedoch kein privates Recht, namentlich kein Forderungsrecht i.S. eines relativen Rechts, sondern ein absolutes subjektives Recht der Noteninhaber.[544] *Grenz* nannte den Währungswert – eigentlich den Nennwert – ein dem Noteninhaber zustehendes, öffentlich-rechtliches absolutes subjektives Recht, das materiell und prozessual durch die Eigentumsgarantie aus Art 14 GG geschützt werde.[545]

*Reinhardt* sah die Existenz der Geldeinheit ohne die Gedankenkrücke der Forderung und verneinte, dass die Geldeinheit ein privates subjektives Recht sei.[546] Er versuchte ein *Immaterialrecht*, also ein mitgliedschaftsähnliches Recht, dadurch zu begründen, dass der Inhaber des Geldes ein Mitglied einer Gemeinschaft sei, und dass der Geldwert durch eine Entscheidung der Gemeinschaft begründet werde.[547] Allerdings widerspricht diese Ansicht sich selbst, da das mitgliedschaftsähnliche Recht doch ein subjektives Recht ist. Außerdem ist eine juristische Bestimmung dieser Gemeinschaft, nämlich das Bankensystem bzw. die Zahlungsgemeinschaft, die dem Banknoteninhaber das mitgliedschaftsähnliche Recht verleiht, rechtlich kaum möglich.

Gemeinsam ist diesen Ansichten, dass der Bestand des Geldzeichens einerseits und die Geltung des in dem Nennwert des Geldzeichens manifestierten subjektiven Rechts andererseits nicht **zwei** voneinander unterscheidbare rechtliche Bestandteile

---

538 *Hahn/Häde* Währungsrecht, 2010, S 20 Rn 14; Staudinger/*K. Schmidt*, BGB[1997], Vor §§ 244 ff. Rn A 19.

539 *Grenz* Geldregal und Währungsverwaltung, 1955, S 169; entscheidend für die Begriffsbestimmung des Wertpapiers ist laut *Hueck* die Verbriefung eines privaten Rechts, *Hueck* Recht der Wertpapiere[12], S 1.

540 *Hahn/Häde* Währungsrecht, 2010, S 20, Rn 13; *Grenz* Geldregal und Währungsverwaltung, 1955, S 169; *Fögen* Geld- und Währungsrecht, 1969, S 17.

541 *Hahn/Häde,* Währungsrecht, 2010, S 20 Rn 12; *Grenz,* Geldregal und Währungsverwaltung, 1955, S 169; *von Spindler/Becker/Starke*, Die Deutsche Bundesbank[4], S 283; *Duden,* Der Gestaltwandel des Geldes, 1968, S 19.

542 *Grenz,* Geldregal und Währungsverwaltung, 1955, S 169.

543 *Gierke,* Bürgerliches Recht: Sachenrecht, 1948, S 3.

544 *Grenz* Geldregal und Währungsverwaltung, 1955, S 168.

545 *Grenz* Geldregal und Währungsverwaltung, 1955, S 181.

546 *Reinhardt* in: FS Boehmer 1954, S 63, 70 f.

547 *Reinhardt* in: FS Boehmer 1954, S 67 f.

der Banknote als eines Rechtsobjekts darstellen. Diese Eigenschaften sollten demnach als vollständig ineinander verbunden und als Eins zu begreifen sein.

Diese Ansichten sehen die Noten, die keine Forderung verbriefen[548], als bewegliche Sachen[549] an, worauf das sachenrechtliche Rechtsverhältnis zwischen der Banknote und ihrem Eigentümer und die sachenrechtlichen Ansprüche des Eigentümers der Banknote beruhten.

### 2. *Die rechtlich voneinander trennbaren Bestandteile der Banknote als Rechtsinstitution i.S. einer Beurkundung von Rechten*

Im Gegensatz zu der sachenrechtlichen Betrachtung ist hier ein von dem Eigentum am physischen Notenstoff zu trennendes Recht aus einem gesetzlichen Zahlungsmittel juristisch zu definieren. Von einander abzugrenzen sind die rechtlich von einander abtrennbaren Bestandteile der Banknote als Rechtsinstitution, nämlich die Urkunde der Banknote und das Recht – Eigentum oder Besitz – an dieser Urkunde einerseits und die von der Zentralbank widerrufbaren, in der Banknote verbrieften Rechte andererseits.

Der Fall vom Aufruf der Banknoten zeigt deutlich, dass das durch den gesetzlichen Nennwert quantitativ bezeichnete Recht von dem Besitz (mindestens Besitz, fraglich ob auch Eigentum) an dem Stoff der Banknoten getrennt durch die Zentralbank widerrufen werden kann. Der Aufruf der Banknoten bewirkt einen Rechtsentzug, nämlich einen Eingriff in die von den Banknoten verbrieften Rechte, der zwar nicht das private Eigentumsrecht an dem Stoff der Banknote entzieht – dies bleibt dem Inhaber erhalten –, der aber das Recht aus einem gesetzlichen Zahlungsmittel als solchem ergreift.[550] Die Banknoten bestehen also aus der stofflichen Urkunde und dem davon beurkundeten Recht. Insbesondere der Fall von Aufruf und Entgeltung aufgrund einer Aufhebung der geltenden Währungsordnung legt die Existenz von den voneinander zerlegbaren Rechtsbestandteilen in den Banknoten als Rechtsobjekt dar.

Die Annahme, dass die uneinlösbare Banknote aufgrund einer potenziellen Ersatzpflicht des Emittenten für den Fall des Aufrufs wegen Währungsänderung oder Entgeltung eine Verbindlichkeit des Emittenten verbrieft, ist allerdings abzulehnen, da in diesem Fall der Ersatzanspruch aufgrund der ungültig gewordenen Banknote erst nach dem Erfolgen des Aufrufs bzw. der Entgeltung entsteht, und zudem die Banknote im juristischen Moment der Entstehung der Ersatzpflicht schon nicht mehr gültige Banknote ist wie sie es unmittelbar zuvor noch war. Aus dem von der geltenden Banknote verbrieften Recht wird nach dem Aufruf bzw. der Entgeltung ein von einer ungültigen Banknote beurkundeter Ersatzanspruch.

---

548 So genannte Leere des Papiergeldes, vgl *Pfennig*, Notenausgabe, 1971, S 29 f.; *Häde*, Geldzeichen, 1991, S 157 ff.

549 *Wolff*, Das Geld, in: EhrenbHandB IV/1, 1917, S 563; *Nußbaum*, Das Geld, 1925, S 32 ff.; *Hahn*, Währungsrecht, 1990, § 5 Rn 53; *K. Schmidt*, JuS 1984, S 739; Staudinger/*K. Schmidt*, BGB[1997], Vor §§ 244 ff. Rn A 20.

550 Vgl *Grenz* Geldregal und Währungsverwaltung, 1955, S 179.

Fraglich ist folglich, welches Recht die Banknoten verbriefen, ein absolutes subjektives Recht oder ein relatives Forderungsrecht.

### 3. *Eine Ansicht: Die Ungeeignetheit des Forderungs- und Schuldbegriffs für die rechtliche Begriffsbestimmung der Banknoten*

#### *a) Bedeutung der Bilanzierung der Banknoten in der Bankbilanz*

Juristisch bestehen allerdings trotz der Bilanzierung der Banknoten in der Bankbilanz aufgrund der drei nachfolgend aufgeführten Probleme Schwierigkeiten, uneinlösbare Banknoten als Forderungen anzunehmen:

##### aa) Wegfall der durch eine Banknote verbrieften Einlösungsforderung gegen den Emittenten

Zu klären ist erstens, ob die uneinlösbaren Banknoten nach der Aufhebung des Einlösungsanspruchs überhaupt ein relatives, subjektives Recht des Inhabers verbriefen. Es wurde angenommen, dass nach dem Wegfall der Einlösbarkeit der Wert der Banknoten nicht mehr aus der privatrechtlichen Kreditgewährung entsteht, sondern demhingegen auf einer hoheitlichen Wertnominierung beruht.[551] Die Banknote verbrieft dann demgemäß kein relatives, subjektives Recht des Inhabers mehr, da ja davon ausgegangen wird, dass einlösbare Banknoten ausschließlich die Einlösungsforderung verbriefen. Nach der Aufhebung des Einlösungsanspruchs sei der Forderungs- und Schuldbegriff nicht mehr geeignet, die Rechtsnatur der uneinlösbaren Banknoten – die nun nicht mehr die Forderungen verbriefende Wertpapiere bzw. Inhaberschuldverschreibungen seien[552] – begrifflich zu bestimmen[553]. Die modernen Banknoten fungieren demgemäß somit nach der Aufhebung der Einlösungspflicht nicht mehr als Schuldtitel des Emittenten und sind nur noch die gesetzlichen Zahlungsmittel.[554]

##### bb) Fehlen des begriffsmäßigen Forderungsinhalts im Fall der Annahme der uneinlösbaren Banknoten als Verbindlichkeiten der Zentralbank

Zweitens, wenn man in der Banknote eine Forderung gegen ihre Emittenten zu sehen vermöge, müsse man weiterhin an der Bestimmung des Forderungsinhalts scheitern, da die Banknote kein Substrat habe[555]: äußerst fraglich sei in diesem Zusammenhang, zu welcher Leistung der Emittenten gegenüber dem Noteninhaber verpflichtet ist,

---

551 *Grenz* Geldregal und Währungsverwaltung, 1955, S 169.
552 *Pfennig* Notenausgabe, 1971, S 30.
553 *Duden* Der Gestaltwandel des Geldes, 1968, S 7; *Reinhardt* in: FS Boehmer, 1954, S 60, 63.
554 *Pfennig* Notenausgabe, 1971, S 30; *Duden* Der Gestaltwandel des Geldes, 1968, S 7; *Reinhardt* in: FS Boehmer, 1954, S 60, 63; *Fögen* Geld- und Währungsrecht, 1969, S 17.
555 *Duden* Der Gestaltwandel des Geldes, 1968, S 7.

außer der Leistung von Noten mit anderer Stückelung oder der Pflicht zur Begründung eines dem Nennwert der Noten entsprechenden Kontoguthabens.

### cc) Ablehnung der Deutung des Notenumlaufs als Verbindlichkeiten des Notenemittenten aufgrund der bilanziellen Passivierung

Drittens, die Rechtfertigung für die Passivierung des Barumlaufs in der Bilanz der Zentralbank ist strittig. Nach einer weit verbreiteten Ansicht ist aus der gesetzlichen Regelung, dass der Banknotenumlauf gemäß § 28 BBankG aF und der Bankbilanzrichtlinie als Passivposten zu bilanzieren ist, *nicht* die Schlussfolgerung zu ziehen, dass die Banknoten die Verbriefungen von Verbindlichkeiten der Bundesbank seien.

#### (1) Historische Erklärung für die Passivierung des Banknotenumlaufs in der Zentralbankbilanz

Die Zentralbanken schulden nach der Ansicht von *Claus Köhler* tatsächlich jedoch nichts, obwohl die Banknoten als Wertpapiere in der Notenbankbilanz als passivierte Verbindlichkeiten stehen.[556] Demnach habe die bilanzielle Passivierung des Notenumlaufs historische Gründe.[557] Allerdings ist es in sich widersprüchlich, die Banknoten einerseits als Wertpapiere anzunehmen, jedoch andererseits zu behaupten, ihr Emittent würde nichts schulden. Dabei handelt es sich wiederum um die Frage des Forderungsinhalts der eventuell von den uneinlöslichen Banknoten verbrieften Forderungen.

#### (2) Begründung der bilanziellen Passivierung der Banknoten mit der Ersatzpflicht, die keine Verbindlichkeit, sondern eine gesetzliche öffentlich-rechtliche Pflicht darstellt

Einer anderen Ansicht nach bedeutet die Passivierung der uneinlösbaren Banknoten nicht, dass der Banknotenumlauf die Verbindlichkeiten der Zentralbank gegenüber den Noteninhaber in dem schuldrechtlichen Sinne darstellen.

Die Passivierung des Notenumlaufs in der Bilanz wird zum einem als ein formelles Verfahren der Notenbank bezeichnet, da die Banknoten eine aus dem Wesen der Geldhoheit folgende öffentlich-rechtliche, den Verbindlichkeiten ähnliche Verpflichtung enthalten, dem Inhaber einer solchen Banknote bei der sogenannten „Entgeltung“, dem Außerkrafttreten einer bestimmten Notenart oder Stückelung, eine neue Note – und zwar ausgehend von dem Nennwert der alten Note – als Ersatzleistung zu gewähren.[558] Dagegen spricht jedoch, dass die Ersatzpflicht der Zentralbank aufgrund Entgeltung keine bilanzfähige Position aus den am Bilanzstichtag noch gültigen Banknoten begründet.

---

556 *Köhler* Geldwirtschaft, 1977, S 7.

557 *Köhler* Geldwirtschaft, 1977, S 8.

558 *Von Spindler/Becker/Starke* Die Deutsche Bundesbank[4], S 284.

Der Ersatzanspruch gegen den Emittenten entsteht kraft Gesetzes nach dem wirksamen Aufruf oder der wirksamen Entgeltung der Banknoten, also als eine unabdingbare Folge des Aufrufs bzw. der Entgeltung, vgl § 14 Abs 2 S 2 BBankG. Dieser Anspruch ist – anders als der Einlösungsanspruch i.S. eines Zahlungsanspruchs – ein Umtauschanspruch[559], also ein Anspruch auf Umtausch der ungültig gewordenen Noten gegen die geltenden gesetzlichen Zahlungsmittel mit entsprechendem Nennwert.[560] Der Ersatzanspruch ergibt sich folglich nicht aus den Banknoten, sondern unmittelbar aus einer gesetzlichen Regelung[561] mit dem Ungültigwerden der Banknoten.

Die Bilanz beeinflussende Ereignisse bestimmen sich gemäß Art 2c der Leitlinie EZB/2010/20 nach dem Bilanzstichtag: „Bei der Bewertung von Aktiva und Passiva sind Sachverhalte zu berücksichtigen, die am Bilanzstichtag objektiv bestanden, jedoch erst zwischen dem Bilanzstichtag und der Feststellung des Jahresabschlusses durch die zuständigen Gremien bekannt werden; Vorgänge, die sich nach dem Bilanzstichtag ereignen und Tatsachen schaffen, die am Bilanzstichtag objektiv noch nicht gegeben waren, dürfen bei der Bewertung nicht berücksichtigt werden".[562]

Der Notenumlauf als Verbindlichkeiten auf der Passivseite wird mit dem von der geltenden Währungseinheit denominierten *Erfüllungsbetrag* angesetzt. Die Ersatzleistung stellt – solange die Banknoten noch als Barumlauf die Geltung beanspruchen – eine Verpflichtung der Zentralbank dar, die am Bilanzstichtag noch nicht entstanden ist. Solch eine hypothetische, noch nicht entstandene Verpflichtung begründet daher keine bilanzfähige passive Bilanzposition.

### (3) Notenumlauf als Ausgleichsposition

Nach einer weiteren Ansicht liege der alleinige Grund für den Passivausweis des Notenumlaufs darin, dass jede Verkleinerung des Notenumlaufs eine entsprechende Minderung ihrer Aktiva bedinge, da die Noten von der Zentralbank bei der Abwicklung ihrer privatrechtlichen Geschäfte ausgegeben werden[563] und mit den Noten die aktivierten Forderungen der Notenbank getilgt werden[564]. Die Banknoten dienen somit dem Ausgleich beider Bilanzseiten, da die Banknoten keine Zahlungspflicht der Notenbank verbriefen[565] und deren Bilanzierung lediglich als das Mittel zum Informieren der Öffentlichkeit über das Volumen des Notenumlaufs dient[566].

---

559 Weswegen § 14 Abs 2 S 2 BBankG die Vorlegungsfrist als „Umtauschfrist" bezeichnet.

560 Vgl *Fögen* Geld- und Währungsrecht, 1969, S 23.

561 Vgl die Gegenansicht von *Duden* Der Gestaltwandel des Geldes, 1968, S 19, die den Ersatzanspruch als durch die Banknote verbrieftes Recht betrachtet.

562 Art 2c EZB/2010/20.

563 *Pfennig* Notenausgabe, 1971, S 30.

564 *Fögen* Geld- und Währungsrecht, 1969, S 18.

565 *Pfennig* Notenausgabe, 1971, S 30; *Fögen* Geld- und Währungsrecht, 1969, S 18; *Gerber* Geld und Staat, 1926, S 13 ff.

566 *Fögen* Geld- und Währungsrecht, 1969, S 18.

Außerdem wird ausgeführt, dass es mit der Passivierung der Banknoten erreicht werde, die Banknotenemission nicht als einen Gewinn bringenden, sondern als einen Aufwendungen verursachenden Vorgang erscheinen zu lassen.[567] Gegen die Annahme des Notenumlaufs als Verbindlichkeiten aufgrund ihrer Passivierung spricht nach dieser Ansicht insbesondere, dass die Banknote auf keinen Fall Zahlungsverbindlichkeiten beinhalte.[568]

Der IFRS-Oberbegriff „liability" entspricht der Begrifflichkeit von „Schulden i.S.d. § 247 Abs 1 HGB bzw. „Verbindlichkeiten" i.S.d. § 266 Abs 3 HGB i.V.m. § 249 Abs 1 S 1 HGB.[569] Die International Accounting Standards bzw. die International Financial Reporting Standards in F.49b i.V.m. F.83b definieren die Verbindlichkeit als gegenwärtige (am Bilanzstichtag) bestehende Verpflichtung[570] als Ergebnis einer früheren Begebenheit[571] mit erwartetem (künftigem) Ressourcenabfluss zur Regulierung[572].[573] Neben den rechtlich begründeten Verpflichtungen werden gemäß F.60 auch die „constructive Obligation" (IAS 37.10 Rz. 14) als Verpflichtungsgrund (Obligation) genannt.[574] Beispielhaft aufgezeigt in F. 62 werden die Möglichkeiten zur Tilgung von Verbindlichkeiten (settlement) außer einer Zahlung in Geld: Begebung von Sachwerten bzw. Gegenleistungen, Ersatz durch eine andere Verbindlichkeit oder Umwandlung in Eigenkapital.

Das HGB kennt keine solchen Definitionen wie in der IAS/IFRS, enthält aber ein entsprechendes Begriffsverständnis. Der bilanzrechtliche Verbindlichkeitsbegriff ist nicht mit dem zivilrechtlichen[575] oder handelsrechtlichen[576] Verbindlichkeits- und Schuldbegriff deckungsgleich. Eine bilanzrechtliche Verbindlichkeit kann z. B. auch ohne Bestehen einer zivilrechtlichen Leistungspflicht angesetzt werden. Zivilrechtliche Schulden sind u. U. nicht immer zu passivieren. Im Umkehrschluss aus § 249 Abs 1 S 1 HGB setzt eine Verbindlichkeit des § 266 Abs 3 C stets Gewissheit über das Bestehen, die Fälligkeit und Höhe der Schuld voraus.[577]

Der bilanzrechtliche Verbindlichkeitsbegriff spricht mithin nicht dagegen, den Notenumlauf als Verbindlichkeiten der Zentralbank anzunehmen.

Die Notenemission als Quelle der monetären Einkünfte der Zentralbanken in den Hintergrund zu schieben ist dennoch nicht die Intention des Gesetzgebers. Art 32.2

567 *Fögen* Geld- und Währungsrecht, 1969, S 17 f.
568 *Fögen* Geld- und Währungsrecht, 1969, S 18.
569 *Lüdenbach/Hoffmann* IFRS Kommentar Das Standardwerk, 2011, § 21 Rn 1.
570 „Present obligation".
571 „Past event".
572 „Outflow of resources".
573 *Lüdenbach/Hoffmann* IFRS Kommentar Das Standardwerk, 2011, § 21 Rn 7.
574 *Lüdenbach/Hoffmann* IFRS Kommentar Das Standardwerk, 2011, § 21 Rn 7.
575 ZB dem der §§ 14 Abs 2, 52 Abs 2, 181, 278, 1437, 1967 BGB.
576 ZB dem der §§ 25, 128 HGB.
577 MüKoHGB/*Reiner/Haußer*[3], § 266 Rn 109; *Biener/Berneke* Bilanzrichtlinien-Gesetz, 1986, S 149; Bonner HdR/*Matschke* 2012, § 266 Rn 165; Baumbach/Hopt/*Merkt* HGB[37], § 266 Rn 18, § 246 Rn 13.

S 1 ESZB-Satzung regelt ausdrücklich den Zusammenhang der Bilanzposition und -gegenposition der Quellen der monetären Einkünfte aus der Notenausgabe.

Die Notenausgabe vollzieht sich durch die Abhebung von Guthaben auf Girokonten bei der Zentralbank.[578] Die Entstehung von Notenumlauf bedeutet zugleich einen Abfluss der Reserven der Kreditinstitute, welche dann den Mengen entsprechend durch Notenumlauf ersetzt werden. Die Reserven der Kreditinstitute und der Notenumlauf bilden somit gemeinsam die Verbindlichkeiten der Notenbank aus den Offenmarktkrediten gegenüber den Kreditinstituten. Der Notenumlauf stellt also die Verbindlichkeiten der Notenbank dar.

Gegen die Notenbank ergibt sich aus den Banknoten sicherlich keine Zahlungsforderung, da die uneinlösbaren Banknoten als solche schon die gesetzlichen Zahlungsmittel sind, und der Umtausch zwischen verschiedenen Arten von Zahlungsmitteln nicht als Zahlung gilt. Unter einer bilanzfähigen Verbindlichkeit versteht man allerdings nicht nur die Zahlungsverbindlichkeit. Gemäß Art 4 der Leitlinie EZB/2010/20 werden alle Arten von Verbindlichkeiten sowie finanzielle oder sonstige Vermögenswerte in der Bilanz der EZB ausgewiesen.

Die Passivseite der konsolidierten Bilanz der MFIs erfasst die auf Schuldverhältnissen zwischen Nichtbanken und MFIs beruhenden Verbindlichkeiten, die im Wesentlichen passivseitig die Forderungen der Nichtbanken gegen das Bankensystem darstellen[579], und die – von Feinheiten abgesehen – je nach dem Liquiditätsgrad der einbezogenen Vermögenswerte grob in Bargeldumlauf, Nichtbanken-Forderungen mit Zahlungsfunktion (täglich fälligen Einlagen) und alle anderen längerfristigen Einlagen unterteilt werden.

### *b) Zwischenergebnis*

Es ist somit deutlich, dass die Ansicht, die sich gegen die Deutung der bilanziellen Passivierung der Banknoten als Verbindlichkeit stellt, nicht haltbar ist. Die Bilanzposition „Banknotenumlauf" ist nicht nur eine formelle Ausgleichsposition. Im Bilanzbild einer Zentralbank repräsentieren die einzelnen Positionen die einzelnen tatsächlichen Vorgänge der Entstehung und Verwendung von Zentralbankgeld.[580] Eine rechtliche Qualifizierung der Euro-Banknoten als Verbindlichkeiten des Eurosystems und eine Feststellung des Inhalts dieser Verbindlichkeiten, d. h. die Klärung der Frage, was der Notenemittent der Euro-Banknoten den Noteninhabern in der Wirklichkeit überhaupt schuldet, hat im Gange der nachfolgenden detaillierten Untersuchung der Merkmale der Euro-Banknoten zu erfolgen.

578 *AGB-Bbk,* Abschnitt II. D. Nr 4, E. Nr 2 Abs 2 Var 2, F. und Abschnitt XII.

579 Vgl *Duwendag u. a.* Geldtheorie und Geldpolitik, 1999, S 45; Die Geldpolitik der EZB 2011, S 52, Tabelle 2.12, Abgrenzung monetärer Aggregate im Euro-Währungsgebiet.

580 Vgl *Issing* Einführung in die Geldtheorie[15], S 54.

### 4. *Banknoten sind keine beweglichen Sachen sondern verbriefte Forderungen der Noteninhaber gegen den Notenemittenten*

Bei einer genauen Auseinandersetzung mit dem abzulehnenden *Sachbegriff* der Banknoten, der viele Fragen offen lässt, wird deutlich, dass die Banknote weder *bewegliche Sache* noch *reines Wertzeichen*, das den Träger eines öffentlich-rechtlichen absoluten subjektiven Recht des Noteninhabers darstellt, und somit auch keine sachenrechtliche Regelung für das Rechtsverhältnis zwischen dem Noteninhaber und der Banknote ist. Von der Urkunde verkörpert ist nicht lediglich eine einseitige Gedankenerklärung des Emittenten, sondern ein zweiseitiges Schuldverhältnis.

Eine Banknote als eine Rechtsinstitution beinhaltet also eine Urkunde, das Eigentum an dieser Urkunde und eine von dieser Urkunde verbrieften Forderung des Banknoteninhabers gegen den Emittenten.

Ein Anspruch eines Eigentümers beruht auf der Rechtsbeziehung des Eigentümers zu einer Sache. Eine Forderung ist dagegen Anspruch aus einem vertraglichen oder gesetzlichen Schuldverhältnis. Sowohl das vertraglich begründete als auch gesetzlich angeordnet Schuldverhältnis basieren auf einer Rechtsverbindung – entweder privatrechtlicher oder öffentlich-rechtlicher Natur – zwischen Gläubiger und Schuldner.

Wesentlich ist es, den Inhalt der in der Banknote als gesetzliches Zahlungsmittel verbrieften Forderung gegen den Emittenten genau darzulegen.

## P. Banknoten als einlösbares Papiergeld – ein Surrogat des gesetzlichen Zahlungsmittels

Die Banknoten, sowohl einlösbare als auch uneinlösbare, sind aufgrund der wesensverschiedenen Merkmale streng von dem Staatspapiergeld zu unterscheiden. Sie kommen per Kredit als Zahlungs- und Umlaufmittel in Verkehr und sind mit kreditvertraglichen Rückzahlungspflichten verbunden. Sie sind also ein kreditwirtschaftliches Instrument. Hinsichtlich des von der Notenbank bzw. Zentralbank ausgegebenen Bankpapiergeldes wird zwischen uneinlösbaren und einlösbaren Banknoten unterschieden. Die Verschiedenheit liegt also in der Einlösbarkeit bzw. Uneinlösbarkeit gegen gesetzliche Zahlungsmittel in Form von gesetzlichen Münzen. Um die Rechtsnatur der Euro-Banknoten festzustellen, ist es sinnvoller, die rechtliche Eigenschaften der verschiedenen Bankpapiergeldformen näher zu betrachten.

Banknoten als einlösbares Papiergeld sind lediglich auf dem Kredit beruhende – worin ihr Unterschied zur *Scheidemünze* liegt[581] – Surrogate der gesetzlichen Münzen als gesetzliche Zahlungsmittel. Die einlösbaren Banknoten sind selbst keine gesetzliche Zahlungsmittel, auch wenn sie *Legalkurs* besitzen.[582] Ein historisches Beispiel für einlösbare Banknoten sind die Reichsbanknoten. Gemäß § 2 Bankgesetz

581 *Wagner* Theoretische Sozialökonomie, 1909, S 675.

582 Vgl *Wagner* Theoretische Sozialökonomie, 1909, S 675.

vom 14. März 1875 findet eine Verpflichtung zur Annahme von Reichsbanknoten bei Zahlungen, welche gesetzlich in Geld zu leisten sind, nicht statt und kann auch für Staatskassen durch Landesgesetz nicht begründet werden. Die Reichsbanknoten stellten gemäß § 2 Bankgesetz vom 14. März 1875 keine gesetzliche Zahlungsmittel dar.[583] Anhand der Reichsbanknoten werden die rechtliche Merkmale der einlösbaren Banknoten näher betrachtet werden.

## I. Die Gesetzliche Einlösungspflicht des Notenemittenten: Einlösen der Banknoten in gesetzlichen Münzen oder Münzmetall

Kennzeichnend für einlösbare Banknoten ist eine gesetzliche Einlösbarkeit gegen gesetzliche Münzen bzw. Münzmetalle. Die Einlösungspflicht ist eine gesetzliche Verpflichtung des Notenemittenten, die sich von der Notendeckung unterscheidet, aber mit der Notendeckung in engerem Zusammenhang steht. Somit ist z.B. Golddeckung nicht begrifflich identisch mit der Einlösungspflicht. Die mit Golddeckung verbundene Einlösungspflicht musste nicht in Gold erfolgen.[584]

### *1. Die gesetzliche Einlösungspflicht gemäß § 4 Bankgesetz vom 14. März 1875 als eine Zahlungsforderung – Einlösbare Banknoten als privatrechtliche Wertpapiere*

Gegenstand der Einlösungspflicht war eine gesetzliche Verpflichtung der Zentralbank eines Landes, ihre Banknoten in eine bestimmte, gesetzlich festgelegte Menge der gesetzlichen Zahlungsmittel (z.B. Münzgeld) einzulösen.[585]

Die Kehrseite der Einlösungspflicht ist ein Zahlungsanspruch – insbesondere von den Nichtbanken-Noteninhabern gegen den Notenemittenten – auf gesetzliche Zahlungsmittel mit dem entsprechenden Nennwert. Dies ist insofern keine vertragliche Pflicht, sondern eine von der Reichsnoten verbriefte gesetzliche Leistungspflicht der Notenbank, die bei Vorlage der Reichsnoten zu erfüllen war. Gemäß § 4 i.V.m. § 17 Bankgesetz vom 14. März 1875 war jede Bank verpflichtet, bei Vorlage der Reichsbanknoten die gesetzlichen Münzen des Staates[586], nämlich des Deutschen Reiches, i.S.d. Münzgesetzes vom 1873 an den Noteninhaber auszuzahlen.[587] Gemäß § 4 i.V.m.

---

583 Banknoten der Reichsbank wurden selbst durch die Bankgesetznovelle vom 1.6.1909 gesetzlichen Zahlungsmittel, vgl *Jarchow* Grundriss der Geldpolitik, 2010, S 33.

584 North/*North* Ein historisches Lexikon, 1995, S 144.

585 *Heinsohn/Steiger* Eigentum, Zins und Geld, 2002, S 287; North/*Ziegler* Ein historisches Lexikon, 1995, S 280; *Wagner* Theoretische Sozialökonomie, 1909, S 674.

586 Vgl *Wagner* Theoretische Sozialökonomie, 1909, S 674.

587 *Jarchow* Grundriss der Geldpolitik, 2010, S 33.

§ 18 Bankgesetz vom 14. März 1875 war die Reichsbank verpflichtet, ihre Noten sofort auf Präsentation dem Inhaber gegen kursfähiges deutsches Geld einzulösen.

Die gesetzlichen Münzen regelt das Gesetz zur Ausprägung von Goldmünzen aus dem Jahre 1871 und das Münzgesetz aus dem Jahre 1873. Mit diesen Gesetzen wurde für das Deutsche Reich die Goldwährung eingeführt. Eine Goldwährung liegt vor, wenn die Währungseinheit eines Währungsgebiets – wie hier die Mark – in einer festen Goldmenge ihren Ausdruck findet. Die Mark des deutschen Reichs als Währungseinheit wurde auf der Basis eines Münzfußes von 1 Mark = 1/2790 kg Feingold als neue Recheneinheit festgelegt.[588]

Die Annahme, dass das einlösbare Papiergeld (Staatspapiergeld oder Banknote) eine Bescheinigung über eine bestimmte Menge Metall, das der Staat oder die Zentralbank in Ihrem Bestand hatte, war[589], ist allerdings abzulehnen. Das Einlösungsrecht stellt erst bei seiner Geltendmachung ein Recht auf einen unmittelbaren direkten Eigentumserwerb der Nichtbanken von der Notenbank an dem gesetzlichen Münzmetall dar. Bei Nicht-Geltendmachung besteht lediglich ein abstraktes Recht auf die Geltendmachung des Einlösungsanspruchs, ohne dass die Notenbank tatsächlich das Metall in Ihrem Bestand halten muss, da die Metalldeckung grundsätzlich eine quantitative Teildeckung, z. B. Dritteldeckung, darstellt.

Die Einlösungspflicht ist von der Ersatzpflicht der Notenbank zu unterscheiden. Gemäß § 4 Bankgesetz vom 14. März 1875 hatte die Reichsnotenbank für beschädigte Noten Ersatz zu leisten, sofern der Inhaber entweder einen Teil der Note präsentiert, welcher größer ist, als die Hälfte, oder den Nachweis führt, dass der Rest der Note, von welcher er nur die Hälfte oder einen geringeren Teil als die Hälfte präsentiert, vernichtet sei.[590] Die Ersatzpflicht zielte auf die Funktionsfähigkeit der Banknoten als Umlaufszahlungsmittel.

Die hM sieht in der Einlösbarkeit einen privatrechtlichen Einlösungsanspruch[591] und in den ihn verbriefenden Banknoten privatrechtliche Wertpapiere[592], die als Surrogate der gesetzlichen Münzen fungieren.[593]

### 2. *Primäre Funktion der Einlösbarkeit in der Begründung des Vertrauens in einlösbare Banknoten als Papiergeld*

Die jederzeitige Einlösungspflicht diente primär der Begründung des Vertrauens[594] der Nichtbanken-Noteninhaber in den Bestand des von einlösbarem Bankpapiergeld

588 *Jarchow* Grundriss der Geldpolitik, 2010, S 32.
589 Vgl *Köhler* Geldwirtschaft, 1977, S 8.
590 § 4 Bankgesetz vom 14. März 1875.
591 *Grenz* Geldregal und Währungsverwaltung, 1955, S 169; *von Spindler/Becker/Starke* Die Deutsche Bundesbank[4], S 283; RGRK/*Steffen*[1978], Vor § 793 Rn 2; *Hueck* Recht der Wertpapiere[10], S 115; *Nußbaum* Das Geld, 1925, S 28.
592 *Hahn/Häde* Währungsrecht, 2010, S 20 Rn 13.
593 *Goldschmidt* Handbuch des Handelsrechts, 1868, S 1189 ff.
594 Vgl North/*Ziegler* Ein historisches Lexikon, 1995, S 293.

verbrieften Geltungsanspruchs, also in die Geltung der dem Noteninhaber zugewiesenen Währungseinheiten. Dieses Vertrauen wurde durch das Versprechen der Einlösbarkeit der Banknoten gegen Eigentum an Gold – wobei dem Eigentum hierbei die Funktion als Vermittler eines realen Wertes eines physischen Gutes zukommt – zum gesetzlich festgelegten Preis untermauert. Die einlösbaren Banknoten werden somit auch als Surrogate des gesetzlichen Zahlungsmittels betrachtet.[595]

Die Geltendmachung des Einlösungsrechts stellte historisch gesehen nur einen unregelmäßigen Fall dar[596]. Solange der Zahlungsanspruch aufgrund der Einlösbarkeit der Banknoten regelmäßig nicht geltend gemacht wurde, fungiert die einlösbare Banknote als ein Zahlungsinstrument mit einem gesetzlichen Nennwert.

## II. Der Nennwert als eine objektive Rechtsordnung

Der gesetzliche Nennwert (valor impositus) der einlösbaren Banknoten und gesetzlichen Münzen entspricht dem vom Gesetzgeber festgelegten, bankwirtschaftlich, buchhalterisch und rechnerisch definierten abstrakten Wert, vgl § 3 Bankgesetz vom 14. März 1875. Vom Nennwert zu unterscheiden sind der Metallwert und der Kurswert. Der Metallwert (bonitas intrinseca, valor intrinsecus) einer Münze wurde durch den Münzfuß[597] festgelegt und lag regelmäßig unter ihrem Nennwert.[598] Der Kurswert ist der Wert, zu dem ein Zahlungsmittel in einer konkreten Zahlung tatsächlich angenommen wird, d. h. das Zahlungsmittel mit gesetzlichem Nennwert kann unter Umständen zu einem Wert, der höher oder niedriger als der gesetzliche Nennwert ist, d. h. jeweils mit *Agios* (Aufpreis) oder *Disagios* (Abschlag), zur Zahlung akzeptiert werden. Somit besteht die Geltung des Nennwerts einer Geltungsforderung nur von dem Noteninhaber gegen den Emittenten. Ob dieser Nennwert auch in einem dritten Rechtsverhältnis seine Geltung findet, konnte im gesellschaftlichen und wirtschaftlichen Zusammenhang geschichtlich gesehen nicht einseitig vom Gesetzgeber bestimmt werden.[599] Der Nennwert ist ausschließlich eine gesetzlich für die einlösbaren Banknoten vorgeschriebene objektive Rechtsordnung.

---

595 North/*Ziegler* Ein historisches Lexikon, 1995, S 281.

596 Vgl *Wagner* Theoretische Sozialökonomie, 1909, S 679.

597 Der Münzfuß war eine Feststellung des Münzherrn und legte einerseits fest, wie viele Münzen aus einer Gewichtseinheit Metall (Münzgrundgewicht) geprägt werden sollten und andererseits mit welcher Legierung – die durch Zusammenschmelzen entstandene Mischung verschiedener Metalle – diese Münzen geprägt werden sollten; durch den Münzfuß wurden so Fein- und Rohgewicht der Münzen eines Währungssystems bestimmt, North/*Schneider* Ein historisches Lexikon, 1995, S 262; http://www.duden.de/rechtschreibung/Legierung.

598 North/*Schneider* Ein historisches Lexikon, 1995, S 278.

599 Vgl North/*Schneider* Ein historisches Lexikon, 1995, S 278.

## III. Die einlösbare Banknote als Regelung eines gesetzlich begründeten Rechtsverhältnisses zwischen Notenemittenten und Noteninhaber

Der Gesetzgeber ordnet eigentlich ein gesetzliches Schuldverhältnis zwischen dem Emittenten und dem Noteninhaber an, vgl § 4 Bankgesetz vom 14. März 1875. Der durch dieses Schuldverhältnis begründete Geltungsanspruch bezüglich des Nennwertes und der Einlösungsanspruch sind zwei wesensverschiedene, von einander zu trennende Ansprüche des Noteninhabers gegen den Emittenten, die gleichzeitig durch die einlösbaren Banknoten verbrieft werden. Der Emittent ist zur Geltungsgewährleistung der Zuweisung der Währungseinheiten zu dem Noteninhaber verpflichtet, nämlich durch die Aufrechterhaltung eines Geltungszustandes der Zugewiesenheit. Die einlösbaren Banknoten beinhalten somit die Regelung für ein gesetzliches Schuldverhältnis zwischen dem Emittenten und dem Noteninhaber. Das damit vergleichbare Schuldverhältnis zwischen dem Emittenten einer uneinlösbaren Banknote und dem Noteninhaber ist unter den Erörterungen über Euro-Banknoten zu vertiefen.

## IV. Die Notendeckungspflicht der Notenbank als Mengeneinschränkungsmechanismus

Die Notendeckungspflicht der Notenbank in Form von Metalldeckung oder bankmäßiger Deckung, z.B. durch bankwirtschaftliche Finanzinstrumente, fungiert als ein Mengeneinschränkungsmechanismus gegen eine zu große Ausdehnung der Notenmenge. Sie ist begrifflich streng von der *Einlösungspflicht* und der *Sicherheit i.S.d. Sicherungsrechts* zu unterscheiden. Die Notendeckung bestand gemäß Bankgesetz vom 14. März 1875 in einer Metalldeckung, also Dritteldeckung als Bardeckung, und in den diskontierten Wechseln als bankmäßiger Deckung.[600]

Die gesetzliche Einlösungspflicht der Notenausgeber machte eine Edelmetalldeckung in der Zeit der Metallwährungen, z.B. in der Zeit des reinen Goldstandards, notwendig. Die Deckung ist eine Mindestreserve der ausgebenden Notenbank an Edelmetall. Als der Notenumlauf aufgrund eines festen Regelwerks, das die Geldmenge eines Landes an eine Mindestgoldreserve band, durch den Goldbestand der Notenbank gedeckt war, sprach man von Golddeckung.[601]

Die Notenausgabe der Reichsbank erfolgte nach dem alten Prinzip der Dritteldeckung, d.h. ein Drittel der im Umlauf befindlichen Reichsbanknoten musste in Gold, das Pfund fein zu 1.392 Mark, gedeckt sein, § 17 Bankgesetz vom 14. März 1875, später § 28 Bankgesetz vom 30. August 1924.[602] Die restlichen zwei Drittel sind bankmäßige Deckungen in Form von diskontierten Wechseln und Lombardkrediten.

---

600 *Jarchow* Grundriss der Geldpolitik, 2010, S 33.

601 Vgl North/*North* Ein historisches Lexikon, 1995, S 144.

602 RGBl. II, S 235.

Die Dritteldeckung[603] gemäß § 17 Bankgesetz vom 14. März 1875[604], einem historischen Beispiel der Notendeckungsvorschrift, bedeutete eine gesetzlich bestimmte Mindestreserve der Notenbank an Gold, kursfähigem deutschen Geld und an Reichskassenscheinen, die wiederum das gegen gesetzliche Münzen einlösbare Staatspapiergeld darstellten.

Für die Banknoten bedeutete die Deckung nach den Deckungsvorschriften weder eine nominale Obergrenze für das Ausgabevolumen noch eine Sicherheit i.S.d. Kreditsicherungsrecht für die ausgegebenen Reichsbanknoten als Verbindlichkeiten. Sie fungierte lediglich als ein Mengeneinschränkungsmechanismus, um eine eventuell zu große Ausdehnung der Notenmenge zu vermeiden.[605] Die Regelung der Dritteldeckung wurde darüber hinaus teilweise durch eine Regelung von indirekter Kontingentierung ergänzt.[606] Die Notenemission über das festgelegte Kontingent hinaus war dabei allerdings grundsätzlich nicht ausgeschlossen.[607] Für die über das Kontingent hinaus ausgegebenen Noten hatte die Notenbank (z.B. die Reichsbank seit 1876) eine Notensteuer zu entrichten, vgl § 9 Bankgesetz vom 14. März 1875.

Außerdem bedeutet eine Golddeckung bzw. sonstige Metalldeckung die Deckung des Papiergeldes durch Eigentum an Gold zu einem von der Bank garantierten Preis in Höhe des auf Banknoten aufgedruckten Nennwerts.[608]

Die Notendeckung musste immer bilanziert werden. Bilanztechnisch stellte sie den dem Nominalwert entsprechenden Gegenposten zum Notenumlauf in der Reichsbankbilanz dar, d.h. der gesamten Nennwert der Bilanzposition „Metallbestand" – dem Bestand an kursfähigem deutschem Gelde und an Gold in Barren oder ausländischen Münzen, das Pfund fein zu 1.392 Mark berechnet – und der Bilanzposition „Bestand an Reichskassenscheinen" musste mindestens einem Drittel des Nennwerts des Notenumlaufs entsprechen.[609]

---

603 Die Dritteldeckung hat ihren historischen Ursprung im ersten Viertel des 19. Jhs. in England in der Äußerung des Bank of England-Governors Palmer von 1832 und der Peel'schen Bankakte von 1844, siehe North/*Ziegler* Ein historisches Lexikon, 1995, S 280.

604 § 17 Bankgesetz vom 14. März 1875: *Die Reichsbank ist verpflichtet, für den Betrag ihrer im Umlauf befindlichen Banknoten jederzeit mindestens ein Drittheil in kursfähigem deutschen Gelde, Reichs-Kassenscheinen oder in Gold in Barren oder ausländischen Münzen, das Pfund fein zu 1392 Mark gerechnet, und den Rest in diskontierten Wechseln, welche eine Verfallzeit von höchstens drei Monaten haben, und aus welchen in der Regel drei, mindestens aber zwei als zahlungsfähig bekannte Verpflichtete haften, in ihren Kassen als Deckung bereit zu halten.*

605 North/*Ziegler* Ein historisches Lexikon, 1995, S 280.

606 Vgl dazu *Jarchow* Grundriss der Geldpolitik, 2010, S 32; North/*Ziegler* Ein historisches Lexikon, 1995, S 282.

607 North/*Ziegler* Ein historisches Lexikon, 1995, S 282.

608 Vgl *Heinsohn/Steiger* Eigentum, Zins und Geld, 2002, S 286.

609 § 8 Bankgesetz, 1875.

## V. Einlösbare Banknoten als Inhaberschuldverschreibungen

### *1. Einlösbare Banknoten als Inhaberschuldverschreibungen aufgrund der Verbriefung von Einlösungsforderungen der Noteninhaber gegen den Emittenten*

Zurecht ist es abzulehnen, einlösbare Banknoten mit Wechseln oder Schecks gleichzusetzen.[610] Vor den einlösbaren Banknoten wurden Banknoten des noch älteren Rechts ursprünglich als Inhaberpapiere ausgegeben[611], aus denen als Schuldtitel eine Zahlung mit dem gesetzlichen Zahlungsmittel des Emittenten beansprucht werden konnte, und die schon sehr frühzeitig im Zahlungsverkehr als Zahlungsinstrument verwendet wurden.[612]

Umstritten ist aber, ob die einlösbare Banknote eine Inhaberschuldverschreibung i.S.d. § 793 BGB darstellt.[613] Die überwiegende Ansicht, die eine Wertpapiereigenschaft der einlösbaren Banknoten bejaht, sieht in der Einlösbarkeit gegen gesetzliche Münzen ein privates Forderungsrecht des Noteninhabers gegen den Emittenten und in der Banknote folgerichtig die dieses Forderungsrecht verbriefende Schuldurkunde.[614] Die einlösbare Banknote, z.B. die Reichsbanknote, ist deshalb nach dem Bankgesetz vom 14. März 1875 als eine Art unverzinsliche[615] Inhaberschuldverschreibung gemäß § 793 BGB anzusehen[616] und auf Sicht in gesetzlichen Münzen zahlbar[617]. Als die einlösbare Banknote ein gesetzliches Zahlungsmittel wurde – z.B. durch die Bankgesetznovelle vom 1. Juni 1909[618] – erhielt sie im Zuge Dessen eine rechtliche Doppeleigenschaft, nämlich als Inhaberschuldverschreibung und gesetzliches Zahlungsmittel.[619]

---

610 *Nußbaum* Das Geld, 1925, S 8; *Kaser* Das Geld im Sachenrecht, AcP 143 (1937), S 8.
611 Staudinger/*K. Schmidt* BGB[1997], Vor §§ 244 ff. Rn A 20.
612 *Fögen* Geld- und Währungsrecht, 1969, S 17.
613 Staudinger/*K. Schmidt*, BGB[1997], Vor §§ 244 ff. A 20; *Häde* Geldzeichen, 1991, S 154 ff. RGZ 114, 27; 125, 273; *Wolff* Das Geld, in: EhrenbHandB IV/1, 1917, S 608 ff.
614 *Hänel* Deutsches Staatsrecht Bd I, Leipzig 1892, S 359; *Zorn* Das Staatsrecht des Deutschen Reiches Bd II, 1897, S 346, 350; *Arndt* Das Staatsrecht des Deutschen Reiches, 1901, S 252.
615 *Duden* Der Gestaltwandel des Geldes, 1968, S 29; vgl auch die Erläuterung über Staatspapiergeld als unverzinster Schuldverschreibung in North/*Ziegler* Ein historisches Lexikon, 1995, S 293; *Pfennig* Notenausgabe, 1971, S 29; *Knies* Das Geld, 1885, S 253.
616 *Palandt* BGB[12], § 793 Anm 1c; *Pfennig* Notenausgabe, 1971, S 30; *Duden* Der Gestaltwandel des Geldes, 1968, S 29.
617 *Wagner* Theoretische Sozialökonomie, 1909, S 682.
618 Vgl *Jarchow* Grundriss der Geldpolitik, 2010, S 33.
619 *Fögen* Geld- und Währungsrecht, 1969, S 17.

### 2. *Die zweite von einer einlösbaren Banknote verbriefte Forderung: eine Forderung auf Geltung des auf der Banknote aufgedruckten, gesetzlichen Nennwerts gegen den Notenemittenten*

Nach der hM[620] beurkunden einlösbare Banknoten als Inhaberschuldverschreibungen nur eine privatrechtliche Forderung, nämlich die *Einlösungsforderung*. Dem ist zu widersprechen. Wie oben schon festgestellt, wird durch die einlösbare Banknote noch eine zweite Forderung des Noteninhabers gegen den Emittenten verbrieft, nämlich die Geltungsforderung bezüglich der Geltung des gesetzlichen Nennwertes und der Zugewiesenheit der Währungseinheiten. Im Vergleich zu der Einlösungsforderung, die nur unregelmäßig geltend gemacht wurde, ist die Geltungsforderung der eigentliche rechtliche Kern einer Banknote, die es ihr als Zahlungsmittel und Wertpapier zu funktionieren erlaubt. Infolgedessen beurkunden einlösbare Banknoten zwei Forderungen des Noteninhabers, zum einem die Einlösungsforderung auf Einlösung in Währungsmetall, zum anderen die Forderung auf Geltungsgewährleistung ihres abstrakten Nennwerts.

620 *Hänel* Deutsches Staatsrecht Bd I, Leipzig 1892, S 359; *Zorn* Das Staatsrecht des Deutschen Reiches Bd II, 1897, S 346, 350; *Arndt* Das Staatsrecht des Deutschen Reiches, 1901, S 252.

# § 6 Uneinlösbare Banknoten als gesetzliche Zahlungsmittel ohne Einlösungspflicht

Das uneinlösbare Bankpapiergeld wird auch als sogenannte *Papierwährung* bezeichnet, nämlich Papiergeld im engeren Sinne[621]. Umstritten ist, ob die uneinlösbare Banknote ein öffentlich-rechtliches Geld- und Wertzeichen mit absolutem subjektivem Recht oder eine Forderung – also ein relatives Recht – des Noteninhabers gegen den Emittenten, darstellt.

## Q. Aufhebung der Einlösungspflicht

Die Goldeinlösungspflicht aus § 4 i.V.m. § 17 Bankgesetz vom 14. März 1875 wurde durch die Finanzgesetze vom August 1914 zum ersten Mal legal aufgehoben.[622] Nach kurzzeitiger Rückkehr der Einlösungspflicht gemäß § 31 Bankgesetz vom 30. August 1924[623], das erst im Jahre 1930 in Kraft trat, wurden die Einlösungspflicht und die mit ihr im Zusammenhang stehende Golddeckungspflicht des Notenemittenten durch das Reichsbankgesetz vom 15. Juni 1939[624] endgültig aufgehoben; verlangt wurde lediglich, dass der Notenumlauf der Reichsbank durch ihre Bestände an Handelswechseln, Lombardforderungen, Schatzwechseln, Reichsschatzanweisungen und andere von der Reichsbank angekaufte Wertpapiere gedeckt sein musste, § 21 Abs 1 Reichsbankgesetz 1939. Mit der Aufhebung der Einlösbarkeit hörten die Banknoten auf, Surrogate des gesetzlichen Zahlungsmittels zu sein und wurden selbst gesetzliche Zahlungsmittel.

Durch die Währungsreform von 1948 wurde die Deutsche Mark als gesetzliches Zahlungsmittel ohne Einlösungspflicht eingeführt. Sie löste die Reichsmark als gesetzliche Währungseinheit ab. Am 1. Juli 1990 löste sie auch die Mark der DDR ab und wurde das gesetzliche Zahlungsmittel im wiedervereinigten Deutschland, bis sie nach der Errichtung der EWW am 1. Januar 1999 als Giralgeld und am 1. Januar 2002 als gesetzliches Zahlungsmittel durch den Euro ersetzt wurde.

Die Uneinlösbarkeit als das erste wesentliche Merkmal des uneinlösbaren Papiergeldes bedeutet, dass dessen Emittenten rechtlich von der Einlösungspflicht befreit sind, das Papiergeld bei Geltendmachung des Papiergeldinhabers gegen ***Eigentum*** an die gesetzlichen Münzen des Staates einzulösen.[625] Die uneinlösbaren Banknoten

621 *Wagner* Theoretische Sozialökonomie, 1909, S 674.
622 Vgl *Jarchow*, Grundriss der Geldpolitik, 2010, S 34.
623 *Seidel* Die Deutsche Geldgesetzgebung seit 1871, 1973, S 200 ff.
624 RGBl. I, S 1015, 1030 mit Änderung von 4.9.1939, RGBl. I, S 1694; *Seidel* Die Deutsche Geldgesetzgebung seit 1871, 1973, S 234 ff.
625 Vgl North/*Ziegler* Ein historisches Lexikon, 1995, S 293; *Wagner* Theoretische Sozialökonomie, 1909, S 674.

sind selbst die gesetzlichen Zahlungsmittel mit Zwangskurs, der diesem Papiergelde rechtsgültig von der kompetenten hoheitlichen Autorität oder kraft Gesetzes verliehen wird.[626] Die Annahme der uneinlösbaren Banknoten de facto als Staatspapiergeld[627] ist allerdings abzulehnen. Wie oben schon erörtert wurde, sind Banknoten aller Art von dem Staatspapiergeld insbesondere aufgrund der wesensverschiedenen Ausgabegründe und volkswirtschaftlichen Funktionen zu unterscheiden, auch wenn der gesetzliche Nennwert der uneinlösbaren Banknoten mit Zwangskurs mittels eines hoheitlichen Aktes verliehen wird. Banknoten unterliegen jedoch gerade nicht einer fiskalischen sondern einer geldpolitischen Lenkung durch Zentralbanken.

Vom gesetzlichen Zahlungsmittel grundsätzlich zu unterscheiden sind Zahlungsmittel mit Kassenkurs, z. B. die Rentenmark, die als Ersatzwährung neben den Reichsbanknoten ausgegeben und mit Kassenkurs, d. h. nur mit Annahmezwang für die öffentlichen Kassen, ausgestattet wurde. Diese Form der Zahlungsmittel wird deshalb als lediglich zugelassene Zahlungsmittel bezeichnet.

## R. Der Emittent der Euro-Banknoten gemäß Art 128 AEUV, Art 16 ESZB-Satzung

Die uneinlösbaren Euro-Banknoten sind gemäß Art 128 AEUV, Art 16 ESZB-Satzung und § 14 BBankG das aktuell geltende gesetzliche Zahlungsmittel. Durch die nachfolgende nähere Untersuchung sind ihre rechtlichen Merkmale festzustellen.

Durch die EZB wird Zentralbankgeld grundsätzlich in zwei Formen geschöpft, primär durch die Erteilung von Gutschriften auf die bei ihr unterhaltenen Girokonten – nämlich i. R. d. „Geschäfte" gemäß Art 18 ESZB-Satzung bzw. § 19 BbankG – und sekundär[628] durch die Notenausgaben gemäß Art 128 AEUV und § 14 BBankG.

Die Ausgabe von Euro-Banknoten unterliegt jedoch prinzipiell keinen quantitativen oder sonstigen Beschränkungen[629], außer den natürlichen Begrenzungen aufgrund der Nachfrage Dritter nach Zentralbankgeld und der selbst gesetzten Grenze zur Erfüllung der von Art 127 Abs 1 AEUV, Art 88 GG und § 3 BBankG bestimmten Kernpflichten des Eurosystems i.S.d. Preisstabilitätsgewährleistung, Währungssicherung, Geldumlaufssteuerung und Kreditversorgung der Wirtschaft, da die Inverkehrgabe der Banknoten ein durch Nachfrage gesteuerter Prozess ist.

626 Vgl North/*Ziegler* Ein historisches Lexikon, 1995, S 293; *Wagner* Theoretische Sozialökonomie, 1909, S 675.

627 North/*Ziegler* Ein historisches Lexikon, 1995, S 294.

628 Über Formulierung wie „sekundäre Geldschöpfung" siehe *Nöll v.d. Nahmer, Robert*, Die Bedeutung der Zahlungssitten und des gleichmäßigen Vorgehens der Banken für die Technik der Giralgeldschöpfung, Finanzarchiv n.F. Band 6, 1939, S 137 ff.; *Fögen* Geld- und Währungsrecht, 1969, S 19; *Münch* Das Giralgeld, 1990, S 112.

629 Erwägungsgründe Nr 3 des Beschlusses EZB/2010/29.

Die EZB wird gelegentlich als „Banknoten-Gesetzgeber" bezeichnet.[630] Der EZB-Rat hat das ausschließliche Recht, die Ausgabe von Banknoten innerhalb des Euro-Währungsgebiets zu genehmigen.[631] Die Ausgabe selbst erfolgt durch die NZBen. Es ist das ausschließliche Recht und die währungspolitische Befugnis der EZB und der NZBen Euro-Banknoten gemäß Art 128 AEUV als das einzige unbeschränkte gesetzliche Zahlungsmittel auszugeben. Art 88 GG hat die Befugnis zur Notenausgabe ausschließlich der Notenbank erteilt, somit ist verfassungsrechtlich nicht zulässig, diese Befugnis einer anderen Institution oder dem Staat selbst durch ein einfaches Gesetz auf Grundlage des Art 73 Nr 4 GG zu übertragen.[632]

Der Banknotenausschuss (BANCO) berät bei allen banknotenpolitischen Angelegenheiten und unterstützt dergestalt die strategische Planung der Banknotenherstellung und -ausgabe.[633] Die Ausschüsse unterstützen die Arbeit der Beschlussorgane der EZB, von denen sie jederzeit aufgefordert werden können, Informationen aus ihren Fachgebieten bereitzustellen, um den Entscheidungsfindungsprozess und die Umsetzung von Beschlüssen zu erleichtern.[634]

## S. Euro-Banknoten als gesetzliches Zahlungsmittel im Euro-Währungsgebiet

Einige Ökonomen vertreten die Ansicht, dass man sich aufgrund der überragenden Bedeutung von Giroguthaben als „primary form of money"[635] die Banknoten wegdenken dürfe und das Giroguthaben zu dem gesetzlichen Zahlungsmittel erklären könne, wenn der Zahlungsverkehr dies noch nicht getan habe.[636] Das Giroguthaben ist allerdings kein gesetzliches Zahlungsmittel; weder rechtlich noch gesellschaftlich wird es so bestimmt. Trotz der Dominanz des bargeldlosen Zahlungsverkehrs verfügt das Giralgeld aufgrund des Vorliegens einer eingeschränkten, nicht omnipräsenten Infrastruktur des bargeldlosen Zahlungssystems – zumindest zum jetzigen Zeitpunkt – faktisch nicht über eine universale Einsatzfähigkeit zum Zahlungszweck.

Rechtlich hat die EU-Kommission ausdrücklich erklärt, dass nur die Euro-Banknoten und -Münzen gesetzliche Zahlungsmittel sind[637] und dass das Bankgiroguthaben

---

630 Groeben/Schwarze/*Smits* EU-/EGV[6], Art 106 Rn 16.

631 Art 16 ESZB-Satzung.

632 Vgl *Fögen* Geld- und Währungsrecht, 1969, S 74.

633 Http://www.ecb.int/ecb/educational/facts/orga/html/or_019.de.html.

634 Http://www.ecb.int/ecb/educational/facts/orga/html/or_019.de.html.

635 Die These „primary form of money" von *Hawtrey* The Gold Standard in Theory and Practice, 1939.

636 *Duden* Der Gestaltwandel des Geldes, 1968, S 7.

637 Report of the Euro Legal Tender Expert Group (ELTEG) on the definition, scope and effects of legal tender of euro banknotes and coins, 2009.

kein Status von *legal tender* genießt, weil eine allgemeine Annahmeobligation dafür nicht universell kodifiziert ist[638].

Einige Merkmale des gesetzlichen Zahlungsmittels – das evtl. nach Meinung einiger Autoren gar kein „Geld" darstellt[639] –, sind strittig. Der Gesetzgeber schweigt über die Begriffsbestimmung und setzt diese z.B. i.R.d. Art 128 AEUV und § 14 BBankG einfach voraus.

Als gesetzliches Zahlungsmittel wird nach hM dasjenige bezeichnet, was der Gläubiger grundsätzlich *kraft ausdrücklicher gesetzlicher Anordnung* zur Begleichung einer Geldschuld zum Nennwert annehmen muss[640] und was als ein *gesetzliches Erfüllungsmittel für die Zahlungsverbindlichkeit* fungiert[641], indem die „Zahlung" als wesentlicher Bestandteil der gesetzlichen Terminologie genutzt wird. Die notwendigen Elemente des gesetzlichen Zahlungsmittels sind demgemäß die gesetzliche Zahlkraft und der so genannte Annahmezwang. Diese beiden von der hM geprägten Merkmale sind allerdings nicht tauglich für die Begriffsbildung des gesetzlichen Zahlungsmittels.

## I. Annahmezwang i.S. einer schuldrechtlichen Annahmeobliegenheit mit Rücksicht auf § 242 BGB als ein verzichtbares Merkmal des gesetzlichen Zahlungsmittels

Die Wirkung der währungsrechtlichen Anordnung bezüglich des gesetzlichen Zahlungsmittels heißt *währungsrechtlicher Annahmezwang*, der die wirtschaftlichen Interessen des Emittenten in der Seigniorage durch Notenausgabe als lukrative Einnahmequelle schützen und die Funktionsfähigkeit bzw. Akzeptanz des gesetzlichen Zahlungsmittels im Zahlungsverkehr sichern soll.[642] § 2 Bankgesetz vom 14. März 1875 spricht von der *Annahmeverpflichtung bei gesetzlicher Geldzahlungspflicht*. In § 14 BBankG spricht der Gesetzgeber vom „unbeschränkten" gesetzlichen Zahlungsmittel.

Die Verletzung des währungsrechtlichen Annahmezwangs hat in Deutschland und den meisten anderen Staaten keine straf- oder ordnungswidrigkeitsrechtlichen Konsequenzen mehr. Die hoheitliche Regelung bezüglich des gesetzlichen Zahlungsmittels wirkt allerdings in die zivilrechtlichen Regelungen der Erfüllung einer Zahlungspflicht hinüber. Der allgemein anerkannte „Annahmezwang" im währungsrechtlichen Sinne bedeutet im schuldrechtlichen Zusammenhang lediglich

---

638 Cf. Judgment No. 6291 of 10th March 2008 of Section III of the Italian Court of Cassation, refusing legal tender status to certified cheques; vgl COMMISSION RECOMMENDATION of 22 March 2010 on the scope and effects of legal tender of euro banknotes and coins (2010/191/EU).

639 Str ist auch die Frage, ob jedes gesetzliche Zahlungsmittel zugleich Geld ist; was von Münch i.E. verneinte, vgl dazu *Münch* Das Giralgeld, 1990, S 79.

640 *von Spindler/Becker/Starke*, Die Deutsche Bundesbank[4], S 285; *Münch* Das Giralgeld, 1990, S 79.

641 *Weenink* The Legal Nature of Euro Banknotes, S 433 ff. in: *J.I.B.L.R*, 2003, S 437.

642 *Hahn/Häde* Währungsrecht, 2010, S 21 Rn 16.

eine Annahmeobliegenheit, die jedoch keine einklagbare und vollstreckbare Annahmepflicht darstellt.[643] Schuldrechtlich bewirkt die Nichtannahme des gesetzlichen Zahlungsmittels den Gläubigerverzug erst unter Erfüllung aller Voraussetzungen der §§ 293 ff. BGB. Die Ablehnung eines Zahlungsangebots mit den gesetzlichen Zahlungsmitteln als solche bewirkt jedoch nicht stets den Gläubigerverzug. Der Gläubiger kann eine Berechtigung zur Ablehnung einer Zahlung mit gesetzlichen Zahlungsmitteln aus § 242 BGB ableiten, vor allem dann, wenn die Annahme der gesetzlichen Zahlungsmittel nach Treu und Glauben mit Rücksicht auf die Verkehrssitte dem Gläubiger nicht zumutbar ist.[644]

Infolgedessen handelt es sich bei dem gesetzlichen Zahlungsmittel sowohl um einen hoheitlichen Rechtssatz – namentlich um eine gesetzliche Anordnung – als auch um eine schuldrechtliche Obliegenheit. Gegebenenfalls verdrängt das Schuldrecht den währungsrechtlichen Annahmezwang.[645] Der Annahmezwang ist also nicht ein unverzichtbarer Merkmal des gesetzlichen Zahlungsmittels.[646] Laut dem Wortlaut des Art 128 AEUV verzichtet der Unions-Gesetzgeber ausdrücklich auf die Formulierung „das einzige unbeschränkte gesetzliche Zahlungsmittel", die aber in dem § 14 BBankG zu finden ist.

## II. Gesetzlicher Nennwert und Zwangskurs

Bei der Betrachtung des gesetzlichen Zahlungsmittels wird auch die Begrifflichkeit *Zwangskurs*[647] herangezogen, die eine völlige andere Bedeutung hat als die des Annahmezwangs bzw. der Annahmeobliegenheit. Unter *Zwangskurs* wird Annahme eines Zahlungsmittels zum gesetzlichen Nennwert verstanden, d.h., dass im Zahlungsverkehr des Währungsgebiets jedermann das gesetzliche Zahlungsmittel zum gesetzlichen Nennwert annehmen muss. Der Zwangskurs ist eine objektive rechtliche Regelung bezüglich der Geltung des Nennwerts gegen jedermann.

Die eventuelle Erforderlichkeit eines Zwangskurses besteht in der gesellschaftlichen Möglichkeit von einem Kurswert[648] in der tatsächlichen Transaktion. Der Zwangskurs ist somit kein notwendiges Merkmal eines gesetzlichen Zahlungsmittels. Das Papiergeld hat also den Zwangskurs, wenn dieser dem zu- und angeordnet

643 *Nußbaum* Das Geld, 1925, S 22; *von Maydell* Geldschuld und Geldwert, 1974, S 63; *Wolff* Das Geld, in: *EhrenbHandB IV/1*, 1917, S 580.

644 *Hahn/Häde* Währungsrecht, 2010, S 24, Rn 31; vgl *Fögen* Geld- und Währungsrecht, 1969, S 12.

645 *Münch* Das Giralgeld, 1990, S 99 f; *Duden* Der Gestaltwandel des Geldes, 1968, S 8.

646 *Hahn/Häde* Währungsrecht, 2010, S 21; *Proctor* Mann On The Legal Aspects of Money, 2005, 2.25; Staudinger/*K. Schmidt* BGB[1997], Vor §§ 244 ff, Rn A 24.

647 Zu der klassischen Definition des Zwangskurses, *Gréciano* Du rôle de l'état, S 167 f.

648 Zum Begriff des Kurswertes eines Zahlungsmittels siehe § 5 P. II.

wird.[649] Das Befürworten einer gesetzlichen Zahlkraft zum wechselnden Kurswert[650] wird allerdings zu Recht streng abgelehnt.[651]

Hinsichtlich der Euro-Banknoten bedeutet der Zwangskurs stets den gesetzlich festgelegten, auf den Notenstoff gedruckten Nennwert, der aus Zahlen und Währungseinheit besteht und über dem eigentlich fast wertlosen Substanzwert liegt, sowie die Begriffsbestimmung des Zwangskurses nach *Hartmann*, die besagt, dass das Zahlungsmittel mit Zwangskurs zu einem höheren Wert als dem reellen Tauschwert umlaufen muss.[652] Dieser gesetzliche Nennwert beansprucht eine zwingende Geltung im Rechtsverhältnis zwischen dem Notenemittenten und dem Noteninhaber.

Sowie bei dem Zentralbankgiralgeld ist der gesetzliche Nennwert der Banknoten zugleich auch der Nennwert einer Geltungsforderung des Noteninhabers gegen den Emittenten, die mit einer bankwirtschaftlich und buchhalterisch definierten Nenngröße ausgestattet ist. Nur in dem konkreten Rechtsverhältnis zwischen zwei Rechtssubjekten entfaltet der drucktechnisch manifestierte Nennwert seine wirtschaftliche und zugleich rechtliche Funktion als Vermittler von konkreter Kaufkraft im konkreten Rechtsverhältnis und im konkreten volkswirtschaftlichen Preiszusammenhang.

## III. Eine dispositive Regelung für die Zahlungsverbindlichkeit zwischen Zahlungsgläubiger und Zahlungsschuldner

Während der gesetzliche Nennwert der Euro-Banknoten die Verbindlichkeit zwischen seinem Emittenten und dem jeweiligen Inhaber regelt, treffen die Annahmeobliegenheit und der Zwangskurs das Gläubiger-Schuldner-Verhältnis einer schuldrechtlichen Zahlungsverbindlichkeit.[653] Die Euro-Banknoten als bankwirtschaftliche Instrumente sind demzufolge weder als privatrechtliche bewegliche Sachen noch als öffentliche Sachen zu betrachten.

Mit der beschränkten schuldrechtlichen Annahmeobliegenheit stellt der Gesetzgeber ein objektiv-rechtlich gültiges – für den Gläubiger und den Schuldner einer Zahlungsverbindlichkeit aber dispositives – Zahlungsmittel zur allgemeinen Verfügung. Wenn die Parteien dieses Zahlungsverhältnisses sich aber für eine Tilgung mit dem gesetzlichem Zahlungsmittel entschieden haben, wird der Zwangskurs des gesetzlichen Zahlungsmittels dann eine zwingende Regelung für dieses Zahlungsverhältnis.

---

649 *Wagner* Theoretische Sozialökonomie, 1909, S 688, S 691.

650 *Goldschmidt* Handbuch des Handelsrechts, 1868, S 1119; *Wolff* Das Geld, in: *EhrenbHandB IV/1*, 1917, S 581.

651 *Nußbaum* Das Geld, 1925, S 27; *Wagner*, Theoretische Sozialökonomie, 1909, S 691 f.

652 Vgl *Hartmann* Über den rechtlichen Begriff des Geldes, 1868, S 12 f.

653 Vgl *Münch*, Das Giralgeld, 1990, S 80; *Nußbaum* Money in the Law, Brooklyn 1950, S 56.

## IV. Zwischenergebnis

Das gesetzliche Zahlungsmittel ist ein vom Gesetzgeber festgelegtes Zahlungsmittel mit einem hoheitlich-rechtlich gewährleisteten, ideellen und abstrakten Nennwert, der dem Inhaber des gesetzlichen Zahlungsmittels zugewiesen wird und der in einem rechtlich konkreten Tauschverhältnis eine Vermittlungsfunktion von Kaufkraft entfaltet.

Die gesetzliche angeordnete Eigenschaft als gesetzliches Zahlungsmittel stellt also eine Regelung dar, die die Rechtsverhältnisse nicht nur zwischen dem Zahlungsgläubiger und dem Zahlungsschuldner sondern auch zwischen dem Emittenten und dem Noteninhaber regelt. Das gesetzliche Zahlungsmittel beinhaltet einerseits eine dispositive Annahmeobliegenheit seitens des Zahlungsgläubigers und andererseits eine Geltungsgewährleistungspflicht bezüglich des Nennwerts durch den Emittenten.

# T. Die Euro-Banknotenausgabe als ein juristischer und buchhalterischer Begriff – Euro-Banknoten als bilanzierte Verbindlichkeiten des Eurosystems gegenüber den Noteninhabern

Die „Ausgabe von Banknoten“ wird in den Art 128 Abs 1 AEUV, Art 16 ESZB-Satzung und § 14 BBankG nicht näher definiert. Der gesamte Vorgang von der physischen Herstellung, der Ausgabe, dem tatsächlichen Inumlaufsetzen bis hin zur physischen Bearbeitung der Euro-Banknoten[654] wird unterschiedlich differenziert und betrachtet. Nach einer Ansicht wird dieser gesamte Vorgang als *Notenausgabe* bezeichnet.[655] Demnach ist das Inverkehrbringen die *Notenausgabe im engeren Sinne.*[656] Nach einer anderen Ansicht ist der komplizierte Herstellungsvorgang – von der Planung, Stückelungsbestimmung, Farbgebung und Gestaltung der Banknoten bis hin zum Druckvorgang – ein technischer Vorgang, der mithilfe von privaten Druckereibetrieben durchgeführt wird[657] und somit nicht unter den Begriff der Ausgabe i.S.d. Art 128 AEUV, Art 16 ESZB-Satzung und § 14 BBankG fällt.[658]

Wesentlich ist allerdings nicht, ob ein Druckvorgang einen rechtlichen Teilakt einer Ausführung von geldpolitischen Aufgaben durch die Zentralbanken darstellt, sondern in welchem Moment die rechtlichen Merkmale der Banknoten als gesetzliches

---

654 Vgl Erwägungsgrund Nr 8 des Beschlusses EZB/2010/29.

655 *von Spindler/Becker/Starke* Die Deutsche Bundesbank[4], S 283; *Pfennig* Notenausgabe, 1971, S 17 f.

656 *Pfennig* Notenausgabe, 1971, S 17 f.

657 *von Spindler/Becker/Starke,* Die Deutsche Bundesbank[4], S 292 ff.; Bundesbank, Geldpolitische Aufgaben und Instrumente, 1993, S 15 f. *Coburger* Die währungspolitischen Befugnisse der Deutschen Bundesbank, 1988, S 57.

658 **aA** *von Spindler/Becker/Starke* Die Deutsche Bundesbank[4], S 283.

Zahlungsmittel gemäß Art 128 AEUV, Art 16 ESZB-Satzung und § 14 BBankG entstehen, d.h. worin die rechtlich konstituierenden Akte der Euro-Banknotenausgabe liegen.

## I. Das Inumlaufbringen – Kreationslehre und modifizierte Vertragstheorie

Nach der hM bedeutet die Ausgabe gemäß Art 128 AEUV und § 14 BBankG den Vorgang des Inverkehrbringens[659], der die Notenausgabe im engeren Sinne genannt wird[660]. Umstritten ist dabei, was unter „Inverkehrbringen" zu verstehen ist.

Nach der Kreationslehre[661], die gemäß § 794 BGB speziell für die Inhaberschuldverschreibungen i.S.d. § 793 BGB und allerdings auch für die Banknoten gilt, entsteht eine Banknote und ihr Wert rechtlich wirksam durch den einseitigen Akt der Ausstellung bzw. Kreation, nachdem sie notwendigerweise aus der Hand des Emittenten in die eines Dritten und damit in den Verkehr gelangt.[662]

Nach der modifizierten Vertragslehre ist ein bewusstes Inverkehrbringen die notwendige Voraussetzung für die wirksame Notenausgabe.[663] Demgemäß bedeutet Inverkehrbringen – auch Inverkehrabgabe[664] oder Inumlaufbringen genannt –, dass eine Banknote physisch den Bereich der NZBen verlässt, um auf dem Markt als gesetzliches Zahlungsmittel zu fungieren[665], und somit tatsächlich durch die NZBen im Umlauf gesetzt wird[666]. Die einer Zentralbank abhandengekommene Banknote ist demnach rechtlich nicht wirksam entstanden. Nach einer weiteren Meinung wird der Kreaktionsakt in der Unterschrift der EZB-Präsidenten als Beglaubigungs- und Beurkundungsakt, also ein wirksamer konstitutiver hoheitlicher Geldschöpfungsakt, gesehen.[667] Demnach liegt die Entstehung der Banknoten als gesetzliches Zahlungsmittel allein in der Beurkundung des gesetzlichen Nennwerts. Durch die Beurkundung, die regelmäßig durch die Unterschrift der Zentralbank erfolgt, wird der gesetzliche

---

659 *Fögen* Geld- und Währungsrecht, 1969, S 19; *Fröhlich* Die Währungspolitischen Instrumente der Deutschen Bundesbank, 1983, S 52; *Pfennig* Notenausgabe, 1971, S 17; *Coburger* Die währungspolitischen Befugnisse der Deutschen Bundesbank, 1988, S 57.

660 *Pfennig* Notenausgabe, 1971, S 37.

661 Palandt/*Thomas* BGB[30], § 793 Anm 2.

662 *von Spindler/Becker/Starke* Die Deutsche Bundesbank[4], S 284.

663 *Fögen* Geld- und Währungsrecht, 1969, S 22; *F. A. Mann* JZ 1970, 212, 409.

664 Vgl Erwägungsgrund Nr 3 des Beschlusses EZB/2010/29.

665 Vgl Groeben/Schwarze/*Smits*, EU-/EGV[6], Art 106 EG Rn 11.

666 Art 3 Abs 1 des Beschlusses EZB/2010/29: Die NZBen bringen Euro-Banknoten in Umlauf, ziehen diese wieder ein und übernehmen die physische Bearbeitung aller Euro-Banknoten, einschließlich der von der EZB ausgegebenen Banknoten.

667 *Grenz* Geldregal und Währungsverwaltung, 1955, S 177.

Nennwert einer Banknote hoheitsrechtlich gültig verliehen, damit und wodurch der wertlose Stoff zum gesetzlichen Zahlungsmittel wird.[668]

Allerdings betrachten all diese Ansichten die Euro-Banknoten isoliert nur als Emission des gesetzlichen Zahlungsmittels, die den gesetzlichen Nennwert beurkundet. Viele Autoren vor *Höpker-Aschoff*[669] legten das Geld lediglich als einzelne Zahlungsmittel in Form von Münzen, Noten, auch Forderungen an eine Bank dar und sahen es ausschließlich aus einer mikro-monetären Sicht. Die *Knapp'sche* staatliche Theorie ließ die Bedeutung der Tätigkeiten des Bankensystems und die des Kredites außer Betracht, da gemäß dieser Theorie das sogenannte „Privatgeld", welches nicht von dem positiven Recht als solchem erfasst wird, nicht ins System des staatlichen Geldes eintritt.[670] Eine Betrachtung der Euro-Banknoten nach diesen Ansichten würde den Wesenskern der Euro-Banknoten in ihrer Eigenschaft als geldpolitisches Instrument des ESZB vernachlässigen.

Zu befürworten ist die Auffassung des Praktikers der öffentlichen Finanzen, *Höpker-Aschoff*[671], die die Banknoten und Währungen, die untrennbar vom Kredit sind, im Kern als Finanzinstrument erfasst. Nicht nur die Banknoten, sondern eigentlich all das Zentralbank- und Geschäftsbankengeld sind in erster Linie als bankgeschäftliche Instrumente anzusehen[672], die unternehmensrechtlich673 und finanzwirtschaftlich gedeckt ist. *Wagmann* sprach von einer Bilanzverfassung des Geldes mit der giralen Geltung.[674] Die Notenausgabe ist folglich nicht nur Emission gesetzlicher Zahlungsmittel sondern vielmehr auch die Entstehung von bankwirtschaftlich gestaltetem, bilanzfähigem Finanzvermögen.

## II. Notenausgabe als juristischer und buchhalterischer Begriff – Der bilanzielle Niederschlag der Notenausgabe

### *1. Begriffsbestimmung der „Ausgabe" durch das Eurosystem – rechtlich gestaltende Aussonderung der zuordenbaren Aktiva als Gegenposten zum Banknotenumlauf*

Aus der Sicht der Zentralbanken wird streng zwischen den Begriffen „Ausgabe" durch das Eurosystem und „Inverkehrbringen" lediglich durch NZBen unterschieden.[675]

---

668 *Grenz* Geldregal und Währungsverwaltung, 1955, S 176.
669 ZB *Wolffs, Nußbaum, F. A. Mann, Jung, Neumeyer, Reinhardt* und *Simitis.*
670 Kritisch zu Knapps Lehre *Simitis* AcP 159 (1960/1961), 406, 449 ff. *Veit* Reale Theorie des Geldes, 1966, S 29.
671 Vgl *Höpker-Aschoff* Geld und Gold, 1939; *ders*, Geld und Währungen, 1948; Probleme der Geldlehre, WwA 1950, S 85 ff.
672 *Duden* Der Gestaltwandel des Geldes, 1968, S 7.
673 *Duden* Der Gestaltwandel des Geldes, 1968, S 10.
674 *Wagemann* Allgemeine Geldlehre, 1923, S 213.
675 Groeben/Schwarze/*Smits* EU-/EGV$^6$, Art 106 EG Rn 11.

In dem Beschluss der EZB/2010/29 wird ausdrücklich zwischen „Ausgabe"[676] und „Inverkehrgabe"[677] unterschieden. Obwohl die EZB keine Banknoten in Umlauf setzt, gibt sie trotzdem Euro-Banknoten aus, erwirtschaftet monetäre Einkünfte aus der Notenausgabe durch die sogenannten Intra-Eurosystem-Forderungen gegenüber den NZBen[678] und hat auch eine eigene in der Bilanz auszuweisende Passivposition „Banknotenumlauf"[679]. Die Ausgabe des EZB-Anteils wird konzeptionell über die NZBen verwirklicht. Hier wird es deutlich, dass die Notenausgabe im Wesentlichen ein juristischer und buchhalterischer Begriff ist, der bedeutet, dass zu rechtlichen oder buchhalterischen Zwecken dem Emittenten eine Verbindlichkeit entsteht, indem Banknoten einen Wert erhalten.[680]

Maßgeblich für die Notenausgabe ist somit die Entstehung der bilanzfähigen monetären Verbindlichkeiten des Emittenten aus den Notenumlauf. Diese Verbindlichkeiten sind erst entstanden, wenn ihr durch die ausgebende Zentralbank ein entsprechender ausgesonderter Vermögenswert mit dem gleichen Nennwert der emittierten Banknoten gegenübergestellt wird.[681] In der Aussonderung der zuordenbaren Aktiva als Gegenposten zum Banknotenumlauf liegt eine rechtlich gestaltende Entscheidung des EZB-Rats für den Gesamtwert der auszugebenden Euro-Banknoten.

Die in einem derartigen rechtlichen Rahmen geschöpften Euro-Banknoten als uneinlösbares Papiergeld mit ideellem Nennwert stützen sich somit auf einen Gegenwert.[682] Da der Gesamtwert der auszugebenden Euro-Banknoten dem privaten Sektor somit gleichsam von „außen her" vorgegeben ist, spricht man deshalb in der angelsächsischen Literatur auch von „Outside Money".[683]

### *2. Die zuordenbaren Aktiva in der Zentralbankbilanz als Gegenpositionen der monetären Verbindlichkeiten*

Auf einen nennwert-entsprechenden, zuordenbaren Anteil der Aktiva aus den Refinanzierungsgeschäften – also überwiegend aus den HRGs – als Gegenpositionen bzw. gesetzlich nicht ausdrücklich geregelte Notendeckung stützen sich die Euro-Banknoten mit ihrem ideellen Nennwert.

---

676 Erwägungsgrund Nr 7 des Beschlusses EZB/2010/29.
677 Erwägungsgrund Nr 8 des Beschlusses EZB/2010/29.
678 Erwägungsgrund Nr 9 des Beschlusses EZB/2010/29.
679 Vgl *EZB* Jahresbericht 2015, J 18, „Bilanz der EZB zum 31. Dezember 2015".
680 Erwägungsgrund Nr 7 des Beschlusses EZB/2010/29; Groeben/Schwarze/*Smits* EU-/EGV[6], Art 106 EG Rn 11.
681 Groeben/Schwarze/*Smits* EU-/EGV[6], Art 106 EG Rn 11.
682 Vgl Groeben/Schwarze/*Smits* EU-/EGV[6], Art 106 EG Rn 11.
683 Vgl *Duwendag u.a.* Geldtheorie und Geldpolitik, 1999, S 307.

### aa) Monetarisierung durch das Eurosystem

Das Eurosystem hält Vermögenswerte bilanziell als Gegenposten zum unverzinslichen Banknotenumlauf[684] und verzinslichen Einlagen der Kreditinstitute als Verbindlichkeiten aus der monetären Basis, in denen sich die währungspolitischen Operationen niederschlagen.[685] Diese Verbindlichkeiten entstehen dadurch, dass die Zentralbanken i. R. d. zentralbankgiralgeldschöpfenden währungspolitischen Operationen[686] zinstragende Aktiva erwerben und dann den Gegenwert in Form von Zentralbankgeld zur Verfügung stellen. Die dadurch entstandenen Aktiva bedeuten die Monetarisierung, aufgrund derer das Zentralbankgiralgeld im Wege der Einräumung von Zentralbankguthaben bzw. Erteilung von Girogutschriften geschöpft wird.[687] Während ein Teil der monetären Verbindlichkeiten des Eurosystems durch feste Ankäufe vor allem von Devisen und Gold aber auch von Wertpapieren entsteht, macht das Volumen der Offenmarktgeschäfte des Eurosystems den Großteil der monetären Verbindlichkeiten aus.[688]

Als Gegenposten zu den Verbindlichkeiten aus der monetären Basis werden z. B. die Aktivposten „Forderungen in Euro aus geldpolitischen Operationen an Kreditinstitute im Euro-Währungsgebiet" aus den Refinanzierungsgeschäften – hauptsächlich aus den Tender-Operationen –, den TARGET-Forderungen[689] und den sonstigen maßgeblichen Intra-Eurosystem-Salden i. R. d. Ermittelung der monetären Einkünfte gemäß Art 32.2 ESZB-Satzung berechnet.[690]

Um die Entstehung der Euro-Banknoten zu erklären, kann man daher im Ergebnis vereinfacht darstellen, dass die Aktivposten aus den Refinanzierungsgeschäften des Eurosystems aus den Vermögenswerten, die als Gegenposten mit dem gleichen Nennwert den emittierten Banknoten gegenübergestellt sind, bestehen. Mit dem Erwerb von Aktiva durch die Zentralbank i. R. d. Refinanzierungsgeschäfte hat die Monetisierung des den Verbindlichkeiten aus den monetären Basis entsprechenden Gesamtwerts schon stattgefunden.[691]

684 Anderer Ansicht *Huber* Monetäre Modernisierung, 2011, S 20.

685 Groeben/Schwarze/*Scheller* EU-/EGV[6], Art 32 ESZB-Satzung Rn 22; *Handig/Holzfeind* Euro-Banknoten-Umlauf und Verteilung der monetären Einkünfte im Eurosystem, Geldpolitik & Wirtschaft Q1/2007, S 167.

686 Siehe § 2 C, S 15 ff.

687 *Fögen* Geld- und Währungsrecht, 1969, S 19; *Münch* Das Giralgeld, 1990, S 106.

688 Groeben/Schwarze/*Scheller* EU-/EGV[6], Art 32 ESZB-Satzung Rn 23.

689 Begriffsbestimmung vgl *EZB* Jahresbericht 2011, S 38 (betrifft den Zeitraum von 2003 bis 2007).

690 *Handig/Holzfeind* Euro-Banknotenumlauf und Verteilung der monetären Einkünfte im Eurosystem, Geldpolitik & Wirtschaft Q1/2007, S 167 f.

691 So auch *Münch* Das Giralgeld, 1990, S 114.

### bb) Die Deckung des Banknotenumlaufs

In § 17 Bankgesetz vom 14. März 1875, § 28 Bankgesetz vom 30 August 1924, § 21 Gesetz über die Deutsche Reichsbank vom 15. Juni 1939 und dem österreichischen § 62 Nationalbankgesetz[692] gab es beispielsweise jeweils ausdrückliche Regelungen über die Deckung des Banknotenumlaufs, die entweder einen Bestand an Metalldeckung, Devisenguthaben oder an Wertpapieren vorschrieben.

Unter der Deckung des Banknotenumlaufs wird dessen Besicherung, allerdings nicht im technischen Sinne von Sicherungsrecht sondern durch **zuordenbare Aktiva** – hauptsächlich den Forderungen aus Refinanzierungsgeschäften – in der Zentralbankbilanz verstanden.[693] Die Deckung des Euro-Banknotenumlaufs ist also der bilanzierte Bestand an den dem Nennwert entsprechenden Aktiva als Gegenposten, die nach gängiger Meinung die Werthaltigkeit der Währung sicherstellen.

Obwohl die Satzung des ESZB/EZB keine Deckungsbestimmung für den Notenumlauf, insbesondere in der Form von Deckung durch Gold- und Devisenreserven, enthält[694], ist der Banknotenumlauf trotzdem durch aktivseitige Bestände gedeckt, wenn auch nicht 1:1 in Gold und/oder Fremdwährung.[695]

## *3. Banknotenumlauf als bilanzieller Begriff*

Der Euro-Banknotenumlauf wird in den Bilanzen der NZBen und der EZB als Position „Passiva 1“ ausgewiesen. Dies ist die charakteristischste Verbindlichkeit der Zentralbankbilanz des Eurosystems, die den Wert der umlaufenden Euro-Banknoten im Euro-Währungsgebiet zeigt.[696] Der Euro-Banknotenumlauf ist also ein bilanzieller bzw. buchhalterischer Begriff.

### *a) Der rechtliche Rahmen für die Bilanzierung des Euro-Banknotenumlaufs und der Banknotenumlaufanpassung*

Vor der Euro-Banknoteneinführung wies jede NZB den exakt von ihr im Umlauf gebrachten Banknotenumlauf in ihrer Bilanz aus, der dem logistischen Banknotenumlauf[697] in nationaler Währung entsprach, welcher die Anzahl der

---

692 BGBl. Nr 50/1984 idF BGBl. I Nr 60/1998.

693 *Krsnakova/Oberleithner* Zusammenspiel des Euro-Banknotenumlaufs und der Intra-Eurosystem-Salden, Geldpolitik & Wirtschaft Q1/2012, S 77.

694 *Deutsche Bundesbank* Geld und Geldpolitik, 2012, S 24.

695 Vgl *Krsnakova/Oberleithner* Zusammenspiel des Euro-Banknotenumlaufs und der Intra-Eurosystem-Salden, Geldpolitik & Wirtschaft Q1/2012, S 78.

696 *Handig/Holzfeind* Euro-Banknotenumlauf und Verteilung der monetären Einkünfte im Eurosystem, Geldpolitik & Wirtschaft Q1/2007, S 160 ff. *Krsnakova/Oberleithner* Zusammenspiel des Euro-Banknotenumlaufs und der Intra-Eurosystem-Salden, Geldpolitik & Wirtschaft Q1/2012, S 75.

697 Vgl *Krsnakova/Oberleithner* Zusammenspiel des Euro-Banknotenumlaufs und der Intra-Eurosystem-Salden, Geldpolitik & Wirtschaft Q1/2012, S 76.

ausgegebenen abzüglich der zurückgenommenen Banknoten darstellt. Während der Banknotenumlauf steigt, wenn die NZB Banknoten in Umlauf bringt, z. B. durch Auszahlung an die Kreditinstitute, sinkt der Banknotenumlauf dann, wenn Banknoten bei einer NZB eingezahlt und aus dem Umlauf genommen werden.

Mit der Euro-Einführung im Euro-Währungsgebiet benötigt die Bilanzierung des Euro-Banknotenumlaufs in der Bilanz einer Eurosystem-Zentralbank eine notwendige Banknotenumlaufanpassung. Während 13 Zentralbanken des Eurosystems im Jahr 2002 den Euro-Banknotenumlauf in ihrer Bilanz auswiesen, bilanzieren heute 18 Zentralbanken den Euro-Banknotenumlauf.[698] Da seit der Euro-Bargeldeinführung Euro-Banknoten bei jeder NZB des Eurosystems zurückgeführt werden können, unabhängig davon, welche NZB sie ausgegeben hat, entsteht durch die Bargeldmigration eine ungleichmäßige Verteilung, die einer entsprechenden Gestaltung der Bilanzierung bedarf. Vom EZB-Rat wurde ein spezifisches Regelwerk für die monatlich vorgenommenen Euro-Banknotenumlaufanpassungen errichtet, um dadurch bilanziell und hinsichtlich der monetären Einkünfte der NZBen eine möglichst ausgeglichene Verteilung der Euro-Banknoten zu verwirklichen.[699]

Maßgeblich für den Ausweis und die Bilanzierung des Banknotenumlaufs und seiner Verteilung sind die Leitlinie der EZB über die Rechnungslegungsgrundsätze und das Berichtswesen im ESZB (Rechnungslegungsleitlinie), die für alle NZBen des ESZB für das gemeinsame Berichtswesen rechtlich verbindlich sind.

### *b) Ermittlung des anteiligen, rechnerisch in der Bilanz auszuweisenden Euro-Banknotenumlaufs – Verteilung des Banknotenumlaufs*

Die Banknotenumlaufverteilung erfolgt nach dem Banknotenverteilungsschlüssel gemäß des Beschlusses EZB/2010/24 sowie gemäß Art 49 der ESZB-Satzung. Gemäß Art 1 des Beschlusses EZB/2010/29 beinhaltet der Banknotenverteilungsschlüssel die jeweiligen Prozentsätze, die sich unter Berücksichtigung des Anteils der EZB an den insgesamt ausgegebenen Euro-Banknoten und aus der Anwendung des Kapitalzeichnungsschlüssels auf den Anteil der NZBen an den insgesamt ausgegebenen Banknoten ergeben.

Die aus der Ausgabe des Gesamtwerts[700] des Banknotenumlaufs resultierenden Verbindlichkeiten werden den Mitgliedern des Eurosystems gemäß einem objektiven

---

698 Die 18 Zentralbanken sind die EZB und die 17 NZBen der Euro-Länder, nämlich Belgien, Deutschland, Estland, Finnland, Frankreich, Griechenland, Irland, Italien, Luxemburg, Malta, Niederlande, Österreich, Portugal, Spanien, Slowakei, Slowenien und Zypern.

699 Vgl *Handig/Holzfeind* Euro-Banknotenumlauf und Verteilung der monetären Einkünfte im Eurosystem, Geldpolitik & Wirtschaft Q1/2007; *Krsnakova/Oberleithner* Zusammenspiel des Euro-Banknotenumlaufs und der Intra-Eurosystem-Salden, Geldpolitik & Wirtschaft Q1/2012, S 75.

700 Vgl Erwägungsgrund Nr 7 des Beschlusses EZB/2010/29; *EZB* Jahresbericht 2015, Rechnungslegungsgrundsätze: Banknotenumlauf, S J28.

Kriterium i.S.d. jeweils gültigen Banknoten-Verteilungsschlüssels von einer entsprechenden Anwendung des im Art 29.1 der ESZB-Satzung genannten Kapitalschlüssels[701] auf die NZBen zugeteilt.[702] Nach dem relativen Kapitalanteil i.S.d. Art 29.1 der ESZB-Satzung richtet sich der Verteilungsschlüssel sowohl für den in der Bilanz auszuweisenden Euro-Banknotenumlauf (Banknoten-Verteilungsschlüssel) als auch für die Rückverteilung der monetären Einkünfte aus dem Banknotenumlauf (Seigniorage-Einkommen[703]).

Da die Euro-Banknoten nicht von der EZB sondern von den NZBen des Eurosystems im Umlauf gebracht werden, hätte die EZB eigentlich keinen zu bilanzierenden von ihr in Umlauf gesetzten Banknoten. Um dies zu vermeiden, wurde beschlossen, dass 8 % des gesamten Banknotenumlaufs, festgelegt vom EZB-Rat, in der Bilanz der EZB auszuweisen sind. Die verbleibenden 92 % werden nach dem jeweils gültigen Banknoten-Verteilungsschlüssel auf die NZBen des Eurosystems verteilt. In den Zentralbankbilanzen des Eurosystems wird der gesamte Euro-Banknotenumlauf also monatlich gemäß des dafür vom EZB-Rat bestimmten[704] Eurosystem-internen Banknotenverteilungsschlüssels rechnerisch angepasst und in der Bilanz des letzten Geschäftstages eines jeden Monats vorgenommen.[705]

### *c) Bilanzielle Darstellung des Euro-Banknotenumlaufs und dessen Anpassung – Intra-Eurosystem-Salden und Banknotenumlaufverbindlichkeit*

Anhand der Tabelle 8 sind die bilanziellen Zusammenhänge zwischen den für die Banknotenumlaufanpassung relevanten Posten, insbesondere die Intra-Eurosystem-Salden, ihre Verzinsung und die Euro-Banknotenumlaufverbindlichkeiten darzulegen.

---

701 Für die Berechnung des Kapitalschlüssels siehe ausführlich *Krsnakova/Oberleithner* Zusammenspiel des Euro-Banknotenumlaufs und der Intra-Eurosystem-Salden, Geldpolitik & Wirtschaft Q1/2012, S 82.

702 Erwägungsgründe Nr 7 des Beschlusses EZB/2010/29; vgl *EZB* Jahresbericht 2015, Rechnungslegungsgrundsätze: Banknotenumlauf, S J28.

703 Zum Begriff des Seigniorage-Einkommens siehe Groeben/Schwarze/*Scheller*, EU-/EGV[6] Art 32 ESZB-Satzung Rn 4.

704 EZB/2001/16, S 39.

705 *Krsnakova/Oberleithner* Zusammenspiel des Euro-Banknotenumlaufs und der Intra-Eurosystem-Salden, Geldpolitik & Wirtschaft Q1/2012, S 78; *Handig/Holzfeind* Euro-Banknotenumlauf und Verteilung der monetären Einkünfte im Eurosystem, Geldpolitik & Wirtschaft Q1/2007, S 163.

*Tabelle 8: Banknotenumlauf und Intra-Eurosystem-Salden*

| | |
|---|---|
| | Passiva 1 Banknotenumlauf<br>aus zwei Komponenten (vgl Art 12 Leitlinie EZB/2020/20)<br><br>a) der nicht angepassten Wert der in Umlauf befindlichen Euro-Banknoten*, einschließlich der im Jahr der Bargeldumstellung auf nationale Währungseinheiten des Euro-Währungsgebiets lautenden Banknoten der NZB, die den Euro einführt<br><br>b) zuzüglich oder abzüglich des Anpassungsbetrags, der sich aus der Anwendung des Banknoten-Verteilungsschlüssels ergibt. |
| Aktivposten 9 Intra-Eurosystem-Forderungen | Passivposten 10 Intra-Eurosystem-Verbindlichkeiten |
| A 9.1 Beteiligung an der EZB<br><br>Nur NZB-Bilanzposition Kapitalanteil jeder NZB an der EZB gemäß dem Vertrag und der jeweilige Kapitalschlüssel und Beitrag gemäß Art 48.2 der ESZB-Satzung | P 10.1 Verbindlichkeiten aus der Übertragung von Währungsreserven (nur für den EZB-Jahresabschluss relevant) |
| A 9.2 Forderungen aus der Übertragung von Währungsreserven | P 10.2 Verbindlichkeiten aus der Emission von EZB-Schuldverschreibungen |
| A 9.3 Forderungen aus der Emission von EZB-Schuldverschreibungen (nur für den EZB-Jahresabschluss relevant) | P 10.3 Nettoverbindlichkeiten aus der Verteilung des Euro-Banknotenumlaufs innerhalb des Eurosystems<br><br>Für die NZBen: Nettoverbindlichkeit aufgrund der Anwendung des Banknotenverteilungsschlüssels, das heißt einschließlich der Intra-Eurosystem-Salden im Zusammenhang mit der Ausgabe von Banknoten durch die EZB, des Kompensationsbetrags und des Buchungspostens zu dessen Saldierung. |
| A 9.4 Nettoforderungen aus der Verteilung des Euro-Banknotenumlaufs innerhalb des Eurosystems<br><br>Für die NZBen: Nettoforderung aufgrund der Anwendung des Banknotenverteilungsschlüssels, das heißt einschließlich der Intra-Eurosystem-Salden im Zusammenhang mit der Ausgabe von Banknoten durch die EZB, des Kompensationsbetrags und des Buchungspostens zu dessen Saldierung. (Amtsblatt der Europäischen Union (2011b, EZB/2010/23))<br><br>Für die EZB: Forderungen im Zusammenhang mit der Ausgabe von Banknoten durch die EZB. | P 10.4 Sonstige Intra-Eurosystem-Verbindlichkeiten (netto) |
| A 9.5 Sonstige Intra-Eurosystem-Forderungen (netto) | |
| *Dies wird nach Art 12 Leitlinie EZB/2010/20 gemäß einer der beiden nachstehend beschriebenen Methoden berechnet: **Methode A**: B = P - D - N - S; **Methode B**: B = I - R - N<br>**B**: der nicht angepasste Wert des Banknotenumlaufs. **D**: der Wert der vernichteten Banknoten.<br>**P**: der Wert der gedruckten oder von der Druckerei oder sonstigen NZBen erhaltenen Banknoten.<br>**N**: der Wert der nationalen Banknoten der Ausgabe-NZB, die von anderen NZBen gehalten werden (bekannt gegeben, aber noch nicht repatriiert).<br>**I**: der Wert der in Umlauf gebrachten Banknoten. **R**: der Wert der rückgelieferten Banknoten.<br>**S**: der Wert der auf Lager/in den Tresoren gehaltenen Banknoten. | |

(vgl Art 12 im Anhang IV EZB/2010/20; *Krsnakova/Oberleithner*, Zusammenspiel des Euro-Banknotenumlaufs und der Intra-Eurosystem-Salden, Geldpolitik & Wirtschaft Q1/2012, S 81.)

### aa) Intra-Eurosystem-Salden

Die Intra-Eurosystem-Salden (IES) werden in der jeweiligen Bilanz der NZBen[706] und EZB[707] also Forderungen oder Verbindlichkeiten aus Verteilung des Euro-Banknotenumlaufs innerhalb des Eurosystems ausgewiesen und erscheinen nicht im konsolidierten Wochenausweis des Eurosystems, da sich die Salden der Zentralbanken aufheben.[708] Der EZB stehen stets lediglich die verzinsten Forderungen[709] aus der Verteilung des Euro-Banknotenumlaufs innerhalb des Eurosystems zu.[710] Die für die Banknotenumlaufanpassung notwendigen Posten „Forderungen bzw. Verbindlichkeiten aus der Verteilung des Euro-Banknotenumlaufs innerhalb des Eurosystems" sind gemäß Rechnungslegungsleitlinie in Aktiva 9.4 bzw. in Passiva 10.3 in der jeweiligen Zentralbankbilanz des Eurosystems ausgewiesen, siehe Tabelle 7.

Der jeder NZB zugeteilte Wert der Euro-Banknoten findet sich, so wie bei der EZB[711], auf der Passivseite der jeweiligen Zentralbankbilanz unter der Position „Banknotenumlauf".[712] Der Wert der Euro-Banknoten, die jeder Zentralbank des Eurosystems gemäß dem Schlüssel für die Verteilung der Banknoten zugeteilt wurde, wird also als Passivposition „Banknotenumlauf" in der Zentralbankbilanz auswiesen.

Die Differenz zwischen dem einer NZB gemäß Banknotenverteilungsschlüssel zugeteilten Wert des bilanzierten rechnerischen Banknotenumlaufs und dem Wert der von dieser NZB tatsächlich in Umlauf gesetzten Euro-Banknoten sollte zu Intra-Eurosystem-Salden führen[713] und ergibt eine verzinsliche Forderung oder Verbindlichkeit gegenüber den übrigen Mitgliedern des Eurosystems, die sogenannte Intra-Eurosystem-Forderung oder Intra-Eurosystem-Verbindlichkeit[714]. Überwiegt der verteilungsschlüsselsgemäß zugeteilte bilanzierte Banknotenumlauf den tatsächlich

---

706 Vgl zB *Deutsche Bundesbank* Geschäftsbericht 2015, S 72 f, „Bilanz der Deutschen Bundesbank zum 31. Dez. 2015", „Aktiva 9.3 Forderungen aus der Verteilung des Euro-Banknotenumlaufs innerhalb des Eurosystems" und „Passiva 9.2 Verbindlichkeiten aus der Verteilung des Euro-Banknotenumlaufs innerhalb des Eurosystems".

707 Vgl *EZB* Jahresbericht 2015, S J18, „Bilanz der EZB zum 31. Dez. 2015", „Aktiva 5 „Intra-Eurosystem-Salden - Forderungen aus der Verteilung des Euro-Banknotenumlaufs innerhalb des Eurosystems".

708 Vgl *Krsnakova/Oberleithner*, Zusammenspiel des Euro-Banknotenumlaufs und der Intra-Eurosystem-Salden, Geldpolitik & Wirtschaft Q1/2012, S 80.

709 *EZB* Jahresbericht 2015, J34, Erläuterung Nr 5 Instra-Eurosystem-Salden 5.1 Forderungen im Zusammenhang mit der Verteilung der Euro-Banknoten innerhalb des Eurosystems; *EZB* Jahresbericht 2015, S J51, Nr 22.2 „Zinserträge aus der Verteilung von Euro-Banknoten innerhalb des Eurosystems".

710 Vgl *EZB* Jahresbericht 2015, J18, „Bilanz der EZB zum 31. Dez. 2015", „Aktiva 5 „Intra-Eurosystem-Salden - Forderungen aus der Verteilung des Euro-Banknotenumlaufs innerhalb des Eurosystems".

711 *EZB* Jahresbericht 2015, Rechnungslegungsgrundsätze: Banknotenumlauf, J28.

712 *EZB* Jahresbericht 2015, Rechnungslegungsgrundsätze: Banknotenumlauf, J28.

713 Vgl Erwägungsgrund Nr 9 des Beschlusses EZB/2010/29.

714 *Handig/Holzfeind* Euro-Banknotenumlauf und Verteilung der monetären Einkünfte im Eurosystem, Geldpolitik & Wirtschaft Q1/2007, S 163.

in Verkehr gesetzten Banknotenumlauf, weist die NZB eine entsprechende Intra-Eurosystem-Forderung aus der Verteilung des Euro-Banknotenumlaufs innerhalb des Eurosystems aus. Übersteigt der in der Bilanz ausgewiesenen Banknotenumlauf den tatsächlich in Verkehr gesetzten Banknotenumlauf der jeweiligen NZB, wird eine entsprechende „Nettoverbindlichkeit aus der Verteilung des Euro-Banknotenumlaufs innerhalb des Eurosystems" ausgewiesen; ist hingegen der *logistische Banknotenumlauf* der jeweiligen NZB niedriger, ergibt sich eine entsprechende Nettoforderung.[715]

Die EZB hat beispielsweise stets eine Intra-Eurosystem-Forderung gegenüber den NZBen, die in der Unterposition „Intra-Eurosystem-Forderungen: Forderungen aus der Verteilung des Banknotenumlaufs innerhalb des Eurosystems" ausgewiesen wird[716], da die EZB nur 8 % des Gesamtwerts der Eurobanknoten ausgibt[717] und dabei jedoch keine Banknoten im Umlauf setzt.

### bb) Verzinsung der Intra-Eurosystem-Salden – Seigniorage-Einkommen

Alle Netto-Intra-Eurosystem-Forderungen werden grundsätzlich zum Hauptrefinanzierungssatz verzinst.[718] Die Zinsergebnisse i. R. d. Intra-Eurosystem-Salden werden über die EZB verrechnet und in der GuV ausgewiesen. Da die EZB keine Euro-Banknoten in Umlauf setzt, weist sie den NZBen gegenüber die verzinsten Netto-Intra-Eurosystem-Forderungen immer unmittelbar entsprechend dem Wert der von ihr ausgegebenen Banknoten aus[719], deren Zinserträge[720] als das Seigniorage-Einkommen der EZB (*„ECB seigniorage"*) aus ihrem Anteil von 8 % an der Ausgabe von Euro-Banknoten bezeichnet werden. Das EZB Seigniorage-Einkommen steht laut Beschluss des EZB-Rats den NZBen des Eurosystems unmittelbar für das jeweilige Geschäftsjahr zu.[721]

Bei den monetären Einkünften gemäß Art 32 ESZB-Satzung handelt es sich ebenfalls um das *„Seigniorage-Einkommen"* der teilnehmenden NZBen. Die Ausgabe der Eurobanknoten durch NZBen setzt den zentralbanklichen Erwerb von Aktiva von den Kreditinstituten voraus. Die zum Hauptrefinanzierungssatz vorgenommene Verzinsung dieser zuordenbaren verzinslichen Aktiva, als monetäres Einkommen, ist der Ertrag aus den von jeder NZB als Gegenposten zur Bemessungsgrundlage gehaltenen Vermögenswerten. Bei diesen Vermögenswerten geht es um die überwiegend aus

---

715 *Handig/Holzfeind* Euro-Banknotenumlauf und Verteilung der monetären Einkünfte im Eurosystem, Geldpolitik & Wirtschaft Q1/2007, S 163.

716 *EZB* Jahresbericht 2015, Rechnungslegungsgrundsätze: Banknotenumlauf, S J28.

717 Vgl Erwägungsgrund Nr 8, S 1 des Beschlusses EZB/2010/29.

718 Groeben/Schwarze/*Scheller*, EU-/EGV[6], Art 32 ESZB-Satzung Rn 48.

719 Vgl Erwägungsgrund Nr 9 des Beschlusses EZB/2010/29.

720 Siehe *EZB* Jahresbericht 2015, J20, „Gewinn- und Verlustrechnung für das Geschäftsjahr 2015", Position „Zinserträge aus der Verteilung des Euro-Banknotenumlaufs innerhalb des Eurosystems".

721 Art 2 EZB/2010/24; *Handig/Holzfeind* Euro-Banknotenumlauf und Verteilung der monetären Einkünfte im Eurosystem, Geldpolitik & Wirtschaft Q1/2007, S 163.

Kreditgewährung an Kreditinstitute i. R. d. geldpolitischen Operationen des Eurosystems resultierenden Forderungen, die Netto-Forderungen gegenüber anderen NZBen und der EZB.[722] Die Netto-Forderungen an andere Teilnehmer des Eurosystems bestehen aus Intra-Eurosystem-Forderungen aus Euro-Banknoten[723], Intra-Eurosystem-Forderungen aus TARGET und Forderungen der teilnehmenden NZBen aus der Übertragung von Devisen an die EZB aus Art 30 ESZB-Satzung.

Auf täglicher Basis zum jeweils geltenden Referenzzinssatz – dem marginalen Zinssatz für die HRGs des Eurosystems[724] – werden die Salden aus Nettoforderungen bzw. -verbindlichkeiten aus dem Euro-Banknotenumlauf verzinst.[725] Die sich aus IES-Forderungen ergebenden Zinserträge und aus IES-Verbindlichkeiten ergebenden Zinsaufwendungen finden ihre Niederschrift in der GuV der NZBen und der EZB im Nettozinsergebnis.[726] Die konsolidierten Zinserträge und -aufwendungen innerhalb des Eurosystems heben sich auf, da das Eurosystem einen gemeinsamen Banknotenumlauf hat und dieser ein geschlossenes System darstellt.[727]

Die Verzinsung der Intra-Eurosystem-Forderungen und -Verbindlichkeiten aus der Verteilung des Euro-Banknotenumlaufs innerhalb des Eurosystems wirkt sich unmittelbar auf den Stand der Einkünfte der NZBen aus und ist somit Gegenstand des Beschlusses EZB/2010/23 vom 25. November 2010 über die Verteilung der monetären Einkünfte der NZBen des Eurosystems gemäß Art 32 der ESZB-Satzung.[728]

Klarzustellen ist, dass die Formulierung bezüglich der Verzinslichkeit der Euro-Banknoten irreführend ist. Es ist nicht so, dass die Euro-Banknoten als solche verzinslich sind, sondern die als Gegenposten zu ihnen gehaltenen Vermögenswerte. Das Banknotenmonopol begründete infolgedessen kein neues Geldregal; denn die Banknoten entstehen nicht durch Staatsausgabe, sondern, wie das Zentralbankgiralgeld, per verzinslichem Kredit i. R. d. geldpolitischen Operationen, insbesondere der Refinanzierungsgeschäfte.[729]

---

722 Groeben/Schwarze/*Scheller*, EU-/EGV[6], Art 32 ESZB-Satzung Rn 49, ein Teil dieser Vermögenswerte ist auch Gold.

723 *Deutsche Bundesbank* Geschäftsbericht 2015, S 72, „Bilanz der Deutschen Bundesbank zum 31. Dez. 2013", „Aktiva 9.3 Forderungen aus der Verteilung des Euro-Banknotenumlaufs innerhalb des Eurosystems".

724 Vgl *EZB* Jahresbericht 2015, J34, Erläuterung Nr 5 Instra-Eurosystem-Salden 5.1 Forderungen im Zusammenhang mit der Verteilung der Euro-Banknoten innerhalb des Eurosystems.

725 Erwägungsgrund Nr 3 des Beschlusses EZB/2010/23.

726 Vgl *EZB* Jahresbericht 2015, J20, „Gewinn- und Verlustrechnung für das Geschäftsjahr 2015", Position „Zinserträge aus der Verteilung des Euro-Banknotenumlaufs innerhalb des Eurosystems".

727 *Krsnakova/Oberleithner* Zusammenspiel des Euro-Banknotenumlaufs und der Intra-Eurosystem-Salden, Geldpolitik & Wirtschaft Q1/2012, S 81.

728 Erwägungsgrund Nr 9 des Beschlusses EZB/2010/29.

729 So auch *Huber* Monetäre Modernisierung, 2011, S 20.

### *4. Zwischenergebnis*

Der Gesamtwert der Notenausgabe – entschieden und genehmigt durch den EZB-Rat – entspricht folglich dem Wert des tatsächlich in Umlauf gesetzten Banknotenumlaufs der NZBen, dem des bilanzierten Banknotenumlaufs der EZB und der Intra-Eurosystem-Salden insgesamt. Hier wird daher deutlich, dass der Begriff „Ausgabe" sich inhaltlich von dem Begriff „Inumlaufbringen" unterscheidet.

Die Notenausgabe ist rechtlich und zentralbankwirtschaftlich als rechtlicher und buchhalterischer Begriff ausgestaltet und findet ihren Niederschlag in der Bilanz der EZB und der NZBen. Entscheidende Momente der ***Ausgabe*** sind die Zuordnung der verzinslichen Aktiva als Deckung bzw. Gegenposten zu hauptsächlich aufgrund von Refinanzierungsgeschäften bereitgestelltem Zentralbankgiralgeld, die die monetären Einkünfte generieren, und die Entstehung der Banknoten als verbriefte Verbindlichkeiten der Zentralbank. Diese Verbindlichkeiten regeln zum einen die Rechtsverhältnisse i. R. d. Notenausgabe zwischen der EZB und den NZBen und zum anderen diejenigen zwischen den Zentralbanken des Eurosystems und den Noteninhabern, wobei im ersten Fall die Zentralbanken des Eurosystems als Schuldner untereinander und im zweiten Fall das Eurosystem als Schuldner der Euro-Banknoteninhaber agieren.

Die Aktivposten aus den Refinanzierungsgeschäften des Eurosystems machen die Vermögenswerte, die als Gegenposten bzw. Deckung mit dem gleichen Nennwert den emittierten Banknoten gegenüberstehen, aus. Durch diese Wertzuordnung gewinnt die jeweilige individuelle Banknote neben ihrem physischen Stoffwert einen entsprechenden Nennwert.

Aufgrund der Besonderheiten in dem Eurosystem wird regelmäßig eine Banknotenumlaufanpassung gemäß dem Euro-Banknotenverteilungsschlüssel vorgenommen, die zu den verzinslichen Intra-Eurosystem-Salden führt. Die Intra-Eurosystem-Salden stellen die Effekte der Anpassung dar und wirken sich unmittelbar auf die Höhe der monetären Einkünfte des Eurosystems aus.

Dieser Komplex der Regelungen über den Euro-Banknotenumlauf und die Euro-Banknotenumlaufanpassung zeigt, dass die Bilanzierung des Banknotenumlaufs keinesfalls lediglich eine Ausgleichposition darstellt, und dass diese Bilanzierung auch nicht mit der Ersatzpflicht der Zentralbank zu begründen ist. Die Euro-Banknote ist eine bilanzierte Verbindlichkeit der jeweiligen Zentralbank in dem eigentlichen Sinne.

Die Notenausgabe durch den EZB-Rat in diesem Sinne wird ausschließlich durch Art 128 AEUV, Art 16 ESZB-Satzung, Beschluss EZB/2010/29 und § 14 BBankG geregelt. Sie ist gemeinschaftsrechtliches Recht und hoheitsrechtliche Handlung der EZB. Der Akt der Notenausgabe bestimmt den rechtlichen Rahmen der Notenemission, welche dann durch die NZBen des Eurosystems durch Inverkehrgabe abgewickelt wird.

## III. Die Auslieferung der Banknoten an Kreditinstitute

### *1. Die Auslieferung der Euro-Banknoten bedeutet den Abfluss der Reserven der Kreditinstitute auf ihre Zentralbankkonten*

Die Notenausgabe vollzieht sich im direkten Zusammenhang mit der Abhebung von Giroguthaben bei den jeweiligen Zentralbankkonten und bedeutet daher lediglich eine Umwandlung von Zentralbankgiralgeld, das in Gestalt von Giroguthaben bei der Bundesbank bereits vorhanden ist, in Stückgeld.[730]

Zum Zeitpunkt der Entstehung und Inverkehrgabe der Euro-Banknoten besteht schon die Aussonderung des notwendigen Nennwerts der aktivseitigen Vermögenswerte, welcher die Notenausgabe erlaubt. Die Inverkehrgabe der Euro-Banknoten erhöht nicht den Nennwert der monetären Verbindlichkeiten zu Lasten der Zentralbanken. Herbeigeführt ist lediglich eine veränderte Zusammensetzung von verschiedenen Formen der Verbindlichkeiten der Zentralbank, nämlich Verbindlichkeiten in Form von Zentralbankgiralgeld einerseits – also die Reserven der Kreditinstitute auf ihren jeweiligen Zentralbankgirokonten – und Verbindlichkeiten, die in den Euro-Banknoten verbrieft sind, andererseits.

Benötigt eine Bank Bargeld, lässt sie es sich von der Bundesbank auszahlen. Der ausgelieferte Betrag wird dann auf dem Zentralbankkonto der Bank belastet, um den sich zugleich das Zentralbankguthaben vermindert. Wenn Euro-Banknoten an die Kreditinstitute ausgegeben werden, muss sich das Giroguthaben des Notenempfängers bei der Zentralbank also entsprechend dem erhaltenden Nennwert reduzieren lassen.[731]

Der Banknotenumlauf wird daher auch als *liquiditätsabschöpfende Passiva* der Kreditinstitute bezeichnet[732], da der Erhalt der Euro-Banknoten einen unmittelbaren Abfluss von Reserven[733] der Kreditinstitute – also eine liquiditätsabsorbierende Wirkung – verursacht. Dabei entsteht kein Einfluss auf die Geldmenge im Ganzen, sondern nur auf die Zusammensetzung der genannten beiden Arten von Verbindlichkeiten. Die Notenausgabe stellt somit keine zusätzliche Geldschöpfung dar, da

---

730 *Münch* Das Giralgeld, 1990, S 114; *Fögen* Geld- und Währungsrecht, 1969, S 19, 73; *Möschel* Wirtschaftsrecht der Banken, 1972, S 85 f. *von Spindler/Becker/Starke* Die Deutsche Bundesbank[4], 1973, S 45.

731 Vgl *Weenink* The Legal Nature of Euro Banknotes, S 433 ff. in: *J.I.B.L.R*, 2003, S 435.

732 Vgl Die Geldpolitik der EZB, 2011, S 122, Tabelle 4.4; *AGB-Bbk* Abschnitt II. E. Nr. 2 Var. 2 und F. Nr 2; **abweichend**, *Köhler* Geldwirtschaft, 1977, S 8.

733 Zur Definition für *Reserven* siehe § 7 V. IV. 1.: Die Position „Guthaben der Kreditinstitute auf Girokonten beim Eurosystem" (auch als *Reserven* bezeichnet) bildet das sogenannte Zentralbankgiralgeld ab, das sich auf die Guthaben der Kreditinstitute bei der Zentralbank bezieht, die zur Erfüllung von Zahlungsverpflichtungen aus Interbankgeschäften und der Mindestreservepflicht erforderlich sind.

sie nur gegen Auszahlung eines Giroguthabens bei der Zentralbank geschieht und daher lediglich eine Umwandlung von Giralgeld in Bargeld darstellt.[734]

Die Menge von Banknoten wird – in den Grenzen der Zentralbankgiralgeldschöpfung – mitbestimmt durch die Zahlungsgewohnheiten in der Wirtschaft und der Bevölkerung[735] und unterliegt grundsätzlich der Steuerung durch das Eurosystem. Bargeld ist lediglich eine Wechselmenge, die aus dem Giralgeld laufend aus- und wieder eingewechselt wird.[736] Währungspolitisch hat die Notenausgabe als solche zudem keine eigenständige Bedeutung.[737]

### 2. *Der Scheckvertrag i. R. d. Girovertrags als Rechtsgrundlage des Barabhebungsanspruchs der Kreditinstitute*

#### a) *Kein Anspruch auf Notenauszahlung aus Offenmarktgeschäften?*

Aus ökonomischer Sicht stellen die Offenmarktgeschäfte i.S.d. Art 18 ESZB-Satzung, bei welchen die Zentralbank Wertpapiere als Sicherheit für die Zuteilung von Zentralgiralgeld regelmäßig über befristete Transaktionen annimmt, eine materielle monetäre Quelle von Aktiva für die Banknotenemissionen des Eurosystems dar.[738] Das für die Inverkehrgabe erforderliche Giroguthaben bei der Zentralbank, nämlich die Reserven der Kreditinstitute, wird ebenfalls i. R. d. Offenmarktgeschäfte generiert. Juristisch gesehen entsteht ein Anspruch auf Notenauszahlung unmittelbar weder aus den HRGs noch aus dem Giroguthaben bei der Zentralbank, sondern aus dem Kontoverhältnis zwischen Zentralbank und Kreditinstitut. Dieses der Notenauszahlung zugrunde liegende Rechtsverhältnis ist eine von der Monetisierung i. R. d. geldpolitischen Aktionen des Eurosystems grundsätzlich zu unterscheidende Rechtsgrundlage – ausschließlich für die Inverkehrgabe der Euro-Banknoten.

#### b) *Barabhebung als Verfügung über das Girokonto mittels Barscheck, AGB-Bbk Abschnitt II. D. Nr 4, E. Nr 2 Abs 2 Var 2, F. Und Abschnitt XII*

Für Barabhebungen dürfen gemäß AGB-Bbk Abschnitt II. D. Nr 4, E. Nr 2 Abs 2 Var 2, F. Und Abschnitt XII. ausschließlich Barschecks, welche auf Vordrucken der Bank ausgestellt sind, benutzt werden. Die Ausstellung der Schecks beruht auf dem privatrechtlichen Girovertrag zwischen dem Kreditinstitut und der Zentralbank, welcher z. B. in Deutschland größtenteils von den AGB der Bundesbank geregelt wird. Gemäß AGB-Bbk Abschnitt II. F. Nr 1 Abs 1 versieht die Bundesbank auf Antrag eines Kontoinhabers einen von ihm auf einem Vordruck der Bank ausgestellten Scheck mit einem Bestätigungsvermerk, durch den sie sich zur Einlösung

734 Vgl *Fögen* Geld- und Währungsrecht, 1969, S 73; *Möschel* Wirtschaftsrecht der Banken, 1972, S 85 f. *Münch* Das Giralgeld, 1990, S 112.
735 *Fögen* Geld- und Währungsrecht, 1969, S 73.
736 *Huber* Monetäre Modernisierung, 2011, S 16.
737 *Fögen* Geld- und Währungsrecht, 1969, S 73.
738 *Kunzmann* Geld, Kredit, Krise, 2001, S 58.

des Schecks bei Vorlage innerhalb einer Frist von acht Tagen – vom Tag der Ausstellung des Schecks an gerechnet – während der Geschäftsstunden verpflichtet; ein bestätigter Scheck wird bar ausgezahlt. Gemäß AGB-Bbk Abschnitt II. F. Nr 2 wird bei Abgabe der Bestätigung der Scheckbetrag dem Dotationskonto[739] belastet.

Infolge dessen erfolgt die Inverkehrgabe der Euro-Banknoten in Deutschland durch die Bundesbank an die Kreditinstitute auf der Grundlage privatrechtlicher Scheck- bzw. Giroverträge zwischen den Kreditinstituten und der Bundesbank.

## IV. Euro-Banknoten als Verbindlichkeiten

### *1. Der Notenumlauf als bilanzierte Verbindlichkeiten der Zentralbank aus volkswirtschaftlicher Sicht*

Die in Umlauf gesetzten Euro-Banknoten stellen aus volkswirtschaftlicher Sicht eine Forderung des privaten Sektors (vereinfacht als Kreditinstitute und Nicht-Banken verstanden) dar, die einer Verschuldung der Zentralbanken des Eurosystems in gleicher Höhe entspricht.[740]

Der Banknotenumlauf, bewertet mit Nennwert, stellt gemäß § 28 BBankG aF – vor der Euro-Einführung – und gemäß Art 4 Bankbilanz-RL (RL 86/835/EWG)[741] sowie gemäß Anhang I des Beschlusses EZB/2010/21 die Bilanzposition Nr 1 unter Passiva der Bilanz der EZB dar. Der Inhalt der Bilanzposition lautet: „von der EZB ausgegebene Euro-Banknoten gemäß dem Beschluss EZB/2001/15". Bilanztechnisch werden die umlaufenden Banknoten bei den Nicht-Banken somit als Verbindlichkeiten der EZB angenommen.[742] In der konsolidierten Bilanz der MFIs steht der Barumlauf zudem ausdrücklich auf Passivseite – nämlich als eine Kategorie von Verbindlichkeiten des MFI-Sektors.[743]

Bargeldumlauf ist somit eine Kategorie der monetären Verbindlichkeiten von MFIs und Zentralstaaten (Post, Schatzamt) gegenüber Nicht-MFIs (ohne Zentralstaaten) im Euro-Währungsgebiet in der konsolidierten und aggregierten Bilanz der MFIs. Der unter Bargeldumlauf in der aggregierten Bilanz der MFIs aufgeführte Betrag umfasst demzufolge den Effektivbestand aller im Umlauf befindlichen Banknoten mit Ausnahme derjenigen Banknoten, die sich im physischen Bereich der Zentralbank und der Kreditinstitute befinden.[744]

---

739 Zum Detationskonto siehe *AGB-Bbk* Abschnitt II. A. Nr 1 Var. 3 und D.

740 Vgl *Duwendag u. a.* Geldtheorie und Geldpolitik, 1999, S 307.

741 Bankbilanzrichtlinie (EG) Nr 25/2009; RL 86/635/EWG.

742 Vgl auch *Weenink* The Legal Nature of Euro Banknotes, S 433 ff. in: *J.I.B.L.R*, 2003, S 435.

743 Vgl Die Geldpolitik der EZB, 2011, S 52.

744 Vgl *von Spindler/Becker/Starke*, Die Deutsche Bundesbank[4], 1973, S 503.

## 2. *Der Inhalt der von Euro-Banknoten verbrieften Geltungsforderung*

### *a) Forderung auf eine andere Verbindlichkeit?*

Wie oben schon erwähnt, finden viele Autoren, welche die allgemeine Ansicht über die Rechtsnatur der uneinlösbaren Banknoten vertreten, nach der Aufhebung der Einlösungsforderung keinen begriffsnotwendigen Schuldinhalt in der Banknote, um diese aufgrund dessen als Verbindlichkeit bzw. Forderung anerkennen zu können.[745] Nach *F. A. Mann* wird dem Inhaber oder Einreicher der in der Note angegebene Betrag auf Verlangen trotz der Aufhebung der Einlösungspflicht „gezahlt"; dies sei ein ausdrückliches oder zumindest stillschweigendes Versprechen des Emittenten, dass in allen Banknoten nach wie vor eine Forderung – ein Zahlungsanspruch – verbrieft sei.[746] Begründet wird jedoch dabei allerdings nicht, was genau der Leistungsgegenstand dieses Zahlungsanspruchs sein sollte.

Da man von der Notenbank aus der uneinlösbaren Note nichts bekommen kann als ein Giroguthaben oder andere Noten, sieht man dies nicht als begriffsnotwendigen Forderungsinhalt einer Verbindlichkeit an. Allerdings kann eine Forderung zum Inhalt haben, dass für den Gläubiger ihretwegen eine andere Forderung – z. B. eine verbriefte anstelle einer nicht-verbrieften Forderung – begründet wird.[747] Dies wird von *Fögen* für einen Irrtum gehalten: die Konstruktion eines Umtauschanspruches, der sich – in dem Verlangen nach einer anderen Stückelung von Banknoten oder einem Giroguthaben mit demselben Nennbetrag wie eine durch Banknoten verbriefte Forderung – von einer Umtauschverpflichtung für nicht mehr umlaufgeeignete oder aufgerufene Noten unterscheiden lässt, sei lediglich ein gegenstandsloser und irreführender Nachklang aus einer früheren Rechtsperiode, als die Banknoten noch Ersatz von gesetzlichem Zahlungsmittel darstellten.[748]

Aus einer Banknote könnte sich nach dieser Betrachtungsweise entweder – im Fall der einlösbaren Noten – ein von Art 14 GG geschütztes **Eigentumsrecht** an gesetzlichem Münzmetall oder – wie im Fall der Euro-Banknoten – lediglich ein **schuldrechtliches Forderungsrecht** auf Tausch gegen eine andere Verbindlichkeit, z. B. ein Bankkontoguthaben bzw. Giralgeld, Banknoten mit anderem Nennwert oder Fremdwährung, ergeben.[749] Die NZBen behandeln grundsätzlich sämtliche von ihnen angenommene Euro-Banknoten als Verbindlichkeiten gemäß Art 3 Abs 3 des Beschlusses EZB/2010/29. Die ausgebenden Stellen verpflichten sich nach Art 3 Abs 2 des Beschlusses EZB/2010/29 bei Geltendmachung des Noteninhabers bei Vorlage der Euro-Banknoten zum Umtausch in Euro-Banknoten des gleichen Wertes

---

745 *Reinhardt* in: FS Boehmer, 1954, S 60, 63; *Duden* Der Gestaltwandel des Geldes, 1968, S 7.

746 *F. A. Mann* Das Recht des Geldes, 1960, S 6; *Fögen* Geld- und Währungsrecht, 1969, S 17.

747 *Duden* Der Gestaltwandel des Geldes, 1968, S 7.

748 Vgl *Fögen* Geld- und Währungsrecht, 1969, S 17 Fn 33.

749 *Weenink* The Legal Nature of Euro Banknotes, S 433 ff. in: *J.I.B.L.R*, 2003, S 435.

bzw. im Falle eines Kontoinhabers zur Gutschrift auf ein bei der Empfänger-NZB geführtes Konto an.

Die einlösbaren Banknoten verbriefen jedoch nicht nur die Einlösungspflicht des Emittenten. Auch bei Bestehen der Einlösungspflicht bestand noch eine weitere Forderung in den Banknoten, nämlich die Forderung des Noteninhabers auf Gewährleistung der Geltung des dem Nennwert entsprechenden Quantums an Währungseinheiten. Der Wegfall der Einlösungspflicht führt somit nicht zum Verlust der Rechtsnatur der Banknoten als Inhaberschuldverschreibungen bzw. Wertpapiere.

Verkannt wird jedoch auch, dass sich ein Anspruch auf Tausch z.B. gegen Giralgeld nicht aus der Euro-Banknote als solche ergibt, sondern aus dem Girovertrag zwischen dem Banknoteninhaber und der (Zentral-)Bank. Der entscheidende Faktor ist die primär in der Euro-Banknote als solche verkörperte Verbindlichkeit, nämlich die eigentliche primäre Leistungspflicht der Zentralbank gegenüber jedem Noteninhaber.

### *b) Die Geltungsforderung – Geltungsgewährleistung der Zugewiesenheit des Währungseinheitsquantums und Verlust eines zu erwerbenden Eigentumsrechtes durch Aufhebung der Einlösbarkeit*

Mit der Aufhebung der währungsrechtlichen Einlösungspflicht verbriefen die Banknoten nicht mehr das Recht auf Umtausch in Eigentum. Nunmehr ist die Banknote eine Verbindlichkeit der Notenbank[750] in Bezug auf andere subjektive Rechte der Banknoteninhaber. Wie das von der Gutschrift getragene Zentralbankgiralgeld verbriefen auch die Euro-Banknoten eine Forderung auf Geltung des dem Noteninhaber zugewiesenen Währungseinheitsquantums, nämlich auf Geltung eines Nenn- bzw. Nominalwertes.

Die Ansicht, dass wegen mangelnden Forderungsinhaltes die Banknoten nach der Aufhebung des Einlösungsanspruchs kein subjektives Recht mehr verbriefen, ist hiermit endgültig abzulehnen, weil die Euro-Banknoten nämlich eine Geltungsforderung, die auch das Substrat des Giralgeldes darstellt, verbriefen. Die EZB und NZBen sind den Euro-Noteninhabern gegenüber verpflichtet, die Geltung des in den Banknoten verbrieften Nennwertes zugunsten des Noteninhabers zu gewährleisten.

### *c) Die Rechtsgrundlage der in den Euro-Banknoten verbrieften Forderungen*

Nach der Feststellung des Forderungsinhaltes der in der Banknoten verbrieften Leistungspflicht der Notenemittenten ist zu untersuchen, worin genau die Rechtsgrundlage dieser Forderung liegt.

---

750 Die Geldpolitik der EZB, 2011, S 52; *Deutsche Bundesbank* Geld und Geldpolitik, unter www.bundesbank.de; *Jarchow* Grundriss der Geldtheorie, 2010, S 5.

### aa) Das Inverkehrbringen mittels der Auszahlung von Zentralbanken an Kreditinstitute

Fraglich ist zunächst, ob die Verbriefung der Geltungsforderung als Geld schon zum Zeitpunkt einer Scheckauszahlung durch die Bundesbank[751] oder erst mit der Auszahlung von Kreditinstituten an Nicht-MFIs[752] erfolgt. Nach letzterer Ansicht werden Euro-Banknoten in den Kassenbeständen der Kreditinstitute nicht zum Banknotenumlauf zugeordnet, denn die Banknoten in den Kassenbeständen verlieren definitionsgemäß ihre Funktion als Zahlungsmittel und werden allsogleich zu Liquiditätsreserven der Kreditinstitute.[753] Demnach werden Banknoten erst mit der Aktivierung und dem Inverkehrbringen durch die Kreditinstitute gültiges gesetzliches Zahlungsmittel.[754] Allerdings beruht diese Ansicht auf einer Betrachtung der Banknoten als Zahlungsinstrument in der Bilanz der Nicht-Banken.

Zu beachten ist in diesem Zusammenhang allerdings, dass die Euro-Banknote nicht nur gesetzliches Zahlungsmittel sondern vielmehr ein buchhalterischer Begriff ist. Aus Sicht der Notenemittenten gehen die Euro-Banknoten sowohl in der Bilanz der MFIs als auch in der Bilanz der Nicht-MFIs ein. In der Bilanz der Zentralbanken des Eurosystems werden die den NZBen und EZB verteilungsschlüsselgemäß zugeteilten Euro-Banknoten unter der Position „Banknotenumlauf" angesetzt. Die Banknoten sind aus Sicht der EZB auch ein liquiditätsabschöpfender Faktor für die Kreditinstitute und stehen unter der Aktivaposition „Barreserve/Kassenbestand" als Forderungen gegen die Zentralbank neben der Aktivaposition „Guthaben bei Zentralnotenbank", § 12 RechKredV. Der Banknotenumlauf entzieht dem Bankensystem zudem Liquidität, weil Banknoten von der Zentralbank beschafft werden und die Kreditinstitute deswegen auch bei der Zentralbank Zentralbankgiralgeld als Reserven aufnehmen müssen.[755]

Eine der notwendigen Voraussetzungen für die Entstehung der von den Banknoten verbrieften Forderung in der Gläubiger-Schuldner-Beziehung ist der Eigentumsübergang der Urkunde auf einen anderen als den Emittenten.[756] Unter der Inverkehrgabe der Banknoten i. R. d. Notenausgabe ist somit die wirksame Entstehung der Verbindlichkeiten der Zentralbanken des Eurosystems gegenüber einem Dritten – sei es ein Kreditinstitut oder ein Nicht-MFI – zu verstehen.

---

751 Vgl Groeben/Schwarze/*Smits* EU-/EGV$^{6}$, Art 106 EG Rn 11.

752 Vgl *Rieken* Die Beziehungen zwischen der Notenbank und den Trägern der Girosysteme, 1964, S 84.

753 *Münch* Das Giralgeld, 1990, S 106 Fn 14; *Rieken* Die Beziehungen zwischen der Notenbank und den Trägern der Girosysteme, 1964, S 82.

754 Vgl *Rieken* Die Beziehungen zwischen der Notenbank und den Trägern der Girosysteme, 1964, S 84.

755 Die Geldpolitik der EZB, 2011, S 123, vgl auch der zweite Teil von Tabelle 4.4.

756 *Fögen* Geld- und Währungsrecht, 1969, S 22.

### bb) Der Scheckvertrag gemäß AGB-Bbk Abschnitt II. D. Nr 4; E. Nr 2 Abs 2 Var 2; F. Nr 1 ff

Während das Zentralbankgiralgeld aufgrund des vertraglichen Rechtsverhältnisses i. R. d. Hauptfinanzierungsgeschäfte durch die Erteilung einer Gutschrift entsteht, kommen Euro-Banknoten aus einem davon zu unterscheidenden Rechtsverhältnis zwischen dem Emittenten und einem Kreditinstitut als Ersterwerber der Banknoten in Umlauf.

Wichtig ist hierbei, die in den Euro-Banknoten verbrieften Verbindlichkeiten und deren Bilanzierung getrennt zu betrachten, weil ja die Entstehung des der in den Euro-Banknoten verbrieften Verbindlichkeit zugrunde liegenden Schuldverhältnisses und die Bilanzierung des Euro-Banknotenumlaufs in verschiedenen juristischen Momenten erfolgen. Die tatsächliche Entstehung und Erfüllung des Schuldverhältnisses zwischen dem Eurosystem und dem Euro-Banknoteninhaber erfolgt durch die Inverkehrgabe der Euro-Banknoten durch die NZBen. Entscheidend sind hierfür der Scheckvertrag gemäß AGB-Bbk Abschnitt II E. Nr 2 Abs 2 Var 2 und F. Nr 1 ff. i. R. d. rahmenvertraglichen Girovertrages zwischen den Kreditinstituten und der Bundesbank und die aufgrund dessen erfolgende Übereignung der Euro-Banknoten.

Mit der Erteilung des Bestätigungsvermerks und einer Annahmebestätigung des in dem Vorlegen des Schecks liegenden Barauszahlungsantrages eines Kreditinstituts – gemäß AGB-Bbk Abschnitt II. F. Nr 1 Abs 1 – kommen die *dingliche Einigung über den Eigentumsübergang* und die *Einigung über die schuldrechtliche vertragliche Begründung der zu verbriefenden Forderung* zustande.

### cc) Die Auszahlung von Euro-Banknoten gegen Belastung des Scheckbetrages auf den Girokonten der Kreditinstitute

Für diesen Forderungserwerb mit dem Erhalt von Euro-Banknoten wird das Zentralbankgirokonto des erwerbenden Kreditinstituts mit dem Scheckbetrag belastet. Diese Belastungsbuchung wird in der Literatur teils als *Zahlung*[757] *für den Notenerwerb*, teils als *Austausch von Giroguthaben gegen Euro-Banknoten*[758] bezeichnet. Ob es sich dabei um einen *Rechtskauf* nach § 453 BGB oder einen *Tausch* gemäß § 480 BGB handelt, ist kaum abgrenzbar, da die gegenseitigen Leistungspflichten in der Hergabe von Zahlungsmitteln liegen. Allerdings kann diese Frage durchaus offen bleiben, da für beide Fälle gleichermaßen die Regelungen der §§ 431 ff. BGB maßgeblich sind. Die Belastung des Giroguthabens liegt der Begründung der durch die Banknoten zu verbriefenden Forderungen zugrunde.

Durch die Einlösung gemäß AGB-BbK Abschnitt II. F. Nr 1 – mit Belastung des Scheckbetrages auf dem Girokonto – erfolgt der Eigentumsübergang vom Emittenten auf das Kreditinstitut und somit die Inverkehrgabe der Euro-Banknoten. Die neu

---

757 *Weenink* The Legal Nature of Euro Banknotes, S 433 ff. in: *J.I.B.L.R*, 2003, S 435: „... the recipient has to *pay* this value."

758 Art 3 Abs 2 des Beschlusses EZB/2010/29.

begründete verbriefte Verbindlichkeit löst folglich dem Nennwert entsprechend die Verbindlichkeit in Form von Reserven der Kreditinstitute auf dem Girokonto bei der Zentralbank ab und beinhaltet nach den §§ 780, 781 BGB den genau gleichen Forderungsinhalt wie den des Zentralbankgiralgeldes, nur aufgrund eines anderen Schuldverhältnisses.

Hierbei steht es fest, dass die Geltungsforderungen aus dem jeweiligen abstrakten Schuldversprechen das Substrat sowohl des Zentralbankgiralgeldes als auch der Euro-Banknoten darstellen, und zwar zum einen in verbriefter und zum anderen in nicht-verbriefter Form.

Die Zusammensetzung von Banknotenumlauf und giralen Reserven der Kreditinstitute entspricht dem Nennwert des ursprünglichen Volumens der geldpolitischen Transaktionen zwischen Zentralbank und Kreditinstituten, die das Zentralbankgiralgeld zugunsten den Kreditinstituten als ihre Reserven generierten.

### *d) Ist die in der Banknote verbriefte Geltungsforderung öffentlich-rechtlicher oder privatrechtlicher Natur?*

Fraglich ist, ob die von der Euro-Banknote verbriefte Forderung ein subjektives Recht öffentlich-rechtlicher oder privatrechtlicher Natur darstellt. Auf der ersten Blick entsteht die in der Banknote verbriefte Geltungsforderung vermittels einer schuldrechtlichen Einigung zwischen Zentralbank und Kreditinstitut i.R. eines privatrechtlichen Vertrages, der durch die AGBn der Bundesbank geregelt wird. Allerdings kommt auch hier unter Umständen die Zweistufentheorie in Betracht.

Die Notenemission besteht zum einen aus der hoheitsrechtlichen und buchhalterischen Ausgabe und zum anderen aus dem giro-scheckvertraglichen Inumlaufbringen. Die Übertragung der Euro-Banknoten durch Kreditinstitute an Nichtbanken gehört jedoch nicht zu der Notenemission der EZB und der NZBen. Sie stellt lediglich einen zivilrechtlichen Vorgang außerhalb des Bereichs des Eurosystems als Emittenten dar. Problematisch ist jedoch, wie der mehraktige Vorgang der Notenemission im Ganzen zum öffentlichen oder privaten Recht zuzuordnen ist, da der Vorgang der Notenemission sich – genau wie derjenige der Refinanzierungsgeschäften – aus Tatbeständen des öffentlich-gemeinschaftsrechtlichen und des privaten Rechts zusammensetzt.

Allgemein anerkannt sind auf jeden Fall die subjektiv-öffentlichen Rechte des Hoheitsträgers auf die Abgabe privatrechtlicher behördlicher Willenserklärungen.[759] Im Fall der Qualifikation der Rechtsnatur des Zentralbankgiralgeldes und der Euro-Banknoten kommt eine entsprechende Anwendung der Zweistufentheorie[760] zumindest in Betracht, die ansonsten vor allem im Bereich der Nutzung des

---

759 *Stelkens* Verwaltungsprivatrecht, Berlin 2005, S 410 ff, 1030 f.

760 *Ipsen* Europäisches Gemeinschaftsrecht, Tübingen 1972, § 22 Nr 27; *Bleckmann*, Europarecht$^6$, Rn 841.

Leistungsangebotes öffentlich-rechtlicher Anstalten Bedeutung hat[761], zu denen allerdings nach hM auch die Bundesbank gehört.[762]

I.R.d. Wahrnehmung währungspolitischer Aufgaben kann die Ausführung durch das Eurosystem dementsprechend auch in zwei Stufen aufgeteilt werden. Wenn dabei ein öffentlich-rechtlich begründeter Zulassungsanspruch besteht, dann ist auf jeden Fall die Frage der Zulassung auch öffentlich-rechtlich zu beurteilen; die Abwicklung kann dann aber gleichwohl privatrechtlich ausgestattet sein.[763] Die zwei Stufen der Ausgabe der Euro-Banknoten bestehen demzufolge also in der *Ausgabe* und der *Inverkehrgabe.*

Wie oben schon festgestellt, die Anwendung der Zweistufentheorie auf die Offenmarktgeschäfte ist abzulehnen, da der erststufige öffentlich-rechtliche Rechtsakt keinen Leistungsanspruch begründet und nicht unmittelbar auf das Rechtsverhältnis zwischen der erlassenen Behörde und ihrem privatrechtlichen Vertragspartner einwirkt. Zu untersuchen ist nun die Anwendbarkeit der Zweistufentheorie auf die Notenemission der Zentralbanken des Eurosystems.

#### aa) Die Ausgabe als erste Stufe der Notenemission: Rechtliche Qualifikation der Entscheidung des EZB-Rates über die Ausgabe der Euro-Banknoten

Während der durch die NZBen im Umlauf gesetzte Banknotenumlauf noch von dem Verhalten der Kreditinstitute mitbestimmt wird, stellt die von der Mitwirkung der Kreditinstitute rechtlich unabhängige Entscheidung des EZB-Rates über die in der Bilanz einander gegenübergestellten Gesamtnennwerte des Notenumlaufs des Eurosystems und der Aktiva als Gegenposten einen für die Notenemission rechtlich konstitutiven Akt dar, welcher den konkreten rechtlichen Rahmen für die Notenemission gemäß Art 128 AEUV und Art 16 ESZB-Satzung festlegt.[764] Als der Träger der Hauptverantwortung für die bestimmungsgemäße Verwirklichung der Währungsunion und die zieladäquate Formulierung der Geldpolitik regelt der EZB-Rat die Euro-Banknoten-Ausgabe vermittels Beschlüssen gemäß Art 288 Abs 4 AEUV[765],

---

761 Zur Entstehung der Zweistufentheorie siehe *Stelkens* Verwaltungsprivatrecht, 2005, S 968 ff.

762 *Kümpel* WM 1992 Sonderbeil. Nr 1, S 7; *Maunz/Dürig/Herdegen* GG[77 EL], Art 88 Rn 54; *Gramlich* Bundesbankgesetz, Währungsgesetz, Münzgesetz, 1988, § 2 Rn 7; *Schmidt* Die Zentralbank im Verfassungsgefüge der Bundesrepublik Deutschland. Der Staat, Beiheft 5, 1981, S 65.

763 Vgl *Tschekuschina* Rechtliche Aspekte der geldpolitischen Instrumente des ESZB, 2007, S 32; *Bleckmann* Europarecht, 1997, Rn 841; *Ipsen* Europäisches Gemeinschaftsrecht, 1972, § 22 Nr 27.

764 Groeben/Schwarze/*Smits*, EU-/EGV[6], Art 106 EG Rn 11.

765 Http://www.ecb.europa.eu/press/govcdec/html/index.en.html: Auslegung der EZB über die Beschlüsse i.S.d. Art 12 ESZB-Satzung: Informationen über den EZB-Rat → Beschlüsse des EZB-Rats → Governing Council Decisions → other decisions → **Banknotes' issurance**; „Since December 2004 these decisions have been published at 3 p.m. C.E.T. on the day after the second Governing Council meeting."

um den Gesamtwert der auszugebenden Euro-Banknoten und deren Verteilung zu bestimmen. Diese Beschlüsse sind verbindliche unionsinterne Rechtsakte für Einzelfälle[766] und infolge dessen von der EZB als Trägerin der hoheitlichen Gewalt vorgenommene gemeinschaftsrechtlich-hoheitliche Handlungen.

Aus den Beschlüssen des EZB-Rats über die Euro-Banknoten-Ausgabe entsteht jedoch noch kein Barauszahlungsanspruch der Kreditinstitute gegen die Bundesbank.[767] Ein Auszahlungsanspruch[768] der Kreditinstitute entsteht erst mit dem Zustandekommen eines Scheckvertrags i. R. d. Girovertrags zwischen einem Kreditinstitut und der Bundesbank durch den Bestätigungsvermerk der Bundesbank als Annahme des Auszahlungsantrags des Kreditinstituts, AGB-Bbk Abschnitt II. D. Nr 4, F. Nr 1 Abs 1 und 3.

Wie bei den Offenmarktgeschäften fehlt es für die Anwendung der klassischen Zweistufentheorie ebenfalls die unmittelbare Einwirkung der unionsinternen Beschlüsse über die Notenausgabe auf den Scheck- und Giroverträgen zwischen den Kreditinstituten und der Bundesbank. Für die Anwendung der Zweistufentheorie fehlt somit im Falle der Notenemission schon an der ersten Stufe.

### bb) Die Inverkehrgabe als die zweite Stufe der Notenemission

Die Inverkehrgabe der Euro-Banknoten durch die Bundesbank aufgrund der girorechtlichen Scheckverträge[769] zwischen der Bundesbank und ihren Geschäftspartnern stellt die privatrechtlich vertragliche Geschäftsabwicklung dar, die nur im Rahmen der durch die Notenausgabe-Beschlüsse festgesetzten bilanziellen Rechtsrahmen auszuführen ist. Auch diese zweite Stufe der Notenemission entspricht nicht der zweiten Stufe i.S.d. klassischen Zweistufentheorie in dem deutschen Verwaltungsrecht, auf der ein auf der ersten Stufe begründeten Anspruch privatrechtlich vertraglich erfüllt wird.

Ein Barauszahlungsanspruch gegen die Bundesbank wird erst mit dem Zustandekommen eines Scheckvertrags zwecks Barabhebung begründet und mit der Auszahlung von Euro-Banknoten erfüllt. Die Inverkehrgabe der Euro-Banknoten wird somit mit dem Abschluss und der Erfüllung des privatrechtlichen Scheckvertrags vollzogen.

Somit ist die Notenausgabe im weiteren Sinne – also die Notenemission – ebenfalls ausschließlich von privatrechtlicher vertraglicher Natur, sowie die giralgeldschöpfende Offenmarktgeschäfte. Die von den Euro-Banknoten verbriefte

766 Vgl Calliess/*Ruffert* EUV/AEUV[5] Art 288 AEUV Rn 86; *Bockey* Die Entscheidung der Europäischen Gemeinschaft, 1998, S 34 f; *Röhl* ZaöRV 60 (2000), S 331; *André* EuR 1969, S 191; *Börner* Die Entscheidungen der Hohen Behörde, 1965; *Paberl* Rechtscharakter und Anwendung der Entscheidung im EWGV, 1969; *Thierfelder* Die Entscheidung im EWG-Vertrag, 1968.

767 Vgl oben unter T. III. 2. a).

768 Vgl *AGB-Bbk* Abschnitt II. F. Nr 1 Abs 3.

769 *AGB-Bbk* Abschnitt II. F. Nr 1.

Geltungsforderung wird also ausschließlich durch ein privatrechtliches Rechtsverhältnis zwischen der Bundesbank und den Kreditinstituten als den Ersterwerbern von Euro-Banknoten begründet. Sie ist folglich eine privatrechtliche Forderung des Noteninhabers gegen die Zentralbanken des Eurosystems, die kein absolutes[770], sondern lediglich ein relatives privatrechtliches subjektives Recht des jeweiligen Noteninhabers ist.

Anders als die grundsätzlich verzinslichen Mindestreserven der Kreditinstitute sind die Verbindlichkeiten bezüglich des Banknotenumlaufs als Kehrseite der Geltungsforderung als solche prinzipiell nicht verzinslich.[771] Die umlaufenden Euro-Banknoten sind als Aktiva von Kreditinstituten und Nicht-MFIs ebenfalls prinzipiell nicht verzinslich. Die Gegenposten zum unverzinslichen Banknotenumlauf und den verzinslichen Einlagen der Kreditinstitute als Verbindlichkeiten aus der monetären Basis, in denen sich die währungspolitischen Operationen als Vermögenswerte in den Aktiva niederschlagen, sind jedoch zu verzinsen, um die monetären Einkünfte des Eurosystems zu verwirklichen.

### *e) Die uneinlösbare Euro-Banknote als Inhaberschuldverschreibung*

Umstritten ist immer noch die Einordnung der Banknoten als Wertpapiere i.S.d. Inhaberschuldverschreibung.[772] Das frühere Recht verortete Banknoten als Inhaberschuldverschreibungen gemäß § 793 BGB.[773] Teilweise wird es jedoch vollständig abgelehnt, Banknoten – unabhängig davon, ob es sich um einlösbare oder uneinlösbare Banknoten handelt – als Wertpapiere anzusehen[774]. Angenommen wird demhingegen jedoch die Eigenschaft der Banknoten als Geldzeichen[775]. Teilweise wird darüber hinaus angenommen, dass die Banknoten Recht, jedoch nicht privates Recht

---

770 Zur Annahme eines absoluten Rechts bei Banknoten siehe *Grenz* Geldregal und Währungsverwaltung, 1955, S 28; unterschieden wird dabei zwischen einem (öffentlichen) absoluten, gegen jedermann wirkenden Recht und einem Anspruch auf eine bestimmte geldliche Kaufkraft; vom Geldinhaber erworben ist lediglich das absolute Recht, vgl *Grenz* Geldregal und Währungsverwaltung, 1955, S 28.

771 *Handig/Holzfeind* Euro-Banknotenumlauf und Verteilung der monetären Einkünfte im Eurosystem, Geldpolitik & Wirtschaft Q1/2007, S 167; Groeben/Schwarze/*Smits*, EU-/EGV[6] Art 32 ESZB-Satzung Rn 22.

772 MüKoBGB/*Habersack*[6], Vor § 793 Rn 20.

773 *Palandt* BGB[12], § 793 Anm 1 c; vgl *Koch/Schacht* Münz- und Bankgesetzgebung, 1926, Anm 1 zu § 3 BankG 1924; *von Spindler/Becker/Starke* Die Deutsche Bundesbank[2], § 14 Anm 2; *Duden* Der Gestaltwandel des Geldes, 1968, S 19.

774 RGZ 103, 231, 234 f. *Heinsius/Horn/Than* DepotG, 1975, § 1 Rn 38 mwN; Staudinger/*Marburger* BGB[2009], Vor §§ 793 Rn 49; *Zöllner,* Wertpapierrecht[14], § 3 III 2; *Haag* Die Begriffsbildung der Wertpapiere, 1969, S 29; MükoBGB/*Habersack*[6], Vor § 793 Rn 20.

775 *Grenz* Geldregal und Währungsverwaltung, 1955, S 169; *Hueck* Recht der Wertpapiere[10], S 115.

verbriefen.[776] Nach der hM ist die Eigenschaft von Inhaberschuldverschreibungen davon zwingend abhängig, ob die Banknoten eine Einlösungspflicht verbriefen.[777] Entsprechend dem Problem des Forderungsinhalts bezüglich der uneinlösbaren Banknoten meint die hM infolgedessen, dass spätestens nach der Aufhebung der Einlösungspflicht der Zentralbank (durch Gesetz vom 4. August 1914[778]) die uneinlösbaren Banknoten nicht mehr als Inhaberschuldverschreibung den Wertpapiercharakter innehaben, da nämlich angenommen wird, dass uneinlösbare Banknoten wegen des Entfallens der Einlösungspflicht keine Forderung mehr verbriefen.[779] Demnach wird ein potenzieller Wertpapiercharakter für die nach § 14 Abs 1 BBankG i.V.m. Art 128 AEUV emittierten Euro-Banknoten abgelehnt, da diese nicht eine Beurkundung von Recht sondern gemäß § 90 BGB von Sachen mit den besonderen Funktionen von Geldzeichen darstellen.[780]

Der Wertpapiercharakter der Banknoten als Inhaberschuldverschreibung wird jedoch im Gegensatz dazu von vielen Autoren bejaht.[781] Die uneinlösbaren Euro-Banknoten seien wegen Verbriefung einer öffentlich-rechtlichen Forderung als Instrument ***sui generis*** anzusehen.[782]

Wie oben schon festgestellt, verbriefen die Euro-Banknoten – selbst ohne die Einlösungsforderung – als Verbindlichkeit des Eurosystems immer noch eine Geltungsforderung auf Geltungsgewährleistung des zugewiesenen Währungseinheitsquantums.

Auch die Autoren, die gegen die Annahme des Wertpapiercharakter der Banknoten sprechen, befürworten eine entsprechende Anwendung der §§ 793, 794 BGB für Banknoten[783] und sehen es als notwendig und logisch an, dass Banknoten ähnlichen Regeln wie denen der §§ 793 ff. BGB unterliegen, insbesondere hinsichtlich ihrer Übertragung.[784]

---

776 *J. v. Gierke* Sachenrecht, 1948, S 3.

777 MüKoBGB/*Habersack*[6], Vor § 793 Rn 20.

778 RGBl. I 347.

779 MüKoBGB/*Habersack*[6], Vor § 793 Rn 20, § 793 Rn 11; *von Spindler/Becker/Starke*, Die Deutsche Bundesbank[4], S 284; *Pfennig* Notenausgabe, 1971, S 29; *von Stebut* Jura 1982, S 563; *Grenz* Geldregal und Währungsverwaltung, 1955, S 169; RGSt 58, 255, 256; RGZ 103, 231, 235; 114, 27, 30; 125, 273, 276; *Hueck* Recht der Wertpapiere[10], S 115.

780 MüKoBGB/*Habersack*[6], Vor § 793 Rn 20; RGZ 103, 231, 235; 108, 316; 125, 273; *Dempewolf* NJW 1967, 380 f.; Staudinger/*K. Schmidt* BGB[1997], Vor §§ 244 ff, Rn A 13; Staudinger/*Marburger*, BGB[2009], Vor §§ 793 Rn 49; Zur sachenrechtlichen Behandlung *Pikart* WM 1980, 510 ff.

781 MüKoBGB/*Habersack*[6], Vor § 793 Rn 20; *Köhler* Geldwirtschaft, 1977, S 7; *Opitz* DepotG, 1955, § 1 Anm 3 A.

782 *Weenink* The Legal Nature of Euro Banknotes, S 433 ff. in: *J.I.B.L.R.*, 2003, S 437.

783 *Grenz* Geldregal und Währungsverwaltung, 1955, S 170; *von Spindler/Becker/Starke* Die Deutsche Bundesbank[4], S 284.

784 *Hueck*, Recht der Wertpapiers[10], S 115; *Grenz* Geldregal und Währungsverwaltung, 1955, S 169.

Es ist somit notwendig, nach der Legaldefinition des § 793 BGB zu untersuchen, ob die Euro-Banknoten Inhaberschuldverschreibungen darstellen und folglich den Wertpapiercharakter innehaben.

### aa) Das Leistungsversprechen – Gegenstand der Beurkundung

Gemäß § 793 BGB ist eine Inhaberschuldverschreibung eine Urkunde, in der jemand deren Inhaber eine Leistung verspricht. Beurkundet von der Urkunde muss eine Leistungspflicht des Ausstellers als Schuldner gegenüber jedem berechtigten Inhaber der Urkunde als Gläubiger sein.[785] Als das Leistungsversprechen kommt gemäß § 241 Abs 1 BGB jede Leistung – insbesondere nicht nur ein Zahlungsversprechen – in Betracht.[786]

### bb) Die Begründung der Leistungspflicht des Ausstellers

Die Bundesbank – wie auch die weiteren Zentralbanken des Eurosystems für den übrigen Euro-Währungsraum – ist die Ausstellerin[787] der Urkunden für den deutschen Währungsraum gemäß § 14 BBankG.

Umstritten ist die für die Rechtsnatur der Euro-Banknoten ebenfalls relevante Frage nach dem Verpflichtungstatbestand, die den Gegenstand der Wertpapierrechtstheorien bildet, d.h. die Frage, welcher Tatbestand – einseitiges Verpflichtungsgeschäft mit einem Skripturakt oder Vertrag – eigentlich die urkundlich verbriefte Forderung und die dieser Forderung entsprechende Verpflichtung des Ausstellers begründet.[788] Es handelt sich dabei allerdings um das grundsätzliche Problem, wie die Verpflichtung aus dem konstitutiven Wertpapier[789], z.B. einer Inhaberschuldverschreibung, in die Lehre von den Entstehungsgründen der Rechtsverhältnisse einzuordnen ist.[790]

Nach der heute nicht mehr vertretenen Kreationstheorie[791] bildet die Errichtung der Urkunde als einseitiges Rechtsgeschäft des Ausstellers den rechtsbegründenden

---

785 MüKoBGB/*Habersack*[6], Vor § 793 Rn 7.

786 MüKoBGB/*Habersack*[6], Vor § 793 Rn 10 ff.

787 Vgl Palandt/*Sprau* BGB[74], § 793 Rn 4.

788 Vgl Staudinger/*Marburger* BGB[2009], Vor §§ 793 Rn 15; Baumbach/Hefermehl/*Casper* WPR, Rn 28 ff. *Hueck/Canaris* Recht der Wertpapiere[12], § 3; *Plank/Landois* § 793 BGB Anm 2; *Ulmer* Das Recht der Wertpapiere, 1938, S 32 ff.

789 Dieser Theorienstreit betrifft lediglich diejenigen konstitutiven Wertpapiere, bei denen die verbriefte Forderung erst mit Beurkundung entstanden ist, nicht jedoch die deklaratorischen Wertpapiere, bei denen die Forderung unabhängig von der Verbriefung entstanden ist, vgl MüKoBGB/*Habersack*[6], Vor § 793 Rn 23; *Zöllner* Wertpapierrecht[14], § 5 IV und § 6 I.

790 *Larenz* II, § 66 II; MüKoBGB/*Habersack*[6], Vor § 793 Rn 22.

791 *Kuntze* Die Lehre von den Inhaberpapieren, 1857, S 334 ff, 374 ff. *Langen* Die Kreationstheorie im heutigen Reichsrecht, 1906, S 18; Staudinger/*Marburger* BGB[2009], Vor §§ 793 ff, Rn 17; RGZ 77, 139, 141; 131, 289, 294; 142, 307, 308; anders jedoch RGZ 87, 365, 367; 112, 202, 204; 117, 69, 71.

Tatbestand, d. h. das Leistungsversprechen wird ohne zweiseitigen Vertrag begründet. Nach einer anderen Variante der Kreationstheorie wirkt die einseitige, nicht empfangsbedürftige[792] Beurkundung i.V.m. dem nachfolgenden Begebungsvertrag als mehrgliederiges Rechtsgeschäft zusammen verpflichtungsbegründend[793], wobei der schuldrechtliche Vertrag nicht zwingend erforderlich ist.

Obwohl die Verfasser des BGB von der Kreationstheorie ausgingen[794] und die Rechtsordnung Ausnahmen von verpflichtenden einseitigen Rechtsgeschäften anerkennt[795], benötigt grundsätzlich das Zustandekommen einer Verpflichtung gemäß § 311 Abs 1 BGB eine vertragliche Einigung. Der Annahme einer Verpflichtungsbegründung durch Unterzeichnung weder vermittels eines bewussten Inverkehrbringens der Urkunde noch vermittels einer Mitwirkung des Ersterwerbers widersprechen sowohl die Lebenswirklichkeit als auch die grundsätzlichen Rechtsprinzipien.[796] Zu folgen ist somit der herrschenden modifizierten Vertragstheorie in Gestalt der Rechtsscheintheorie.[797] Demnach wird die Entstehung der Forderung allein durch einen Begebungsvertrag zwischen dem Aussteller und dem Ersterwerber herbeigeführt. Nicht die Beurkundung sondern der Begebungsvertrag mit seinen schuld- und sachenrechtlichen Elementen ist gleichwohl die eigentliche materielle Rechtsgrundlage für die Leistungspflicht des Ausstellers und für den Eigentumsübergang der Urkunde auf den Ersterwerber.

Das Zustandekommen der von den Euro-Banknoten verbrieften Geltungsforderung entspricht dergestalt der Konstruktion der modifizierten Vertragstheorie. Das beurkundete Leistungsversprechen der Zentralbank entsteht mit den übereinstimmenden Willenserklärungen i. R. d. Scheckvertrags, nämlich des Antrags des Kreditinstituts in dem Vorlegen des Barschecks und der Annahme der Bundesbank in der Erteilung des Bestätigungsvermerks. Für die Entstehung der in den

---

792 *Raiser* RabelsZ 1936, S 1034, 1037; *Ulmer* Das Recht der Wertpapiere, 1938, S 52.

793 Palandt/*Sprau* BGB[74], § 793 Rn 8; *E. Ulmer* Das Recht der Wertpapiere, S 36 ff. *ders* in: FS L. Raiser, 1974, S 225, 236; *Rabel* The Conflict of Laws – A Comparative Study, Bd. IV, 1958, S 135 ff, 165.

794 *Mugdan* Materialien, Bd 2, 1899, S 388; Staudinger/*Marburger* BGB[2009], Vor §§ 793 ff. Rn 17; MükoBGB/*Habersack*[6], Vor § 793 ff. Rn 27.

795 Vom Gesetz ist ausdrücklich nur die Auslobung als Ausnahme erwähnt.

796 Zu anderen wesentlichen Argumenten gegen die Kreationstheorie siehe Staudinger/*Marburger* BGB[2009], Vor §§ 793 ff. Rn 19; MüKoBGB/*Habersack*[6], Vor § 793 Rn 27.

797 *Jacobi* Die Wertpapiere, in: *Ehrenberg,* Hdb des gesamten Handelsrechts, Bd. IV 1, 1917, S 125, S 285 ff. *ders* Wechsel- und Scheckrecht, 1956, § 12; Baumbach/Hefermehl/*Casper* WPR, Rn 31 ff. *Hueck/Canaris* Recht der Wertpapiere[12], S 31; *Zöllner* Wertpapierrecht[14], § 6 V 4 (mit Abweichungen vom üblichen Verständnis der Vertragstheorie); *Canaris* Vertrauenshaftung, S 237 ff. Staudinger/*Marburger* BGB[2009], § 793 Rn 19; *Erman/Heckelmann/Wilhelmi* BGB, § 793 Rn 11 f. Palandt/*Sprau* BGB[74], § 793 Rn 8; AnwK-BGB/*Siller,* § 793 Rn 14; *Sedatis* in: FS Rebhinder, 2002, S 741, S 742 ff. Soergel/*Welter* BGB[13], § 793 Rn 12; MüKoBGB/*Habersack*[6], Vor § 793 ff. Rn 2; BGH NJW 1973, 282, 283.

Euro-Banknoten verbrieften Forderung ist also allein die schuldrechtliche Einigung zwischen Zentralbank und Kreditinstitut über die Begründung dieser neuen Verbindlichkeit maßgeblich. Der Verpflichtungstatbestand gemäß § 793 BGB liegt im Fall Euro-Banknoten somit vor.

#### cc) Euro-Banknoten und Zentralbankgiralgeld sind nicht zwei Formen eines und desselben Rechts

##### (1) Banknoten und Zentralbankgiralgeld beruhen nicht auf dem gleichen Rechtsverhältnis

Obwohl nicht-verbriefte und durch Banknoten verbriefte Geltungsforderungen den gleichen Forderungsinhalt haben, wird bei genauerer Betrachtung der Begründungstatbestände der neu entstandenen, von Banknoten verbrieften Forderung klar, dass es sich bei Banknoten und Zentralbankgiralgeld nicht um zwei austauschbare Formen eines und desselben Rechts anderer Art handelt[798], obwohl die beiden in engen bilanziellen rechnerischen Zusammenhängen in Hinblick auf die Geldmengenaggregate stehen, und die Entstehung der Banknoten zudem unmittelbar eine dem Nennwert entsprechende Kürzung der Reserven der Kreditinstitute bewirkt. Die Entstehung von Banknoten beruht – einschließlich eines Begebungsvertrages i.R.d. § 793 BGB zwischen Zentralbanken als Aussteller und Kreditinstituten als Erstnotenerwerbern – auf einem Scheckvertrag gemäß AGB-Bbk Abschnitt II. F., der sich von den das Zentralbankgiralgeld der Kreditinstitute generierenden HRGs klar unterscheidet. Die von den Banknoten verbrieften Geltungsforderungen gemäß § 793 BGB i.V.m. § 780 BGB und die das Zentralbankgiralgeld tragenden Geltungsforderungen gemäß § 780 BGB kommen auch i.R. dieser verschiedenen Rechtsverhältnisse und verschiedenen juristischen Momente zustande.

##### (2) Euro-Banknoten verbriefen nicht unmittelbar das Zentralbankgiralgeld

##### (a) Deckung für die jeweiligen Verbindlichkeiten in Form von Noten bzw. Giralgeld durch verschiedene Aktiva

Nicht richtig ist die Aussage, dass Euro-Banknoten das Zentralbankgiralgeld verbriefen, obwohl die Forderungsgegenstände des Zentralbankgiralgelds und der Banknoten die identische Rechtsnatur haben, und obwohl diese beiden Instrumente des Eurosystems in engem Zusammenhang stehen. Eine Euro-Banknote verkörpert eine neue Verbindlichkeit im Vergleich zum Zentralbankgiralgeld, da die die Euro-Banknoten stützenden und ihnen bilanziell gegenüberstehenden Aktiva von den Gegenposten zu dem Zentralbankgiralgeld zu unterscheiden sind, und die beiden Formen von Verbindlichkeiten auch nicht durch die gleichen Aktiva gedeckt werden. Der Nennwert dieser neuen Verbindlichkeit löst den Nennwert des Zentralbankgeldes lediglich entsprechend ab.

798 So dargestellt aber in *Duden* Der Gestaltwandel des Geldes, 1968, S 7.

### (b) Banknoten und Zentralbankgiralgeld in den verschiedenen Gläubiger-Schuldner-Beziehungen

Entweder vermittels von Banknoten oder durch Zentralbankgirogutschrift werden den verschiedenen Rechtssubjekten entsprechende Währungseinheitsquanten zugewiesen. Die von Banknoten verbrieften Geltungsforderungen und die Geltungsforderungen aus giralen Gutschriften bewegen sich in verschiedenen monetären Kreisläufen, die sich niemals vermischen und nur mittelbar miteinander zusammenhängen, namentlich der Zentralbankgiralgeldkreislauf und der Euro-Banknotenumlauf. Sie bestehen also in völlig verschiedenen Gläubiger-Schuldner-Beziehungen. Während das Zentralbankgiralgeld den Interbankenkreislauf nicht verlässt und niemals von einem Bankbetriebskonto zu dem Publikum bzw. den Nichtbanken fließt[799], können die Euro-Banknoten als Zentralbankgeld interbanken- und publikumskreislaufübergreifend zirkulieren.

Während Euro-Banknoten an beliebige dritte MFIs oder Nicht-MFIs übertragen werden können, dürfen Zentralbankgiroguthaben ausschließlich unter MFIs zirkulieren. Die Euro-Banknote ist das einzige monetäre Instrument, das zwischen Zentralbank, Kreditinstituten und Nicht-MFIs umlaufen kann. Von daher können Euro-Banknoten und Zentralbankgiroguthaben nicht zwei austauschbare Formen ein- und desselben Rechts[800] sein, obwohl beide Formen von Verbindlichkeiten eine Geltungsforderung auf Gewährleistung der Geltung des Nennwerts beinhalten, welche die Kaufkraft vermittelt. Die Austauschbarkeit der beiden Rechtsinstrumente gemäß Art 3 Abs 2 Beschlusses EZB/2010/29 bedeutet daher nicht, dass die beiden ein- und dieselbe Forderung – nur in formell unterschiedlichen Darstellungen – sind.

### dd) Euro-Banknoten als Inhaberschuldverschreibungen sind ein Unterfall des § 780 BGB

Nach der hM liegt das abstrakte Schuldverhältnis des § 780 BGB den wertpapierrechtlichen Verpflichtungstatbeständen zugrunde[801], d. h. der Begebungsvertrag i. R. d. Barscheckvertrags gemäß AGB-Bbk Abschnitt II. F. begründet regelmäßig ein abstraktes Schuldversprechen gemäß § 780 BGB[802]. Man nennt die Euro-Banknoten deshalb auch *abstrakte Verbindlichkeiten der Notenbanken*[803], denen die kausale Belastungsbuchung der Reserven der Kreditinstitute zugrunde liegt. Somit bilden die

---

799 *Huber* Monetäre Modernisierung, 2011, S 15.

800 Vgl *Duden,* Der Gestaltwandel des Geldes, 1968, S 7.

801 MüKoBGB/*Habersack*[6], § 780 Rn 25.

802 Vgl MüKoBGB/*Habersack*[6], Vor § 793 Rn 7, 24; OLG München WM 1998, 1716 f. OLG Köln NJW-RR 1999, S 557; *Hueck/Canaris* Recht der Wertpapiere[12], S 208.

803 *Jarchow* Grundriss der Geldtheorie, 2010, S 5; *Deutsche Bundesbank* Geld und Geldpolitik, unter www.bundesbank.de.

Euro-Banknoten als Inhaberschuldverschreibung zweifelsohne *einen Unterfall des abstrakten Schuldversprechens gemäß § 780 BGB*.[804]

Das abstrakten Schuldversprechen gemäß § 780 BGB liegt sowohl der in der Euro-Banknote verbrieften Geltungsforderung als auch der nicht-verbrieften Geltungsforderung aus der Gutschrift auf einem Zentralbankgirokonto zugrunde. Die gesamte monetäre Basis stellt folglich die Gesamtheit der von den Zentralbanken des Eurosystems abgegebenen abstrakten Schuldversprechen dar, nämlich der Versprechen auf Geltungsgewährleistung des Nennwertes der verbrieften und nichtverbrieften Verbindlichkeiten des Eurosystems.

### ee) Die Notenausgabe ist ein selbständiges Geschäft der Zentralbank

Da einige Autoren annahmen, dass die Banknoten lediglich die Reserven der Kreditinstitute in Form von Zentralbankgiralgeld verbriefen[805], stellt die Notenausgabe demgemäß folglich weder ein selbständiges Geschäft der Zentralbank noch ihr bedeutendstes geldpolitisches Instrument dar[806]. Darüber hinaus sei die Notenausgabe noch nicht einmal eine „währungspolitische Befugnis", wie dies das Bundesbankgesetz systematisch allein schon aufgrund der Einordnung des § 14 BBankG unter den Dritten Abschnitt „Währungspolitische Befugnisse" definiert.[807] Die beiden Instrumente der Zentralbanken unterscheiden sich voneinander demnach lediglich dadurch, ob sie in buchhalterischer oder verbriefter Form bestehen.[808] Der Notenumlauf sei demnach auch lediglich der Reflex des Zusammenwirkens der für die Währungsentwicklung maßgebenden Faktoren – einschließlich der Notenbankpolitik.[809] Über die Notenausgabe werde grundsätzlich nicht von der Zentralbank, sondern durch ihre Geschäftspartner entschieden[810], da grundsätzlich die Kreditinstitute den Abschluss des Auszahlungsgeschäfts mit der Zentralbank vermittels einer Auszahlungsforderung initiieren. Die Notenausgabe sei infolgedessen prinzipiell auch nicht abhängig von einer irgendwie gearteten Steuerung durch die Zentralbanken, sondern werde in den Grenzen ihrer Zentralbankguthabenschöpfung hauptsächlich durch die Zahlungsgewohnheiten in der Wirklichkeit und der Bevölkerung bestimmt.[811] Gegen die währungspolitische Bedeutung der Banknoten wird außerdem angeführt, dass es nicht von geldpolitischer Bedeutung

---

804 Str, vgl *Hueck/Canaris*, Recht der Wertpapiere[12], S 208; *Canaris* Bankvertragsrecht, 1981, Rn 2243.

805 Vgl insbesondere *Duden* Der Gestaltwandel des Geldes, 1968, S 14.

806 Vgl *Duden* Der Gestaltwandel des Geldes, 1968, S 14.

807 Vgl *Duden* Der Gestaltwandel des Geldes, 1968, S 14; *Fögen* Geld- und Währungsrecht, 1969, S 73.

808 *Duden* Der Gestaltwandel des Geldes, 1968, S 14.

809 *von Spindler/Becker/Starke* Die Deutsche Bundesbank[4], S 301; *Grenz* Geldregal und Währungsverwaltung, 1955, S 183.

810 Vgl *Duden* Der Gestaltwandel des Geldes, 1968, S 13.

811 *Fögen* Geld- und Währungsrecht, 1969, S 73.

sei, ob das Zentralbankgeld in Form der Noten oder Guthaben erscheint.[812] Die währungspolitischen Instrumente dienen der Steuerung der Zentralbankgeldmenge und -bewegung im Ganzen, ohne Rücksicht auf die Form – Banknoten oder Giroguthaben –, in welcher das Zentralbankgeld geschöpft wird.

Diese Ansichten vernachlässigen jedoch die wesentliche Bedeutung der Banknoten als verbrieften Zentralbankgeldes, welches den Nicht-MFIs auf rechtliche Anordnung als gesetzliches Zahlungsmittel zugänglich ist. Durch die vom Gesetzgeber bewusst rechtlich ausgestalteten und die durch das Bankensystem infrastrukturtechnisch bedingten Einschränkungen des bargeldlosen Zahlungssystems wird im Kreis der Nicht-MFI eine Barabhebungsquota, vgl § 3 KWG, die in der Praxis des Banksystem empirisch durchaus alltäglich feststellbar konstant bleibt, hergestellt, die letztendlich als eine der zwei Faktoren fungiert, welche der Geldschöpfung durch die Geschäftsbanken eine Grenze setzt und die Geldmengen unter quantitative Kontrolle bringt. Obwohl aus Notenemission nominal kein zusätzliches Zentralbankgeld geschöpft wird und lediglich eine Änderung der Zusammensetzung der verschiedenen Arten von Zentralbankgeld verursacht wird, funktionieren Banknoten neben dem Zentralbankgiralgeld als ein selbständiges geldpolitisches Steuerungsinstrument der Zentralbank mit eigener spezifischer Wirkung.

Auch mit Feststellung des juristischen, buchhalterischen Begriffs der Notenausgabe und Inverkehrgabe ist diese Ansicht von der *Unselbständigkeit der Notenemission* abzulehnen. Obwohl die Abwicklung des Bargeschäfts seitens der Kreditinstitute initiiert wird, setzt das Eurosystem die rechtlichen und rechtsgeschäftlichen Rahmen der Notenemission. Obwohl die jeweiligen emittierten Notenvolumina anscheinend von den Zahlungsgewohnheiten der Wirtschaftsgemeinschaft bedingt sind, werden diese Gewohnheiten in der Wirklichkeit hauptsächlich von der rechtlichen Gestaltung des Zahlungssystems durch das Bankensystem definiert. Die gesellschaftlichen Zahlungsgewohnheiten in der Wirtschaft werden also allenthalben durch die rechtliche Rahmenbedingungen des Zahlungssystems gelenkt.

Unbeschadet der Tatsache, dass das Bargeld nur noch eine Wechselmenge, die aus dem Giralgeld laufend ausgewechselt und wieder eingewechselt wird, ist[813], bedeutet die Größe einer Wechselmenge lediglich ein mathematisches Volumenverhältnis zwischen den Banknoten und den Zentralbankguthaben. Die Kürzung der Kontoguthaben der Kreditinstitute bei der Zentralbank kann dann auch lediglich eine Gegenleistung für den Erhalt von Banknoten darstellen. Dies legt nicht dar, dass Banknoten und Zentralbankguthaben forderungsrechtlich ein- und die selbe Forderung in formell unterschiedlichen Formen darstellen, und belegt des weiteren auch nicht, dass die Notenemission kein selbständiges geldpolitisches Instrument darstellt. Durch die Entstehung der Euro-Banknoten wird nicht die gleiche Forderung wie bei der Entstehung von Zentralbankgiralgeld beurkundet; entstanden

812 Vgl *Duden* Der Gestaltwandel des Geldes, 1968, S 14.
813 Vgl *Huber* Monetäre Modernisierung, 2011, S 16.

sind dabei völlig neue Verbindlichkeiten der Zentralbank in der diesen anhaftenden spezifischen Gläubiger-Schuldner-Beziehung.

Als das gesetzliche Zahlungsmittel, als die Quelle der monetären Einkünfte des Eurosystem und eine wesentliche Bilanzgröße des Eurosystems ist die Notenausgabe ein selbständiges geldpolitisches Instrument, welches spezifische geldpolitische Funktionen trägt, womit die Schöpfung verbrieften Zentralbankgeldes als gesetzlichen Zahlungsmittel verwirklicht wird.

#### ff) Zwischenergebnis

Sowohl die von den Banknoten verbrieften Forderungen als auch der Anspruch aus der Gutschrift als Zentralbankgiralgeld stellen Unterfälle des § 780 BGB dar. Die EZB und die NZBen haben somit gemäß § 780 BGB ein Leistungsversprechen der Geltungsgewährleistung des Nennwerts der monetären Basis sowohl gegenüber den Kreditinstituten als auch den Nicht-MFIs abgegeben. Zugunsten der Kreditinstitute und der Nicht-MFIs beinhaltet das Zentralbankgeld als monetäre Basis abstrakte Geltungsforderungen, die nicht durch Eigentum oder Forderungen gesichert sind. Als Gegenleistung zur Liquiditätsversorgung erhält das Eurosystem verzinsliche Vermögenswerte in Form von Rückzahlungsforderungen, die hauptsächlich durch den Abschluss von Refinanzierungsgeschäften mit den Kreditinstituten begründet und sicherungsvertraglich durch notenbankfähige Wertpapiere gesichert werden.[814]

### *f) Verfügbarkeit und Fälligkeit – Unterschied zwischen Banknoten und Giralgeld*

Die Geltungsforderung sowohl bezüglich der Banknoten als auch der täglich fälligen Guthaben bei Zentralbanken ist jederzeitig fällig. Der Forderungsinhaber hat somit ein jederzeitiges Dispositionsrecht (Verfügungsrecht) über die Forderung.

#### aa) Die sachenrechtliche Verfügung über die durch Euro-Banknoten verbrieften Geltungsforderungen

Als Eigentümer der Banknoten als Urkunden kann der Noteninhaber jederzeit über das Eigentum an den Urkunden als solche verfügen. Der Urkundeninhaber – und folglich aufgrund der widerlegbaren Vermutung der materiellen Berechtigung auch Forderungsinhaber[815] – verfügt über die beurkundete Forderung gemäß den sachenrechtlichen Regelungen der §§ 929 ff. BGB, § 793 BGB. Die Regelungen der §§ 793 ff. BGB ermöglichen eine sachenrechtliche Übertragung einer beurkundeten

---

814 Die wichtige Frage, ob am Ende der Kette der als Sicherheit bestellten notenbankfähigen Wertpapiere letztendlich Eigentum steht, ist in der vorliegenden Arbeit nicht zu beantworten. Bejahend: *Heinsohn/Steiger* Eigentum, Zins und Geld, 2000, S 285 ff.

815 Palandt/*Sprau* BGB[74], Einf § 793 Rn 3, § 793 Rn 9 f. *Hueck/Canaris* Recht der Wertpapiere[12], 1986, S 24; *Zöllner* Wertpapierrecht[14], § 2 Rn 2.

schuldrechtlichen Forderung; damit wird die rechtliche Komplexität abtretungsrechtlicher Probleme vermieden. Banknoten als Inhaberschuldverschreibungen werden samt der verbrieften Forderungen durch sachenrechtliche Übertragung der Urkunde übertragen.

Anders als über das Zentralbankgiralgeld verfügt der Noteninhaber über die verbriefte Forderung unmittelbar und ohne die zwingende technische und juristische Mitwirkung einer Bank oder Zentralbank. Der Noteninhaber hat also ein ***unmittelbares, einseitig geltend zu machendes Verfügungsrecht*** über die verbriefte Forderung, während das Verfügungsrecht über das jederzeitig fällige Giralgeld lediglich durch eine ***vertragliche Regelung*** zwischen Guthabeninhaber und kontoführender Bank erfolgen kann.

Die Übertragungsregelung für die Banknoten verwirklicht die Umlauffähigkeit der Banknoten – eine der bedeutendsten Eigenschaften der Banknoten als Zahlungsmittel – nämlich ihrer Eigenschaft, als Tauschmittel zu fungieren. Gewährleistet ist eine uneingeschränkte Tauschmittelfunktion ohne das Erfordernis einer technischen und/oder juristischen Mitwirkung der Banken.

#### bb) Verfügung über Giralgeld nur unter technischer und juristischer Mitwirkung des Bankensystems

Die Verfügung über Kontoguthaben – d.h. Giralgeld – setzt notwendigerweise die juristische, aber vor allem – vermittels des Verrechnungssystems des Bankensystems – auch die technische Mitwirkung einer Bank oder Zentralbank voraus, wobei unter einer juristischen Mitwirkung ein der Verfügung unter banktechnischer Unterstützung vorausgehender, verfügungsbezogener Vertragsabschluss – z.B. in Form eines Überweisungsvertrages, eines Ein- oder Auszahlungsvertrages, eines Lastschriftverfahrens, bzw. eines Scheck-, Giro- oder Zahlungsdienstvertrages zu verstehen ist.

Das Giralgeld wird zudem auch rechtlich als ***geschäftstäglich, aber nicht jederzeitig*** fällig definiert, vgl § 8 RechKredV. Hierbei ist der Einschränkungsgrad hinsichtlich des Verfügungsrechts bezüglich der von den beiden Forderungsformen beinhalteten Währungseinheiten der entscheidende Unterschied zwischen den beiden Forderungsformen, nicht jedoch der schon seit langem relativierte Annahmezwang der Banknoten als eines gesetzlichen Zahlungsmittels.

Banknoten und Zentralbankgiralgeld unterscheiden sich des weiteren nicht dadurch, dass lediglich das Giralgeld eine Forderung darstellt, sondern lediglich dadurch, dass das Giralgeld eine nicht-verbriefte Forderung, die Banknoten als Inhaberschuldverschreibung gemäß 793 BGB hingegen eine verbriefte Forderung darstellen.

### 3. *Die Euro-Banknote als zwingende Regelung für das Rechtsverhältnis zwischen Notenemittenten und Noteninhaber*

Bezüglich des gesetzlichen Nennwerts ist der Emittent dem Inhaber des gesetzlichen Zahlungsmittels kraft Gesetzes zweifach zur Gewährleistung verpflichtet: zum einem muss ihm die Geltung des Nennwerts und zum anderen die Funktionsfähigkeit des

Nennwerts gewährleistet werden. Der Inhaber des gesetzlichen Zahlungsmittels hat also eine Geltungsforderung kraft Gesetzes gegen den Emittenten. Die Euro-Banknoten als Verbindlichkeiten stellen eine zwingende Regelung des Rechtsverhältnisses zwischen dem Emittenten und dem Noteninhaber dar.

Die uneinlösbaren Banknoten verbriefen somit lediglich eine schuldrechtliche Forderung auf Geltung und Funktionsfähigkeit des entsprechenden Nennwertes. Nach der Aufhebung der Einlösungspflicht haben die Noteninhaber – und darunter insbesondere die Nicht-MFIs – das bis dahin existente Recht auf Erwerb eines dem Nennwert entsprechenden Eigentumsrechts an gesetzlichen Münzen bzw. ungeprägtem Münzmetall verloren. Dieses verlorene Einlösungsrecht war ein Recht der Nichtbanken auf Eigentumserwerb unmittelbar von dem Notenemittenten. Mit der Aufhebung des Einlösungsrechtes verbleibt den Nichtbanken-Noteninhabern lediglich ein schuldrechtliches Forderungsrecht auf die Geltung des ideellen Nennwerts der Banknoten.

### *4. Die Doppelwertigkeit der Euro-Banknote – nicht (öffentliche) Sache sondern Gläubiger-Schuldner-Beziehung zwischen Emittenten und Noteninhaber*

Der uneinlösbaren Banknote haftet also aufgrund ihrer Rechtsnatur als Verbindlichkeit die Doppelwertigkeit eines Finanzvermögens an, welches ja ein Ausdruck aller Gläubiger-Schuldner-Beziehungen einer Volkswirtschaft ist. Das Finanzvermögen mit Doppelwertigkeit unterscheidet sich jedoch gravierend vom Sachvermögen: Das Finanzvermögen geht stets in die Wirtschaftspläne von zwei Wirtschaftssubjekten ein und bestimmt damit auch die ökonomischen Dispositionen zweier Wirtschaftssubjekte mit – nämlich diejenigen des Gläubigers und diejenigen des Schuldners – während das Sachvermögen ohne diese Doppelwertigkeit in jeweils nur einer Bilanz enthalten ist, und zwar in derjenigen des Eigentümers des Sachvermögens.[816] Die Einordnung der Euro-Banknoten als Finanzvermögen widerlegt allerdings zugleich auch die Annahme der Banknoten als Sache. Die Bezeichnung „Sachgeld“ i.S. eines gegenständlichen Geldbegriffs[817] ist somit juristisch unkorrekt und sprachlich überflüssig.

## U. Zusammenfassung

Allen verschiedenen Banknoten jedweder Art eigen ist ein zentrales Unterscheidungskriterium, welches im Moment der Uneinlösbarkeit bzw. Einlösbarkeit besteht.[818] Primär in den Banknoten beider Arten verbrieft ist eine Geltungsforderung als abstraktes Schuldversprechen gemäß der §§ 780, 781 BGB, nämlich ein Anspruch

816 *Duwendag u. a.* Geldtheorie und Geldpolitik, 1999, S 33.
817 Vgl Staudinger/*K. Schmidt*, BGB[1997], Vor §§ 244 ff. Rn A 3, 19.
818 Vgl *Wagner* Theoretische Sozialökonomie, 1909, S 678.

auf Geltungsgewährleistung des Nennwerts als Realwert-Vermittler, der ein reales quantifizierbares Quantum an Kaufkraft vermittelt.

## I. Die Notenausgabe als ein juristischer und buchhalterischer (bilanzieller) Begriff

Die Euro-Banknotenausgabe, die von der EZB streng in „Ausgabe" und „Inverkehrgabe" unterteilt wird, als ein selbständiges geldpolitisches Steuerungsinstrument, ist ein juristischer und buchhalterischer Begriff. Während die „Ausgabe" die Festlegung des Gesamtwerts der auszugebenden Euro-Banknoten, die Zuordnung der den ideellen Nennwert stützenden Aktiva als Gegenposten bzw. die Deckung für den Notenumlauf und die rechnerische bilanzielle Banknotenumlaufanpassung, die zu den Intra-Eurosystem-Salden führen sollte, umfasst, bedeutet „Inverkehrgabe", dass eine Banknote physisch den Bereich der NZBen verlässt und somit faktisch durch die NZBen als gesetzliches Zahlungsmittel in Umlauf gesetzt wird.

Der Banknotenumlauf stellt somit ein *liquiditätsabschöpfendes Passivum* der Kreditinstitute dar, da der Erhalt der Euro-Banknoten zugleich einen unmittelbaren Abfluss der Reserven der Kreditinstitute verursacht. Durch die Umwandlung von Zentralbankgiralgeld in Bargeld wird kein zusätzliches Geld geschöpft und die Notenausgabe beeinflusst folglich nicht die Geldmenge im ganzen, sondern nur die Zusammensetzung der beiden Arten von monetären Verbindlichkeiten.

## II. Uneinlösbare Euro-Banknoten als Inhaberschuldverschreibungen gemäß § 793 BGB

Nach dem Wegfall der Einlösungspflicht ging das von einlösbaren Banknoten beurkundete Recht des Noteninhabers auf Eigentumserwerb an gesetzlichen Münzen bzw. Münzmetall durch Geltendmachung der Einlösungsforderung verloren. Verbrieft geblieben ist lediglich die schuldrechtliche Geltungsforderung i.S. eines abstrakten Schuldversprechens gemäß der §§ 780, 781 BGB, welche aber den gleichen Forderungsinhalt und -gegenstand wie die im Falle des Giralgeld bestehende Geltungsforderung – nämlich die umfassende Geltungsgewährleistung des dem Forderungsinhaber zugewiesenen Währungsquantums – umfasst. Die Euro-Banknoten sind infolgedessen keine Sachen i.S.d. Sachenrechts sondern Inhaberschuldverschreibungen gemäß § 793 BGB, welche eine zwingende Regelung für das Rechtsverhältnis zwischen dem Emittenten und dem Noteninhaber darstellen.

Die Regelung der §§ 793 ff. BGB ermöglicht eine sachenrechtliche Übertragung der von Banknoten beurkundeten Geltungsforderung aufgrund der Übertragung der Urkunde und verwirklicht die Umlauffähigkeit der Banknoten zudem dadurch, dass die rechtliche Komplexität abtretungsrechtlicher Problemstellungen bei der Forderungsabtretung vermieden wird. Anders als im Falle der Verfügung über das Zentralbankgiralgeld mithilfe von Verfügungen über die Währungseinheiten verfügt der Noteninhaber über die verbrieften Forderungen unmittelbar und ohne zwingende technische und juristische Mitwirkung einer Bank oder Zentralbank.

## III. Die Annahmeobliegenheit bezüglich des gesetzlichen Zahlungsmittels mit einem gesetzlichen Nennwert

Der währungsrechtlich verfügte Annahmezwang des gesetzlichen Zahlungsmittels stellt in der Rechtswirklichkeit eine schuldrechtliche Annahmeobliegenheit dar, welche das Seigniorage-Einkommen des Emittenten aus der Banknotenausgabe schützen und darüber hinaus die Funktionsfähigkeit der Banknoten im Zahlungsverkehr sichern soll. Mit dieser Annahmeobliegenheit schafft der Gesetzgeber zugleich eine dispositive Regelung für die Zahlungsverhältnisse zwischen Zahlungsgläubiger und Zahlungsschuldner.

Von der Annahmeobliegenheit als dispositiver Regelung für Gläubiger und Schuldner in den Zahlungsverhältnissen zu unterscheiden ist jedoch der gesetzliche Nennwert – auch Zwangskurs genannt – des gesetzlichen Zahlungsmittels. Darunter versteht man eine zwingende objektive rechtliche Regelung, die bewirkt, dass im Zahlungsverkehr des Währungsraums jedermann das gesetzliche Zahlungsmittel zum gesetzlichen Nennwert annehmen muss.

# § 7 Geldschöpfungskontrolle und Gewährleistung der Preisstabilität

Nachdem die Rechtsnatur des Zentralbank- bzw. Geschäftsbankengiralgeldes und der Euro-Banknoten und das Wesen der Geldschöpfung im Wege von Forderungsbegründungen nun festgestellt werden, ist die prinzipielle geldwirtschaftliche Kontrolle über solche Geldschöpfung darzustellen.

Während der Bestand des Giralgeldes in seinem buchhalterischen Nennwert liegt, ist für die Funktionsfähigkeit dieses Nennwerts die Vermittlungskapazität von realem Wert im konkreten volkswirtschaftlichen Zusammenhang entscheidend. Der Gesamtnennwert des Zentralbank- und Geschäftsbankengeldes im Eurowährungsgebiet unterliegt einer monetären Mengenkontrolle der Zentralbanken und beeinflusst unmittelbar die Vermittlungskapazität dieses Nennwerts.

Da die Kaufkraftvermittlungskapazität des Zentralbank- und Geschäftsbankengiralgeldes und der Euro-Banknoten als Geltungsforderungen systematisch bedingt ist, muss die Stellung dieses Geldes in dem heutigen Mischgeldsystem betrachtet werden. Zu beantworten ist die volkswirtschaftlich sehr umstrittene Frage[819], ob die Zentralbank die Geldschöpfung im Wege von Forderungsbegründungen durch sie selbst und die Geschäftsbanken wirksam quantitativ und qualitativ kontrolliert bzw. steuert.

Es ist also zu untersuchen, ob die Zentralbank geldpolitisch sowohl die gesamte Nennwerte der von dem Banksystem geschöpften Gelde – durch Geldmengenkontrolle – als auch die Kaufkraftvermittlungskapazität dieser Nennwerte – im Wege von der Gewährleistung der Preisstabilität – präzise bestimmen kann, also ob die Zentralbank in der Lage ist, zu bestimmen, welche Kaufkraft der Nennwert des Geldes in einem konkreten Rechtsverhältnis vermitteln kann, nämlich welche Gütermenge durch eine Geltungsforderung als Geld von einem bestimmten Nennwert vermittelt werden kann.

## V. Gewährleistung der Preisstabilität als gesetzliche Pflicht der EZB durch Geldmengensteuerung und Zinssatzsteuerung

### I. Gewährleistungspflicht der EZB zur Preisstabilität

#### *1. Begriffsbestimmung der Preisstabilität*

Art 127 AEUV und Art 2 ESZB-Satzung verpflichten das ESZB somit die EZB ausdrücklich zur Gewährleistung der Preisstabilität als einem vorrangigen Ziel und geben diesbezüglich der Preisstabilität gegenüber verwandten Begriffen wie beispielsweise

---

819 Siehe § 7 W. II.

Geldwertstabilität oder Inflation den Vorzug.[820] Preisstabilität – oder, präziser ausgedrückt – Preisniveaustabilität[821], bedeutet i.S.d. und aus dem Zusammenhang mit Art 127 Abs 1 S 3 AEUV nicht die Stabilität der einzelner Preise an sich, sondern die *Stabilität der Verbraucherpreise eines aus einer bestimmten Gütergruppe zusammengesetzten Warenkorbes*, der in seiner Zusammensetzung hinsichtlich Art und Menge exakt spezifiziert ist.[822] Der offizielle, der Messung der Preisstabilität zugrunde liegende Warenkorb wird im sogenannten Harmonisierten Verbraucherpreisindex (HVPI) abgebildet. Die Preisstabilität wird generisch als eine quantitative Zielvorgabe definiert, d.h. konkret als „Anstieg des harmonisierten Verbraucherpreisindex (HVPI) für das Euro-Währungsgebiet von unter 2 % gegenüber dem Vorjahr“[823]. Am 8. Mai 2003 bestätigte der EZB-Rat diese Definition von Preisstabilität mit geringfügigen Modifikationen, wobei er klarstellte, dass er i.R. dieser Definition das Ziel verfolge, mittelfristig die Preissteigerungsrate unter, aber nahe 2 % zu halten.[824] Aus rechtsvergleichender Sicht[825] und wirtschaftswissenschaftlicher Perspektive[826] tritt hierbei deutlich der Bezug der Geldversorgung zu einem *monetär-kreditären Gleichgewicht in der Volkswirtschaft* hervor – verstanden als eine Balance von Geld und Kredit im Verhältnis zu den angebotenen Gütern und Leistungen.[827]

Der – im AEUV nicht definierte – Begriff der Preisstabilität bezieht sich damit auf die Kaufkraft einer Währung, d.h., solange die in Einheiten einer bestimmten Währung festgesetzten Preise für Waren und Dienstleistungen – und damit der Geldwert – konstant bleiben, herrscht Preis(niveau)stablilität.[828] Der Begriff der Preisstabilität orientiert sich allein an der Sicherung des inneren Geldwerts, lediglich erfasst als die *innere Geldwertstabilität.*[829] Gewährleistung der Preisstabilität bedeutet also *Gewährleistung der Vermittlungskapazität der Nenngröße des Geldes von realem Wert i.S.v. Kaufkraft im konkreten Rechtsverhältnis.*

---

820 Die US-Notenbank ist beispielsweise hingegen auf die Einhaltung der äußeren Geldwertstabilität verpflichtet. Zur Begrifflichkeit der verschiedenen Extensionen der Geldwerte siehe § 4 H. II. 3. b) bb) (2).

821 *Hoffmann* Rechtsfragen der Währungsparität, 1969, S 221.

822 *Maunz/Dürig/Herdegen* GG[77 EL], Art 88 Rn 30.

823 *EZB* Press Conference, Oct 1998, The President's Introductory Statement, S 3, http://www.ecb.int/press/pressconf/1998/html/is980912.en.html.

824 *EZB* Jahresbericht 2003, S 16.

825 *Hahn* Die Währungsbanken der Welt, Bd II, 1968, S 50ff.

826 *Schmölders* in: *Herzog/Kunst/Schlaich* (Hrsg), Evangelisches Staatslexikon[3], zwei Bd, S 1031 (1039); *Suhr* in: *Starbatty* (Hrsg), Geldordnung und Geldpolitik in einer freiheitlichen Gesellschaft, 1982, S 91ff.

827 BverwGE 41, 334, 353.

828 *Blanke* in: *von Mangoldt/Klein/Starck*, GG, 2010, Art 88 Rn 66.

829 *Blanke* in: *von Mangoldt/Klein/Starck*, GG, 2010, Art 88 Rn 66; *Pernice* in: *Dreier*, GG, Art 88 Rn 36; *L. B. Weber* Die Umsetzung der Bestimmungen über die Europäischen Währungsunion in das deutsche Verfassungsrecht, 2000, S 514 f.

## 2. *Ableitung eines subjektiven Rechts des Geldinhabers unmittelbar aus der gesetzlichen Pflicht der EZB zur Gewährleistung der Preisstabilität*

Zu erwähnen ist an dieser Stelle die umstrittenen Frage, ob unmittelbar aus der gesetzlichen Pflicht der EZB zur Gewährleistung der Preisstabilität ein individuell subjektives, einklagbares Recht i.S.d. Gewährleistung der Vermittlungskapazität des Nennwerts der Geltungsforderung – als Substrat des Zentralbank- und Geschäftsbankengeldes – abgeleitet werden kann, und in welchen Zusammenhang die Gewährleistung der Preisstabilität (nämlich des Geldwertes bzw. der Vermittlungskapazität der Nenngröße) und die Eigentumsgarantie gemäß Art 14 GG zueinander stehen[830].

Die Preisstabilität wird teilweise i.S. einer in der Eigentumsgarantie mit enthaltenen Wertgarantie des Geldes als „hochrangiges Verfassungsgut"[831] oder subjektives Recht des Geldeigentümers[832] angesehen, da Geld als bewegliche Sache eingeordnet wird[833]. Teilweise wird für die Auslegung des Art 14 GG ein „Institutsgarantie für die Funktionsfähigkeit des Geldes" angenommen.[834]

Das Bundesverfassungsgericht sprach allerdings dagegen von der Europäischen Währungsunion als einer „Stabilitätsgemeinschaft" und „objektiv-rechtlicher Sicherung des Geldeigentums" i.S.d. Gewährleistung des Art 14 I GG[835], wobei die Teilnehmerländer an der Währungsunion und die ihnen zugehörenden Volkswirtschaften als „Garant dieses Geldes" bezeichnet wurde[836]. Dementsprechend wird angenommen, dass die Preisstabilität nach Art 127 AEUV, Art 2 ESZB-Satzung als vorrangige Zielsetzung ein objektiv-rechtlicher Ausdruck der Eigentumsgarantie auf Unionsebene sein sollte, während subjektive Rechte einzelner Geldinhaber jedoch aus dem Eigentumsgrundrecht auf Unionsebene ebenso wenig abgeleitet werden können wie innerstaatlich.[837] Nach dieser Auffassung können die währungspolitischen Entscheidungen der Währungsunion nicht nach dem individualisierenden Maßstab eines Grundrechts beurteilt werden.[838] Stattdessen sei – das subjektive Recht des Geldinhabers ablehnend – allenfalls in der Gewährleistung der Währungsstabilität eine soziale Komponente zu sehen. Aus dem Sozialstaatsprinzip folge demnach eine objektive Verpflichtung zu entsprechenden Vorkehrungen.[839]

---

830 Umfassend *Weikart* Geldwert und Eigentumsgarantie, 1993.

831 *Schmidt-Preuß* Verfassungsrechtliche Zentralfragen staatlicher Lohn- und Preisdirigismen, 1977, S 120 f. mwN; ähnl *Schmidt* HstR V, § 117 Rn 21 ff.

832 *Maunz/Dürig/Papier* GG[77] EL, Art 14 Rn 184.

833 *Maunz/Dürig/Papier* GG[77] EL, Art 14 Rn 184.

834 *Von Arnim/Kirchhof* Besteuerung und Eigentum, VVDStRL 39 (1981), S 213 ff, 258 f, 286 ff, 310 ff.

835 BVerfGE 97, 350, 376.

836 BVerfGE 97, 350, 372 f.

837 *Pernice* in: *Dreier,* GG[2008], Art 88 Rn 35.

838 BVerfGE 97, 350, 376. Vgl auch *Seidel* in: FS Zuleeg, 2005, S 505 ff, 514.

839 *Seidel* in: FS Zuleeg, 2005, S 505 ff.

Diese verschiedenen Auffassungen bezüglich eines vermeintlichen „Geldeigentums" sind jedoch abzulehnen, da – als buchhalterische und schuldrechtliche Begriffe – sowohl das Giralgeld als nicht verbriefte, als auch die Euro-Banknoten als verbriefte Forderungen nicht eigentumsfähig sind. Trotz der sachenrechtlichen Eigenschaften der Urkunde sind auch die Euro-Banknoten als Finanzvermögen einzustufen, die ausschließlich in Schuldverhältnissen bestehen.[840]

Somit kommt die Wertung der Eigentumsgarantie aus Art 14 GG, der die allgemeinen Vermögenswerte gerade nicht schützt, in Bezug auf „Geld" schlechterdings nicht zur Geltung. Die richtige Fragestellung lautet infolgedessen also, ob aus der gesetzlichen Pflicht der EZB zur Gewährleistung der Preisstabilität neben der objektiv-rechtlichen Zielsetzung und Verpflichtung auch ein subjektives Recht auf eine quantitative Gewährleistung der Vermittlungskapazität der Nenngröße des „Geldes" als dem Vermittler für Kaufkraft erwächst, m.a.W. ob der Geldinhaber in Euro-Währungsgebiet einen einklagbaren Anspruch auf eine konstante und quantifizierte Kaufkraft seines „Geldes" hat. Ein subjektives Recht aus Art 127 Abs 1 AEUV und Art 2 ESZB-Satzung in diesem Sinne kann folglich auch aus den oben bereits aufgeführten, vom Bundesverfassungsgericht dargelegten Gründen nicht abgeleitet werden.

Die teleologische Betrachtung der Preisstabilität als vorrangiges Ziel der EZB lässt – aus der Perspektive der aktuellen volkswirtschaftlichen Theorien zur Inflationserklärung betrachtet – die Regeln herleiten, mit denen sich die Zentralbank auf ein bestimmtes, genau vorhersehbares und damit glaubwürdiges[841] Handeln als notwendiges Vehikel für eine erfolgreiche „Umsetzung" der Preisstabilität verpflichtet.[842] Entscheidend ist dabei allerdings nicht allein die gesetzlich normierte Zielsetzung, sondern vielmehr, das quantifiziert bestimmte Ziel tatsächlich einzuhalten, d.h. die von ihrer Glaubwürdigkeit abhängige *Wirksamkeit geldpolitischer Bestimmungen*, die Umgehungsmöglichkeiten auszuschließen vermögen[843].

Die Gewährleistung der Preisstabilität ist vermittels der geldpolitischen Strategie der EZB zu erreichen, die den gesamten Weg von der Auswahl der geldpolitischen Instrumente – insbesondere der Offenmarktpolitik – über die Geldmengensteuerung (M 3) als wesentlichem Zwischenziel und der Tagesgeldsatzsteuerung als einem der zentralen operativen Ziele hin zum letztendlichen Ziel, der Preisstabilität

---

840 Vgl § 6 T. IV. Euro-Banknoten als Verbindlichkeiten.

841 Glaubwürdigkeit bedeutet, dass die privaten Wirtschaftssubjekte davon überzeugt sind, dass die EZB anhaltende Abweichungen des Preisniveaus von dem Zielpfad nicht tolerieren wird und sie keine anderen wirtschaftspolitischen Ziele als die Preisstabilität verfolgen wird, *Gaitanides* Das Recht der EZB, 2005, S 29; dazu kritisch *Nicolaysen* Rechtsfragen der Währungsunion, 1993, S 41.

842 Ökonomische Erklärung für die Preisniveauregel als vorrangiges Ziel der EZB, vgl *Gaitanides* Das Recht der EZB, 2005, S 28.

843 Dolzer/Vogel/Graßhof/*Hahn/Häde* GG[2004], Art 88 Rn 438; *Schröder* Verschuldungslizenzen als Alternativen zum Stabilitäts- und Wachstumspakt, in: Wirtschaftsdienst 1999, S 412, 414; Groeben/Schwarze/*Gnan* EU-/EGV[6], Art 103 EGV Rn 5.

beinhaltet. Die EZB hat sich für die sogenannte Zwei-Säulen-Strategie entschieden, die eine Geldmengenstrategie mit der Strategie einer direkten Inflationssteuerung kombiniert.[844] Eine der zentralen Aufgaben der EZB besteht somit in der Geldmengensteuerung, vgl Art 127 Abs 2 erster Spiegelstrich AEUV; Art 3.1 1. Spiegelstrich ESZB-Satzung.[845]

In dem heutigen Mischgeldsystem finden einerseits Zentralbankgeld und Geschäftsbankengeld, andererseits Bargeld (Münzen und Noten) und Giralgeld (Sichteinlagen bei der Zentralbank und den Geschäftsbanken)[846] als verschiedene Geldarten als Zahlungsmittel Verwendung. Diese Unterscheidung ist deshalb wichtig, weil die Zentralbank die Schöpfung und die Vernichtung des Zentralbank- und des Geschäftsbankengeldes nur in unterschiedlicher Weise kontrollieren kann.[847]

Die das Giralgeld materialisierende Gutschrift, also die Begründung der Geltungsforderung gemäß der §§ 780, 781 BGB, manifestiert den Moment der Giralgeldentstehung. Zwischen Zentralbankgiralgeld und Geschäftsbankengiralgeld liegt in diesem Entstehungsmoment eine mathematische Verknüpfung, die von den Kreditversorgungs- und Geldumlaufsteuerungsinstrumenten des Eurosystems und von dem Rechtsverhältnis zwischen dem Eurosystem und den Geschäftsbanken definiert wird.

## II. Geldversorgungspflicht

### *1. Zentralbankgeldschöpfung*

Mit dem Begriffspaar „Währungs- und Notenbank" umschreibt Art 88 S 1 GG (vorbehaltlich der Kompetenzübertragung nach Art 88 S 2 GG) die Funktionen der Bundesbank.[848] Zu erörtern ist, dass die Bundesbank die Volkswirtschaft unmittelbar mit Geldmitteln in Form von Zentralbankgiralgeld, Banknoten und Münzen sowie mittelbar über Geschäftsbanken mit Geschäftsbankengiralgeld versorgt, um dergestalt als Währungsbank und Notenbank ihre verfassungsrechtliche Aufgabe zu erfüllen.

Die Bundesbank ist integraler Bestandteil des Europäischen Systems der Zentralbanken. Ihre Aufgaben ergeben sich u. a. aus Art 88 GG und § 3 BBankG. Dazu gehören vornehmlich die Währungssicherung bzw. die Gewährleistung der Preisstabilität und das Notenausgabemonopol. Daneben hat sie für die bankmäßige Abwicklung des Zahlungsverkehrs im In- und Ausland Sorge zu tragen und zur Stabilität der Zahlungs- und Verrechnungssysteme beizutragen. Ihre Aufgaben und Befugnisse können i. R. d. Europäischen Union der Europäischen Zentralbank übertragen werden,

---

844 Vgl *Amtmann* die Geldpolitik der EZB, in: europa blätter 2002, S 36 ff.

845 *Blanke* in: *von Mangoldt/Klein/Starck* GG, 2010, Art 88 Rn 47.

846 Vgl *Münch* Das Giralgeld, 1990, S 108; *Jarchow* Grundriss der Geldtheorie 2010, S 7.

847 *Endler* EZB und Preisstabilität, 1998, S 117.

848 *Maunz/Dürig/Herdegen* GG[77 EL], Art 88 GG Rn 41.

die unabhängig und ebenfalls dem vorrangigen Ziel der Sicherung der Preisstabilität verpflichtet ist, Art 127 Abs 2 AEUV i.V.m. der ESZB-Satzung.

In der ursprünglichen Fassung des § 3 BBankG lautete die Aufgabe der Bundesbank, *den Geldumlauf und die Kreditversorgung der Wirtschaft mit dem Ziel der Währungssicherung zu regeln.* Bezüglich der Aufgaben der Bundesbank spricht man unterschiedlich von Regelung, Steuerung, Beeinflussung oder Gewährleistung des Geldumlaufs und der Kreditversorgung der Wirtschaft.[849] Die grundlegenden Aufgaben des ESZB und EZB ergeben sich aus Art 127 Abs 2 AEU-Vertrag i.V.m. der ESZB-Satzung, nämlich Festlegung und Durchführung der Geldpolitik. Der Begriff der „Währungsbank" wurde auch von dem Instrumentarium der Reichsbank und der Bank Deutscher Länder mitgeprägt[850], und es ist daher sinnvoll, durch eine historische Auslegung die Sinnfestsetzung der gesetzlichen Formulierung bezüglich der Aufgabe der Zentralbank zu ermitteln. Zu berücksichtigen sind dabei insbesondere Art 127 Abs 2 AEU-Vertrag, Art 88 GG und § 3 BBankG in seiner Fassung von 1957, 1992 und 2011. Das Ziel ist die präzise Definition der Aufgabe der Zentralbanken i.S.d. Währungssicherung und Preisstabilität.

Das Eurosystem einschließlich der Bundesbank wird dazu verpflichtet, die gesamte Volkswirtschaft im Euro-Währungsgebiet mit Geldmitteln zu versorgen, vgl Art 127 AEUV, Art 3 ESZB-Satzung und Art 88 GG, d.h. die Zentralbanken müssen den Geldschöpfungssektor, nämlich das Bankensystem, und den Geldhaltungssektor mit Geldmitteln versorgen. Verwirklicht wird die Geldmittelversorgung über die Kreditversorgung und Geldumlaufsteuerung durch Zentralbanken mithilfe der MFIs als Geldschöpfungssektor.[851]

Die Bundesbank als nationale Währungsbank, also als sogenannte „Bank der Banken", soll über die Refinanzierung der Geschäftsbanken als die letzte Liquiditätsquelle des gesamten Bankensystems in Deutschland funktionieren[852] und über das Geschäftsbankensystem mittelbar das gesamten Wirtschaftssystems mit Geld versorgen.[853] Der Begriff „Währungsbank" umfasst sowohl die Versorgung der Volkswirtschaft mit Geldmitteln als auch die Sicherung des Geldwertes.[854]

---

849 Vgl *Fögen* Geld- und Währungsrecht, 1969, S 66.

850 *Maunz/Dürig/Herdegen* GG[77 EL], Art 88 GG Rn 43.

851 Siehe § 3 BBankG aF von 1957.

852 *Maunz/Dürig/Herdegen* GG[77 EL], Art 88 Rn 43*; Stern* in: *Deutsche Bundesbank* (Hrsg), Fünfzig Jahre Deutsche Mark – Notenbank und Währung in Deutschland seit 1948, 1998, S 141, 144; BVerfGE 14, 212, 215, das Bundesverfassungsgericht hat der Bundesbank „eine beherrschende Stellung an der Spitze der Geld- und Kreditwirtschaft" attestiert; *Coburger*, Die währungspolitischen Befugnisse der Deutschen Bundesbank, 1988, S 26.

853 *Blanke*, in: *von Mangoldt/Klein/Starck* GG[2010], Art 88 Rn 11; *Uhlenbruck* Unabhängigkeit der Bundesbank, 1968, S 24; *von Spindler/Becker/Starke* Die Deutsche Bundesbank[4], S 169.

854 BVerwGE 41, 334, 349; *Stern* in: *Deutsche Bundesbank* (Hrsg), Fünfzig Jahre Deutsche Mark – Notenbank und Währung in Deutschland seit 1948, 1998, S 141, 144.

## 2. *Geschäftsbankengeldschöpfung – mittelbare Wahrnehmung der Geldversorgungspflicht der Zentralbank durch Geschäftsbanken*

Als **Volkswirtschaft** wird die Gesamtheit aller einem Wirtschaftsraum (üblicherweise ein Staat oder Staatenverbund) zugeordneten Wirtschaftssubjekte (Privathaushalte, Unternehmen und der Staat) bezeichnet. Daher bedeutet die Versorgung der Volkswirtschaft mit Geldmitteln nicht nur die Liquiditätsversorgung des Eurosystems für das gesamte Kreditwesen im Euro-Währungsgebiet, sondern auch die Versorgung der Privathaushalte, Unternehmen und Staaten mit Geldmitteln. Hier durchdringen die geldpolitischen Funktion der Zentralbank die Funktionen der privaten Geschäftsbanken.

Geschäftsbankengiralgeld (auf Geschäftsbankgirokonten) und die nur zwischen Banken zirkulierenden Reserven (auf Zentralbankgirokonten) hängen in bestimmt definierter Weise miteinander zusammen, liegen aber dennoch in zwei klar getrennten Kreisläufen, d. h. der Interbankenkreislauf und der Publikumskreislauf vermischen sich nicht. Niemals wird von einem Zentralbankgirokonto auf ein Geschäftsbankgirokonto überwiesen oder umgekehrt.[855] Darüber hinaus zirkulieren die Banknoten faktisch nur im Publikum und kaum im Interbankenverkehr.

Da das Zentralbank- und das Geschäftsbankengiralgeld zwei getrennte, sich nicht vermischte Geldmengen sind[856], sind die Zentralbanken nicht die unmittelbare Liquiditätsquelle des Nichtbanken- bzw. Geldhaltungssektors. Dieser *Geldhaltungssektor*, welcher die im Euro-Währungsgebiet ansässigen Nicht-MFIs (ohne die Zentralregierungen) umfasst[857], als Teil der Wirtschaftssubjekte des gesamten Volkswirtschaft, wird überwiegend mit Geschäftsbankengiralgeld (auch Publikumsgiralgeld[858] genannt), welches einen wesentlichen Teil des Geldmengenaggregates M1 ausmacht, versorgt.

Die Beteiligung der Geschäftsbanken an der Geldschöpfung ist somit notwendig für den Geldumlauf und die Geldversorgung für den gesamten Wirtschaftskreislauf. Ohne die zusätzliche Geldschöpfung der Geschäftsbanken wäre die Geldmittelversorgung für das Publikum nicht möglich. Nur durch die Geschäftsbankengeldschöpfung kann die Zentralbank über das Geschäftsbankensystem mittelbar das gesamte Wirtschaftssystems mit Geld versorgen[859] und somit ihre geldpolitische Aufgabe erfüllen.

Da die Geschäftsbanken an der geldpolitisch essentiellen Geldschöpfung durch Kreditgewährung im zivilrechtlichen bzw. bankvertragsrechtlichen Verhältnis maßgebend beteiligt sind, üben sie als „verlängerter Arm der Notenbank" insofern

---

855 *Huber* Monetäre Modernisierung, 2011, S 15.

856 Vgl *Huber* Monetäre Modernisierung, 2011, S 15.

857 *Jarchow* Grundriss der Geldtheorie, 2010, S 7.

858 *Huber* Monetäre Modernisierung, 2011, S 12.

859 *Blanke* in: *von Mangoldt/Klein/Starck*, GG, 2010, Art 88 Rn 11, der eine verfassungsrechtliche Garantie annimmt; *Uhlenbruck* Unabhängigkeit der Bundesbank, S 24; *von Spindler/Becker/Starke*, Die Deutsche Bundesbank[4], S 169.

abgeleitete währungspolitische Funktionen aus, so dass ihnen als privatrechtliche juristische Person eine *„mittelbare Hoheitsaufgabe“*[860] obliegt.[861] Die Erlaubnis der Geschäftsbanken i.S.d. § 32 KWG, 8 ZAG i.V.m. § 1 Nr 2 KWG § 1 Abs 2 ZAG zur Durchführung von Kreditgeschäften und Leistung von Zahlungsdiensten beinhaltet somit zugleich die Erlaubnis bzw. Befugnis zur Giralgeldschöpfung und Giralgeldvernichtung. Diese Vorschriften sollen unter währungspolitischen Verständnis ausgelegt werden.

## III. Abgrenzung der monetären Aggregate im Euro-Währungsgebiet durch die EZB aufgrund der konsolidierten Bilanz der MFIs – M 1, M 2 und M 3

### *1. Zweckabhängige Abgrenzung der monetären Aggregate durch EZB*

Die Geldmenge wie auch die Zentralbankgeldmenge (monetäre Basis) lassen sich aus den Bilanzen des geldschöpfenden Sektors und des geldhaltenden Sektors ermitteln. Aus den Bilanzen der Geldschöpfungssektoren ergeben sich die saldenmechanischen Zusammenhänge für den monetären Bereich einer offenen Volkswirtschaft mit den folgenden wesentlichen Merkmalen: (1) Alle Zahlungen erfolgen durch Übertragung von Banknoten und/oder Giralgeld; (2) die Geschäftsbanken gewähren Kredite an Nichtbanken und refinanzieren sich im Wege einer Kreditaufnahme bzw. Zentralbankverschuldung; (3) die Verbindlichkeiten der Geschäftsbanken gegenüber Nichtbanken bestehen aus Sichteinlagen, für die die Geschäftsbanken Mindestreserven halten müssen.[862]

Da viele unterschiedliche Finanzwerte austauschbar sind und sich Finanzaktiva, Transaktionen und Zahlungsmittel in ihrer Art und ihren Merkmalen im Zeitverlauf verändern, und es nicht immer klar ist, wie die Geldmenge festgelegt werden sollte und welche Vermögenswerte welcher Abgrenzung der Geldmenge zuzuordnen sind, definieren und überwachen Zentralbanken für gewöhnlich mehrere monetäre Aggregate, deren Definition allgemein weitgehend vom Zweck abhängt, den das gewählte Aggregat erfüllen soll.[863]

In dieser Arbeit wird von der Definition der Geldaggregate der EZB ausgegangen, die auf den konsolidierten Bilanzen der MFIs, auf harmonisierten Definitionen des Geldschöpfungssektors und des Geldhaltungssektors sowie auf harmonisierten Kategorien der MFI-Verbindlichkeiten beruht.[864] Mit diesen Definitionen bzw. bankenspezifischen Geldmengenindikatoren arbeitet das Eurosystem,

---

860 *Zimmerer-van Zwoll* Mindestreservepolitik und Bankrentabilität, ZKW, 1957, 377, 378.

861 *Von Spindler/Becker/Starke* Die Deutsche Bundesbank[4], S 170.

862 *Jarchow* Theorie und Politik des Geldes, 2003, S 110.

863 Die Geldpolitik der EZB, 2011, S 51.

864 Vgl Die Geldpolitik der EZB, 2011, S 50 f. vgl auch *Jarchow* Grundriss der Geldtheorie, 2010, S 6.

um den Geldschöpfungsmultiplikator zu ermitteln und das Giralgeld nach seiner Verfügbarkeit zu differenzieren[865].

Die Grundlage für die Abgrenzung aller monetären Aggregate im Euro-Währungsgebiet bildet die konsolidierte Bilanz der MFIs[866], da in der Definition monetärer Aggregate der EZB lediglich Verbindlichkeiten von MFIs im Euroraum gegenüber Nicht-MFIs im Euro-Währungsgebiet berücksichtigt werden[867], d.h. Bargeld ist ein Passivum der Zentralbank, Sichteinlagen der Nichtbanken stehen als Passiva in der Geschäftsbankenbilanz.[868]

Durch Saldierung der in der aggregierten MFI-Bilanz enthaltenen Inter-MFI-Positionen (z.B. an MFIs vergebene Kredite und Einlagen bei MFIs) wird die konsolidierte Bilanz des MFI-Sektors (consolidated balance sheet of the MFI sector) erstellt, die Statistikinformationen über die Forderungen und Verbindlichkeiten des MFI-Sektors gegenüber Nicht-MFIs im Euro-Währungsgebiet und gegenüber Ansässigen außerhalb des Euro-Währungsgebiets beinhaltet, die wichtigste statistische Grundlage für die Berechnung der monetären Aggregate ist und als Basis für die regelmäßige Analyse der Bilanzgegenposten von M 3 dient.[869]

---

865 Die Geldpolitik der EZB, 2011, S 51 f. *Deutsche Bundesbank* Geld und Geldpolitik, 2012, S 34; vgl auch die alte Rechtslage: *Deutsche Bundesbank,* Aufgaben und Instrumente, 1985, S 80; *Deutsche Bundesbank* Geschäftsbericht 1985, S 40; vgl auch *Coburger* die währungspolitischen Befugnisse der Deutschen Bundesbank, 1988, S 55.

866 Die Geldpolitik der EZB, 2011, S 50 f.

867 Die Geldpolitik der EZB, 2011, S 52.

868 *Duwendag u. a.* Geldtheorie und Geldpolitik, 1999, S 111.

869 Die Geldpolitik der EZB 2011, S 152.

*Tabelle 9: Konsolidierte Bilanz der MFIs (nämlich des gesamten Bankensystems)* - vereinfachte Darstellung

| **Aktiva** | **Passiva** |
|---|---|
| A.1. Münzumlauf bei Nichtbanken und Geschäftsbanken | P.1. Bargeldumlauf bei Nichtbanken |
| A.2. Nettoauslandsforderungen | P.2. Verbindlichkeiten gegenüber inländischen Nichtbanken |
| 2.1. Nettoauslandsforderungen der Zentralbank | 2.1. Täglich fällige Einlagen bei den Geschäftsbanken (auch als Sichteinlagen bezeichnet, das eigentliche Geschäftsbankengiralgeld) |
| 2.2. Nettoauslandsforderungen der Geschäftsbanken | 2.2. Befristete Verbindlichkeiten der Geschäftsbanken, darunter: |
| A.3. Kredite an inländische Nichtbanken | - Einlagen mit vereinbarter Kündigungsfrist bis zu drei Monaten |
| 3.1. Kredite der Zentralbank an den öffentlichen Sektor | - Einlagen mit vereinbarter Laufzeit von bis zu zwei Jahren |
| 3.2. Kredite der Geschäftsbanken an Nichtbanken | 2.3. Zentralbankeinlagen des öffentlichen Sektors |
| | P.3. Reinvermögen |
| | 3.1. Reinvermögen der Zentralbank |

*Quelle: Jarchow, Theorie und Politik des Geldes, 2003, S 107, 3b; Die Geldpolitik der EZB, 2011, S 52.*

## 2. *M 1, M 2 und M 3*

Die eng gefasste Geldmenge M 1 beinhaltet zum einen die Summe des Gesamtbestandes an Bargeldumlauf (Noten und Münzen bei den Nicht-MFIs) und das gesamte Geschäftsbankengiralgeld, auch Sichteinlagen oder täglich fällige Einlagen genannt. Die derartige Befassung der Geldmenge M1 dient in erster Linie dem Verrechnungsverkehr zwischen den Geschäftsbanken einerseits und zwischen den Geschäftsbanken und der Zentralbank anderseits.[870] M 1 besteht z.Z. in der Europäischen Währungsunion zu etwa 1 Prozent aus Münzen und zu etwa 19 Prozent aus Banknoten, also lediglich zu 20 Prozent aus Bargeld. Die restlichen 80 Prozent sind Giralgeld. In der Schweiz beträgt der Bargeldanteil nur noch 11 Prozent von M1.[871] Zu der Geldmenge M 2 zählen zusätzlich solche Einlagen, die in Komponenten der

870 *EZB* Jahresbericht 2011, S 244; Die Geldpolitik der EZB, 2011, S 52; *Jarchow* Grundriss der Geldtheorie, 2010, S 8.

871 *EZB* Monatsberichte, Tab. 2.3.1.; *Deutsche Bundesbank*, Monatsberichte, Tab. II.2.

eng gefassten Geldmenge umgewandelt werden können. M 3 enthält neben M 2 zusätzlich noch bestimmte von gebietsansässigen MFIs ausgegebene marktfähige Instrumente.[872]

*Tabelle 10: Abgrenzung monetärer Aggregate im Euro-Währungsgebiet*

| Verbindlichkeiten | M 1 | M 2 | M 3 |
|---|---|---|---|
| Bargeldumlauf | X | X | X |
| Täglich fällige Einlagen (das sogenannte Geschäftsbankengiralgeld) | X | X | X |
| Einlagen mit vereinbarter Laufzeit von bis zu zwei Jahren | | X | X |
| Einlagen mit vereinbarter Kündigungsfrist bis zu drei Monaten | | X | X |
| Repogeschäfte | | | X |
| Geldmarktfondsanteile | | | X |
| Schuldverschreibungen mit einer Laufzeit von bis zu zwei Jahren | | | X |

(*Quelle: Die Geldpolitik der EZB 2011, S 52*)

## IV. Das Zentralbankgeld und die monetäre Basis

Zentralbankgeld kann grundsätzlich nur geschöpft werden, wenn die Kreditinstitute Geschäfte mit den Zentralbanken des Eurosystems abschließen, nämlich die Aktivgeschäfte des Eurosystems mit den Kreditinstituten, die auf der Aktivseite der Zentralbankbilanz bilanziert werden, indem es von einem Kreditinstitut Aktiva (etwa Wertpapiere oder Devisen) entgegennimmt und diesem Kreditinstitut dafür ein Guthaben an Zentralbankgeld einräumt.[873] Hauptsächlich gibt es zwei Möglichkeiten im Eurosystem für die Bereitstellung von Zentralbankgeld[874]: entweder den Ankauf von Fremdwährungsforderungen (Tabelle 7 „A1 Währungsreserven") oder durch Kreditgewährung vonseiten der Zentralbank (Bilanzposition A2 ‚Forderungen aus den Refinanzierungsgeschäften mit Kreditinstituten'), die durch notenbankfähige Wertpapiere abgesichert ist[875].

Der Ankauf von Devisen (oder Gold) durch die Notenbank begründet keine Rückzahlungsforderung gegen die Kreditinstitute und stellt eine nicht-kreditweise Zentralbankgeldschöpfung dar. In allen übrigen Fällen – ausgenommen die „Erstausstattung" mit Zahlungsmitteln nach einer Währungsreform – lässt sich die Entstehung von

872 Die Geldpolitik der EZB, 2011, S 53; *Gebauer* Geld und Währung, 2003, S 127 ff.

873 Vgl *Junius/Kater/Meier/Müller* Handbuch EZB, 2002, S 94; *Görgens/Ruckriegel/Seitz* Europäische Geldpolitik[6], S 210 f. *Gaitanides* Das Recht der EZB, 2005, S 103.

874 *Junius/Kater/Meier/Müller* Handbuch EZB, 2002, S 94; *Görgens/Ruckriegel/Seitz* Europäische Geldpolitik[6], S 212; *Issing* Einführung in die Geldtheorie[15], S 54 f.

875 Beim Federal Reserve System hingegen dominiert der Ankauf von staatlichen Wertpapieren, vgl *Görgens/Ruckriegel/Seitz* Europäische Geldpolitik[6], S 211.

Zentralbankgeld auf eine Kreditgewährung vonseiten der Notenbank i.R. von Offenmarktgeschäften gegen Verpfändung von Wertpapieren zurückführen, die eine Forderung des Eurosystems auf Rückzahlung gegen die Kreditinstitute begründen, d.h. das Zentralbankgeld wird hauptsächlich[876] durch Hauptrefinazierungsgeschäfte in Form von Darlehen (in deutschem Recht gemäß der §§ 488 ff. BGB)[877], geschöpft.

Das Eurosystem schöpft Zentralbankgiralgeld in Wahrnehmung seiner gemeinschaftlichen Aufgaben von Liquiditätsversorgung und Preisstabilitätsgewährleistung – wenn auch i.R. von Geschäften privatrechtlicher Natur. Obwohl das Zentralbankgiralgeld als staatlich anerkanntes Geld dem staatlichen Währungssystem zuzuordnen ist, da dieses Geld als Versorgungsmittel staatlichem Handeln zugrunde liegt, ist es dennoch kein gesetzliches Zahlungsmittel[878]. Neben der Versorgungsfunktion dient das Zentralbankgeld auch als Steuerungsmittel und ist nicht nur Objekt solcher Lenkung.[879]

## *1. Zentralbankbilanz und Konsolidierte Bilanz des Eurosystems*

Die Bilanz der Zentralbank spiegelt ihre speziellen Funktionen innerhalb der Volkswirtschaft[880], insbesondere die Liquiditätsversorgung für das Banksystem mit Zentralbankgeld, wider. Die Liquiditätsbeziehung zwischen dem Eurosystem und dem Bankensystem lässt sich anhand der konsolidierten Bilanz des Eurosystems verdeutlichen. Maßstäbe für die Bilanz des Eurosystems waren zunächst der Beschluss der Europäischen Zentralbank vom 10. November 2006 über den Jahresabschluss der Europäischen Zentralbank (EZB/2006/17) (2006/888/EG), (ABl. Nr. L 348 S 38), aufgehoben mit Wirkung vom 31.12.2010 durch Art 25 Beschluss v. 11.11.2010 (ABl. 2011 Nr. L 35 S 1), nämlich den Beschluss der Europäischen Zentralbank vom 11. November 2010 über den Jahresabschluss der EZB.

Die Tabelle 7 enthält eine vereinfachte Darstellung einer standardisierten Zentralbankbilanzstruktur. Als Aktiva werden im Wesentlichen drei liquiditätszuführende Bilanzposten: „Refinanzierungsgeschäfte mit Kreditinstituten“, „Spitzenrefinanzierungsfazilität“ und „Nettoposition der Fremdwährungsforderungen“ ausgewiesen. Unter „Forderungen aus Refinanzierungsgeschäften mit Kreditinstituten“ ist der ausstehende Betrag liquiditätszuführender Offenmarktgeschäfte ausgewiesen, ca. 70 % von dieser zugeführten Liquidität sind die Rückzahlungsforderungen aus HRGs.

876 Ca. 70 % des Zentralbankgeldes wird über HRGs bereitgestellt, vgl § 2 C. III.

877 Oben § 3.

878 **aA** *Rittershausen* Die Zentralnotenbank 1962, S 22; *Godschalk* Computergeld, 1983, S 178.

879 Vgl *Münch* Das Giralgeld, 1990, S 107.

880 *Jarchow* Theorie und Politik des Geldes, 2003, S 101.

*Tabelle 11: Offenmarktgeschäfte und Standardisierter Konsolidierter Ausweis des Eurosystems (vereinfachte Darstellung)*[881]

| **Aktiva** | **Passiva** |
|---|---|
| A.1: Währungsreserven<br>A.1.1: Gold<br>A.1.2: Nettoposition der Fremdwährungsforderungen | Monetäre Verbindlichkeiten:<br>P.1: Banknotenumlauf |
| A.2: Forderungen aus Refinanzierungsgeschäften mit Kreditinstituten, nämlich Forderungen in Euro aus geldpolitischen Operationen an Kreditinstitute im Euro-Währungsgebiet[882], darunter:<br><br>A.2.1: Hauptrefinanzierungsgeschäfte<br>- Pensionsgeschäfte oder<br>- Pfandkredit<br><br>A.2.2: Längerfristige Refinanzierungsgeschäfte<br><br>A. 3: Spitzenrefinanzierungsfazilität | P.2: Verbindlichkeiten in Euro gegenüber Kreditinstituten im Euro-Währungsgebiet<br>darunter:<br><br>P.2.1: Guthaben der Kreditinstitute (Reserven) einschließlich Mindestreserveguthaben + Überschussreserve<br>P.2.2: Einlagefazilität |
| A.4: Sonstiges, darunter<br>- Bestand an Wertpapieren, die den geldpolitischen Operationen nicht zugeordnet sind | P.3: Sonstiges, darunter<br>- Verbindlichkeiten aus emittierten Wertpapieren |

Auf der Passivseite der konsolidierten Bilanz des Eurosystems werden fünf Hauptposten ausgewiesen: „Guthaben der Kreditinstitute auf Girokonten beim Eurosystem“, „Einlagefazilität“, „Banknotenumlauf“, „Einlagen der öffentlichen Haushalte“ und „sonstige Faktoren (netto)“.[883] Die Position „Guthaben der Kreditinstitute auf Girokonten beim Eurosystem“ (auch als *Reserven* bezeichnet) sind das sogenannte Zentralbankgiralgeld, das sich auf die Guthaben der Kreditinstitute bei der Zentralbank bezieht, die zur Erfüllung von Zahlungsverpflichtungen aus Interbankengeschäften und der Mindestreservepflicht erforderlich sind. Die Position „Banknotenumlauf“ umfasst den Wert der von der Zentralbank auf Anforderung der Kreditinstitute

881 Quelle: *EZB* Jahresbericht 2015, K 1, „Konsolidierte Bilanz des Eurosystems zum 31. Dez. 2015“; Die Geldpolitik der EZB 2011, S 121.

882 *EZB* Jahresbericht 2015, K 1, „Konsolidierte Bilanz des Eurosystems zum 31. Dez. 2015“.

883 Die Geldpolitik der EZB, 2011, S 120.

in Umlauf ausgegebenen Banknoten. Reserven und Banknotenumlauf stehen als Nennwert entsprechend anteilige Gegenposten zu „Forderungen aus Refinanzierungsgeschäfte mit Kreditinstituten, nämlich Forderungen in Euro aus geldpolitischen Operationen an Kreditinstitute im Euro-Währungsgebiet" gegenüber, wobei letztere als die Deckung für die Reserven und den Banknotenumlauf fungiert.

Die nachfolgende Tabelle 12 zeigt exemplarisch den Beitrag der wichtigsten Posten zur von dem Eurosystem bereitgestellten Liquidität des Bankensystems in der Mindestreserve-Erfüllungsperiode vom 19. Januar bis zum 8. Februar 2011.

*Tabelle 12: Beiträge zur Liquidität des Bankensystems (in Mrd. €; Tagesdurchschnittsbestände v 19. Januar bis 9. Februar 2011)*

| | **Liquiditätszuführend Aktiva** | **Liquiditätsabschöpfend Passiva** | **Nettobeitrag** |
|---|---|---|---|
| **Geldpolitische Geschäfte des Eurosystems** | | | |
| Hauptrefinanzierungsgeschäfte | 185,4 | – | 185,4 |
| Längerfristige Refinanzierungsgeschäfte | 318,2 | – | 318,2 |
| Sonstige Offenmarktgeschäfte[884] | 137,2 | 81,3 | 55,9 |
| Ständige Fazilitäten | 0,1 | 39,2 | -39,2 |
| **Zwischensumme (a)** | 604,9 | 120,5 | 520,4 |
| **Die Liquidität des Bankensystems beeinflussende autonome Faktoren** | | | |
| Banknotenumlauf | – | 822 | -822 |
| Einlagen der öffentlichen Haushalte beim Eurosystem | – | 101,2 | -101,2 |
| Nettoposition in Fremdwährung | 549,7 | 856,5 | -306,8 |
| Sonstige Faktoren (netto) | – | -66,7 | 66,7 |
| **Zwischensumme (b)** | **549,7** | 856,5 | -306,8 |
| **Reserven = Guthaben der Kreditinstitute auf Girokonten beim Eurosystem** | | | |
| Mindestreserve-Soll (c) | | | 212,3 |
| Überschussreserven (d) | | | 1,3 |
| **Insgesamt (a) + (b) = (c) + (d)** | | | 213,6 |

*Quelle: Die Geldpolitik der EZB, 2011, S 122, Tabelle 4.4.*

884 Der Posten „sonstige Offenmarktgeschäfte" umfasst Wertpapiere für geldpolitische Zwecke und Liquiditätsoperationen in Fremdwährung. Mit Letzteren wurde Liquidität abgeschöpft.

Die in Tabelle 11 standardisierte Zentralbankbilanz kann wie folgt in der Tabelle 12 neu gegliedert werden, um die Struktur der Liquidität klarzustellen. Die liquiditätsabsorbierende Wirkung der autonomen Faktoren entsteht vor allem durch den Banknotenumlauf, der den Kreditinstituten Liquidität entzieht, und bringt den *Zentralbankgiralgeldbedarf* mit sich, weil Euro-Banknoten von der Zentralbank beschafft werden und die Kreditinstitute deshalb Zentralbankgiralgeld aufnehmen müssen.[885] Die Mindestreservepflicht hat eine etwa ebenso starke liquiditätsabschöpfende Wirkung wie alle autonomen Faktoren zusammengenommen und bringt den Zentralbankgiralgeldbedarf der Kreditinstitute mit sich.[886]

*Tabelle 13: Struktur der Liquiditätsbereitstellung*[887]

| | |
|---|---|
| **Liquiditätsbereitstellung durch geldpolitische Geschäfte** | + Refinanzierungsgeschäfte mit Kreditinstituten<br>+ Spitzenrefinanzierungsfazilität<br>- Einlagefazilität |
| = | = |
| **Die Liquidität des Bankensystems beeinflussende autonome Faktoren** | Banknotenumlauf<br>+ Einlagen der öffentlichen Haushalte<br>- Nettopositionen in Fremdwährung<br>+ Sonstige Faktoren (netto) |
| + | + |
| **Reserven (auch Bankenliquidität genannt)** | Guthaben der Kreditinstitute auf Girokonten (Reserven) |

Die Tabelle 12 verdeutlicht zweierlei Bestandteile des Nettobetrages der von der Zentralbank den Kreditinstituten tatsächlich bereitgestellten Liquidität. Während der erste Bestandteil sich aus den „autonomen Faktoren" zusammensetzt (die Summe aus „Banknotenumlauf" plus „Einlagen der öffentlichen Haushalte" minus „Nettoposition in Fremdwährung" plus „sonstige Faktoren (netto)", die den Nettoeffekt der übrigen Bilanzpositionen angibt, die sich auf die Liquidität am Geldmarkt auswirken), besteht der zweite Bestandteil aus den Reserven der Kreditinstitute („Guthaben der Kreditinstitute auf Girokonten beim Eurosystem").[888] Die Summe von autonomen Faktoren und Reserven entspricht der durch geldpolitische Geschäfte bereitgestellten Liquidität, nämlich der Summe von „Refinanzierungsgeschäfte mit Kreditinstituten" und „Spitzenrefinanzierungsfazilität" abzüglich „Einlagefazilität".

885 Die Geldpolitik der EZB, 2011, S 123.
886 Die Geldpolitik der EZB, 2011, S 123.
887 Vgl Quelle: Die Geldpolitik der EZB, 2011, S 121.
888 Die Geldpolitik der EZB, 2011, S 121.

## 2. *Monetäre Basis*

Der Gesamtbestand an Zentralbankgeld beinhaltet die Mindestreserven und Überschussreserven der Banken sowie das gesamte Bargeld bei Banken und im Publikum.

### *a) Das Zentralbankgiralgeld – Reserven aus Mindestreserve-Soll und Überschussreserven*

Die Bilanzposition P.2.1, Unterposition „Einlagen auf Girokonten" von Position P.2 „Verbindlichkeiten in Euro aus geldpolitischen Operationen gegenüber Kreditinstituten" der konsolidierten Bilanz des Eurosystems enthält die auf Girokonten gehaltenen Einlagen, die hauptsächlich aus dem Mindestreserve-Soll zu den jeweils geltenden Mindestreservesätzen bestehen und zu einem geringen Teil darüber hinausgehende Einlagen darstellen. Die Differenz zwischen den Guthaben der Kreditinstitute auf Girokonten beim Eurosystem und dem Mindestreserve-Soll ergibt die Überschussreserven (die mit rund 0,5 % des Mindestreserve-Solls im Euro-Währungsgebiet generell sehr niedrig sind).[889]

Mindestreserve-Soll und Überschussreserven bilden gemeinsam die sogenannten Reserven, also das eigentliche Zentralbankgiralgeld, dessen Substrat die Geltungsforderung des Giralgeldinhabers aus den §§ 780, 781 BGB gegen die Zentralbank ist.

### *b) Monetäre Basis*

Aus der konsolidierten Bilanz des Eurosystems lässt sich die für geldpolitische Analysen wichtige Monetäre Basis (Geldbasis) ermitteln, die den Bestand an Zentralbankgeld bei Geschäftsbanken und Nichtbanken (einschließlich Münzumlauf, aber ohne Zentralbankeinlagen des öffentlichen Sektors) umfasst[890], nämlich die gesamten Bargeldbestände und das gesamte Zentralbankgiralgeld (das Mindestreserve-Soll und die Überschussreserven).[891]

Abgesehen von den Münzbeständen besteht die monetäre Basis aus Banknoten (Tabelle 7 P.1) und Zentralbankgiralgeld (Tabelle 7 P.2.1), mithin aus den verbrieften und den nicht verbrieften abstrakten Schuldversprechen der Zentralbank. Die monetäre Basis stellt die für die monetäre Expansion notwendige Basis dar.

---

889 Die Geldpolitik der EZB, 2011, S 123.

890 Bzgl der Berechnung der monetären Basis siehe *Jarchow* Theorie und Politik des Geldes, 2003, S 103.

891 Definition des „monetary base" von der EZB, siehe **www.ezb.int:** *Currency (banknotes and coins) in circulation plus the minimum reserves credit institutions are required to hold with the Eurosystem and any excess reserves they may voluntarily hold in the Eurosystem's deposit facility, all of which are liabilities on the Eurosystem's balance sheet. Base money is sometimes also referred to as the „monetary base".*

### 3. *Kontrolle über die Zentralbankgeldversorgung durch Mengen- und Preiskontrolle der EZB*

#### *a) Das Eurosystem als Monopolanbieter des Zentralbankgeldes*

Geld muss sowohl rechtstheoretisch als auch in der gesellschaftlichen Praxis nicht notwendig ein Schöpfung der staatlichen Rechtsordnung sein. Obzwar Monopole regelmäßig nicht zur marktwirtschaftlichen Wettbewerbsordnung passen, weil sie ihre Machtstellung zu Lasten der Konsumenten ausnutzen können, und das hoheitliche Geldmonopol zudem in der Vergangenheit schon mehrfach missbraucht worden ist und inflationäre Prozesse – insbesondere mit gravierenden Nachteilen für den Geldhaltungssektor[892] – erzeugt hat, basiert die Geldpolitik des aktuellen zweistufigen Kreditwährungssystems trotzdem aus einem hoheitlich ermächtigten Monopol des Eurosystems als einer Zentralstelle. Das Zentralbankgeldmonopol des Eurosystems als alleiniger Emittent von Zentralbankgeld gemäß Art 12 ESZB-Satzung wird durch den Maastricht-Vertrag von 1992 und seine Nachfolgeverträge, also den Vertrag von Amsterdam 1997, den Vertrag von Nizza 2001 und den Vertrag von Lissabon 2007, gesetzlich garantiert.

#### *b) Vollständige Kontrolle über die Monetäre Basis*

Das von dem Eurosystem monopolisierte Zentralbankgeld, zu dem die Sichteinlagen der Kreditinstitute und Nicht-MFIs beim Eurosystem und auch das Bargeld gehören[893], ist die Grundlage für die Geschäftsbankengeldschöpfung der Kreditinstitute im Euro-Währungsgebiet, nämlich die Schöpfung der Geldmengen M 1, M 2 und M 3. Das Eurosystem, wie jede Zentralbank in einem zweistufigen Kreditwährungssystem, versorgt also das Finanzsystem der Volkswirtschaften im Euro-Währungsgebiet mit Zentralbankgeld, d. h. es stellt die sogenannte monetäre Basis – auch das Basisgeld genannt – bereit, welche die Keimzelle der Geschäftsbankengeldentstehung[894] darstellt.

Das Eurosystem kontrolliert dabei vollständig die monetäre Basis bei der Ausführung der Geldpolitik des Euroraums[895], indem es drei auf Zentralbankmengen wirkende Faktoren, nämlich außenwirtschaftliche Komponenten, staatliche Komponenten und Geschäftsbanken-Komponenten steuern muss, weil das Zentralbankgeld entweder beim Ankauf von Währungsreserven durch die Zentralbank oder durch Kredite der Zentralbank an die Geschäftsbanken und den Staat entstanden ist[896]. Aufgrund der Angewiesenheit bzw. Abhängigkeit des Bankensektors von Basisgeld

---

892 *Duwendag u. a.* Geldtheorie und Geldpolitik, 1999, S 303.

893 *Duwendag u. a.* Geldtheorie und Geldpolitik, 1999, S 110; *Junius/Kater/Meier/Müller* Handbuch EZB, 2002, S 94.

894 *Junius/Kater/Meier/Müller* Handbuch EZB, 2002, S 94.

895 Http://www.ecb.int/ecb/educational/facts/orga/html/or_009.de.html.

896 Vgl *Endler* EZB und Preisstabilität, 1998, S 124 ff.

kann das Eurosystem maßgeblichen Einfluss auf die Bedingungen am Geldmarkt und auf die Geldmarktsätze nehmen.[897]

Die Bedeutung der monetären Basis als analytische Größe liegt in ihrer Verwendung als sogenannter Indikator und/oder als Zwischenziel der Geldpolitik. Die (bereinigte) Monetäre Basis war für die Bundesbank etwa bis Ende der 80er Jahre des 20. Jahrhunderts das Zwischenziel der Geldpolitik, nämlich die Hauptsäule der geldpolitischen Strategie. Ein geldpolitisches Zwischenziel ist genau genommen eine ökonomische Variable, welche die Zentralbank mit einer gewissen Zeitverzögerung und mit einer lediglich relativen Genauigkeit steuern kann und die sich in einem mehr oder weniger stabilen und zumindest teilweise vorhersehbaren Verhältnis zum Endziel der Geldpolitik befindet.[898]

Nachdem die Bundesbank auf die Geldmenge M 3 als Zwischenziel übergegangen war, stellte die Zentralbankgeldmenge dann im Wesentlichen einen geldpolitischen Indikator mit einer Prognosefunktion dar.[899] Im Rahmen der Geldpolitik ist unter einem *Indikator* grundsätzlich eine Variable des monetären Bereichs zu verstehen, die prinzipiell geeignet erscheint, in Form komparativer Feststellungen anzugeben, wie aktuelle geldpolitische Maßnahmen oder solche der unmittelbar zurückliegenden Vergangenheit (oder umfassender: Impulse aus dem monetären Bereich, ausgelöst in der unmittelbar zurückliegenden Vergangenheit) auf die zukünftige Entwicklung der zu gestaltenden wirtschaftspolitischen Zielvariablen (wie beispielsweise Volkseinkommen, Beschäftigung und Preisniveau) einwirken.[900] Veränderungen der Indikator-Werte signalisieren beispielsweise, ob von den geldpolitischen Maßnahmen der unmittelbaren Vergangenheit eine expansive oder eine kontraktive Wirkung auf die zukünftige Entwicklung der wirtschaftspolitischen Zielvariablen ausgeht.

Eine Besonderheit der europäischen Geldpolitik liegt darin, dass die monetäre Basis lediglich das Fundament der Geldversorgung darstellt, jedoch für die tägliche Geldpolitik der EZB fast keine Rolle spielt[901], da die EZB nahezu vollständig auf die weiten Geldmengenaggregate und dabei insbesondere auf M 3 ausgerichtet ist.[902]

---

897 Http://www.ecb.int/ecb/educational/facts/orga/html/or_009.de.html.

898 *Görgens/Ruckriegel/Seitz* Europäische Geldpolitik[4], S 243; Görgens/*Ruckriegel/Seitz* Europäische Geldpolitik[6], S 125.

899 *Junius/Kater/Meier/Müller* Handbuch EZB, 2002, S 95.

900 *Jarchow* Theorie und Politik des Geldes 2003, S 103.

901 *Junius/Kater/Meier/Müller* Handbuch EZB, 2002, S 95.

902 *Gaitanides* Das Recht der EZB, 2005, S 102 ff. *Junius/Kater/Meier/Müller* Handbuch EZB, 2002, S 96, dahinter steht die Auffassung, dass eine mechanistische Beeinflussung der gesamten Geldmenge in der Volkswirtschaft über die Zentralbankgeldmenge – wie sie vielfach monetaristisch theoretisch dargelegt wird – in der Praxis nicht durchführbar ist.

### aa) M 3 als Referenzwert – Mengensteuerung

Die EZB bedient sich geldpolitisch der sogenannten Zwei-Säulen-Strategie, die eine Geldmengenstrategie mit der Strategie einer direkten Inflationssteuerung kombiniert.[903] Die monetäre Säule beinhaltet die Geldmenge als Indikator für die Inflationsgefahr.

Weil die Geschäftsbankengeldschöpfung aufgrund der Mindestreservepolitik von der monetären Basis zwingend abhängig ist, kontrolliert das Eurosystem mithilfe der Geldbasis die Geldmenge M 3, die eine der wichtigsten Einflussgrößen des Preisniveaus darstellt. Nach allen verfügbaren Daten für das Euro-Währungsgebiet besteht eine stabile Beziehung zwischen M 3 und der Preisniveaustabilität für mittelfristige Zeiträume, die für die geldpolitischen Entscheidungen maßgebend sind.[904] Aufgrund der kurzfristigen, schwer beeinflussbaren Schwankungen der Geldmengen verzichtet die EZB allerdings vollständig darauf, ein Geldmengenziel festzulegen und beschränkt sich lediglich darauf, mittelfristig einen Referenzwert für die Geldmengenentwicklung anzugeben, welcher für die Geldpolitik nützliche Information enthalten kann, um dergestalt zu verdeutlichen, dass starke Abweichungen von einer als normal angesehenen Wachstumsrate u. U. ein Warnsignal darstellen können, ohne deshalb gleich zu einem Ziel an sich ausgerufen werden zu müssen.[905]

Referenzwert für das M 3-Wachstum (reference value for M 3 growth) ist eine Jahreswachstumsrate der Geldmenge M 3, die auf mittlere Sicht mit der Gewährleistung von Preisstabilität vereinbar ist; derzeit beträgt der Referenzwert für das jährliche M 3-Wachstum 4 ½ %.[906] Der Referenzwert zeigt an, um wieviel die Geldmenge M 3 im Vorjahresvergleich ansteigen kann, ohne dass die EZB die Preisstabilität gefährdet sieht.[907] Übersteigt das jährliche Geldmengenwachstum der Geldmenge M 3 im Euro-Währungsgebiet mittelfristig den Referenzpfad auf einen Wert von über 4,5 Prozent und stützen weitere Indikatoren die Inflationserwartungen, wird die EZB sich früher oder später zu geldpolitischen Reaktionen gezwungen sehen. Mit der Festlegung einer Zielmarge für das Geldmengenwachstum wird die quantitative Kontrolle der Geldschöpfung deutlich.[908]

### bb) Preissteuerung – Der Tagesgeldsatz als das operative Ziel der Geldpolitik

#### (1) Erreichung des operativen Ziels durch Offenmarktgeschäfte

Obwohl die EZB die monetäre Basis de facto vollständig kontrolliert, betreibt sie auf der operativen Ebene keine Geldbasissteuerung, d. h. sie setzt statt einer quantitativen

---

903 Vgl *Amtmann* die Geldpolitik der EZB, in: europa blätter 2002, S 36, S 37 ff.

904 *EZB* Monatsbericht, Nov 2000, Die zwei Säulen der geldpolitischen Strategie der EZB, S 41, S 44 f.

905 *Junius/Kater/Meier/Müller* Handbuch EZB, 2002, S 150 f. *Görgens/Ruckriegel/Seitz* Europäische Geldpolitik[4], S 243; *Gaitanides* Das Recht der EZB, 2005, S 106.

906 *EZB* Jahresbericht 2013, S 285.

907 *Gaitanides* Das Recht der EZB, 2005, S 106.

908 *Münch* Das Giralgeld, 1990, S 127.

Steuerung des Zentralbankgeldes ein operatives Ziel, nämlich den Zinssatz für Tagesgeld am Interbankenmarkt, als zentralen Ansatzpunkt an.[909]

Der Begriff eines *operativen Ziels* eines geldpolitischen Instruments unterscheidet sich grundlegend von dem eines Zwischenziels. Das operative Ziel der Geldpolitik steht am Anfang des geldpolitischen Transmissionsmechanismus und ist im Wesentlichen eine ökonomische Variable, welche die Zentralbank tagtäglich mit Hilfe der ihr zur Verfügung stehenden geldpolitischen Instrumente sehr weitgehend kontrollieren kann und sollte.[910] Der sogenannte Tagesgeldsatz – also der Zinssatz für Tagesgeld am Interbanken-Geldmarkt als kurzfristiger Geldmarktzins[911] – stellt das operative Ziel des Eurosystems dar.

Zum Erreichen dieses Ziels bedient sich die Zentralbank ihrer geldpolitischen Instrumente. Die Offenmarktgeschäfte, die letztendlich das Zentralbankgeld bereitstellen, stellen ein der wichtigsten Instrumente des Eurosystems dar[912] und werden regelmäßig durch das Eurosystem eingesetzt, um Zinssätze und Liquidität am Markt zu steuern und Signale seines geldpolitischen Kurses zu geben.

Die wesentliche Aktivität einer Zentralbank liegt somit in der Zinssteuerung, also der Preissteuerung für das von ihr geschöpfte Zentralbankgeld, mithilfe der geldpolitischen Instrumente. Das Eurosystem steuert die Geldmengen, insbesondere M 3, folglich nicht über die Menge (monetäre Basis) sondern über den Preis des Zentralbankgeldes.[913]

Die EZB kontrolliert mit dem Einsatz der Preiskomponente ihres geldpolitischen Instrumentariums – nämlich der Steuerung des Tagesgeldsatzes – die Zentralbankgeldnachfrage der Geschäftsbanken sowie des Publikums (Nichtbanken), während sie mit der Mengenkomponente des Instrumentariums – also der monetären Basis – die Liquidität des Geschäftsbankensystems und damit des Kreditangebotes beeinflusst.[914] Die Einsatzpunkte der Geldpolitik der EZB spiegeln sich ebenfalls buchhalterisch in der konsolidierten Bilanz des Eurosystems wider.

---

909 *Görgens/Ruckriegel/Seitz* Europäische Geldpolitik[6], S 244 f.

910 *Görgens/Ruckriegel/Seitz* Europäische Geldpolitik[4], S 242.

911 *Görgens/Ruckriegel/Seitz* Europäische Geldpolitik[4], S 242, „das operative Ziel ist letztlich nichts anderes als diejenige Größe, über die das geldpolitische Komitee der Zentralbank (etwa der EZB-Rat oder das FOMC in den USA) in seinen Zusammenkünften entscheidet".

912 Heute werden meistens drei verschiedenen geldpolitischen Instrumente von den Zentralbanken genutzt, nämlich Ständige Fazilitäten, Offenmarktgeschäfte und Mindestreserven, *Görgens/Ruckriegel/Seitz* Europäische Geldpolitik[4], S 243.

913 Vgl *Görgens/Ruckriegel/Seitz*, Europäische Geldpolitik[6], S 244 f. *Gaitanides* Das Recht der EZB, 2005, S 104.

914 *Borchert* Geld und Kredit, 2003, S 262; *Gaitanides* Das Recht der EZB, 2005, S 105.

(2) Ein festes Verhältnis zwischen dem Refinanzierungssatz bzw. dem Geldmarktzins und der von der Notenbank angebotenen Menge an monetärer Basis

Die jeweilige Zentralbankgeldnachfrage der Geschäftsbanken richtet sich vor allem nach dem aktuellen Refinanzierungssatz, den sie für die Refinanzierungskredite als Zins zu zahlen haben. Der Refinanzierungssatz wird zunächst als Leitzins durch Beschluss der monopolisierenden EZB bestimmt und wird dann durch übereinstimmende Willenserklärungen der EZB und ihrer Geschäftspartner für den jeweiligen konkreten Vertrag über ein Refinanzierungsgeschäft als Vertragsbestandteil in Kraft gesetzt. Die EZB betreibt also wie die meisten Notenbanken eine Zinspolitik, d.h. sie gibt einen Zielwert für den Refinanzierungssatz vor und versucht, ihr Angebot an Zentralbankgeld der jeweils aktuellen Nachfrage der Geschäftsbanken dergestalt anzupassen, dass sich dieser Zielwert auch tatsächlich am Geldmarkt einstellt.[915] Bei gegebener Nachfrage der Geschäftsbanken nach Zentralbankgeld besteht ein festes Verhältnis zwischen dem Refinanzierungssatz bzw. dem Geldmarktzins und der von der Zentralbank angebotenen Menge an monetärer Basis.[916]

(3) Abgrenzung von Leitzinsen, Hauptrefinanzierungszinssatz und EONIA (durchschnittlicher Tagesgeldsatz)

Die Leitzinsen der EZB (key ECB interest rates) sind diejenigen Zinssätze, die vom EZB-Rat festgelegt werden und den geldpolitischen Kurs der Europäischen Zentralbank widerspiegeln.[917] Hierbei handelt es sich um die Zinssätze für die HRGs, die Spitzenrefinanzierungsfazilität und die Einlagefazilität.[918] Der Zinssatz, den die EZB bei diesen Geschäften für das befristete Verleihen von Zentralbankgeld verlangt, ist de facto der Refinanzierungssatz.[919] Ein Veränderung des Zinssatzes für die HRGs bewirkt eine entsprechende Anpassung beim Tagesgeldsatz und führt damit verbunden auch zu einer Anpassung der kurzfristigen Bankzinsen.[920]

Da nur ein kleiner Teil der Kreditinstitute im Euro-Währungsgebiet – nämlich 11 % der zugelassenen Geschäftspartner des Eurosystems im Jahre 2002[921] und ca. 4 % derselben im Jahre sowohl 2012[922] als auch 2013[923] – an den zentralbankgiralgeldschöpfenden Geschäften auf dem Zentralbankgeldmarkt teilnimmt, wird die Zentralbankgeldversorgung größtenteils durch kontinuierliche Umverteilung des

915 *Junius/Kater/Meier/Müller* Handbuch EZB, 2002, S 90.
916 Bankwirtschaftliche Darstellung siehe *Junius/Kater/Meier/Müller* Handbuch EZB, 2002, S 90 ff.
917 Die Geldpolitik der EZB, 2011, S 153.
918 Die Geldpolitik der EZB, 2011, S 153.
919 *Junius/Kater/Meier/Müller* Handbuch EZB, 2002, S 106.
920 *Görgens/Ruckriegel/Seitz* Europäische Geldpolitik$^6$, S 235.
921 *EZB* Jahresbericht 2002, S 76, 89.
922 *EZB* Jahresbericht 2012, S 87.
923 *EZB* Jahresbericht 2013, S 93.

Zentralbankgiralgeldes auf dem Interbankengeldmarkt verwirklicht. Als Preis des Zentralbankgeldes am Interbankengeldmarkt spielt infolgedessen der jeweils aktuelle Zinssatz am Tagesgeldmarkt im Euro-Währungsgebiet eine besondere Rolle.

Einen durchschnittlichen Tagesgeldsatz im Euro-Währungsgebiet repräsentiert der sogenannte **EONIA** („Euro Overnight Index Average"). Der EONIA ist ein auf der Basis effektiver Umsätze berechneter *Durchschnittszinssatz für Tagesgeld im Euro-Interbankengeschäft.*[924] Er wird als gewichteter Durchschnitt der Sätze für *unbesicherte Euro-Übernachtkontrakte*, die von einer Gruppe bestimmter Institute im Euro-Währungsgebiet gemeldet werden, berechnet.[925]

Durch die turnusmäßige Bestimmung eines aus der Sicht des Eurosystems angemessenen Tagesgeldsatzes ist bezüglich des Referenzwertes der Geldmenge M 3 das gesetzlich bestimmte Ziel der Gewährleistung der Preis(niveau)stabilität zu erreichen. Der Zinssatz für Tagesgeld wird aufgrund Dessen auch als *operatives Ziel für die Geldpolitik* bezeichnet.[926] Der EONIA liegt unter normalen Bedingungen in der Regel in der Nähe des Hauptrefinanzierungssatzes, was zudem die entscheidende Bedeutung der HRGs als wichtigstem geldpolitischem Instrument des Eurosystems unterstreicht.[927]

## W. Wirksamkeit der Zentralbanksteuerungsinstrumente

Im Falle einer vollständig bargeldlosen Wirtschaft ohne jedwede Guthabenbindung bei der Zentralbank wäre die Geldschöpfungskapazität der Geschäftsbanken theoretisch unbegrenzt.[928] Durch die Guthabenbindung bei der Zentralbank in Form der Mindestreservepolitik und der Zentralbankguthaben der Geschäftsbanken wird die Geschäftsbankengeldschöpfung durch das jeweils verfügbare Quantum an Zentralbankgeld begrenzt.[929] Der durch die Mindestreservepflicht zwingend bedingte Liquiditätsbedarf der Geschäftsbanken an Zentralbankgeld stellt eine Verknüpfung zwischen Zentralbankgeld und Geschäftsbanken her, welche die Zentralbank in die Lage versetzt, auf das Geschäftsbankengeldvolumen Einfluss zu nehmen. Näher zu untersuchen sind die Zusammenhänge zwischen Geschäftsbankengeld und monetärer Basis. Die Kernfrage ist, ob die Zentralbank in der Lage ist, die gesamtwirtschaftliche Geldmenge völlig zu kontrollieren, d. h. über die vollständige Kontrolle über die monetären Basis hinaus auch das Geschäftsbankengeldvolumen in Gänze zu kontrollieren.

Ausschlaggebend für die Beantwortung der Frage, ob die Preis(niveau)stabilität in realiter von der Zentralbank gewährleistet werden kann, ist, ob die Geldversorgung von der Zentralbank vollständig beherrscht werden kann oder eben doch als

924 Die Geldpolitik der EZB 2011, S 147.

925 Die Geldpolitik der EZB 2011, S 147.

926 *Junius/Kater/Meier/Müller* Handbuch EZB, 2002, S 212; *Gaitanides* Das Recht der EZB, 2005, S 104; *Görgens/Ruckriegel/Seitz* Europäische Geldpolitik[4], S 244.

927 Die Geldpolitik der EZB, 2011, S 109.

928 Vgl *von Spindler/Becker/Starke* Die Deutsche Bundesbank[4], S 36.

929 *Münch* Das Giralgeld, 1990, S 108.

„elastisch" angenommen werden muss, m.a.W. ob das Geld eine *endogene oder eine exogene Größe* darstellt.[930] Dieser Streit über die Exogenität oder Endogenität des Geldes bezieht sich letztendlich auf die Frage, ob die Geldmenge (M 1, 2, 3) von der Zentralbank präzise quantitativ wirksam kontrolliert werden kann.

Zahlreiche wirtschaftswissenschaftliche Untersuchungen sind bereits zu der Frage der Kontrolle des Geldangebots durch die Bundesbank erstellt worden.[931] Bankbetrieblich und geldwirtschaftlich gehen viele dieser Studien davon aus, dass die Zentralbank selbst mit Hilfe ihrer Kreditpolitik die Entstehung einer höheren Überschussreserve sowie die Möglichkeit eines höheren Geldschöpfungsmultiplikators und die Steigerung der Umlaufgeschwindigkeit nicht vermeiden kann.[932]

Darüber hinaus ist auch die Kausalität des Geldes seit jeher umstritten. Die Kausalität des Geldes bedeutet, dass Änderungen der Geldmenge M kausal für Veränderungen der Preise und des Sozialproduktes sind. Von solch einem Kausalitätverhältnis ausgehend ist dann die Annahme einer Exogenität des Geldes zwingend.[933] Angenommen wird, dass die Geldmenge exogen bestimmt – nämlich durch Entscheidungen der Träger der Geldpolitik festgelegt – wird, das Preisniveau wird dagegen für eine endogene, von der Geldmenge kausal abhängige Größe gehalten.[934]

## I. Monetäre und realwirtschaftliche Theorien

Da nach diversen wirtschaftswissenschaftlichen Ansichten und eingedenk der verschiedenen Ansätze der Inflationstheorien die verschiedensten wirtschaftspolitischen Akteure – von der Zentralbank, dem Staat, den privaten Haushalten und Unternehmen bis hinzu den ausländischen Volkswirtschaften – für eine inflationäre Entwicklung verantwortlich sein sollen[935], ist es keineswegs selbstverständlich, dass eine Zentralbank die gesetzliche Pflicht zur Gewährleistung der Preisstabilität tatsächlich in realiter erfüllen kann. Die verschiedenen Theorien über die Ursachen

---

930 *Endler* EZB und Preisstabilität, 1998, S 111, statt von Elastizität der Geldversorgung wird in der Literatur auch von einer exogenen oder endogenen Rolle des Geldes gesprochen; unter endogenen Variablen werden in der Wirtschaftswissenschaft Größen verstanden, die innerhalb eines ökonomischen Modells bestimmt werden können. Exogene Größen beruhen dagegen auf äußeren, durch das Modell nicht zu erklärenden Bestimmungsfaktoren, beispielsweise auf einer wirtschaftspolitischen Entscheidung der Regierung. Zur Endogenisierung solcher Entscheidungen vgl *Endler* EZB und Preisstabilität, 1998, 2. Kap. C II.

931 Übersicht bei *Duwendag u. a.* Geldtheorie und Geldpolitik, 1999, S 174; *Issing* Einführung in die Geldtheorie[15], S 84 ff. *Endler* EZB und Preisstabilität, 1998, S 138.

932 Vgl *Rieken* Die Beziehungen zwischen der Notenbank und den Trägern der Girosysteme, 1964, S 148.

933 *Duwendag u. a.* Geldtheorie und Geldpolitik, 1999, S 226.

934 So die Meinung von Anhängern der so genannten Currency-Schule; vgl *Endler* EZB und Preisstabilität, 1998, S 113.

935 *Ehrlicher* Geldtheorie, in: HdWW Bd 3, S 374 ff. *Endler* EZB und Preisstabilität, 1998, S 91 ff.

von Inflationen versuchen infolgedessen auch zu klären, inwieweit die Zentralbank das Preisniveau tatsächlich steuern kann.

Die Fähigkeit der Zentralbank zur Gewährleistung der Stabilität des Preisniveaus hängt gänzlich von der Kontrollfähigkeit der Zentralbank zur Steuerung der gesamtwirtschaftlichen Geldmenge ab.[936] Dementsprechend werden aus den verschiedenen Theorien zur Inflationsentstehung auch sehr unterschiedlichen Schlussfolgerungen gezogen, was die Kontrollmöglichkeiten der Zentralbank über die Preisniveau und die Geldmenge anbelangt. Dabei lautet die Kernfrage, inwieweit die Zentralbank die gesamtwirtschaftliche Geldmenge de facto kontrollieren kann, m.a.W. inwieweit die Zentralbank die gesamte Geschäftsbankengeldmenge kontrollieren kann, wenn sie – wie oben schon dargestellt – quantitativ den Bestand des Zentralbankgeldes völlig unter Kontrolle hat.

Grundsätzlich stehen sich zur Erklärung der Inflation zwei sich grundsätzlich voneinander unterscheidende Auffassungen gegenüber, nämlich die monetären Theorien und die keynesianischen realwirtschaftlichen nachfrageorientierten Theorien, welche die Änderung des Preisniveaus und die Kontrollfähigkeit der Zentralbank über Geldmengen zu erklären versuchen.

Die monetären Theorien finden ihren Ursprung in der im sechzehnten Jahrhundert entstandenen *Quantitätstheorie*, deren erste theoretische Begründung von *Jean Bodin* (1529–1596) bewerkstelligt wurde.[937] Die Quantitätstheorie sieht die Ursache der Geldwertveränderungen in dem monetären Bereich der Volkswirtschaft und stellt somit eine monetäre Theorie zur Erklärung des Preisniveaus dar. Die Kernaussage der Quantitätstheorien ist, dass es die Veränderungen der Geldmenge sind, die das Preisniveau kausal bestimmen, also für Steigerungen oder Senkungen des Preisniveaus (P) und damit für die Entstehung von Inflationen oder Deflationen verantwortlich sind.[938]

Nachdem die Quantitätstheorie von *John Locke* (1632–1704) und *David Hume* (1711–1776) unter anderem um den Parameter der Bedeutung der Umlaufgeschwindigkeit für die Entwicklung des Preisniveaus ergänzt wurde[939], wurde sie zu einem wichtigen Baustein im Komplex der Modelle der klassischen Nationalökonomie[940].

---

936 Vgl *Endler* EZB und Preisstabilität, 1998, S 87, 110.

937 *Bodin* La Réponse au paradoxe de M. De Malestroict sur le faict des monnyes, 1568; siehe auch *Woll* Quantitätstheorie, in HdWW Bd 6, S 393.

938 *Endler* EZB und Preisstabilität, 1998, S 91; zu den verschiedenen Abgrenzungsansätzen der Quantitätstheorie siehe *Woll* Quantitätstheorie, in HdWW Bd 6, S 392 f.

939 *Locke* Considerations of the Consequences of the Lowering of Interest and Raising the Value of Money, 1691; *ders* Further Considerations Concerning Raising the Value of Money, 1696; vgl dazu *Leigh* John Locke and the Quantity Theory of Money. History of Political Economy, Durham, North Carolina, 6 (1974), S 200 ff. mwN; *Hume* Political Discourses, 1752, S 41 ff, 82 f. dazu *Woll* Quantitätstheorie, in HdWW Bd 6, S 394.

940 Vgl *Schefold/Carstensen* Die klassische Politische Ökonomie, in: *Issing* (Hrsg) Geschichte der Nationalökonomie, 1994, S 63 ff. mwN; eine einfache Darstellung

Durch kontinuierliche Fortentwicklungen, Ergänzungen und Interpretationen – z. B. der von *Alfred Marshall* (1824–1924) und *Arthur Pigou* (1877–1959) entwickelten Kassenhaltungstheorie – befördert, galt die Quantitätstheorie über lange Zeit als die herrschende Auffassung zur Erklärung der Inflation. Schließlich findet aktuell i. R. d. Auseinandersetzung mit den keynesianischen Theorien die Quantitätstheorie ihren neuen Ausdruck in der sogenannten Neoquantitäts- oder modernen Quantitätstheorie.[941]

Die theoretische Grundaussage bleibt jedoch auch in der Entwicklung der Quantitätstheorie die gleiche: der Anstieg der Geldmenge M stelle die Ursache für Preisniveausteigerungen dar; die Wachstumsrate des Geldes müsse höher als die Wachstumsrate des realen Sozialproduktes ausfallen.

Das zeigt ein Blick auf die Quantitätsgleichung:

$M \cdot V = P \cdot Y^{r}$[942]

$M$[943]: Geldmenge

$V$: Umlaufgeschwindigkeit des Geldes[944]

$P$: das Preisniveau

$Y^{r}$: das reale Sozialprodukt

Denn: Wird V als konstant angenommen, kann M proportional zu $Y^{r}$ wachsen, ohne dass dadurch das Preisniveau P beeinflusst wird.[945]

---

eines „klassischen" makroökonomischen Modells findet sich bei *Jarchow* Theorie und Politik des Geldes, 2003, S 317 ff. mwN; *Endler* EZB und Preisstabilität, 1998, S 92.

941 Übersicht zu Gegenüberstellungen zwischen Monetaristen und Keynesianern *Mayer* in: FS Ehrlicher, 1985, S 357 ff. *ders* Die Struktur des Monetarismus, in: *Ehrlicher/Becker,* Kredit und Kapital – Die Monetarismus-Kontroverse, 1978, S 9 ff; *Brunner* Hat der Monetarismus versagt?, in: Kredit und Kapital, 1984, S 18 ff. *Friedman* Die Gegenrevolution in der Geldtheorie, in: *Brookings* Papers on Economic Activity, 1973, S 347 ff, S 47 ff. *Kalmbach* Der neue Monetarismus, 1973, S 9 ff.

942 Die volkswirtschaftliche Erläuterung der Gleichung siehe *Fisher,* The Purchasing Power of Money, 1911, S 24 ff. *Friedman* A Theoretical Framework for Monetary Anaysis, Journal of Political Economy, 1970, S 196 ff. *Woll* Quantitätstheorie, in HdWW Bd 6, 395; Bereits vor *Fisher* gab es Formulierungen der Quantitätsgleichung, die, zunächst ohne Berücksichtigung der Umlaufgeschwindigkeit des Geldes, bis in das 17. Jahrhundert zurückreichen, dazu *Milgate,* „Quantity Equation: Early History", in The New Palgrave – Dictionary of Economics, Vol. 4, 1987, S 2 f. vgl auch *Endler* EZB und Preisstabilität, 1998, S 89 Fn 89 f.

943 Zur Bedeutung der Buchstaben in der Gleichung „M, V, P, $Y^{r}$" siehe *Endler* EZB und Preisstabilität, 1998, S 88 f.

944 Die Häufigkeit, mit der die Geldmenge benutzt wird, um die Transaktionen aus denen sich das Handelsvolumen der Volkswirtschaft zusammensetzt, durchzuführen, *Endler* EZB und Preisstabilität, 1998, S 88 f.

945 *Endler* EZB und Preisstabilität, 1998, S 89.

Im Gegensatz zur Neoquantitätstheorie erklärt die realwirtschaftliche Theorie von *John Maynard Keynes*[946] die Änderungen des Preisniveaus aus realen Größen, wie z.B. der Bevölkerung, dem Einkommen, dem Konsum oder der Lohnbildung. Ausgelöst wurde die sogenannte keynesianischen Revolution von der Massenarbeitslosigkeit während der Weltwirtschaftskrise in den dreißiger Jahren des 20. Jahrhunderts, die nicht mit den seinerzeit vorherrschenden neoklassischen Theorien im Einklang stand bzw. zu erklären war. In der keynesianischen Inflationstheorie wird prinzipiell zwischen *nachfrageorientierten Geldwerttheorien* und *angebotsorientierten Geldwerttheorien* sowie zusätzlich auch *Verteilungskampftheorien* unterschieden.[947]

## II. Volkswirtschaftlich umstrittene Kontrollfähigkeit der Zentralbank über die Geldmengen

Nach der Quantitätstheorie beherrscht die Zentralbank das Geldangebot und die Geldmenge vollständig – und damit implizit den gesamten monetären Sektor (V · M) der Volkswirtschaft. Die monetäre Mitwirkung der Zentralbank ist notwendig für die preistreibenden höheren Umsätze aufgrund einer zunehmenden Nachfrage nach Gütern und dominiert somit das nominale Sozialprodukt ($Y^n$).[948] Demgemäß ist die Zentralbank in der Lage, die Preisstabilität über die Beherrschung der Geldmengen zu gewährleisten.

Nach der keynesianischen realwirtschaftlichen nachfrageorientierten Theorie verhält sich die Geldversorgung „elastisch". Demgemäß ist es für eine Zentralbank grundsätzlich nicht möglich, die Preisniveaustabilität infolge der Beherrschung der Geldmengen zu gewährleisten. Nach der keynesianischen angebotsorientierten Geldwerttheorie steigert sich das Preisniveau schon vor einer Berührung des monetären Sektors. Versucht die Zentralbank die Preisstabilität durch eine Änderung des Geldangebots wieder herzustellen, treibt sie die Wirtschaft in eine Rezession.[949]

Die sich gegenüberstehende Inflationstheorien zeigen, dass beide wesentlichen Gesichtspunkte wirtschaftswissenschaftlich stark umstritten sind – nämlich zum einen, ob die Zentralbank die Preisstabilität gewährleisten kann, und zum anderen, ob die gesamtwirtschaftliche Geldmenge von der Zentralbank vollständig beherrschbar ist oder eben doch „elastisch", also von ihren geldpolitischen Steuerungsinstrumenten – zumindest in einem gewissen Grade – unabhängig besteht. Die letztere Frage ist dabei noch von der Beantwortung der ersten Frage abhängig.

---

946 *Keynes* The General Theory of Employment, Interest and Money, 1936; deutsch: Allgemeine Theorie der Beschäftigung, des Zinses und des Geldes, 1936.

947 *Scherf* Inflation, in HdWW Bd 4, S 166 ff. *Kromphardt* Arbeitslosigkeit und Inflation, 1998, S 123 ff.

948 Vgl *Endler* EZB und Preisstabilität, 1998, S 110.

949 Vgl *Endler* EZB und Preisstabilität, 1998, S 110 f.

## III. Das Geldschöpfungsmultiplikator

Geschäftsbankengeldschöpfung ist eine der Hauptfunktionen des Geschäftsbankensystems, um Mittel für die Abwicklung der bargeldlosen Zahlungen bereitzustellen und die Kreditvergabe zu fazilitieren, d. h. das Geschäftsbankensystem schöpft durch die Einräumung von Sichtguthaben, also letztendlich durch die Begründung von abstrakten Schuldversprechen, Geschäftsbankengeld.[950] Wirtschaftswissenschaftlich wird auch von verschiedenen Autoren versucht, mit einem einfachen Modellparameter – nämlich dem Geldschöpfungsmultiplikator[951] – die Beziehung zwischen der Zentralbankgeldmenge und der Geschäftsbankengeldschöpfung sowie die Kontrollfähigkeit der Zentralbank über die Geldmenge M zu erklären. Grundsätzlich begrenzt das für die Geschäftsbanken verfügbare Zentralbankgeld, da es die notwendige Voraussetzung für die Geschäftsbankengeldschöpfung darstellt, letztendlich allerdings die potenzielle Geldschöpfungskapazität der Geschäftsbanken, weil diese nur Geschäftsbankengeld schöpfen können, wenn sie den Verpflichtungen aus dem Bargeldabfluss und der Mindestreservepolitik gegenüber dem Eurosystem nachkommen.

### *1. Schöpfer des Geschäftsbankengeldes – das Banksystem als Ganzes oder die einzelnen Kreditinstitute?*

Die Theorie der multiplen Geldschöpfung wurde bereits um das Jahr 1900 herum entwickelt.[952] *Hahn* hatte festgestellt, dass die Kreditexpansion von vorangegangenen oder gleichzeitigen Ersparnissen relativ unabhängig war, und „dass das Passivgeschäft der Banken nicht die Voraussetzung für das Aktivgeschäft ist, weil das Aktivgeschäft einer Bank das entsprechende Passivgeschäft hervorruft; das Passivgeschäft ist nichts anderes als ein Reflex gleichzeitiger Kreditgewährung."[953] *Macleod* meinte: „Eine Bank ist nicht eine Anstalt zur Aufnahme und zum Ausleihen von Geld, sondern eine Anstalt zur Erzeugung von Kredit".[954] Kredit wird kaum mehr durch (von außen zugeflossene) Depositen finanziert, sondern Depositen entstehen als Folge von zuvor ausgestelltem Kredit – und zwar zunächst Sichtdepositen (Giroguthaben) in M 1, dann durch Abzweigung hieraus weitere Depositen in M 2

950 Zur Darstellungen des Prozesses der Geschäftsbankengeldschöpfung siehe *Issing* Einführung in die Geldtheorie[15], S 58 ff. *Duwendag u. a.* Geldtheorie und Geldpolitik, 1999, S 156 ff. *Jarchow* Theorie und Politik des Geldes, 2003, S 106 ff.

951 Vgl dazu *Jarchow* Theorie und Politik des Geldes, 2003, S 120 ff. *Issing* Einführung in die Geldtheorie[15], S 62 ff.

952 *Macleod* The Theory of Credit, 1889; *Withers* The Meaning of Money, 1909; *Schumpeter* Theorie der wirtschaftlichen Entwicklung, 1912; *von Mises* Theorie des Geldes und der Umlaufsmittel, 1912; *Hawtrey* Currency and Credit, 1923; *Hahn* Volkswirtschaftliche Theorie des Bankkredits[1, 3].

953 *Huber* Monetäre Modernisierung, 2011, S 51; *Hahn* Volkswirtschaftliche Theorie des Bankkredits, 1930, S 41, 25 f.

954 *Macleod* The Theory of Credit, 1889, S 594; ähnlich vgl *Adrian/Heidorn* Der Bankbetrieb[15], S 7.

bzw. verbriefte Guthaben in M 3.[955] Obwohl sich manche Ökonomen der Theorie der multiplen Geldschöpfung nach wie vor widersetzten[956], geht man heute dennoch im allgemeinen vom Bestehen des fraktionalen Reservesystems bzw. der multiplen Geldschöpfung aus[957].

Wenn also feststeht, dass Kreditinstitute zusätzliches Giralgeld schöpfen, muss allenfalls geklärt werden, ob eine einzelne Bank oder das gesamte Banksystem dieses Geld und insbesondere das Geschäftsbankengiralgeld schöpft. Unter dem *Bankensystem* oder *Bankwesen* versteht man die Gesamtheit aller der Geldversorgung, der Kreditvermittlung und dem Zahlungsverkehr dienenden öffentlichen und privaten Kreditinstitute und Unternehmen einschließlich ihrer organisatorischen Verflechtungen und gesetzlichen Regelungen. Dazu zählen hauptsächlich die Bundesbank und die Kreditinstitute. Diesen gegenüber stehen dann die Nichtbanken als Kunden. Zur Zeit gibt es in Deutschland um die 2.300 durch die Bundesanstalt für Finanzdienstleistungsaufsicht beaufsichtigte Kreditinstitute.[958]

Nach der *Theorie der Kreditschöpfungsfähigkeit ausschließlich des gesamten Banksystems* muss die Kreditgewährung einer einzelnen Bank von der Geldschöpfung des Kreditbankensystems als Ganzem scharf getrennt werden.[959] Dagegen spricht zum erstens allerdings, dass diese Theorie Widersprüchen in sich trägt.[960] Sie ginge z. B. einerseits davon aus, dass eine Bank das Mittel aus den Überschussreserven bei der Kreditgewährung an den Bankkunden weiterleite und andererseits sie gemäß der modernen Kreditschöpfungslehre voraussetzte, dass eine Bank mit selbstgeschöpftem Geld an den Kreditnehmern auszahlte.[961] Der zweite Einwand gegen diese Theorie ist die von ihr vorausgesetzte unzulässige Unterscheidung der kreditär entstandenen Sichteinlagen von den durch Einzahlung entstandenen Sichteinlagen.[962] Gefolgt in dieser Arbeit ist in den folgenden der Auffassung, dass nicht eben das

---

955 *Gocht* Kritische Betrachtungen zur nationalen und internationalen Geldordnung, 1975, S 13.

956 ZB *Feifel* Die Anwendbarkeit der modernen Kreditschöpfungslehre, 1959, S 51 ff.

957 *Issing* Einfürhung in die Geldtheorie[15], S 62; *Münch* Das Giralgeld, 1990, S 111; Vgl. dazu auch *Neldner* Von der Phillips-Tradition zu einer realitätsnahen Theorie des volkswirtschaftlichen Geldangebots, in: *Badura/Issing* (Hrsg) Geldtheorie, 1979, S 111 ff. *Richter*, Geldtheorie, 1990, S 333 f, 357 mwN.

958 *Bundesfinanzanstalt für Finanzdienstleistungsaufsicht* Alle Kreditinstitute in Deutschland, Stand: April 2011.

959 *Schneider* Einführung in die Wirtschaftstheorie, III, 1962, S 41 ff. so auch *Münch* Das Giralgeld, 1990, S 109.

960 *Rieken* Die Beziehungen zwischen der Notenbank und den Trägern der Girosysteme, 1964, S 85.

961 Ein ausführlichen Darstellung dazu siehe *Schneider* Einführung in die Wirtschaftstheorie, III, 1962, S 34 f. *Feifel* Die Anwendbarkeit der modernen Kreditschöpfungslehre, 1959, S 40; *Rieken* Die Beziehungen zwischen der Notenbank und den Trägern der Girosysteme, 1964, S 85.

962 *Rieken* Die Beziehungen zwischen der Notenbank und den Trägern der Girosysteme, 1964, S 86.

Bankensystem als Ganzes die multiple Geldschöpfungsfähigkeit besitzt, sondern die einzelne Bank.[963]

Allerdings besteht im Vergleich zu Einzelinstituten eine erhöhte systembedingte Geldschöpfungsfähigkeit des Bankensystems als Ganzes, die von der Zentralbank beachtet werden muss.[964] Neben der jedem Kreditinstitut eigenen Geldschöpfungsfähigkeit kann eine vermehrte systembedingte Geldschöpfungskapazität des Bankensystems als Ganzes auftreten, welche auf Grund des synergetischen Zusammenschlusses der Kreditinstitute zu einem interaktiven und interdependenten System ermöglicht wird.

## 2. *Volumen der Geschäftsbankengiralgeldschöpfung – Das herkömmliche Multiplikatormodell*

### a) *Das Herkömmliche Multiplikatormodell – Geschäftsbankengiralgeldschöpfung auf der Grundlage des „exogenen" Zentralbankgeldes*

In einer rein bargeldlosen Wirtschaft ohne Restriktionen der Zentralbank könnten die Kreditinstitute in unbegrenzter Menge Giralgeld schaffen, wenn nur die Überweisungen untereinander jeweils ausgeglichen wären.[965] Voraussetzung für die i.R. dieser Arbeit zu erörternde zusätzliche Geldschöpfung eines einzigen Kreditinstitutes ist das Vorhandensein oder zumindest die Beschaffungsmöglichkeit von Überschussreserven[966] in einer Wirtschaft mit gemischtem Zahlungsverkehr.[967]

Die Höhe der Geldschöpfung ist von Barabzugsquota, Mindestreserven, Überschussreserven, Ausnutzungsgraden hinsichtlich der Kreditnachfrage und dem Gleichschritt der Kreditinstitute abhängig. Die Überschussreserve in der Höhe von **a** Geldeinheiten als Kassenbestand oder Notenbank- bzw. Nostroguthaben bildet die Grundlage der Geldschöpfung; „Die Frage lautet nun, welches Vielfache von **a** die Kreditbank an Geld schöpfen kann, wenn ihr der Anteil **c** (cash) der neu geschöpften Kredite in Stückgeld abverlangt wird und sie den Anteil **r** (reserve) der

---

963 *Rieken* Die Beziehungen zwischen der Notenbank und den Trägern der Girosysteme, 1964, S 87 ff.; Gefolgt von *Rieken* war der Beweisführung von *Stucken* für die Geldschöpfung durch die einzelnen Banken in: *Stucken* Geld und Kredit[2], S 55 ff.

964 *Rieken* Die Beziehungen zwischen der Notenbank und den Trägern der Girosysteme, 1964, S 124 f.

965 Vgl *von Spindler/Becker/Starke* Die Deutsche Bundesbank[4], S 36, wobei allerdings davon ausgegangen wird, dass nur das gesamte Geschäftsbankensystem die Geldschöpfungskapazität besitzt.

966 Die Differenz zwischen den Guthaben der Kreditinstitute auf Girokonten beim Eurosystem und dem Mindestreserve-Soll ergibt die *Überschussreserven*, Die Geldpolitik der EZB, 2011, S 123; *Mindestreserve-soll* ist die Höhe der von einem Kreditinstitut gemäß Art 19 ESZB-Satzung zu unterhaltenden *Mindestreserven*, EZB/2011/14, Anlage 2, Glossar.

967 Vgl *Rieken* Die Beziehungen zwischen der Notenbank und den Trägern der Girosysteme, 1964, S 87.

zusätzlichen Verpflichtungen, also des geschöpften Geldbetrages abzüglich des in Stückgeld abgehobenen Betrages, durch Barreserven decken will“[968]. Zu untersuchen ist dabei der Betrag, den die Kreditinstitute schöpfen können. Einigkeit herrscht hinsichtlich einer Formel für einen Giralgeldschöpfungsmultiplikator[969], die nur unter vereinfachten Annahme einer Modellierung gilt[970] und zur Ermittlung eines vorstellbaren äußersten Kreditspielraums oder Geldschöpfungspotenzials der Kreditinstitute führt[971]:

$$\mathbf{x = 1/(c + r - cr)}$$

[**x**: Geldschöpfungskoeffizient; **c**: cash; **r**: Überschussreserven]

Der Sichtweise der multiplen Geldschöpfung liegt zugrunde der Tendenz zum Abbau von Überschussreserven, die außschließlich durch die Konstanten der Mindestreservequote und der Barabzugsquote bestimmt ist.[972] Ein Kreditinstitut kann Kredit gewähren, bis die Überschussreserven durch die Barabhebung und die Mindestreservehaltung verbraucht und teilweise in Bargeld und teilweise in Mindestreserveguthaben bei der Zentralbank verwandelt wurden. Mit steigender Bargeldabflussquote und steigenden Mindestreservesätzen verringert sich jedoch nach dem herkömmlichen Multiplikatormodell die Geldschöpfungskapazität des Geschäftsbankensystems.

Da die Bargeldabflussquote nach der Geldangebotstheorie aufgrund der institutionell bestimmten Zahlungsgewohnheit des Währungsgebiets langfristig für relativ konstant gehalten wird, lässt sich aus dem Multiplikator die Kontrollfähigkeit der Zentralbank über die Geschäftsbankengeldmenge erschließen. Die Mindestreservepolitik der Zentralbank stellt somit ein wirksames Steuerungsinstrument der Zentralbank mit unmittelbarer Wirkung auf die Geldschöpfungsprozesse des Geschäftsbankensystems dar.[973] Mithilfe der Kontrolle über die monetäre Basis – nämlich den Gesamtbestand an Bargeld und Zentralbankgiralgeld – aufgrund der Mindestreservepolitik kann die Zentralbank demnach die Geschäftsbankengeldmenge mit hoher Genauigkeit quantitativ steuern.

---

968 *Stucken* Geld und Kredit, 1957, S 57.

969 *Schneider* Einführung in die Wirtschaftstheorie Teil III, 1962, S 39; *Stucken* Geld und Kredit, 1957, S 57; *von Spindler/Becker/Starke* Die Deutsche Bundesbank[4], S 38; *Rieken* Die Beziehungen zwischen der Notenbank und den Trägern der Girosysteme, 1964, S 88; vgl *Münch* Das Giralgeld, 1990, S 110 Fn 39 mit Nachweisen in der volkswirtschaftlichen Darstellung, S 105 Fn 8.

970 Vgl *Lierow* Der Geldschöpfungskoeffizient, 1957.

971 *Von Spindler/Becker/Starke* Die Deutsche Bundesbank[4], S 38; *Issing* Einführung in die Geldtheorie[15], S 62.

972 Vgl *Münch* Das Giralgeld, 1990, S 111; eine Gegenansicht findet sich bei *Lutz* Geldschaffung durch die Banken, Review of World Economics, Vol. 104., 1970, S 3 ff.

973 Ob eine Mindestreserve notwendig und geeignet ist, die Geldmengenkontrolle zu gewährleisten, ist wirtschaftswissenschaftlich umstritten, vgl *Richter* Geldtheorie, 1990, S 327 ff, 357 f.

Die Höhe der Geldschöpfung ist darüber hinaus auch von einem gemeinsamen Vorgehen der Kreditinstitute in Form von gleichzeitiger Kreditausweitung abhängig.[974] Man spricht in diesem Zusammenhang vom *Gleichschritt der Kreditinstitute*[975], der nach *Moeller* als „ein gleichmäßiges Vorgehen der Depositenbanken (Kreditbanken, Geschäftsbanken) hinsichtlich des Ausmaßes der Gewährung von Krediten" definiert wird.[976] Wenn viele Banken gleichzeitig ihre Kreditgewährung ausweiten, braucht dann keine einzelne Bank beim Zahlungsverkehr mehr Überschussreserven in Anspruch zu nehmen, um ihren Zahlungspflichten zu erfüllen, da die Zahlungen von Kunden verschiedenen Banken sich gegenseitig saldieren.[977] Der niedrige Bedarf der Banken an Überschussreserven erhöht, wie oben schon festgestellt, das Geldschöpfungspotenzial der Banken.

Die *Formel vom Gleichschritt der Banken* bezieht sich somit im Grunde nur auf die Salden, die im gegenseitigen Abrechnungsverkehr der Banken entstehen und die möglichst niedrig bleiben müssen."[978] Selbst wenn auch nur teilweiser Gleichschritt herrscht, führt dies bereits zu einer Erhöhung der Giralgeldschöpfungskapazität der Kreditinstitute. Das gleichartige Handeln ist aber in der Regel nicht zwingend notwendig.[979] Im Ergebnis hängt die Geldschöpfung wesentlich von der Überschussreserve ab.

Diese modellierte, vereinfachte Betrachtung des Geldangebots anhand des Geldschöpfungsmultiplikators stellte bis in die achtziger Jahre des 20. Jahrhunderts hinein die herrschende bankwirtschaftliche Auffassung über das Wesen und die Modalitäten der Geschäftsbankengeldschöpfung dar.[980]

---

974 Vgl *Rieken* Die Beziehungen zwischen der Notenbank und den Trägern der Girosysteme, 1964, S 90 ff.

975 Einführung des Prinzip des Gleichschritts von *Phillips* Bank Credit, 1931, S 32 ff.

976 *Moeller* Gleichschritt der Banken, Weltwirtschaftliches Archiv, Bd 70, 1953 I, S 167; Ablehnende Haltung zum Prinzip des Gleichschritts vgl *Föhls* Geldschöpfung und Wirtschaftskreislauf, 1955, S 35.

977 Vgl *Rieken* Die Beziehungen zwischen der Notenbank und den Trägern der Girosysteme, 1964, S 89 f.

978 *Gleske* Die Liquidität in der Kreditwirtschaft, 1954, S 34; vgl auch die Definition des Gleichschritts von *Stützel* Volkswirtschaftliche Saldenmechanik, 1958, S 49 f. *Rieken* Die Beziehungen zwischen der Notenbank und den Trägern der Girosysteme, 1964, S 92.

979 *Rieken* Die Beziehungen zwischen der Notenbank und den Trägern der Girosysteme, 1964, S 93.

980 Vgl dazu *Neldner* Von der Phillips-Tradition zu einer realitätsnahen Theorie des volkswirtschaftlichen Geldangebots, in: *Badura/Issing* (Hrsg) Geldtheorie, 1979, S 111 ff. *Richter*, Geldtheorie, 1990, S 333 f, 357 mwN.

*b) Kritik und Modifikationen des Multiplikatorkonzepts*

Die Gültigkeit der notwendigen Prämissen für die sich aus dem Geldschöpfungsmultiplikator ergebende Kontrollfähigkeit der Zentralbank über die Geschäftsbankengiralgeldschöpfungsvolumina sind allerdings in der Geldangebotstheorie umstritten.[981]

Der Multiplikator berechnet außerdem stets nur die maximal erreichbare Geldmenge, die durch das Geschäftsbankensystem geschaffen werden kann. In dem tatsächlichen Geldschöpfungsprozess müssen alle Bestimmungsfaktoren berücksichtigt werden, insbesondere das Zusammenspiel der Verhaltensweisen der Zentralbank und der am Geldprozess beteiligten Geschäfts- und Nichtbanken[982] sowie die Gestaltung der Girosysteme[983]. Denn die Kreditvergabe hängt nicht nur von den als Geschäftsbankenliquidität verfügbaren Reserven auf der Angebotsseite ab, sondern auch von der Geldnachfrage des Publikums. Es ist daher zweifelhaft, wie das Geldangebot durch indirekte, über die monetäre Basis wirkende geldpolitische Instrumente der Zentralbank gesteuert werden kann.

Darüber hinaus werden die Überschussreserven, die in dem Multiplikatormodell ausschlagende Bedeutung für die Menge der Geschäftsbankengeldschöpfung haben, nicht ausschließlich für Geschäftsbankengeldschöpfung genutzt. Vielmehr werden diese insbesondere auch für die Schuldentilgung bei der Zentralbank und den Erwerb sogenannter sekundärer Liquiditätsreserven, die allerdings jederzeit in Zentralbankgeld umwandelt werden können, verwendet.

Der Geschäftsbankengeldschöpfung im Wege der Kreditvergabe setzt schließlich der notwendige Ausgleich zwischen der Kreditmaximierung und dem Rentabilitätsstreben mit gerade noch verfügbarer Liquidität noch eine zusätzliche quantitative Grenze.

Unter Berücksichtigung all dieser verhaltensbedingten Faktoren ist eine quantifizierbare Aussage über die Geschäftsbankengeldmenge nur schwer möglich.

## IV. Empirische Nachweise der Geldmengenkontrolle durch die Bundesbank

Sowohl von den wirtschaftlichen Inflationstheorien als auch von dem Geschäftsbankengeldschöpfungsmultiplikatormodell ausgehend, sind die Kontrollfähigkeiten der Zentralbank über die Geldmenge und die Stabilität der Geldnachfrage umstritten.[984] Es gibt allerdings auf den anderen Seite ebenfalls auch keine theoretisch

---

981 Vgl *Duwendag u. a.* Geldtheorie und Geldpolitik, 1999, S 160 ff. *Issing* Einführung in die Geldtheorie[15], S 69 f. *Bockelmann* Streitfragen zur Kontrolle der Geldschöpfung durch die Notenbank, in: *Ehrlicher/Oberhauser* Probleme der Geldmengensteuerung, 1978, S 42 f.

982 *Duwendag u. a.* Geldtheorie und Geldpolitik, 1999, S 169 f.

983 *Rieken* Die Beziehungen zwischen der Notenbank und den Trägern der Girosysteme, 1964, S 62.

984 Vgl *Endler* EZB und Preisstabilität, 1998, S 151; *Goldfeld/Sichel* The Demand for Money, 1990, S 351; *Woll* Geldnachfrage, in: HdWW Bd 3, S 474.

ausschlaggebenden Anhaltspunkte, die eine klare Aussage dahingehend liefern, dass die Schwankungen der Geldnachfrage und die Umlaufgeschwindigkeit des Geldes die Kontrolle einer Zentralbank über das Preisniveau und das Sozialprodukt generell unmöglich machen würden. Ob die Zentralbank eines bestimmten Währungsgebietes tatsächlich in der Lage ist, das Geldangebot und die Geldmenge vollständig zu kontrollieren, lässt sich letztendlich jedoch nur empirisch feststellen.[985]

### 1. *Erfahrung und Stellungnahme der Bundesbank*

Die Bundesbank erreichte mit einer qualifizierten Genauigkeit das Geldmengenziel als eine ihrer Zielvorgaben in den Jahren 1979 bis 1985, 1989 bis 1991 und 1994.[986] Die Zielverfehlungen in den Jahren 1978, 1986/87 und 1992 seien weniger steuerungstechnisch bedingt gewesen, als „von der Bundesbank angesichts der gegebenen gesamtwirtschaftlichen Erfordernisse bewusst toleriert" worden.[987] Aus den empirischen Ergebnissen, Befunden und Stellungnahmen kann prinzipiell gefolgert werden, dass sich die Bundesbank zumindest seit Beginn der achtziger Jahre des 20. Jahrhunderts grundsätzlich in der Lage sah, die Entwicklung der Geldmenge nach ihrem Willen zu kontrollieren.

Die Bundesbank selbst positionierte sich dazu folgendermaßen:

> „Für die Geldpolitik der Bundesbank bedeuten die ökonometrischen Ergebnisse praktisch, dass die Notenbank mit der Steuerung der Zentralbankgeldmenge auf längere Sicht die Entwicklungstendenzen des nominellen Sozialprodukts und des gesamtwirtschaftliche Preisniveaus – wenn auch nicht mit der „Treffsicherheit" einer technischen Apparatur – in dem gewünschten Sinne beeinflussen kann."[988]

### 2. *EZB*

Da nach den monetaristischen, neoklassischen makroökonomischen und neokeynesianischen Modellen und deutlichen empirischen Nachweisen bezüglich des Bestehens eines Zusammenhangs zwischen langfristigen Änderungen der Geldmenge und Veränderungen des gesamtwirtschaftlichen Preisniveaus die Geldpolitik des Eurosystems sich zur Gewährleistung der Preisstabilität als vorrangiges Ziel eignet, wurde die Preisstabilität ausdrücklich als eine gesetzliche Zielsetzung des Eurosystems als Trägerin der Geldpolitik in Art 127 Abs 1 und Abs 2 AEUV, Art 2 und 3 ESZB-Satzung festgelegt.

---

985 Ausführliche Auseinandersetzung mit dieser Frage siehe *Endler* EZB und Preisstabilität, 1998, S 138 ff.

986 Die Geldpolitik der Deutschen Bundesbank, 1995, S 82.

987 Die Geldpolitik der Deutschen Bundesbank, 1995, S 88.

988 *Deutsche Bundesbank* Monatsbericht Januar 1985, Zur längerfristigen Entwicklung und Kontrolle des Geldvolumens, S 22.

Klarzustellen ist, dass die EZB gemäß dieser Gesetze von einer quantitativ präzisierten Definition ihrer Aufgabe – insbesondere angesichts der Quantifizierung der Zielsetzung von Preisstabilität – und von einer sichergestellten Wirksamkeit ihrer Geldpolitik durch ihre geldpolitische Strategie ausgeht. Vermittels einer internen und einer externen Dimension der geldpolitischen Strategie wird genau festgelegt, wie die Entscheidungen von EZB getroffen werden, um das Ziel der Gewährleistung der Preisstabilität mit spezifischen geldpolitischen Strategien zu erreichen.[989]

Trotz der Schwierigkeit der wirtschaftswissenschaftlichen theoretischen Erklärungen ist von einer bewussten quantifizierbaren Gestaltung der gesamten Geldschöpfung der Zentralbank mithilfe der Geschäftsbanken auszugehen, wobei die Wirksamkeit der Steuerungsinstrumente der Zentralbank gegenüber den Kreditinstituten volkswirtschaftlich anzunehmen ist. Im Ergebnis kann das Eurosystem die gesamtwirtschaftliche Geldmenge bzw. Geldversorgung mittels der Kontrolle über die Geldmenge M und die monetäre Basis durch den strategischen Einsatz geldpolitischer Instrumente mit einer gewissen Genauigkeit beherrschen.

Sowohl frühere Erfahrungen und Stellungnahmen der Bundesbank als auch die rechtliche Bestimmung der Europäischen Union und die Praxis des Eurosystems belegen, dass das Eurosystem unter bestimmten institutionellen Voraussetzungen und den oben dargelegten Einschränkungen unmittelbar die monetäre Basis, mittelbar die Geschäftsbankengeldvolumina und somit letztendlich die gesamtwirtschaftliche Geldmenge – d. h. den monetären Bereich der Volkswirtschaft im Euro-Währungsgebiet – quantitativ mit relativer Genauigkeit kontrollieren kann, um dergestalt seine gesetzlichen Pflichten bezüglich der Gewährung von Preisstabilität erfüllen zu können.

Trotz der *Endogenität der Geldnachfrage* und der Umlaufgeschwindigkeit kann die Zentralbank das Preisniveau auch gemäß ihren geldpolitischen Zielen steuern, wenn sie die unerwünschten Änderungen der Umlaufgeschwindigkeit durch geldpolitische Maßnahmen kompensiert.[990]

Im Endergebnis entsteht der gesamte, bilanzierte Nominalwert der abstrakten Schuldversprechen im Euro-Währungsgebiet wirksam aus einem präzisen Organbewusstsein der EZB heraus, nämlich dem aus Eurosystem und Geschäftsbankensystem bestehenden *Geldschöpfungssektor. Scheinbare Zielverfehlungen* i.R. von Geldmengenkontrolle und Preisniveausteuerung sind dabei *bewusste geldpolitische Entscheidungen der Zentralbanken.*

---

989 Geldpolitik der ESZB und EZB, Slide 4, unter http://www.ecb.int/ecb/educational/facts/monpol/html/mp_004.de.html, Stand: 30. Januar 2012.

990 Geldtheoretische und volkswirtschaftliche Darstellung siehe *Endler* EZB und Preisstabilität, 1998, S 141 ff.

# X. Giralgeld als primäres Geld

## I. Giralgeld als primäre Form des Geldes

Das Giralgeld wird vielfach als primäres Geld bezeichnet.[991] In den entscheidenden Momenten der Notenausgabe finden lediglich einerseits die Zuordnung der bereits als Deckung bzw. Gegenposten zum aufgrund von hauptsächlich auf dem Wege von Refinanzierungsgeschäften bereitgestelltem Zentralbankgiralgeld vorhandenen Aktiva statt, und andererseits die Entstehung der Banknoten als verbriefte Verbindlichkeiten der Zentralbank. Durch die Notenausgabe wird kein zusätzliches Geld geschöpft, da die Notenausgabe keine selbständige Monetisierung durch Aktivageschäfte voraussetzt. Die Notenausgabe geschieht zur Barabhebung eines Zentralbankgiroguthabens als Reserven (Mindestreserve plus Überschussreserve)[992] und stellt lediglich eine Einlösung von Zentralbankgiralgeld in Bargeld als gesetzliches Zahlungsmittel dar.[993] Die Notenausgabe beeinflusst nicht die Geldmenge im Ganzen, sondern wirkt sich nur auf die Zusammensetzung und das Verhältnis der zwei Arten von Verbindlichkeiten des MFIs in Form von Notenumlauf und täglich fälligen Einlagen zueinander aus.

Von *Wagmann* wurde schon im Jahr 1923 von der *giralen Geltung* gesprochen, welche die Chartalverfassung von *Knapp*[994] ersetzen sollte.[995] In der Realität des Bankensystems erscheinen nicht die Noten als das Erste oder „Eigentliche", sondern gerade umgekehrt die Giroguthaben bei den Banken[996], d. h., das Zentralbankgiralgeld bildet die eigentliche Quellform des Geldes, welches im Prinzip zunächst unbar als Girogutschrift bereit gestellt und anschließend als Bargeld aus dem originär unbaren Giralgeldbestand ausgewechselt wird[997]. Auch rechtlich setzt die Notenausgabe die *buchhalterische Monetisierung durch Aktivgeschäfte* des Eurosystems

991 *Münch* Das Giralgeld, 1990, S 112; *Duden* Der Gestaltwandel des Geldes, 1968, S 6 ff. *Fögen* Geld- und Währungsrecht, 1969, S 19; dagegen hielt *Nußbaum* dies für eine unzulässige Verallgemeinerung von Finanzverhältnissen der angelsächsischen Länder, *Nußbaum* Money in the Law, 1950, S 108, Anm 21.

992 Zur Definition für *Reserven* siehe § 7 V. IV. 1.: Die Position „Guthaben der Kreditinstitute auf Girokonten beim Eurosystem" (auch als *Reserven* bezeichnet) bildet das sogenannte Zentralbankgiralgeld ab, das sich auf die Guthaben der Kreditinstitute bei der Zentralbank bezieht, die zur Erfüllung von Zahlungsverpflichtungen aus Interbankgeschäften und der Mindestreservepflicht erforderlich sind.

993 *Münch* Das Giralgeld, 1990, S 112; *Fögen* Geld- und Währungsrecht, 1969, S 73; *Möschel* Wirtschaftsrecht der Banken, 1972, S 85 f.

994 *Knapp* Staatliche Theorie des Geldes, 1923.

995 *Wagemann* Allgemeine Geldlehre, 1923, S 213.

996 *Duden* Der Gestaltwandel des Geldes, 1968, S 7; *Fögen* Geld- und Währungsrecht, 1969, S 19.

997 *Huber* Monetäre Modernisierung, 2011, S 15.

voraus. Bargeld ist lediglich noch eine Wechselmenge davon, die aus dem Giralgeld laufend ausgewechselt und wieder eingewechselt wird.[998]

Auch die Geldpolitik der EZB zielt primär auf das Giralgeld ab. Durch das Eurosystem wird Zentralbankgeld in zwei Formen geschöpft, primär durch die Erteilung von Gutschriften auf den bei ihr unterhaltenen Girokonten[999] – nämlich i. R. d. „Geschäfte" gemäß Art 18 ESZB-Satzung – und sekundär durch die Ausgabe von Banknoten gemäß Art 128 AEUV; AGB-Bbk Abschnitt II. F. Das Zentralbankgeldmonopol des Eurosystems ermöglicht es dem Eurosystem, über das Volumen des Zentralbankgeldes die Liquidität der Kreditinstitute und somit das Geldmengenwachstum insgesamt zu kontrollieren.[1000]

Die primäre Monetarisierung durch das Eurosystem findet mit dem Erwerb von Aktiva i. R. d. Kreditgeschäfte mit den Kreditinstituten und den öffentlichen Verwaltungen statt. Dabei wird Zentralbankgiralgeld im Wege der Einräumung von Gutschriften auf Zentralbankkonten der Kreditinstitute[1001] und vermittels der Begründung von Geltungsforderungen nach den §§ 780, 781 BGB erzeugt. Das wirkliche Geldmengen-Steuerungsmoment liegt folgerichtig nicht so sehr in der Notenausgabe, sondern in der *vorrangigen Entscheidung über die primäre Monetisierung,* welche in dem Kausalgeschäft der Schöpfung von Zentralbankgiralgeld als Geltungsforderung gemäß der §§ 780, 781 BGB besteht.

Die Einheitlichkeit des Geldsystems im Euro-Währungsgebiet wird dadurch gewährleistet, dass Bargeld und Giralgeld sich als geldpolitische Steuerungsobjekte auf dieselben Rechnungs- bzw. Währungseinheiten beziehen – vgl Art 3 Abs 4 EUV, Art 119 Abs 2 AEUV und Anhang I des Beschlusses EZB/2010/21 – und somit infolge Dessen auch unter Bezugnahme auf gleiche Rechnungs- bzw. Währungseinheiten definiert werden.

Die Geschlossenheit des Geldsystems wird vor allem auch durch die Einlösbarkeit des Geschäftsbankengiralgeldes in gesetzliche Zahlungsmittel gemäß § 3 Nr 3 KWG und die Einlösbarkeit des Zentralbankgiralgeldes in gesetzliche Zahlungsmitteln gemäß Art 3 Abs 2 des Beschlusses von EZB/2010/29 hergestellt. Das rechtliche Instrumentarium des Eurosystems bzw. der Bundesbank beruht auf der rechtlich anerkannten Einheitlichkeit der Währung; diese richtet sich jeweils aus § 127 AEUV, Art 2 und 3 ESZB-Satzung, § 3 BBankG, den Befugnissen nach den §§ 14 ff. BBankG und dem Geschäftskreis nach den §§ 19 ff. BBankG primär auf die Beherrschung der Liquidität des Geschäftsbankensystems in Form von Giralgeld aus.[1002]

---

998 Vgl Abbildung 2, *Huber* Monetäre Modernisierung, 2011, S 17.

999 Vgl Art 17 ESZB-Satzung.

1000 Groeben/Schwarze/*Smits*, EU-/EGV[6], Art 106 EGV.

1001 *Fögen* Geld- und Währungsrecht, 1969, S 19; *Möschel* Wirtschaftsrecht der Banken, 1972, S 85 f. *Münch* Das Giralgeld, 1990, S 106.

1002 *Münch* Das Giralgeld, 1990, S 127; *Nobel* Devisenschuld: Realschuld oder Innominatschuld?, in: *Forstmoser/Tercier/Zäch,* Innominatverträge, Festgabe zum 60. Geburtstag von Schluep, 1989, S 285, 287.

Banknoten und Giralgeld haben gemeinsam, dass beide Geldformen durch MFIs geschöpft werden, dass beide vermittels *verzinslicher Kredite* in Umlauf kommen und dass beide – im Unterschied zu vollwertigen Münzen – als aktuelle Zahlungsmittel *Kreditgeld* darstellen, dessen Wert als Zahlungsmittel (Nennwert) größer ist als ihr stofflicher Eigenwert[1003], obschon Banknoten gesetzlich unbeschränktes Zahlungsmittel sind und Giralgeld kein gesetzliches Zahlungsmittel darstellt. Die Banknoten stellen eine abstrakte verbriefte Verbindlichkeit der Notenbank dar.[1004] Banknoten enthalten eine öffentlich-rechtliche Verpflichtung, nämlich dem Noteninhaber einer solchen Banknote bei der sogenannten „*Entgeltung*" – dem Außerkrafttreten einer bestimmten Notenart oder Stückelung und der damit verbundenen Aufhebung des Annahmezwangs – eine neue Note, und zwar ausgehend von dem Nennwert der alten Note, als Ersatzleistung zu gewähren.[1005]

Beim Giralgeld geht es um *nicht-verbriefte Forderungen an die Zentralbank und an die Geschäftsbanken*, die zu jeder Zeit, also auf Sicht, von ihrem Besitzer in gesetzliche Zahlungsmittel eingelöst oder im Wege einer Überweisung oder durch Scheck auf andere Wirtschaftseinheiten übertragen werden können.[1006] Giralgeld und Bargeld beziehen sich auf dieselben Rechnungseinheiten und bilden ein geschlossenes Geldsystem. Das Bargeld ist lediglich eine Wechselmenge davon, die aus dem Giralgeld laufend ausgewechselt und wieder eingewechselt wird.[1007] Umgekehrt ist das Giralgeld aufgrund der Barabhebungsgarantie gemäß § 3 Nr 3 KWG jederzeit in gesetzliche Zahlungsmittel einlösbar.[1008]

Vertieft zu erörtern sind hierbei die Gemeinsamkeit und Unterschiede von Banknoten und Zentralbankgiralgeld, um eine Schnittmenge der beiden Geldformen hervorzuheben. Solch eine Abgrenzung könnte eine einheitliche Einordnung des Bargeldes als verbriefte Forderung und des Zentralbankgiralgeldes als nicht-verbriefte Forderung gegen die Zentralbank darstellen. Beide sind im Kern Geltungsforderungen des Inhabers gegen die Zentralbank, nur eben im einen Fall verbriefte und im anderen Fall nicht-verbriefte Forderungen.

Die Annahme eines Rangunterschiedes, d. h. die Bezeichnung des Zentralbankgiralgeldes als Giralgeld höherer oder erster Ordnung und des Geschäftsbankengiralgeldes als Geld niederer oder zweiter Ordnung[1009], ist in Wirklichkeit nicht zutreffend, da es sich lediglich um verschiedene unmittelbare Schöpfer des Geldes

---

1003 *Jarchow* Grundriss der Geldtheorie, 2012, S 4; *Deutsche Bundesbank* Geld und Geldpolitik, S 13, wirtschaftlich gesehen sind die Euro-Banknoten eine Verbindlichkeit des Eurosystems.

1004 *Jarchow* Grundriss der Geldtheorie, 2010, S 5.

1005 *Von Spindler/Becker/Starke* Die Deutsche Bundesbank[4], S 284.

1006 *Jarchow* Grundriss der Geldtheorie, 2010, S 6.

1007 *Huber* Monetäre Modernisierung, 2011, S 16.

1008 Vgl *Münch* Das Giralgeld, 1990, S 126.

1009 *Pfleiderer* Die Notenbank im System der wirtschaftspolitischen Steuerung, 1968, S 413; *Duden* Der Gestaltwandel des Geldes, 1968, S 20; *Münch* Das Giralgeld, 1990, S 108.

handelt, wobei die Kreditinstitute hinsichtlich der Geschäftsbankengeldschöpfung wesentlich von der Bundesbank abhängig sind.[1010]

## II. Entstehung des Giralgeldes als abstraktes Schuldversprechen i.S.d. §§ 780, 781 BGB aus dem Organbewusstsein der EZB

### *1. Organbewusstsein der EZB als Quelle der gesamtwirtschaftlichen Giralgeldschöpfung*

Aufgrund der verfahrensgemäßen Willensbildung und der Wissens- und Handlungszurechnung nach der Organtheorie[1011] für die EZB als juristische Person gemäß Art 282 Abs 3 AEUV und Art 9 9.1 ESZB-Satzung tragen EZB-Rat und EZB-Direktorium gemäß Art 9 9.3 ESZB-Satzung als Beschlussorgane ein *Organbewusstsein*, nämlich *ein kollektives Bewusstsein* all der an der Willensbildung des Rats bzw. des Direktoriums beteiligenden Mitglieder der beiden Beschlussorgane[1012]. Die Willenserklärung bezüglich des abstrakten Schuldversprechens als Substrats des Giralgeldes entsteht also aus dem der EZB zurechenbaren Organbewusstsein, welches paradigmatisch von einer kontrollorientierten quantitativen Leitvorstellung geprägt ist, vgl Schaubild 1.

Da es kein allgemeines europäisches Gemeinschaftszivilrecht gibt, verarbeitet jede mitgliedstaatliche Rechtsordnung den Anspruch gegen den Geldschöpfer auf Geltungsgewährleistung mit den jeweiligen nationalen Rechtsfiguren. In Deutschland ist dies das abstrakte Schuldversprechen nach §§ 780, 781 BGB.

Die Empfänger dieser Willenserklärung des abstrakten Schuldversprechens sind entsprechend in Deutschland die Geschäftspartner der Deutschen Bundesbank in dem jeweiligen Rechtsverhältnis i. R. d. Hauptrefinanzierungsgeschäfte und i. R. d. Scheckverträge bei dem Inverkehrbringen der Euro-Banknoten.

---

1010 Vgl *Fögen* Geld- und Währungsrecht, 1969, S 20 Fn 37.

1011 MüKoBGB/*Reuter*[6], Vor Titel 2 Juristische Personen, Rn 50; ausführlich zu juristischen Personen siehe *K. Schmidt* GS Knobbe-Keuk, 1997, S 307, 310 f. *Flume,* Die juristische Person, 1975, S 377 ff.

1012 Nämlich die sechs Mitglieder des Direktoriums und die Präsidenten der NZBen der 19 Mitgliedstaaten des Euroraums.

*Schaubild 1: Zentralbankgiralgeld (ZBG) als Schöpfung des Organbewusstseins der EZB*

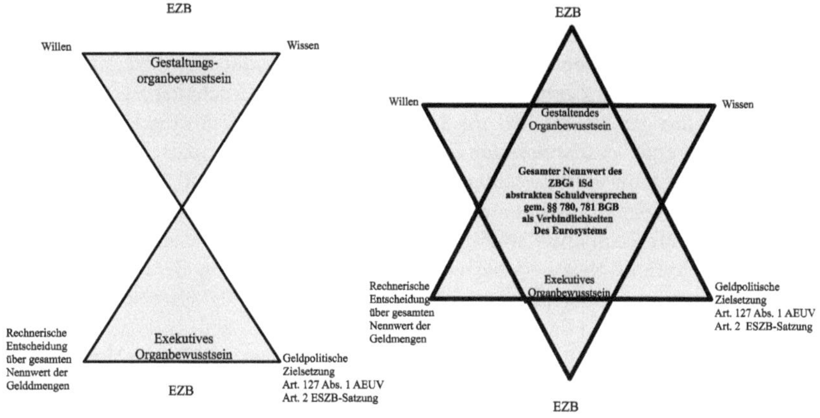


Die Empfänger dieser Willenserklärung der EZB sind ihre Vertragspartner jeweils in dem Rechtsverhältnis i. R. d. Hauptrefinanzierungsgeschäfte und i. R. d. Scheckverträge bei dem Inverkehrbringen der Euro-Banknoten.

Das zustande gekommene abstrakte Schuldversprechen erhält die Funktionsfähigkeit des Zahlungsmittels dank des Girosystems, das sich auf das Girorecht, das rechtlich konstruierte Buchhaltungssystem und das abwicklungstechnische Einrichtungssystem stützt.

Geldschöpfung und Mengenkontrolle als Emanationen des Organbewusstseins der Entscheidungsorgane der EZB manifestieren sich in der Wirklichkeit rechtlich und materiell in Form der bilanzierten Giralgelder, welche letztendlich nur mittelbar von Eigentum gedeckte, von der EZB selbst kreierte Verbindlichkeiten, die verzinsliche Handelsobjekte am Geldmarkt darstellen, sind.

## *2. Das reibungslose Funktionieren der Zahlungssysteme als gesetzlich vorgeschriebene Aufgabe der ESZB*

Die Zentralbanken versorgen das Euro-Währungssystem zwingend mit Liquiditäten mithilfe insbesondere bargeldloser Zahlungssysteme, die letztlich als Werkzeuge zur Verwirklichung von Geldpolitik dienen. Hiermit wird deutlich, dass auch die Förderung des *reibungslosen Funktionierens* der Zahlungssysteme gemäß Art 127 Abs 2, 4. Spiegelstrich AEUV – als flanierende Politik – eine der wichtigsten geldpolitischen Aufgaben des ESZB darstellt, weil die Zahlungssysteme die notwendige Plattform des Giralgeldsystems darstellen, da sie ein zentraler Transmissionsmechanismus für die Umsetzung der Geldpolitik und das Rückgrat jedes Finanzsystems sind[1013].

1013 Grabitz/Hilf/Nettesheim/*Grill* Das Recht der Europäischen Union[58. EL], Art 127 AEUV Rn 50.

*Reibungsloses Funktionieren* bedeutet hierbei im Wesentlichen *einheitliche Kosten, klare Fristen* und *kalkulierbare Risiken*[1014] – insbesondere durch eine effektive einheitliche Gestaltung des Girorechts, was mit der ZDRL bezweckt wird. Die Zahlungssysteme sind das rechtliche und technische Fundament des abstrakten Schuldversprechens – sowohl im Hinblick auf Zentralbankgiralgeld als auch auf Geschäftsbankengiralgeld.

Das EWI, das gemäß Art 117 Abs 3, 4. Spiegelstrich EGV für die Förderung der Effizienz des grenzüberschreitenden Zahlungsverkehrs im Europäischen Währungsraum zuständig war, hat i.R. seiner Vorarbeiten ein System mit der Bezeichnung TARGET[1015] entwickelt, das aus den nationalen RTGS-Systemen, dem EZB-Zahlungsverkehrsmechanismus sowie einem als Interlinking-System bezeichneten Telekommunikations-Netzwerk besteht, welches die Umsetzung der Geldpolitik und die Abwicklung grenzüberschreitender Großzahlungen ermöglichen sollte und vom 4.1.1999 bis 18.11.2007 in Betrieb gewesen war.[1016] Am 19.11.2007 trat das neue TARGET2-System an die Stelle des Vorgängers[1017], das zu einer deutlichen Vereinheitlichung und einem wesentlich erhöhten Zentralisierungsgrad führt[1018], da nunmehr alle Zahlungsaufträge auf einer Gemeinschaftsplattform (SSP) verarbeitet werden und die Bestimmungen der nationalen RTGS-Systeme weitestgehend harmonisiert werden[1019]. In diesen Zusammenhang gehören darüber hinaus auch die Anpassung und Weiterentwicklung der bestehenden Wertpapierabwicklungssysteme.[1020]

Zuständig für die Leitung, Kontrolle und Steuerung von TARGET 2 ist wiederum der EZB-Rat sowie die teilnehmenden Zentralbanken auf Ebene 2 für diejenigen

---

1014 Grabitz/Hilf/Nettesheim/*Grill* Das Recht der Europäischen Union[58. EL], Art 127 AEUV Rn 50.

1015 **T**rans-European **A**utomated **R**eal-time **G**ross Settlement **E**xpress **T**ransfer System.

1016 Calliess/Ruffert/*Häde* EUV/AEUV[5], Art 127 AEUV Rn 40; Grabitz/Hilf/Nettesheim/*Grill* Das Recht der Europäischen Union[58. EL], Art 127 AEUV Rn 53 f. Siehe dazu die Leitlinie der EZB vom 26.4.2001 über ein transnationales automatisches Echtzeit-Brutto-Express-Zahlungsverkehrssystem (Target), ABl. 2001 Nr. L 140/72; *Habacht/Hoffenberg/Schubert* EMU and issues in European payment systems, in: *Breuss/Fink/Griller* Institutional, Legal and Economic Aspects of the EMU, 2003, S 189, 196 ff; *Löber* Das neue TARGET-System der EZB, in: *Hadding/Nobbe* Bankrecht, 2000, S 25.

1017 EZB/2007/2. Siehe dazu *EZB,* Monatsbericht, Nov 2008, S 107; *Deutsche Bundesbank* Monatsbericht Oktober 2007, S 69.

1018 Calliess/Ruffert/*Häde* EUV/AEUV[5], Art 127 AEUV Rn 40; vgl *Louis* CMLRev. 41 (2004), S 575, 591 ff.

1019 Vgl EZB/2007/2 idF EZB 2010/12; Grabitz/Hilf/Nettesheim/*Grill* Das Recht der Europäischen Union[58. EL], Art 127 AEUV Rn 54.

1020 Vgl *Habacht* Oesterreichische Nationalbank, Berichte und Studien 4/1995, S 47; siehe den Beschluss der EZB vom 19.3.2009 über die Einrichtung des TARGET2-Securities-Programmvorstands (TARGET2-Securities Programme Board), Abl. 2009 Nr. L 102/12, sowie die Leitlinie der EZB vom 21.4.2010 über TARGET2-Securities, ABl. Nr. L 188/65; Calliess/Ruffert/*Häde* EUV/AEUV[4], Art 127 AEUV Rn 40.

Aufgaben, die ihnen vom EZB-Rat übertragen wurden.[1021] Die Zielsetzung der reibungslosen Zahlungssysteme liegt in der Ermöglichung einer reibungslosen Umsetzung der einheitlichen Geldpolitik im Euro-Währungsgebiet und der Erhöhung von Stabilität und Effizienz des grenzüberschreitenden Zahlungsverkehrs im Euroraum[1022], wofür die Giralgeldversorgung und -zirkulation einen absolut zentralen Baustein darstellt.

Das von den MFIs geschöpfte Giralgeld mündet und zirkuliert somit auch in den vom ESZB kontruierten technischen Einrichtungen der Zahlungssysteme. Rechtlich, buchhalterisch und technisch wird das aus dem Organbewusstsein der EZB emanierende, geschlossene Geldsystem vollkommen vom Eurosystem kontrolliert.

---

1021 Grabitz/Hilf/Nettesheim/*Grill* Das Recht der Europäischen Union[58. EL], Art 127 AEUV Rn 55.

1022 Grabitz/Hilf/Nettesheim/*Grill* Das Recht der Europäischen Union[58. EL], Art 127 AEUV Rn 55.

# Zusammenfassung

*Schaubild 2: Zentralbank- und Geschäftsbankengiralgeld als strengt getrennte Kreisläufe, die sich nie vermischen; Euro-Banknoten als die beiden Kreisläufe übergreifenden Zahlungsinstrument.*

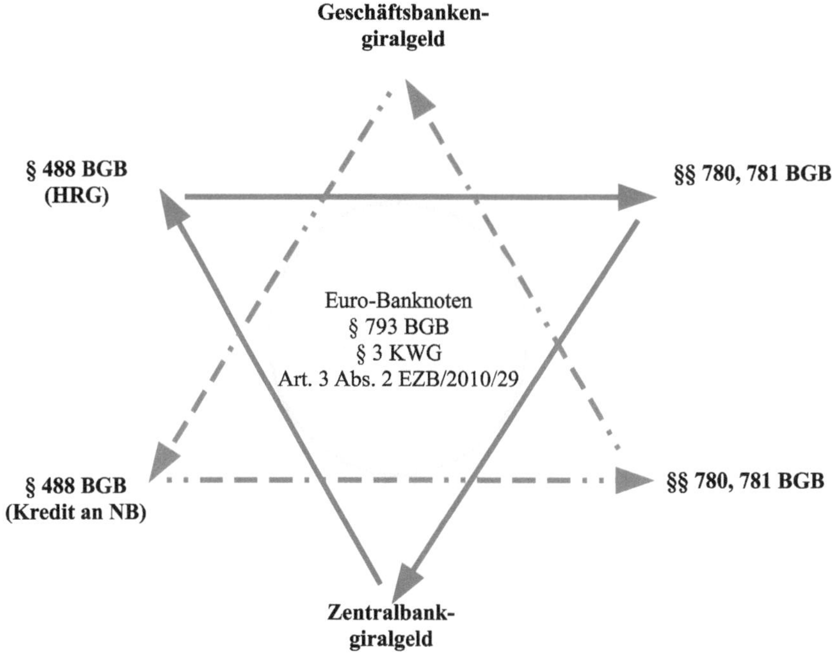


Das abstrakte Schuldversprechen i.S.d. §§ 780, 781 BGB liegt sowohl der in Euro-Banknoten verbrieften Geltungsforderung als auch der nicht-verbrieften Geltungsforderung aus der Gutschrift auf Zentralbank- bzw. Geschäftsbankengirokonten zugrunde, vgl Schaubild 2. Folglich stellt der gesamte Bestand an Euro-Banknoten sowie Zentralbank- und Geschäftsbankengiralgeld nach deutschem Recht die Summe der von den monetären Finanzinstituten (MFIs)[1023] als dem Geldschöpfungssektor insgesamt abgegebenen abstrakten Schuldversprechen dar, nämlich das Versprechen von Geltungsgewährleistung des Nennwerts der verbrieften und nicht-verbrieften Verbindlichkeiten der MFIs als Bankensystem.

1023 Begriffsbestimmung dazu siehe unter § 2 I. 1. c; zu den MFIs zählen hauptsächlich die Europäische Zentralbank und die nationalen Zentralbanken der Länder, deren Währung der Euro ist, sowie die Kreditinstitute im Euro-Währungsgebiet.

## 1. Rechtliche und bilanzielle Zusammenhänge zwischen dem Zentralbankgiralgeld, den notenbankfähigen Sicherheiten und den Rückzahlungsforderungen der Zentralbanken des Eurosystems aus geldpolitischen Kreditgeschäften[1024]

Aufgrund der HRGs, die privatrechtliche Darlehensverträge gemäß der §§ 488 ff. BGB zwischen der Zentralbank und ihren Geschäftspartnern sind, entstehen zwei Schuldverhältnisse, die zeitlich aufeinander folgend, juristisch jedoch voneinander unabhängig und abstrakt sind:

a) die verzinslichen, mit notenbankfähigen Sicherheiten[1025] besicherten Rückzahlungsforderungen der Zentralbanken des Eurosystems (Gläubiger) gegen die Kreditinstitute (Schuldner) aus den Darlehensverträgen gemäß § 488 BGB. Diese Forderungen als Erwerb von Aktiva – nämlich die eigentliche Monetisierung – sind die zwingende Voraussetzung für die Zentralbankgeldschöpfung;

und

b) die Geltungsforderungen als „Zentralbankgiralgeld" in der Gläubiger(Kreditinstitute)-Schuldner(Zentralbank)-Beziehung aus einem abstrakten Schuldversprechen i.S.d. §§ 780, 781 BGB. Sie setzen den geldpolitischen Darlehensvertrag als Kausalgeschäft zwingend voraus, sind aber davon verselbstständigt und abstrakt.

Diese zwei Arten von Forderungen finden ihren Niederschlag in der konsolidierten Bilanz des Eurosystems. Die Rückzahlungsforderungen (Bilanzposition A.2.1[1026]) stehen als dem Nennwert entsprechender aktivseitiger Gegenposten zu dem passivseitigen Zentralbankgiralgeld (Bilanzposition „P.2.1 Guthaben der Kreditinstitute"[1027]).

Das Verpflichtungsgeschäft (Darlehensvertrag) veranlasst zugleich in dem Erfüllungsgeschäft (Darlehensvalutierung) die nachfolgende Zentralbankgeldschöpfung mithilfe der Gutschrifterteilung. Die Kausalität stellt einen Zusammenhang bzw. eine zwingende Verknüpfung zwischen dem Giralgeld als Valuta und den Rückzahlungsforderungen her, d. h. die Rückzahlungsforderungen sind zwingend vorauszusetzendes Kausal und wirken infolgedessen als die Deckung für die Kreation des Giralgeldes i.S. eines abstrakten Versprechens der Zentralbank.

Da die abstrakten Schuldversprechen auf Zentralbankkonten von ihren jeweiligen kausalen HRGs abstrakt und verselbständigt sind, sind sie rechtlich auch von dem Sicherungsvertrag im Kausalgeschäft unabhängig. Für das Zentralbankgiralgeld als

---

1024 In dieser Arbeit werden vereinfachungshalber nur die HRGs des Eurosystems als Quelle des Zentralbankgeldes dargestellt.

1025 Siehe das „einheitliche Sicherheitenverzeichnis" des Eurosystem ab 1.1.2007, vgl EZB/2011/14, Anhang I, S 30.

1026 Siehe Tabelle 7.

1027 Siehe Tabelle 7.

von den Zentralbanken des Eurosystems bilanzierte Verbindlichkeiten besteht kein vertragliches Sicherungsrecht im rechtstechnischen Sinne zugunsten der Kreditinstitute als Forderungsinhaber – und zwar weder in Form von Finanzinstrumenten noch in Form von Eigentum.

Das Zentralbankgiralgeld wird lediglich durch die von notenbankfähigen Sicherheiten gesicherten Rückzahlungsforderungen der Zentralbanken des Eurosystems aus den HRGs als Aktiva gedeckt. Diese bankmäßige Deckung setzt der Zentralbankgeldschöpfung eine quantitative Grenze.

Vereinfacht gesagt ist das von Zentralbank geschöpfte „Geld" nicht gesichert; gesichert sind die Rechte der Zentralbank durch notenbankfähigen Sicherheiten, die überwiegend in verbrieften Forderungen bestehen und im Sicherungsfall von den Zentralbanken verwertet werden können.

Die wirtschaftlich umstrittene These von der „Unabdingbarkeit der Sicherung der Geldschöpfung durch Eigentum auch im modernen, zweistufigen Bankensystem"[1028] ist somit juristisch gesehen gegenstandslos, da ein rechtliches Sicherungsrecht lediglich für sicherungsvertraglich spezifizierte Forderungen besteht, und das Sicherungsrecht auch nicht für das Zentralbankgeld besteht, sondern für die Rechte des Geldschöpfers.

Ob die den notenbankfähigen Sicherheiten dienenden Forderungen für die Rückzahlungsforderungen der Zentralbanken des Eurosystems solche Vermögenswerte sind – welche die Forderungen, die durch die Belastung von Eigentum entstehen, darstellen – und nicht nur Zahlungsversprechen von Schuldnern sind, bleibt umstritten[1029] und in der vorliegenden Arbeit offen.

Die Geschäftsbankengiralgeldschöpfung vollzieht sich in einer vergleichbaren rechtlichen Konstruktion, wobei die Geschäftsbanken an die Stelle einer Zentralbank treten und nicht Zentralbankgeld sondern Geschäftsbankengeld geschöpft wird. Die Gläubiger-Schuldner-Verhältnisse, nämlich das Darlehensverhältnis und das abstrakte Schuldversprechen, liegen hier zwischen Geschäftsbanken (als Schuldner) und ihren Nichtbanken-Kunden (als Gläubiger).

## 2. Darlehensverträge zwischen Nichtbanken und Banken sowie Darlehensverträge unter Nichtbanken

Die sogenannte Monetisierung durch den banklichen Erwerb von Aktiva aufgrund entsprechender Darlehensverträge – nämlich die Entstehung der Rückzahlungsforderungen und die entsprechende Sicherheitenbestellung – bestimmen den nominalen

1028 *Heinsohn/Steiger* Eigentum, Zins und Geld, 2002, S 285.

1029 Nach *Heinsohn/Steiger* und *Stadermann* sind die für eine bankmäßige Deckung geeigneten Vermögenswerte solche, die eine Forderung gegen einen Eigentümer darstellen und nicht nur Zahlungsversprechen von Schuldnern sind, vgl *Heinsohn/Steiger* Eigentum, Zins und Geld, 1996, S 266; *Stadermann* Geldwirtschaft und Geldpolitik, Wiesbaden, 1994, S 177.

Gesamtnennwert des juristisch nachfolgend entstandenen Zentralbank- bzw. Geschäftsbankengiralgeldes, was durch Darlehensvalutierung vermittels Gutschrifterteilung geschöpft wird.

Der Darlehensvertrag mit einer Bank als Darlehensgeber unterscheidet sich vom Darlehensvertrag mit einer Nichtbank als Darlehensgeber somit dadurch, dass eine Nichtbank einer anderen Nichtbank nur „Geld“ aus ihrem bereits vorhandenen Vermögen zur Verfügung stellen kann, m.a.W. eine Nichtbank kann und darf nicht „monetisieren“, während die Bank allerdings dem Geschäftspartner neu geschöpftes Giralgeld als Darlehensvaluta durch wirksame Begründung eines abstrakten Schuldversprechens bereitstellt. Während aufgrund des Darlehensvertrag zwischen Nichtbanken lediglich ein einziges Schuldverhältnis zwischen dem Darlehensgeber und dem Darlehensnehmer entsteht, kommt bei einem Darlehensvertrag mit einer Bank als Darlehensgeber neben dem Darlehensverhältnis aufgrund Kreditgeschäftes der Banken als Kausalgeschäft gemäß der §§ 780, 781 BGB noch ein **zweites** Schuldverhältnis hinzu, welches geldschöpfend ist und auch als Substrat das Giralgeld trägt.

## 3. Rechtsbeschaffenheit des Anspruch aus der Girogutschrift als Geltungsforderung i.S. eines abstrakten Schuldversprechens gemäß der §§ 780, 781 BGB

Das Substrat des von der Gutschrift symbolisierten Giralgeldes i.S.d. täglich fälligen[1030] Giroguthaben auf Zentralbank- bzw. Geschäftsbankengirokonten ist ein nicht verbrieftes abstraktes Schuldversprechen gemäß der §§ 780, 781 BGB, das inhaltlich eine Geltungsforderung des Guthabeninhabers gegen die kontoführenden Bank darstellt. Diese Geltungsforderung ergibt sich weder aus dem Kausalgeschäft, dem Girovertrag noch aus einer unregelmäßigen Verwahrung gemäß § 700 BGB.

Bei der Forderungsbegründung werden die girorechtlichen Bestimmungen – jeweils aus dem AGB-Bbk Abschnitt II „Kontoführung Einlagen-KI“ und den Vorschriften der Zahlungsdienste gemäß der §§ 675 c ff. BGB – über den Forderungsgegenstand als notwendige Regelungs- bzw. Vertragsbestandteile mit in das abstrakte Schuldversprechen miteinbezogenen, da das von dem abstrakten Schuldversprechen vorausgesetzte Kausalgeschäft stets einen Anspruch auf Gutschrifterteilung auf das Girokonto vorschreibt.

Die von dem Kausalgeschäft legitimierte und von dem abstrakten Schuldversprechen gewährleistete Geltungsforderung richtet sich inhaltlich auf eine umfassende Rechtsstellung des Gutschriftinhabers über die versubjektivierten Währungseinheiten. Zuerst wird mit dem Wirksamwerden der Gutschrift ein bestimmtes Quantum von Währungseinheiten dem Forderungsinhaber buchhalterisch und rechtlich zugewiesen. Durch diese Zuweisung werden die objektiv rechtlichen Währungseinheiten

1030 Gemäß § 8 Abs 3 RechKredV.

zum Bezugsgegenstand eines Schuldverhältnisses. An diesen versubjektivierten Währungseinheiten, die streng von der objektiv-rechtlichen abstrakten Währungseinheiten zu unterscheiden sind, entsteht das Recht auf die Geltungsgewährleistung der Zugewiesenheit, die abstrakte Verfügbarkeit und die weitere konkrete Rechtsausübung jeweils nach AGB-Bbk Abschnitt II. und den §§ 675 c ff. BGB – z.B. Verfügung durch Überweisung, Lastschrift und Scheck etc.

Das Wesen der Geltungsforderung ist, wie das Wesen des Eigentums, ein Inbegriff einer Reihe dem Rechtsinhaber zustehender Rechte und Befugnisse, die viel umfassender sind als lediglich ein unmittelbarer Auszahlungsanspruch oder die Verfügungsmacht. Die Geltungsgewährleistung ermöglicht die dieser Geltung immanente Verfügbarkeit der Währungseinheiten als des Geltungsgegenstandes. Diese abstrakte Verfügbarkeit unterscheidet sich streng von einer tatsächlichen, ***konkreten*** Verfügung.

Da die Innehabung dieser Forderung nicht eine Summe einzelner Befugnisse ist, lässt sich diese Forderung daher nicht so teilen, dass dem Einen und dem Anderen eine Reihe bestimmter in der Innehabung liegender Befugnisse zugewiesen werden und dem beiderseitigen Rechte der Charakter der Geltungsforderung beigemessen wird. Man spricht von Totalität (Ungeteiltheit).[1031] Anders als das Eigentum an Sachen als Sachherrschaft in der Person besteht, besteht die Geltungsforderung in einem Zwei-Personen-Verhältnis, d.h. das Recht des einen aus der Forderung, die durch einen anderen gewährleistet und materialisiert wird.

Giralgeld als Finanzvermögen, das stets gleichzeitig in den Bilanzen sowohl eines Gläubigers als auch eines Schuldners steht, fungiert als Zahlungsmittel sowie als Pfändungsmittel[1032] und beinhaltet deklaratorisch ein gesetzliches Einlösungsrecht in das gesetzliche Zahlungsmittel gemäß § 3 KWG und Art 3 Abs 2 des Beschlusses von EZB/2010/29.

## 4. Die Euro-Banknoten als Inhaberschuldverschreibungen i.S.d. §§ 793 ff. BGB

Die Euro-Banknotenausgabe ist ein juristischer und buchhalterischer Begriff, der sich von Seiten der EZB streng in *Ausgabe* und *Inverkehrgabe* unterteilen lässt. Während die „Ausgabe" die Festlegung des Gesamtwerts der auszugebenden Euro-Banknoten und die Zuordnung der den ideellen Nennwert stützenden Aktiva als Gegenposten bzw. die Deckung für den Notenumlauf und die rechnerische bilanzielle

1031 Das Parallel kann man im Wesen des Eigentums suchen: „... da das Eigenthum nicht eine Summe einzelner Befugnisse ist. Deshalb lässt sich das Eigenthum auch nicht so theilen, dass dem Einen und dem Anderen eine Reihe bestimmter im Eigenthume liegender Befugnisse zugewiesen werden und dem beiderseitigen Rechte der Charakter des Eigenthumes [beigemessen] wird", *Mugdan* Materialien, Bd 3, 1899, S 145.

1032 Ebenroth/Boujong/Joost/Strohn/*Grundmann* HGB², BankR, Rn I 210.

Banknotenumlaufanpassung darstellt, die zu den *Intra-Eurosystem-Salden* führt, bedeutet „Inverkehrgabe", dass eine Banknote physisch den Bereich der NZBen verlässt und somit tatsächlich als gesetzliches Zahlungsmittel im Umlauf gesetzt wird.

Der Banknotenumlauf stellt liquiditätsabschöpfende Passiva der Kreditinstitute dar, da die Erhaltung der Euro-Banknoten einen unmittelbaren Abfluss von den Reserven[1033] der Kreditinstitute verursacht. Obwohl aus Notenemission nominal kein zusätzliches Zentralbankgeld geschöpft wird und lediglich eine Änderung der Zusammensetzung von verschiedenen Arten vom Zentralbankgeld verursacht wird, funktionieren Banknoten neben dem Zentralbankgiralgeld als ein selbständiges geldpolitisches Steuerungsinstrument mit eigener spezifischer Wirkung.

Mit der Aufhebung des Einlösungsrechts verbleibt den Nichtbanken-Noteninhabern, anstatt des Rechts auf Eigentumserwerb aus den einlösbaren Banknoten in gesetzliche Münzen bzw. Münzmetall, lediglich ein schuldrechtliches Forderungsrecht. Die Euro-Banknoten verbriefen also auch ohne das Einlösungsrecht in Edelmetall ein subjektives Recht des Noteninhabers, nämlich eine Geltungsforderung auf die Geltungsgewährleistung des dem Rechtssubjekt zugewiesenen Nennwerts – also ein Quantum von Währungseinheiten. Die Euro-Banknoten als bilanzierte Verbindlichkeiten der Zentralbanken des Eurosystems sind keine Sache i.S.d. Sachenrechts. Sie sind vielmehr als Inhaberschuldverschreibungen i.S.d. §§ 793 ff. BGB – einem Unterfall der §§ 780, 781 BGB – Finanzvermögen mit einer Doppelwertigkeit, die eine zwingende schuldrechtliche Regelung des Schuldner-Gläubiger-Verhältnis zwischen dem Emittenten und dem Noteninhaber darstellen.

Die Regelung der §§ 793 ff. BGB ermöglicht eine sachenrechtliche Übertragung der von Banknoten beurkundeten Geltungsforderung aufgrund der Übertragung der Urkunde und verwirklicht die Umlauffähigkeit der Banknoten dadurch, dass die durch das abtretungsrechtliche Problem bedingte rechtliche Komplexität bei der Forderungsabtretung vermieden wird. Anders als im Falle der Verfügung über Zentralbankgiralgeld mithilfe der Verfügung über die Währungseinheiten verfügt der Noteninhaber über die verbrieften Forderung unmittelbar, d. h. ohne zwingende technische und juristische Mitwirkung einer Bank oder Zentralbank.

Der währungsrechtlich angeordnete Annahmezwang des gesetzlichen Zahlungsmittels stellt in der Rechtswirklichkeit eine schuldrechtliche Annahmeobliegenheit dar, die das Seigniorage-Einkommen des Emittenten aus der Banknotenausgabe schützen und die Funktionsfähigkeit der Banknoten im Zahlungsverkehr sichern soll. Mit der Annahmeobliegenheit schafft der Gesetzgeber eine dispositive Regelung für die Zahlungsverhältnisse zwischen Zahlungsgläubiger und -schuldner.

---

1033 Zur Definition für *Reserven* siehe § 7 V. IV. 1.: Die Position „Guthaben der Kreditinstitute auf Girokonten beim Eurosystem" (auch als *Reserven* bezeichnet) sind das sogenannte Zentralbankgiralgeld, das sich auf die Guthaben der Kreditinstitute bei der Zentralbank bezieht, die zur Erfüllung von Zahlungsverpflichtungen aus Interbankgeschäften und der Mindestreservepflicht erforderlich sind.

Von der Annahmeobliegenheit als dispositiver Regelung für Gläubiger und Schuldner in den Zahlungsverhältnissen zu unterscheiden ist der *gesetzliche Nennwert*, auch *Zwangskurs* genannt, des gesetzlichen Zahlungsmittels. Darunter versteht man eine zwingende objektive rechtliche Regelung, dass im Zahlungsverkehr des Währungsraums jedermann das gesetzliche Zahlungsmittel zum gesetzlichen Nennwert annehmen muss.

## 5. Die Geltungsforderung als Vermittlerin von Kaufkraft und der Nennwert als Rechenmittel der Buchhaltung und der Bilanzen

Der von der Gutschrift manifestierte Nennwert der verbrieften und nicht verbrieften monetären Geltungsforderungen aus den §§ 780, 781 BGB als „Geld" kennzeichnet eine rein bankwirtschaftlich bestimmte, nominale Größe. Die von dieser Nenngröße als Zahlungsmittel – anhand der konkreten Bewertung durch den wirtschaftlichen Verkehr im Kontrahierungsmoment – vermittelbare Kaufkraft, die erst mithilfe eines konkreten Rechtsverhältnis durch den Nennwert quantitativ vermittelt wird, stellt den sogenannten Realwert des Geldes, also die reale Größe des Forderungstitels dar.

Die Kaufkraft, die kennzeichnet, welche Gütermenge durch eine Geltungsforderung als Geld von einem bestimmten Nennwert vermittelt bzw. ertauscht werden kann, ist der Maßstab für den realen Wert des Geldes[1034], weshalb die Kaufkraft des Geldes nur in Bezug auf bestimmte Güter gemessen werden kann. Der Warenkorb, welcher der Messung der Preisstabilität – und damit folglich auch der Kaufkraft der Euro-Banknoten und des Euro-Giralgeldes – zugrunde liegt, wird im sogenannten Harmonisierten Verbraucherpreisindex (HVPI) abgebildet.[1035] Anhand des Preisindex wird allerdings eine allgemeine Kaufkraft, d. h. Eine allgemeine Vermittlungskapazität des Nennwerts, festgestellt, die als ein Begriff der Statistik nicht dem Begriff der volkswirtschaftlichen Vermittlungsquantität des Nennwertes gleichzusetzen ist.[1036] In der Wirklichkeit vermitteln die vom Rechtsinhaber eingesetzten Währungseinheiten keinen allgemeinen, sondern einen *zeitlich und räumlich spezifischen individuellen Realwert*, der nur in dem Moment der Verfügung der versubjektivierten Währungseinheiten gilt.

Anders als die Vermittlungsfunktion der Geltungsforderung i.S.d. Kaufkraftvermittlung im jeweiligen Rechtsverhältnis liegt der Nennwert der Forderung als Rechnungsmittel der Buchhaltung und den Bilanzen zugrunde. Während der formelle Nennwert – ein Quantum von Währungseinheiten – konstant ist, ist der materielle Realwert – die vermittelte Kaufkraft – variabel und hängt von der Relation des

1034 Vgl *Bundeszentrale für Politische Bildung* (Hrsg) Das Lexikon der Wirtschaft 2004, S 108.

1035 *EZB* Press Conference, Oct 1998, The President's Introductory Statement, S 3, http://www.ecb.int/press/pressconf/1998/html/is980912.en.html.

1036 *Andreae* Geld und Geldschöpfung, 1953, S 113.

Nennwertes zum Preisgefüge im Währungsgebiet ab. Die *Vermittlungsquantität des Nennwerts* findet ihre Bestimmung somit nur im Schuldverhältnis und im volkswirtschaftlichen Zusammenhang.

Die Vermittlungsquantität, d.h. die eigentliche Funktionsfähigkeit der nominal bewerteten Geltungsforderungen, wird nicht mehr aus dem Bezug auf Edelmetall – z.B. bei der Goldwährung –[1037], Rechte bestimmter Art oder Rechte an Grundbesitz[1038] abgeleitet; es ist auch nicht ausreichend, sie als quantitatives Verhältnis der Geldmenge zur Menge der verfügbaren Güter zu sehen.[1039] Vielmehr ist das Entscheidende des Zentralbanksystems die Wahrnehmung und Wahrung der richtigen räumlichen, zeitlichen und quantitativen bankwirtschaftlichen Tätigkeiten i.S.v. Geldschöpfung, Geldbewegung und Geldvernichtung.

Letztendlich hat die Zentralbank die Sicherung der allgemeinen Vermittlungskapazität der bankwirtschaftlich geschöpften abstrakten Nennwerte zu sorgen, und die gesetzliche Pflicht der Gewährleistung von Preisstabilität aus Art 3 ESZB-Satzung im Wege der Geldmengenkontrolle zu erfüllen.

Ein individuell subjektives Recht des Geltungsforderungsinhabers gegen die Zentralbanken des Eurosystems ist allerdings nicht unmittelbar aus Art 127 Abs 1 S 1 AEUV abzuleiten. Die EZB ist trotz ihrer globalen gesetzlichen Pflicht zur Gewährleistung der quantifizierten Preisstabilität nicht zusätzlich verpflichtet, die Vermittlungsgröße i.S. einer materiellen quantifizierten vermittelbaren Kaufkraft zugunsten des individuellen Geltungsforderungsinhabers zu gewährleisten.

## 6. Geldmengenkontrolle und Gewährleistung der Preisstabilität durch das Eurosystem im Euro-Währungsgebiet

Ob die gesamtwirtschaftliche Geldmenge, nämlich die nominale Summe der Forderungshöhe der abstrakten Schuldversprechen durch die Zentralbank beherrschbar ist, oder doch „elastisch“ – also von ihren geldpolitischen Steuerungsinstrumenten unabhängig – sein muss, ist ausschlaggebend für die Frage, ob die Zentralbank die Preisstabilität als gesetzliches vorrangiges Ziel gewährleisten kann. Die Kernfrage ist dabei also, ob die Zentralbank die Menge des geschöpften Geschäftsbankengeldes herrschen kann.

---

1037 North/*Ziegler* Ein historisches Lexikon, 1995, S 144, eine Goldwährung liegt vor, wenn die Währungseinheit (z.B. Pfund oder Mark) eines Landes in einer festen Goldmenge ausgedrückt wird.

1038 Im Falle der Rentenmark.

1039 Vgl *Duden* Der Gestaltwandel des Geldes, 1968, S 11.

### a) Vollständige Kontrolle über Zentralbankgiralgeldmengen

Für die Kreditinstitute besteht ein aufgrund der Mindestreservepflicht gemäß Art 19 ESZB-Satzung bzw. der EZB-Verordnung über Mindestreserven und der Barabhebungsgarantie aus § 3 KWG, bedingter Liquiditätsbedarf nach Zentralbankgeld von der Zentralbank. Das Eurosystem versorgt das Banksystem hauptsächlich im Wege von HRGs mit Liquidität, d.h. die Kreditinstitute erhalten im Wege der Refinanzierung revolvierende Kredite hauptsächlich aus HRGs als den wichtigsten von Eurosystem am Zentralbankgeldmarkt initiierten Offenmarktgeschäften und den zentralen geldpolitischen Instrumenten des Eurosystems, welche zudem den Großteil (etwa 75 %) des Zentralbankgeldbedarfs der Geschäftspartner in den Darlehensvertragsverhältnissen mit dem Eurosystems bereitstellen sowie darüber hinaus der Steuerung der Leitzinssätze und der Zentralbankgeldversorgung dienen und Signale bezüglich des geldpolitischen Kurses geben.

Die HRGs werden entweder als Pensionsgeschäfte oder Pfandkredite – in beiden Fällen als befristete Transaktionen und in Form von Darlehensverträgen i.S.d. §§ 488 ff. – BGB durchgeführt. Wirtschaftlich gesehen sind HRGs Auktionen von Zentralbankgiralgeld durch das Eurosystem, die regelmäßig in Form von Tendern als streng standardisierte Versteigerungsverfahren durchgeführt werden. Durch Mengen- (Entscheidung über Zuteilungsvolumina) und Preiskontrolle (Zinsgestaltung) kontrolliert das Eurosystem vollständig die Zentralbankgeldmengen.

### b) Kontrolle über Geschäftsbankengeldmengen, insbesondere M 3

Da die Geschäftsbanken an der geldpolitisch essentiellen Geldschöpfung durch Kreditgewährung im zivilrechtlichen bzw. bankvertragsrechtlichen Verhältnis maßgebend beteiligt sind, üben sie als „verlängerter Arm der Notenbank“ insofern abgeleitete währungspolitische Funktionen aus, so dass ihnen als privatrechtliche juristische Person eine „*mittelbare Hoheitsaufgabe*“[1040] obliegt.[1041]

Sowohl von der wirtschaftlichen Inflationstheorien als auch von dem Geschäftsbankengeldschöpfungsmultiplikator ausgehend, sind die Kontrollfähigkeit der Zentralbank über die Geschäftsbankengeldmenge und die Stabilität der Geldnachfrage umstritten.[1042] Ob die Zentralbank eines bestimmten Währungsgebiets tatsächlich in der Lage ist, Geldangebot und Geldmenge zu kontrollieren, lässt sich letztendlich jedoch nur empirisch feststellen.[1043]

---

1040 *Zimmerer-van Zwoll* Mindestreservepolitik und Bankrentabilität, ZKW, 1957, 377, 378.

1041 *v. Spindler/Becker/Starke* Die Deutsche Bundesbank[4], S 170.

1042 Vgl *Endler* EZB und Preisstabilität, 1998, S 151; *Goldfeld/Sichel* The Demand for Money, S 351; *Woll* Geldnachfrage, in HdWW Bd 3, S 474.

1043 Ausführliche Auseinandersetzung mit dieser Frage siehe *Endler* EZB und Preisstabilität, 1998, S 138 ff.

Trotz der Schwierigkeiten der wirtschaftswissenschaftlichen theoretischen Erklärung ist aufgrund der veröffentlichten Stellungnahmen und empirischen Feststellungen der EZB bzw. der Deutschen Bundesbank von einer bewussten quantifizierten Gestaltung der gesamten Geldschöpfung der Zentralbank mithilfe und einschließlich derjenigen der Geschäftsbanken auszugehen, wobei die Wirksamkeit der Steuerungsinstrumente der Zentralbank gegenüber den Kreditinstituten volkswirtschaftlich anzunehmen ist. Im Ergebnis kann das Eurosystem die gesamtwirtschaftliche Geldmenge bzw. Geldversorgung durch Kontrolle über die Geldmenge M und die monetäre Basis durch den strategischen Einsatz geldpolitischer Instrumente mit einer gewissen Genauigkeit beherrschen.

Sowohl das Zentralbank- und Geschäftsbankenbuchgeld als auch die Euro-Banknoten sind rechtliche und buchhalterische Begriffe, deren Substrat das abstrakte Schuldversprechen von den MFIs[1044] gemäß der §§ 780, 781 BGB als eine Geltungsforderung, darstellt.

Das Giralgeld und die Euro-Banknoten beziehen sich auf dieselbe Rechnungseinheit und bilden ein geschlossenes Geldsystem. Das Giralgeld stellt in dem heutigen Geldsystem die primäre Form des „Geldes“ dar; das Bargeld ist lediglich eine Wechselmenge davon, die aus dem Buchgeld laufend ausgewechselt und wieder eingewechselt wird.[1045] All das „Geld“ entsteht und zirkuliert in der von dem ESZB rechtlich und technisch konstituierten Einrichtung der Zahlungssysteme (TARGET 2).

Das aus dem Organbewusstsein der Zentralbank unter Voraussetzung eines wirksamen verzinslichen Aktivgeschäfts entstandene Zentralbankgeld, das aufgrund des Zentralbankgeldes geschöpfte Geschäftsbankengeld und schließlich die Zirkulation des Zentralbank- und Geschäftsbankengeldes sind durch die aus dem gleichem Bewusstsein entstandene geldpolitische strategische Steuerung quantitativ kontrolliert.

---

1044 Die monetäre Finanzinstitute: das Eurosystem und die Kreditinstitute im Euro-Währungsgebiet.

1045 *Huber* Monetäre Modernisierung, 2011, S 16.

# Tabellenverzeichnis

Tabelle 1: Geldpolitische Instrumente im Zusammenhang mit der Zentralbankbilanz ... 43
Tabelle 2: Geldpolitische Operationen des Eurosystems ... 46
Tabelle 3: Für geldpolitische Operationen des Eurosystems zugelassene Sicherheiten ... 53
Tabelle 4: Verfahrensschritte bei Tenderverfahren ... 57
Tabelle 5: Angaben der öffentlichen Mitteilung über das Tenderergebnis ... 80
Tabelle 6: Ablauf der einzelnen Rechtsgeschäfte i. R. d. HRG-Abschlusses ... 87
Tabelle 7: Offenmarktgeschäfte und Standardisierter Konsolidierter Ausweis des Eurosystems (vereinfachte Darstellung) ... 140
Tabelle 8: Banknotenumlauf und Intra-Eurosystem-Salden ... 181
Tabelle 9: Konsolidierte Bilanz der MFIs (nämlich des gesamten Bankensystems) ... 218
Tabelle 10: Abgrenzung monetärer Aggregate im Euro-Währungsgebiet ... 219
Tabelle 11: Offenmarktgeschäfte und Standardisierter Konsolidierter Ausweis des Eurosystems (vereinfachte Darstellung ... 221
Tabelle 12: Beiträge zur Liquidität des Bankensystems ... 222
Tabelle 13: Struktur der Liquiditätsbereitstellung ... 223

# Literaturverzeichnis

*Acker, Georg,* Die Wertpapierleihe: Grundlagen, Abwicklung und Risiken, 2. A. Wiesbaden 1995

*Adrian, Reinhold/Heidorn,* Thomas, Der Bankbetrieb: Lehrbuch und Aufgaben, 15. A., Wiesbaden 2000

*Albers, Willi,* (Hrsg.), Handwörterbuch der Wirtschaftswissenschaft, 1988

*Amtmann, Thomas,* die Geldpolitik der Europäischen Zentralbank, in: europa blätter, Köln 2002

*Andreae, Wilhelm,* Geld und Geldschöpfung, Stuttgart 1953

*Arndt, Adolf,* Das Staatsrecht des Deutschen Reiches, Berlin 1901

*Assmann, Heinz-dieter/Schütze, Rolf A.,* Handbuch des Kapitalanlagerechts, 3. A. München 2007

*Bachmann, Gregor,* Rechtsfragen der Wertpapierleihe, ZHR 173 (2009), 596–648

*Bader, Johann/Ronellenfitsch, Michael,* (Hrsg.) Beck'scher Online-Kommentar VwVfG, Stand: 1.7.2014 (zitiert als: Bader/Ronellenfitsch/*Bearbeiter,* VwVfG 2014)

*Badura, Peter,* Das Verwaltungsmonopol, Berlin 1963

*Bähre, Inge. L./Schneider, Manfred,* KWG-Kommentar, 3. A. München 1986

*Bamberger, Heinz Georg/Roth, Herbert,* (Hrsg.) Beck'scher Online-Kommentar BGB, Stand 1.2.2013 (zitiert als: Bamberger/Roth/*Bearbeiter,* BGB$^{3}$)

*Baumbach, Adolf/Hefermehl, Wolfgang/Casper, Matthias,* Wechselgesetz, Scheckgesetz, Recht der kartengestützten Zahlungen, 23. A. 2008, (zitiert: Baumbach/Hefermehl/*Bearbeiter,* WPR)

*Baumbach, Adolf/Hopt, Klaus J.,* Handelsgesetzbuch 37. A. München 2016

*Baur, Irene,* Die Haftung der Europäischen Zentralbank, Frankfurt am Main 2001

*Behrmann, Thomas,* Zweckgebundene Darlehen, Aachen 1995

*Bessau, Willy,* (Begr.) Das Bürgerliche Gesetzbuch; mit besonderer Berücksichtigung der Rechtsprechung des Reichsgerichts und des Bundesgerichtshofes (erl. von Bessau), Recht der Schuldverhältnisse II (einzelne Schuldverhältnisse), 9. A., Berlin 1939; Einzelne Schuldverhältnisse, §§ 705–853, 11. A. Berlin 1960 (zitiert als: RGRK/*Bearbeiter*)

*Beutel, Jochen,* Differenzierte Integration in der Europäischen Wirtschafts- und Währungsunion, 2006

*Bieg, Hartmut,* Bankbilanzierung nach HGB und IFRS, 2. A. München, 2010

*Bieg, Hartmut,* Die externe Rechnungslegung der Kreditinstitute und Finanzdienstleistungsinstitute, München 1999

*Biener, Herbert/Berneke, Wilhelm,* Bilanzrichtlinien-Gesetz: Textausgabe des Bilanzrichtlinien-Gesetzes vom 19.12.1985 (Bundesgesetzblatt I S 2355) mit Bericht des Rechtsausschusses des Deutschen Bundestages, Regierungsentwürfe mit Begründung, EG-Richtlinien mit Begründung, Entstehung und Erläuterung des Gesetzes, Düsseldorf 1986

*Bleckmann, Albert,* Europarecht, 6. A. Köln 1997

*Bleckmann, Albert,* Europarecht: das Recht der Europäischen Union und der Europäischen Gemeinschaften, 6. A. Köln 1997

*Bockelmann, Horst,* Streitfragen zur Kontrolle der Geldschöpfung durch die Notenbank, in: Ehrlicher, Werner/Oberhauser, Alois, (Hrsg), Probleme der Geldmengensteuerung, Berlin 1978

*Bockey, Andrea,* Die Entscheidung der Europäischen Gemeinschaft, Frankfurt am Main 1998

*Bockey,* Die Entscheidung der Europäischen Gemeinschaft, S 34 f.;

*Bodin, Jean,* La Réponse au paradoxe de M. De Malestroict sur le faict des monnyes, Paris 1568

*Boos, Karl-Heinz,* (Hrsg.) Kreditwesengesetz: Kommentar zu KWG und Ausführungsvorschriften, 3. A. München 2008; 5. A. München 2016

*Borchert, Manfred,* Geld und Kredit, 8. A. München 2003

*Börner,* Die Entscheidungen der Hohen Behörde, 1965

*Brunner, Karl,* Hat der Monetarismus versagt?, in: Kredit und Kapital, 17. Jg., Heft 1, 1984

*Bundesfinanzanstalt für Finanzdienstleistungsaufsicht,* Alle Kreditinstitute in Deutschland. Stand: April 2011

*Bundeszentrale für Politische Bildung,* (Hrsg.), Das Lexikon der Wirtschaft 2004

*Calliess, Christian/Ruffert, Matthias,* (Hrsg.), EUV, AEUV: das Verfassungsrecht der Europäischen Union mit Europäischer Grundrechtecharta; Kommentar, 5. A. München 2016 (zitiert als: Calliess/Ruffert/*Bearbeiter,* EUV/AEUV[5])

*Calliess, Christian/Ruffert, Matthias,* (Hrsg.), EUV/EGV: das Verfassungsrecht der Europäischen Union mit Europäischer Grundrechtecharta; Kommentar, 3. A. München 2007 (zitiert als: Calliess/Ruffert/*Bearbeiter,* EUV/EGV[5])

*Canaris, Claus-Wilhelm,* Bankvertragsrecht, 2. A. Berlin 1981

*Canaris, Claus-Wilhelm,* Vertrauenshaftung im deutschen Privatrecht, München 1971

*Canaris, Claus-Wilhelm/Schilling, Wolfgang/Ulmer, Peter,* Handelsgesetzbuch /Bankvertragsrecht. Teil 1, 4. A. 2005

*Cassel, Dieter,* Inflation, in: Vahlens Kompendium der Wirtschaftstheorie & Wirtschaftspolitik. Bd 1, 9. A. München 2007, S 331–395

*Claussen, Casten P.,* Bank- und Börsenrecht, 3. A. München 2003; 4. A. München 2008

*Coburger, Dieter,* Die währungspolitschen Befugnisse der Deutschen Bundesbank – Verwaltungsrechtliche Qualifikation und Rechtsschutz, Berlin 1988

*Czaja, Astrid,* Die außervertragliche Haftung der Europäischen Gemeinschaft für ihre Organe, Baden-Baden, 1995

*Dauner-Lieb, Barbara,* (Gesamthrsg.), Anwaltkommentar BGB, Schuldrecht, Teilband 1: §§ 241–610, Teilband 2: §§ 611–853, 1. A. Bonn 2005 *(AnwK-BGB/Bearbeiter)*

*Dauses,* (Hrsg.), Handbuch des EU-Wirtschaftsrechts, München 1999; 31. A. München 2012

*Deutsche Bundesbank,* Allgemeine Geschäftsbedingungen der Deutschen Bundesbank – Bankrechtliche Regelungen 5, 5. Ausgabe, Stand: 28.06.2013 (zitiert als: AGB-Bbk a.F.)

Deutsche Bundesbank, Allgemeine Geschäftsbedingungen der Deutschen Bundesbank – Bankrechtliche Regelungen 5, 5. Ausgabe, Stand: 18.08.2014 (zitiert als: AGB-Bbk)

Deutsche Bundesbank, Geschäftsbedingungen für die Teilnahme an TARGET2-Bundesbank (TARGET2-BBk), Stand 19.07.2014

*Deutsche Bundesbank,* Die Geldpolitik der Bundesbank, Okt. 1995

*Deutsche Bundesbank,* Die Geldpolitik der Deutschen Bundesbank, Frankfurt am Main 1995

*Deutsche Bundesbank,* Geldpolitische Aufgaben und Instrumente, Sonderdruck Nr 7, 3. A. Frankfurt am Main 1985

*Deutsche Bundesbank,* Geschäftsbericht 1987, 2004, 2012

*Deutsche Bundesbank,* Monatsbericht Jan. 1985, Okt. 2007

*Deutschen Bundesbank,* Geld und Geldpolitik, 2012 unter www.bundesbank.de

*Diepen, Gerhard,* Der Bankbetrieb: Lehrbuch und Aufgabensammlung (Begr. von *Hagenmüller*), 4. A. Wiesbaden 1970

*Dolzer, Ruldolf/Vogel, Klaus/Graßhof, Karin,* Bonner Kommentra zum Grundgesetz, Stand: 115. Erg.-Lfg., München 2004 (zitiert als: Dolzer/Vogel/Graßhof/*Bearbeiter*)

*Dörge, Andreas,* Rechtliche Aspekte der Wertpapierleihe, Berlin 1992

*Duden, Konrad,* Der Gestaltwandel des Geldes und seine rechtlichen Folgen, Karlsruhe, 1968

*Duwendag, D./Ketterer, K.-H./Kösters, W./Pohl, R./Simmert, D.B.,* Geldtheorie und Geldpolitik in Europa, 5. A. Berlin 1999

*Ebenroth, Carsten Thomas/Boujong, Karlheinz/Joost Detlev/Strohn, Lutz,* Handelsgesetzbuch, Bankrecht I, 2. A. München 2009 (zitiert als: Ebenroth/Boujong/Joost/Strohn/*bearbeiter,* HGB BankR)

*Ehrlicher, Werner,* Geldtheorie, in: HdWW, Bd. 3, S 374 ff.

*Einsele, Dorothee,* Die Bereicherungsrechtliche Rückabwicklung von Zahlungen wegen falscher Kontoangabe, in: Festschrift für Dieter Reuter zum 70. Geburtstag am 16. Oktober 2010, S 53–72

*Ellenberger, Jürgen/Findeisen, Michael/Nobbe, Gerd,* Kommentar zum Zahlungsverkehrsrecht, 2010 (Ellenberger/Findeisen/Nobbe/*Bearbeiter,* ZahlungsverkehrsR)

*ELTEG,* Report of the Euro Legal Tender Expert Group (ELTEG) on the definition, scope and effects of legal tender of euro banknotes and coins, 2009.

*Endler, Jan,* Europäische Zentralbank und Preisstabilität: eine juristische und ökonomische Untersuchung der institutionellen Vorkehrungen des Vertrages von Maastricht zur Gewährleistung der Preisstabilität, Stuttgart 1998

*Erman, Walter,* (Hrsg.), Bürgerliches Gesetzbuch, 13. A. Köln 2011 (Erman/*Bearbeiter*)

*EU,* COMMISSION RECOMMENDATION of 22 March 2010 on the scope and effects of legal tender of euro banknotes and coins (2010/191/EU)

EWI The Single Monetary Policy in Stage Three: Elements of the Monetary Policy Strategy of the ECB, Frankfurt am Main 1997

*EWI,* The Single Monetary Policy in Stage Three: Elements of the Monetary Policy Strategy of the ECB, 1997

*EZB* Monatsbericht Frankfurt am Main Juli 1999, Dez. 1999, Nov. 2000, Okt. 2007, März 2008, Nov. 2008

*EZB,* Die einheitliche Geldpolitik im Euro-Währungsgebiet – Allgemeine Regelungen für die Geldpolitischen Instrumente und Verfahren des Eurosystems, 1. Jan. 2012

*EZB,* Die Geldpolitik der EZB, 2011

EZB, Die Geldpolitik der Stufe 3, Frankfurt am Main, 2000

*EZB,* Jahresbericht Frankfurt am Main 2002, 2003, 2011, 2012, 2015

*Feifel, Hermann,* Die Anwendbarkeit der modernen Kreditschöpfungslehre auf die besondere Art des Sparkassengeschäfts, Bd 10 der Untersuchungen über das Spar-, Giro- und Kreditwesen, Hrsg. Von *Fritz Voigt,* Berlin 1959

*Fischer, Reinfrid,* Bankrecht: Grundlagen der Rechtspraxis, 4. A. 2010, Köln (zitiert als: Fischer/Klanten/*Bearbeiter,* Bankrecht, 2010)

*Fisher, Irving,* The Purchasing Power of Money, its Determination and Relation to Credit, Interest and Crises, New York, 1911

*Flume, Werner,* Allgemeiner Teil des Bürgerlichen Rechts, zweiter Band, Das Rechtsgeschäft, 2. A. Berlin 1975

*Flume, Werner,* Allgemeiner Teil des Bürgerlichen Rechts: erster Band/2. Teil, Die juristische Person, 2. A. Berlin 1975

*Fögen, Herrmann,* Geld- und Währungsrecht, München 1969

*Föhls, Karl,* Geldschöpfung und Wirtschaftskreislauf, 2. A. 1955

*Forsthoff, Ernst,* Lehrbuch des Verwaltungsrechts, Bd. I, Allgemeiner Teil, 10. A. München 1973

*Franzke, Hans-Ulrich,* Geldhoheit und Währungssteuerung, Frankfurt 1964

*Frauenfelder, Max,* Das Geld als allgemeiner Rechtsbegriff, Bern 1938

*Frenz,* Handbuch Europarecht, Bd. 1: Europäische Grundfreiheiten, 2004, Bd. 2: Europäisches Kartellrecht, 2006, Bd 3: Beihilfe- und Vergaberecht, 2007, Bd. 4: Europäische Grundrechte, 2009, Band 5: Wirkungen und Rechsschutz, 2010

*Friedman, Milton,* A Theoretical Framework for Monetary Anaysis, Journal of Political Economy 78 (1970), S 193–238

*Friedman, Milton,* Die Gegenrevolution in der Geldtheorie, in: brookings Papiers on Economic Activity, No. 2, 1973, S 347 ff.

*Fröhlich, Wolfgang,* Die Währungspolitischen Instrumente der Deutschen Bundesbank und ihre Einordnung in die Regelungskategorien des öffentlichen Rechts, Würzburg 1983

*Gaitanides, Charlotte,* Das Recht der Europäischen Zentralbank, Unabhängigkeit und Kooperation in der Europäischen Währungsfunktion, Mohr Siebeck 2005

*Gebauer, Wolfgang,* Geld und Währung, Frankfurt am Main 2003

*Geiger, Rudolf, Khan, Daniel-Erasmus, Kotzur, Markus,* Vertrag über die Europäische Union und Vertrag zur Gründung der Europäischen Gemeinschaft, 5. A. München 2010

*Gerber, Hans,* Geld und Staat, Jena 1926

*Gerloff, Wilhelm,* Die Entstehung des Geldes und die Anfänge des Geldwesens, 3. A. Frankfurt am Main 1947

*Gernhuber, Joachim,* Die Erfüllung und ihre Surrogate, sowie das Erlöschen der Schuldverhältnisse aus anderen Gründen, 1983, 2. A. Tübingen 1994

*Gesell, Harald,* Wertpapierleihe und Repurchase Agreement im deutschen Recht, Köln 1994

*Gierke, Julius von,* Bürgerliches Recht: Sachenrecht, 3. A. Berlin 1948

*Gierke, Otto,* Deutsches Privatrecht, Bd. I, Allgemeiner Teil und Personenrecht, Leipzig 1895

*Gillor, Viviane,* Der Rahmenvertrag für Finanzgeschäfte der Europäischen Bankenvereinigung (EMA), Köln 2006

*Glaesner, Hans-Joachim,* Die Einheitliche Europäische Akte, in: Europarecht 1986, S 119–152

*Gleske, Leonhard,* Die Liquidität in der Kreditwirtschaft, Frankfurt am Main 1954

*Gocht, Rolf,* Kritische Betrachtungen zur nationalen und internationalen Geldordnung, Berlin 1975

*Godschalk, Hugo T.C.*, Computergeld – Entwicklungen und ordnungspolitische Probleme des elektronischen Zahlungsverkehrssystems, Frankfurt am Main 1983

*Goetze, Henning*, Die Tätigkeit der nationalen Zentralbanken in der Wirtschafts- und Währungsunion, Frankfurt am Main 1999

*Goldfeld, Stephen M./Sichel, Daniel*, The Demand for Money, in: Handbook of Monetary Economics, 1990, vol. 1, p. 299–356 from Elsevier

*Goldschmidt*, Levin, Handbuch des Handelsrechts, 1. Band, 2. Abteilung, Erlangen, 1868

*Görgens, Egon/Ruckriegel, Karlheinz/Seitz, Franz*, Europäische Geldpolitik: Theorie, Empirie, Praxis, 2. A, 2001; 4. A. Stuttgart 2004; 6. A. Stuttgart 2016

*Gornig, Gilbert-hanno*, Die sachbezogene hoheitliche Maßnahme: auch ein Beitrag zur Allgemeinverfügung im sinne des § 35 S 2 VwVfG, Berlin 1985

*Grabitz, Eberhart/Hilf, Meinhard/Nettesheim, Martin*, Das Recht der Europäischen Union 58. Ergängzungslieferung München 2016 (zitiert als: Grabitz/Hilf/Nettesheim/*Bearbeiter*, Das Recht der Europäischen Union[58. EL])

*Gramlich, Ludwig*, Die Begebung von Geldzeichen, ZfgesK 1987

*Gramlich, Ludwig*, Bundesbankgesetz, Währungsgesetz, Münzgesetz – Kommentar, Köln 1988

*Gréciano Paul*, Du rôle de l'état en matière monétaire, Paris 1895

*Grenz, Gisela*, Geldregal und Währungsverwaltung, Hamburg, 1955

*Grimberg, Rainer*, Rechtsprobleme der Swapsatzpolitik der Bundesbank, Legitimation und Rechtsnatur, Berlin 1974

*Grimm, Detlef*, Das Vertragsrecht des Wertpapierdarlehens, Frankfurt am Main 1996

*Groeben, Hans von der/Schwarze, Jürgen*, Vertrag zur Europäischen Union und Vertrag zur Gründung der Europäischen Gemeinschaft: Kommentar, 6.A. Baden-Baden 2003

*Grothe, Helmut*, Fremdwährungsverbindlichkeiten, Das Recht der Geldschulden mit Auslandsberührung, Kollisionsrecht – Materielles Recht – Verfahrensrecht, Berlin 1998

*Gutzwiller, Max*, Währungen als Gegenstände der Gesetzgebung, Schweizerische Juristen-Zeitung 39. Jahrgang 1942/43, S 157 ff.

*Haag, Hans-Joachim*, Die Begriffsbildung der Wertpapiere, Bad Homburg v.d.H. 1969

*Habacht, Rudolf*, Oesterreichische Nationalbank, Berichte und Studien 4/1995

*Habacht, Rudolf/Hoffenberg, Walter/Schubert, Aurel*, EMU and issues in European payment systems, in: Breuss, Fritz/Fink, Gerhard/Griller, Stefan (eds.), Institutional, Legal and Economic Aspects of the EMU, Wien/New York, 2003, S 189 ff.

*Habersack, Mathias*, in: *Hadding/Hopt/Schimansky* (Hrsg.), Bankrechtstag 2002, Neues Schuldrecht und Bankgeschäfte – Wissenszurechnung bei Kreditinstituten, 2003

*Hadding, Walther/Häuser, Franz,* Rechtsfragen des Giroverhältnisses, ZHR 145 (1981) 138 ff.;

*Hadding, Walther/Hopt, Klaus J./Schimansky, Herbert,* (Hrsg.), Bankrechtstag 2002, Neues Schuldrecht und Bankgeschäfte: Wissenszurechnung bei Kreditinstituten, Leipzig 2003

*Häde, Ulrich,* Die Deutsche Bundesbank in der Währungsunion, in: Hahn, Hugo J., Die Europäische Währung, Baden-Baden 1999

*Häde, Ulrich,* Geldzeichen im Recht der Bundesrepublik Deutschland, Baden-Baden 1991

*Hahn, Albert,* Volkswirtschaftliche Theorie des Bankkredits, 1. A. Tübingen 1920, 3. A. Tübingen 1930

*Hahn, Hugo J.*, (Hrsg), Die Europäische Währung, Baden-Baden 1999

*Hahn, Hugo J., Häde, Ulrich,* Die Zentralbank vor Gericht, Rechtsschutz und Haftung in der Europäischen Wirtschafts- und Währungsunion, ZHR 165 (2001), S 30 ff.

*Hahn, Hugo J.*, Rechtsfragen der Diskontsatzfestsetzung, Karlsruhe 1966

*Hahn, Hugo J.*, Währungsrecht und Gestaltwandel des Geldes, in: Bernstein, Herbert, (Hrsg), Festschrift für Konrad Zweigert zum 70. Geburtstag, Tübingen 1981, S 298 ff.;

*Hahn, Hugo J./Häde, Ulrich,* Währungsrecht, 2.A., München 2010

*Hahn, Hugo, J.*, Währungsrecht, 1990

*Hahn, Oswald,* Die Währungsbanken der Welt, Bd. II, Stuttgart 1968

*Handig, Martin/Holzfeind, Robert,* Euro-Banknotenumlauf und Verteilung der monetären Einkünfte im Eurosystem, in: Geldpolitik & Wirtschaft Q1/07, S 160 ff.

*Hänel, Albert,* Deutsches Staatsrecht Bd I, Die Grundlagen des deutschen Staates und die Reichsgewalt, Leipzig 1892

*Hartmann, Gustav,* Über den rechtlichen Begriff des Geldes und den Inhalt von Geldschulden, Braunschweig, 1868

*Häuser, Franz,* Giroverhältnis, Gutachten und Vorschläge zur Überarbeitung des Schuldrechts, Bd. II, 1981

*Hawtrey, Ralph George,* Currency and Credit, London 1923

*Hawtrey, Ralph George,* The Gold Standard in Theory and Practice, Oxford 1939

*Hefermehl, Wolfgang,* Rechtsfragen des Überweisungsverkehrs, in: *Hefermehl, Wolfgang, Nick Rudolf, Westermann, Harry,* Festschrift für Philipp Möhring zum 65. Geburtstag, 4. September 1975 München

*Heinsius, Theodor/Horn, Arno/Than, Jürgen,* Depotgesetz, Kommentar zum Gesetz über die Verwahrung und Anschaffung von Wertpapieren vom 4. Februar 1937, Berlin 1975 (zitiert als: *Heinsius/Horn/Than,* DepotG 1975)

*Heinsohn, Gunnar/Steiger, Otto,* Eigentum, Zins und Geld, ungelöste Rätsel der Wirtschaftswissenschaft, 2. A., Marburg 2002

*Helfferich, Karl,* Das Geld, 6.A., Leipzig 1928

*Hermann, Christoph,* Währungshoheit, Währungsverfassung und subjektive Rechte, Tübingen 2010

*Heymann, Ernst, Emmerich, Volker,* Handelsgesetzbuch: (ohne Seerecht); Kommentar, Viertes Buch: §§ 343–460, Anhang, Berlin 1990

*Heymann, Ernst/Emmerich, Volker,* Handelsgesetzbuch: (ohne Seerecht); Kommentar, Viertes Buch: §§ 343–475h, 2. A, Berlin 2005

*Hofbauer, Max A., Kupsch, Peter,* (Hrsg. Hofbauer/Grewe/Albrecht/Kupsch/Scherrer), Bonner Handbuch Rechnungslegung, Textsammlung, Einführung, Kommentierung, Loseblatt, Stand 07/2012 (zitiert als: Bonner, HdR/*Bearbeiter*)

*Hoffmann, Johann G.,* Die Lehre vom Gelde – Als Anleitung zu gründlichen Urtheilen über das Geldwesen mit besonderer Berücksichtigung auf den preußischen Staat -, Berlin 1838

*Hoffmann(-Riem), Wolfgang, Peter,* Rechtsfragen der Währungsparität, 1969

*Höpker Aschoff, Hermann,* Geld und Gold, Jena 1939

*Höpker Aschoff, Hermann,* Geld und Währungen, Göttingen 1948

*Hoppe, Hans-Dieter,* Der Rechtsschutz gegen Akte der Währungspolitik, Würzburg 1994

*Huber, Joseph,* Monetäre Modernisierung: Zur Zukunft der Geldordnung, 2.A., Marburg 2011

*Hueck, Alfred/Canaris, Claus-Wilhelm,* Recht der Wertpapiere, (Seit der 11. A. neubearbeitet von Claus-Wilhelm Canaris), 10. A., München 1967; 12. A., München 1986

*Hume, David,* Political discourses, Edinburgh 1752

*Ipsen, Hans Peter,* Europäisches Gemeinschaftsrecht, Tübingen 1972

*Ipsen, Hans Peter,* Europäisches Gemeinschaftsrecht, Tübingen 1972

*Issing, Otmar,* Einführung in die Geldtheorie, 15. A. München 2011

*Jacobi, Ernst,* Die Wertpapiere, in: *Ehrenberg, Viktor,* Handbuch des gesamten Handelsrechts, Bd. IV 1, 1917

*Jacobi, Ernst,* Wechsel- und Scheckrecht, Berlin 1956

*Jarchow, Hans-Joachim,* Grundriss der Geldpolitik, 12. A., Stuttgart 2010

*Jarchow, Hans-Joachim,* Theorie und Politik des Geldes, 11. A., Göttingen 2003

*Jauernig, Othmar,* Kommentar zum BGB, 16. A., München 2015

*Junius, Karsten/Kater, Ulrich/Meier, Carsten-Patrick/Müller, Henrik,* Handbuch Europäische Zentralbank: Beobachtung, Analyse, Prognose, Bad Soden/Ts. 2002

*Junker, Carolin,* Der Verwaltungsakt im Deutschen und Französischen Recht und die Entscheidung im Recht der Europäischen Gemeinschaften, 1990

*Kalmbach, Peter,* Der neue Monetarismus, München 1973

*Keynes, John Maynard,* The General Theory of Employment, Interest and Money, New York 1936; deutsch: Allgemeine Theorie der Beschäftigung, des Zinses und des Geldes, Berlin 1936

*Kiehnscherf, Erich,* Widerruf und Anfechtung eines Giroüberweisungsauftrages unter besonderer Berücksichtigung der Rechtsprechung des Bundesgerichtshofes, 1954

*Kirchhof, Hans-Peter,* (Hrsg) Münchener Kommentar zur Insolvenzordnung, Bd. 2, §§ 80–216, 2. A., 2008 (MüKoInsO/*Bearbeiter*)

*Kirchhof, Hans-Peter,* (Hrsg), Münchener Kommentar zur Insolvenzordnung, 2. A., München 2008

*Knapp, Georg Friedrich,* Staatliche Theorie des Geldes, 4. A., München und Leipzig 1923

*Knappe, Karl,* Das Geldpolitische Instrumentarium des Europäischen Systems der Zentralbanken (ESZB), in: *Heinemann, Friedrich/Schroeder, Michael* (Hrsg.), Europäischen Währungsunion und Kapitalmärkte, Baden-Baden 1997

*Knies, Karl,* Das Geld, 2. A., Berlin 1885

*Koch, Arwed,* Das Recht der Barzahlung im Bankverkehr, ZHR 107 (1940) 273 ff.

*Koch, Richard; Schlacht, Hjalmar,* Die Reichsgesetzgebung über Münz- und Notenbankwesen, Ergänzungen zu Koch/Schlacht Münz- und Bankgesetzgebung, Berlin 1932 (zitiert als: *Koch/Schlacht,* Münz- und Notenbankwesen, BankG, 1932)

*Köhler, Claus,* Geldwirtschaft, Erster Band, Geldversorgung und Kreditpolitik, 2.A., Berlin 1977

*Kromer Michael,* Sachenrecht des öffentlichen Rechts, Berlin 1985

*Kromphardt, Jürgen,* Arbeitslosigkeit und Inflation - Eine Einführung in die makroökonomischen Kontroversen, Göttingen 1998

*Krumnow, Jürgen,* u. a. (Hrsg.), Rechnungslegung der Kreditinstitute, Kommentar zum deutschen Bilanzrecht unter Berücksichtigung von IAS/IFRS, 2.A. Stuttgart 2004

*Kübler, Friedrich,* Feststellung und Garantie, Tübingen 1967

*Kuhn, Georg,* Reichsgerichtsräte-Kommentar zum BGB, II. Bd., 2. Teil, 10. A, Berlin 1953; 11.A., Berlin 1960, Vorb. Zu § 793

*Kümpel, Siegfried/Wittig, Arne,* Bank- und Kapitalmarktrecht, 3. A., Köln 2004; 4. A., Köln 2011

*Kuntze, Johannes Emil,* Die Lehre von den Inhaberpapieren, 1857

*Kuntze, Johannes Emil,* Die Lehre von den Inhaberpapieren, Leipzig 1857

*Kunzmann, Stefan,* Geld, Kredit, Krise - monetäre Aspekte einer Marxschen Konjunkturbetrachtung, Münster 2001

*Langen, Arnold*, Die Kreationstheorie im heutigen Reichsrecht, 1906

*Langenbucher, Katja/Bliesener, Dirk/Spindler, Gerald*, Bankrechts-Kommentar, München 2013 (zitiert als: Langenbucher/Bliesener/Spindler/*Bearbeiter*)

*Larenz, Karl/Canaris, Claus-Wilhelm*, Lehrbuch des Schuldrechts Band II/2: Besonderer Teil, 1. Halbband, 1986; 2. Halbband, 13.A., 1994 (zitiert als: *Larenz* II)

*Laum, Bernhard*, Heiliges Geld – Eine historische Untersuchung über den sakralen Ursprung des Geldes, Tübingen, 1924

*Leigh, Arthur H.*, John Locke and the Quantity Theory of Money. History of Political Economy, Durham, North Carolina, 6 (1974), S 200–219

*Lenka Krsnakova/Maria Oberleithner*, (Oesterreichische Nationalbank, Abteilung Bilanzierung und Risikoüberwachung Treasury), Zusammenspiel des Euro-Banknotenumlaufs und der Intra-Eurosystem-Salden, in: Geldpolitik & Wirtschaft Q1/12, S 75 ff.

*Lierow, Hans-Joachim*, Der Geldschöpfungskoeffizient der Kreditbanken in der Bundesrepublik, Berlin 1957

*Lipfert Helmut*, Einführung in die Lehre vom Gelde, München 1948

*Lipfert, Helmut*, Einführung in die Währungspolitik, 8. A., München 1974

*Löber, Klaus M.*, Das neue TARGET-System der Europäischen Zentralbank, in: Hadding, Walter/Nobbe, Gerd, (Hrsg.), Bankrecht 2000

*Locke, John*, Considerations of the consequences of the Lowering of Interest and Raising the Value of Money, London 1691

*Locke, John*, Further Considerations Concerning Raising the Value of Money, London 1696

*Louis, J.-V.*, A legal and institutional approach for building a monetary union, Common Market Law Review, Bd. 35 (1998), S 33 ff.

*Lüdenbach, Norbert/Hoffmann, Wolf-Dieter*, Haufe IFRS-Kommentar Das Standardwerk, 9.A. Freiburg 2011

*Lutz, Friedrich*, Geldschaffung durch die Banken, Review of World Economics (Weltwirtschaftliches Archiv), Springer, Vol. 104., 1970, S 3–19

*Macleod, Henry Donning*, The Theory of Credit, London 1889

*Mann, Frederich Alexander*, Das Recht des Geldes – Eine rechtsvergleichende Untersuchung auf der Grundlage des englischen Rechts, Frankfurt am Main/Berlin 1960

*Mann, Frederick Alexander*, The Legal Aspect of Money, 6.A., 2005

*Maurer*, Hartmut: Allgemeines Verwaltungsrecht, 18. A. 2011 (zitiert als Mauer, Allg. Verwaltungsrecht, 18. A. 2011)

*Maunz, Theodor*, (Begr.), Grundgesetz: Kommentar, 77. Erg.-Lfg., München 2016 (zitiert als: Maunz/Dürig/*Bearbeiter*, GG$^{77\ EL}$)

*Maunz, Theodor*, Hauptprobleme des öffentlichen Sachenrechts: eine Studie zur Methodik und Dogmatik des deutschen Verwaltungsrechts, München 1933

*Mayer, Helmut/Maiß, Peter*, EG-Bankbilanzrichtlinie, Düsseldorf 1987

*Mayer, Thomas*, Die Struktur des Monetarismus, in: *Ehrlicher, Werner/Becker, Wolf-Dieter* (Hrsg.): Kredit und Kapital – Die Monetarismus-Kontroverse, Heft 4, Berlin 1978

*Mayer, Thomas*, The Status of the Monetarist Debate in the United States: An Evalution, in *D. Cansier* and *D. Kath* (Hrsg.), Öffentliche Finanzen, Kredit und Kapital, Festschrift für Werner Ehrlicher zur Vollendung des 65. Lebensjahres, Berlin 1985

*Meyer-Cording, Ulrich*, Das Recht der Banküberweisung, unter besonderer Berücksichtigung der steckengebliebenen Überweisungen, Tübingen 1951

*Milgate, Murray*, „Quantity Equation: Early History", in: *Eatwell, John/Milgate. Murray/Newman. Peter* (eds), The New Palgrave Dictionary of Economics Vol. 4, London 1987

*Moeller, Hero*, Gleichschritt der Banken, in: Weltwirtschaftliches Archiv, Bd. 70, 1953 I

*Möschel, Wernhard*, Die dogmatischen Strukturen des Bargeldlosen Zahlungsverkehrs, AcP 186 (1986), S 187 ff.

*Möschel, Wernhard*, Wirtschaftsrecht der Banken: Die währungs-, bankaufsicht-, kartell- und EWG – rechtliche Sonderstellung der Kreditinstitute, Frankfurt am Main 1972

*Mugdan, Benno*, Die gesammten Materialien zum Bürgerlichen Gesetzbuch für das Deutsche Reich, Bd 2, Bd 3, Berlin 1899

*Mülbert, Peter O.*, Das verzinsliche Darlehen, AcP 192 (1992), 447 ff.

*Mülbert, Peter O.*, Der Kontovertrag als bankgeschäftlicher Vertragstypus, in: *Ekkenga, Jens*, (Hrsg.), Bankrecht und Kapitalmarktrecht in der Entwicklung: Festschrift für Siegfried Kümpel zum 70. Geburtstag Berlin 2003, S 395 ff.

*Mülbert, Peter O.*, Was Kreditinstitute für erforderlich halten dürfen - Risikoverteilung zwischen Kreditinstitut und Kunde bei Zahlungen an betrügerische Dritte, in: Festschrift für Claus-Wilhelm Canaris zum 70. Geburtstag, Band II, München 2007, S 271–297

*Münch, Christof*, Das Giralgeld in der Rechtsordnung der Bundesrepublik Deutschland, Baden-baden 1990

Münchener Kommentar zum Bürgerlichen Gesetzbuch, *Säcker, Franz-Jürgen*, (Hrsg.), Bd. 1, Allgemeiner Teil, §§ 1–240, 6. A. München 2012; Bd. 2, Schuldrecht/Allgemeiner Teil, §§ 241–432, 6. A. München 2012; Bd. 3, Schuldrecht/Allgemeiner Teil, §§ 433–610, 6. A. München 2012; Bd. 4 Schuldrecht/Besonderer Teil II, §§ 611–704, 6. A. München 2012; Bd. 5, Schuldrecht/Besonderer Teil III, §§ 705–853, 6. A. München 2013 (zitiert als: MüKoBGB/*Bearbeiter*)

*Neldner, Manfred,* Von der Phillips-Tradition zu einer realitätsnahen Theorie des volkswirtschaftlichen Geldangebots, in: *Badura, Jürgen* und *Otmar Issing,* (Hrsg.), Geldtheorie, Stuttgart 1979, S 111–123

*Neuhaus,* Außerbörsliche Finanz(termin)geschäfte, in: *Gößmann/Hellner u. a.* (Hrsg.), Bankrecht und Bankpraxis, Stand 11/2008, Rn 7/1000

*Nicolaysen, Gert,* Rechtsfragen der Währungsunion: erweiterte Fassung eines Vortrages gehalten vor der Juristischen Gesellschaft zu Berlin am 17. Februar 1993, 1993 Berlin

*Nobel Peter,* Devisenschuld: Realschuld oder Innominatschuld?, in: *Forstmoser, Peter/ Tercier, Pierre/Zäch, Roger,* (Hrsg.), Innominatverträge, Festgabe zum 60. Geburtstag von Walter R. Schluep, Bern und Stuttgart 1989

*North, Michael,* (Hrsg.), Von Aktie bis Zoll, Ein historisches Lexikon des Geldes, München 1995 (zitiert als: North/*Bearbeiter,* Ein historisches Lexikon des Geldes, 1995)

*Nußbaum, Arthur,* Das Geld in Theorie und Praxis des deutschen und ausländischen Rechts, Tübingen 1925

*Nussbaum, Arthur,* Money in the Law National and International – A comparative study in the borderline of law and economics -, Second Edition, Brooklyn 1950

*Opitz, Georg,* Depotgesetz, 2. A. Berlin 1955

*Oppermann, Thomas/Classen, Claus Dieter/Nettesheim, Marting,* Europarecht, 5. A. München 2011

*Paberl, Hermann,* Rechtscharakter und Anwendung der Entscheidung im Vertrag zur Gründung der Europäischen Wirtschaftsgemeinschaft, Bonn 1969

*Palandt, Otto,* Bürgerliches Gesetzbuch, 12. A. München 1954; 30. A., München 1971; 68. A. München 2009; 74. A. München 2015 (zitiert als Palandt/*Bearbeiter*)

*Pappermann, Ernst/Löhr, Rolf-Peter/Andriske, Wolfgang,* Recht der öffentlichen Sachen, München 1987

*Peckert, Joachim,* Das Girokonto und der Kontokorrentvertrag: eine Darstellung der Rechtsbeziehungen beim bargeldlosen Zahlungsverkehr unter besonderer Berücksichtigung der Pfändbarkeit von Ansprüchen aus dem Giroverhältnis, Göttingen 1985

*Pernice, Ingolf,* in: Dreier, Horst, Kommentar Grundgesetz, Bd 3, Art 83–146, Tübingen 2008

*Pfennig, Gero,* Die Notenausgabe der Deutschen Bundesbank – Ein Beitrag zum Recht der öffentlichen Sachen, Berlin, 1971

*Pfleiderer, Otto,* Die Notenbank im System der wirtschaftspolitischen Steuerung, in: *Kaiser, Joseph H.* (Hrsg.), Mittel und Methoden planender Verwaltung, Baden-Baden 1968, S 409–427

*Phillips, Chester Arthur,* Bank Credit – A Study of the Principles and Factors Underlying Advances by Banks to Borrowers, New York 1931

*Poser, Arwed Max von,* Europäische Währungsunion: Struktur und Perspektiven, 2.A., 1996

*Potacs, Michael,* Die Wirtschafts- und Währungsunion, in: Schwarze, Jürgen, (Hrsg.), Vom Binnenmarkt zur Europäischen Union, Baden-Baden 1993, S 71–82

*Proctor, Charles,* Mann on the Legal Aspect of Money, 6.A. Frankfurt am Main 2005

*Putzo, Eugen L.,* Erfüllung mit Buchgeld und die Haftung der Beteiligten wegen ungerechtfertigter Bereicherung, 1977

*Rabe, Hans-Jürgen,* Das Verordnungsrecht der Europäischen Wirtschaftsgemeinschaft, Hamburg 1963

*Rabel, Ernst,* The Conflict of Laws – A Comparative Study, Vol. IV 1958

*Reinhardt, Ruldolf,* Vom Wesen des Geldes und seiner Einfügung in die Güterordnung des Privatrechts, in: Festschrift für Gustav Boehmer, Bonn 1954, S 60 ff.

*Resinek, Marc S.,* Die geldpolitischen Instrumente der Europäischen Zentralbank, Theorie und Praxis, 2. A. Berlin 2002

*Richter, Rudolf,* Geldtheorie: Vorlesung auf der Grundlage der allgemeinen Gleichgewichtstheorie und der Institutionenökonomik, 2. A. Berlin 1990

*Rieken, Hans Joachim,* Die Beziehung zwischen der Notenbank und den Träger der Girosysteme, Berlin 1964

*Rittershausen, Heinrich,* Die Zentralnotenbank. Ein Handbuch ihre Instrumente und ihrer Politik, Frankfurt am Main 1962

*Sachs, Michael,* (Hrsg), Grundgesetz Kommentar, 5.A. München 2009

*Schaal, Peter,* Geldtheorie und Geldpolitik in Europa, 4.A. 1998

*Schefold, Bertram/Carstensen, Kristian,* Die klassische Politische Ökonomie, in: *Issing, Otmar* (Hrsg): Geschichte der Nationalökonomie, 3.A., München 1994, S 63–88.

*Schenke, Wolf-Rüdiger,* Verwaltungsprozessrecht, 13. A. Heidelberg 2012 (zitiert als: *Schenke* Verwaltungsprozessrecht, 13. A., 2012)

*Scherf, Harald,* Inflation, in: HdWW, Bd 4, S 166 ff.

*Schimansky, Herbert/Bunte, Hermann-Josef/Lwowski, Hans Jürgen,* Bankrechts-Handbuch, 4.A. 2011

*Schindler, Peter,* Delegation und Zuständigkeiten in der Europäischen Gemeinschaft, Baden-Baden 1972

*Schlegelberger, Franz,* Handelsgesetzbuch, Bd IV, 5.A. München 1976

*Schloh, Bernhard*: Institutioneller Aufbau der EG, in: Dauses, Manfred, (Hrsg), Handbuch des EG-Wirtschaftsrecht, München 1999, Bd. 1, Abschnitt A. II

*Schmidt, Karsten,* (Hrsg.), Münchener Kommentar zum Handelsgesetzbuch, Bd. 4, Drittes Buch, Handelsbücher, §§ 238–342 e, 3. A., München 2013; Bd. 5, Viertes

Buch, Handelsgeschäfte, Erster Abschnitt. Allgemeine Vorschrift §§ 343–372; Recht des Zahlungsverkehrs, 3.A. München 2014 (zitiert als: MüKoHGB/*Bearbeiter*, ZahlungsverkehrsR³)

*Schmidt, Karsten*, Selbstorganschaft; Eine Skizze, in: Schön, Wolfgang/Flume, Werner/Jakobs, Horst Heinrich/Picker, Eduard/Wilhelm, Jan (Hrsg.), Gedächtnisschrift für Brigitte Knobbe-Keuk, Köln 1997 S 307–320) (zitiert als: *K. Schmidt* in: GS Knobbe-Keuk, 1997)

*Schmidt-Preuß, Matthias,* Verfassungsrechtliche Zentralfragen staatlicher Lohn- und Preisdirigismen, Baden-Baden 1977

*Schmidt, Reiner*, Die Zentralbank im Verfassungsgefüge der Bundesrepublik Deutschland. Der Staat 20 (1981), Beiheft 5, Instrumente der sozialen Sicherung und der Währungssicherung in der Bundesrepublik Deutschland und in Italien, S 61 ff.

*Schmitt Glaeser, Walter/Horn, Hans-Detlef,* Verwaltungsprozeßrecht, 16. A. Stuttgart 2011

*Schmölders, Günter,* in: Herzog, Roman/Kunst, Hermann/Schlaich, Klaus, (Hrsg.), Evangelisches Staatslexikon, zweiter Bd., 3. A. Stuttgart 1987

*Schneider, Erich,* Einführung in die Wirtschaftstheorie, III. Teil: Geld, Kredit, Volkseinkommen und Beschäftigung, 7. A. Tübingen 1962

*Schoch, Friedrich/Schneider, Jens-Peter/Bier, Wolfgang,* Verwaltungsgerichtsordnung, Band I, 26. Ergänzungslieferung, Stand: März 2014 (zitiert als: Schoch/Schneider/Bier/*Bearbeiter*, VwGO, 26. Erg.-Lfg. 2014)

*Schönle, Herbert,* Bank und Börsenrecht, 2. A. München 1976

*Schönle, Herbert,* Ort und Zeit bargeldloser Zahlung, in: Festschrift für Winfried Werner zum 65 Geburtstag, Berlin 1984, S 817 ff.

*Schröder, Jörg,* Verschuldungslizenzen als Alternativen zum Stabilitäts- und Wachstumspakt, in: Wirtschaftsdienst 1999, 412 ff.

*Schröder, Jörg,* Verschuldungslizenzen als Alternativen zum Stabilitäts- und Wachstumspakt, in: Wirtschaftsdienst 1999, S 412 ff.

*Schumpeter, Joseph,* Das Wesen und der Hauptinhalt der theoretischen Nationalökonomie, Leipzig 1908

*Schumpeter, Joseph,* Theorie der wirtschaftlichen Entwicklung, Berlin 1912

*Schweitzer, Michael/Hummer, Waldemar/Obwexer, Walter,* Europarecht, das Recht der Europäischen Union, Wien 2007

*Schwintowski, Hans-Peter/Schäfer, Frank A.,* Bankrecht: commercial banking, investment banking, 2. A., Köln 2004

*Seidel, Karl Dieter,* Die Deutsche Geldgesetzgebung seit 1871, München 1973

*Seidel,* Währungspolitik als Sozialpolitik, in: FS Zuleeg, 2005, S 505 ff.

*Siebelt, Johannes/Eckert, Lucia,* Mindestreserven, Rechtssätze eigener Art und Verfassungsrecht, ZBB 1991 S 153–168

*Smits, Spiros,* Bemerkungen zur rechtlichen Sonderstellung des Geldes, AcP 159 (1960/1961), S 406 ff.

*Smits, Spiros,* The European Central bank, Institutional Aspects, Haag 1997

*Soergel, Theodor,* Bürgerliches Gesetzbuch: mit Einführungsgesetz und Nebengesetzen, §§ 433–515, 12. A. Stuttgart/Berlin 1991; §§ 516–651, 12. A. Stuttgart/Berlin 1998; §§ 536–610, 13. A. Stuttgart/Berlin 2007; §§ 652–704, 13. A. Stuttgart/Berlin, 2011; §§ 705–822, 12. A. Stuttgart/Berlin 2007; §§ 780–822, 13. A. Stuttgart/Berlin 2011 (zitiert als: Soergel/*Bearbeiter*, BGB)

Stadermann, Hans-Joachim, Geldwirtschaft und Geldpolitik: Einführung in die Grundlagen, Wiesbaden, 1994

*Stadler, Rainer,* Der rechtliche Handlungsspielraum des Europäischen Systems der Zentralbanken, Baden-Baden 1996

*Staudinger, Julius von, (Begr.),* J. von Staudingers Kommentar zum Bürgerlichen Gesetzbuch mit Einführungsgesetz und Nebengesetzen, Buch 2, Recht der Schuldverhältnisse, §§ 244–248 (Geldrecht), Berlin 1997; Buch 2, Recht der Schuldverhältnisse, §§ 433–534, Berlin 1995; Buch 2, Recht der Schuldverhältnisse, §§ 433–480, Berlin 2014; Buch 2, Recht der Schuldverhältnisse §§ 488–490; 607–609 (Darlehensrecht), Berlin 2011; Buch 2, Recht der Schuldverhältnisse §§ 652–704, Berlin 1995; Buch 2, Recht der Schuldverhältnisse §§ 779–811, Berlin 2009.

*Stelkens, Paul/Bonk, Heinz Joachim/Sachs, Michael:* Verwaltungsverfahrensgesetz, Kommentar, 8. A. München 2014 (zitiert als: Stelkens/Bonk/Sachs/*Bearbeiter*, VwVfG, 8. A. 2014)

*Stelkens, Ulrich,* Verwaltungsprivatrecht, Berlin 2005

*Stern, Klaus,* Die öffentliche Sache, in: Kunst/Grundmann/Schneemelcher/Herzog, Evangelisches Staatslexikon, 1. A. Stuttgart 1966

*Stern, Klaus,* in: Deutsche Bundesbank (Hrsg.), Fünfzig Jahre Deutsche Mark – Notenbank und Währung in Deutschland seit 1948, 1998

*Stettner, Rupert,* Gemeinschaftsrecht und nationales Recht, in: Dauses, Manfred, (Hrsg.), Handbuch des EG-Wirtschaftsrecht, München 1999, B. III

*Stiglitz, Joseph E./Walsh, Carl E.*, Economics, Fourth Edition, New York 2002

*Streinz, Rudolf,* (Hrsg.), Vertrag über die Europäische Union und Vertrag über die Arbeitsweise der Europäischen Union, 1. A. München 2003; 2. A. München 2012

*Stucken, Rudolf,* Geld und Kredit, 2. A. Tübingen 1957

*Studt, Detlef,* Rechtsfragen einer Europäischen Zentralbank, Berlin 1993

*Stützel, Wolfgang,* Volkswirtschaftliche Saldenmechanik, Tübingen 1958

*Suhr, Dieter,* in: Starbatty, Joachim (Hrsg.), Geldordnung und Geldpolitik in einer freiheitlichen Gesellschaft, Tübingen 1982

*Thierfelder, Rainer,* Die Entscheidung im EWG-Vertrag, Hamburg 1968

*Tschekuschina, Tatjana,* Rechtliche Aspekte der geldpolitischen Instrumente des Europäischen Systems der Zentralbanken, Köln 2007

*Uhlenbruck, Dirk,* Die verfassungsmäßige Unabhängigkeit der Deutschen Bundesbank und ihre Grenzen, München 1968

*Ulmer, Eugen,* Das Recht der Wertpapiere, Stuttgart 1938

*Veit, Otto,* Reale Theorie des Geldes, Tübingen 1966

*Voigt, H.-U.,* Die Währungsverwaltung der Deutschen Bundesbank, Göttingen 1970

*Vollmer, Uwe,* Geld- und Währungspolitik, München 2005

*von Aquin, Thomas* de regno – ad regem Cypri -, nach folgender Ausgabe: Thomae Aquinatis, opuscula omnia, tomus primus, opuscula genuina philosophica, Hrsg. von Petri mandonnet, Paris 1927

*von Mangoldt (Begr.)/Klein, Friedrich (Fortgef.)/Starck, Christian (Hrsg.),* Das Bonner Grundgesetz: Kommentar, Bd. 3, Art 83 bis 146, 6. A., München 2010 (zitiert als: *Bearbeiter,* in: von Mangoldt/Klein/Starck, GG)

*Von Maydell, Bernd,* Geldschuld und Geldwert, Bedeutung von Änderungen des Geldwertes für die Geldschuld, München 1974

*von Mises, Ludwig,* Theorie des Geldes und der Umlaufsmittel, Berlin 1912

*von Savigny Friedrich Carl,* Das Obligationenrecht als Theil des heutigen Römischen Rechts, Erster Bd., Berlin 1851, Zweiter Bd., Berlin 1853

*von Spindler, Joachim/Becker, Willy/Starke,* O.-Ernst, Die Deutsche Bundesbank, Grundzüge des Notenbankwesens und Kommentar zum Gesetz über die Deutsche Bundesbank, 2. A. Stuttgart 1960; 4. A. Stuttgart 1973 (zitiert als: *von Spindler/Becker/Starke,* Die Deutsche Bundesbank[4])

*Waclawick, Erich,* Die Verbindlichkeiten von Devisenterminvereinbarungen (Untersuchungen über das Spar-, Giro- und Kreditwesen, Abt. B: Rechtswissenschaft; SGK B 132), Berlin 2000

*Wagemann, Ernst,* Allgemeine Geldlehre, Berlin 1923

*Wagner, Adolph,* Staatspapiergeld, Reichs-Kassenscheine und Banknoten: kritische Bemerkungen und Vorschläge zu der Vorlage im Reichstage, betreffend die Ausgabe von Reichs-Kassenscheinen, Berlin 1874

*Wagner, Adolph,* Theoretische Sozialökonomie, 2. Abt., II.: Geld und Geldwesen, Leipzig 1909

*Weber, Ahrend,* Die Bank: Zeitschrift für Bankpolitik und Praxis. Köln 1983

*Weber, Hansjörg,* Kreditsicherheiten, 7. A. München 2002

*Weber, Lutz B.,* Die Umsetzung der Bestimmungen über die Europäischen Währungsunion in das deutsche Verfassungsrecht, Eine Untersuchung nach dem Vertrag von Maastricht unter besonderer Berücksichtigung der Deutschen Bundesbank (Artikel 88 des Grundgesetzes), Frankfurt am Main 2000

*Weber, Martin*, Die Kompetenzenverteilung im Europäischen System der Zentralbanken bei er Festlegung und Durchführung der Geldpolitik, München 1995

*Weber, Rolf H.*, Berner Kommentar zum Schweizerischen Privatrecht, Obligationenrecht, Allgemeine Bestimmungen, Die Erfüllung der Obligation, Kommentar zu OR Art 68–96, 2. A. Bern 2005

*Weenink, Hans*, The Legal Nature of Euro Banknotes, S 433–439, in: Journal of International Banking Law and Regulation, Vol. 18, Issue 11, 2003

*Weikart, Thomas*, Geldwert und Eigentumsgarantie, Baden-Baden 1993

*Withers, Hartley*, The Meaning of Money, London 1909

*Wolff, Hans. J.*, Verwaltungsrecht I, 9. A. München 1974

*Wolff, Martin*, Das Geld, in: Ehrenbergs Handbuch für das gesamte Handelsrecht Bank IV/1, Leipzig, 1917

*Wolfgang, Rüfner*, Öffentliches Sachenrecht, in: Görres-Gesellschaft (Hrsg.), Staatslexikon, 7.A. Bd 4, 1988

*Woll, Artur*, Geldnachfrage, in: HdWW, Bd. 3, S 474;

*Woll, Artur*, Quantitätstheorie, in: HdWW Bd. 6, S 393 ff.

*Zimmerer, Carl/Zwoll, Herrmann van*, Mindestreservepolitik und Bankrentabilität, Zeitschrift für das gesamte Kreditwesen, 10.Jg., 1957, S 377 f.

*Zöllner, Wolfgang*, Wertpapierrecht: ein Studienbuch, 14. A. München 1987

*Zorn, Philipp*, Das Staatsrecht des Deutschen Reiches Bd. II, Das Verwaltungsrecht, 2. A. Berlin 1897

**Veröffentlichungen des Instituts für deutsches und europäisches Wirtschafts-, Wettbewerbs- und Regulierungsrecht der Freien Universität Berlin**

Herausgegeben von Franz Jürgen Säcker

Band 1 Franz Jürgen Säcker (Hrsg.): Deutsch-russisches Energie- und Bergrecht im Vergleich. Ergebnisse einer Arbeitstagung vom 31. März / 1. April 2006. 2007.

Band 2 Franz Jürgen Säcker / Walther Busse von Colbe (Hrsg.): Wettbewerbsfördernde Anreizregulierung. Zum Anreizregulierungsbericht der Bundesnetzagentur vom 30. Juni 2006. 2007.

Band 3 Dirk Zschenderlein: Die Gleichbehandlung der Aktionäre bei der Auskunftserteilung in der Aktiengesellschaft. Zum Problem der Zulässigkeit der Weitergabe von Informationen an einzelne Aktionäre und Dritte. 2007.

Band 4 Simone Kirchhain: Die Anwendung der Vertikal-GVO auf innerstaatliche Wettbewerbsbeschränkungen nach der 7. GWB-Novelle. 2007.

Band 5 Franz Jürgen Säcker: Der Independent System Operator. Ein neues institutionelles Design für Netzbetreiber? 2007.

Band 6 Stefanie Otto: Allgemeininteressen im neuen UWG. § 1 S. 2 UWG und die wettbewerbsfunktionale Auslegung. 2007.

Band 7 Jochen Eichler: Vertragliche Dritthaftung. Eine Auseinandersetzung mit der Frage der Dritthaftung von sogenannten Experten und anderen Auskunftspersonen im Rahmen des § 311 Abs. 3 BGB. 2007.

Band 8 Markela Stamati: Die Anforderungen der operationellen Entflechtung nach den Beschleunigungsrichtlinien der Europäischen Kommission. Umsetzung in Deutschland und Griechenland. 2008.

Band 9 Franz Jürgen Säcker: The Concept of the Relevant Product Market. Between Demand-Side Substitutability and Supply-Side -Substitutability in Competition Law. 2008.

Band 10 Renate Rabensdorf: Die Durchgriffshaftung im deutschen und russischen Recht der Kapitalgesellschaften. Eine rechtsvergleichende Untersuchung. 2009.

Band 11 Franz Jürgen Säcker: Der beschleunigte Ausbau der Höchstspannungsnetze als Rechtsproblem. Erläutert am Beispiel der 380-kV-Höchstspannungsleitung Lauchstädt – Redwitz – Grafenrheinfeld mit Querung des Rennsteigs im Naturpark Thüringer Wald. 2009.

Band 12 Helen Mahne: Eigentum an Versorgungsleitungen. 2009.

Band 13 Franz Jürgen Säcker (Hrsg.): Russisches Energierecht - Gesetzessammlung. 2009.

Band 14 Franz Jürgen Säcker / Maik Wolf: Integrierte Energieversorgung in geschlossenen Verteilernetzen. Zum Gestaltungsspielraum des Gesetzgebers zur Neuregelung des § 110 EnWG im Lichte des Dritten EG-Energiepakets. 2009.

Band 15 Franz Jürgen Säcker (Hrsg.): Das Dritte Energiepaket für den Gasbereich. Deutsch-Englische Textausgabe mit einer Einführung. 2009.

Band 16 Franz Jürgen Säcker (Hrsg.): Das Dritte Energiepaket für den Elektrizitätsbereich. Deutsch-Englische Textausgabe mit einer Einführung. 2009.

Band 17 Thomas Dörmer: Die Unternehmenspacht. Rechtsstellung der Vertragsparteien unter besonderer Berücksichtigung der Pflicht des Unternehmenspächters zur ordnungsgemäßen Unternehmensführung sowie der Rechtslage bei Vertragsbeendigung. 2010.

Band 18 Klaas Bosch: Die Kontrolldichte der gerichtlichen Überprüfung von Marktregulierungsentscheidungen der Bundesnetzagentur nach dem Telekommunikationsgesetz. 2010.

Band 19 Geng-Sook Leem: Einheitliche Corporate Governance-Grundsätze für die Europäische Aktiengesellschaft (SE). Eine rechtsvergleichende Untersuchung anhand der Ausgestaltung der SE im deutschen und britischen Recht. 2010.

Band 20 Wiebke Gebhardt: Gentechnik und Koexistenz nach der Gesetzesnovelle von 2008: Zivilrechtliche Haftung im Vergleich Deutschland und USA. 2010.

Band 21 Cathrin Isenberg: Die Geruchsmarke als Gemeinschaftsmarke. Schutzfähigkeit und Einsatzmöglichkeiten. 2010.

Band 22 Franz Jürgen Säcker / Jochen Mohr / Maik Wolf: Konzessionsverträge im System des europäischen und deutschen Wettbewerbsrechts. 2011.

Band 23 Judith Antonia Loeck: Die unzumutbare Belästigung nach der UWG Novelle 2008 und dem Gesetz zur Bekämpfung unerlaubter Telefonwerbung und zur Verbesserung des Verbraucherschutzes bei besonderen Betriebsformen. 2011.

Band 24 Jörg Jaecks: Konzernverrechnungsklauseln und verwandte einseitige Verrechnungsbefugnisse im Mehrpersonenverhältnis. 2011.

Band 25 Franz Jürgen Säcker: Marktabgrenzung, Marktbeherrschung, Markttransparenz und Machtmissbrauch auf den Großhandelsmärkten für Elektrizität. 2011.

Band 26 Susanne Wende: Die einheitliche Auslegung von Beihilfen- und Vergaberecht als Teilgebiete des europäischen Wettbewerbsrechts. 2011.

Band 27 Leonie Kempel: Die Anwendung von Art. 102 AEUV auf geistiges Eigentum und Sacheigentum. Die Voraussetzungen des Kontrahierungszwangs nach Art. 102 AEUV und der Essential-Facility-Doktrin unter besonderer Berücksichtigung der Unterschiede zwischen geistigem Eigentum und Sacheigentum. 2011.

Band 28 Christoph Schuldt: Werbejingles – schützenswerte Kompositionen!? Die urheberrechtliche und markenrechtliche Schutzfähigkeit von Werbejingles vor unbefugter Nachahmung. 2012.

Band 29 Lydia Scholz: Die Rechtfertigung von diskriminierenden umweltpolitischen Steuerungsinstrumenten. Eine Untersuchung der Reichweite der Warenverkehrsfreiheit und ihrer Begrenzung durch den Umweltschutz als Vertragsziel am Beispiel der deutschen Energiefördergesetze EEG und KWKModG. 2012.

Band 30 Franz Jürgen Säcker: Investitionen in Kraftwerke zur Sicherung einer zuverlässigen Elektrizitätsversorgung nach der Energiewende. Rechtliche und ökonomische Rahmenbedingungen. 2012.

Band 31 Florian Leib: Kartellrechtliche Durchsetzungsstrategien in der Europäischen Union, den USA und Deutschland. Eine rechtsvergleichende Darstellung. 2012.

Band 32 Holger Hoch: Marktverschlusseffekte und Effizienzen vertikaler Zusammenschlüsse. Kartellrechtliche Beurteilung nach europäischem und deutschem Recht. 2012.

Band 33 Sebastian Kemper: Gasnetzzugang in Deutschland und in Spanien. 2012.

Band 34 Elena Timofeeva: Unbundling in der russischen Elektrizitätswirtschaft im Vergleich zum deutschen und europäischen Energierecht. 2012.

Band 35 Gisela Drozella / Harald Krebs: Marktbeherrschung im Bereich Stromerzeugung / Stromgroßhandel. Eine kritische Analyse der neueren Sicht des Bundeskartellamts. 2013.

Band 36 Christian Rehm: Die Einzel- und Gesamtverantwortung der Vorstandsmitglieder der Aktiengesellschaft. Die Verantwortung für die Leitung und Geschäftsführung im mehrköpfigen Vorstand in der unabhängigen und der herrschenden AG. 2013.

Band 37 Ann-Christin Richter: Mengen- und umsatzbezogene Rabatte marktbeherrschender Unternehmen in den Grenzen des Art. 102 AEUV. 2013.

Band 38 Nikolaos Pitsos: Die erhebliche Behinderung des wirksamen Wettbewerbs (SIEC-Test) im Fusionskontrollrecht. Zugleich ein Beitrag zur Problematik der oligopolistischen Marktbeherrschung unter Vergleich mit dem amerikanischen SLC-Test. 2013.

Band 39 Mirko Heinemann: Das Markenzeichen als Anknüpfungspunkt des Markenimages. 2013.

Band 40 Sylvia Lorenz: Der Immaterialgüterschutz virtueller Ladengeschäfte. Ein Vorschlag für die rechtliche Erfassung virtueller Güter. 2014.

Band 41 Anke Reimers: Wettbewerbsrechtliche und regulatorische Analyse der Kapazitätenvergabe an Grenzkuppelstellen im Elektrizitätsbinnenmarkt. 2014.

Band 42 Franz Jürgen Säcker / Carsten König / Lydia Scholz: Der regulierungsrechtliche Rahmen für ein Offshore-Stromnetz in der Nordsee. 2014.

Band 43 David Preisendanz: Der Humor in der vergleichenden Werbung. 2014.

Band 44 Martin Gerig: Vollendung des EU-Energiebinnenmarktes vs. nationale Marktabschottungen. Europarechtskonformität mitgliedstaatlicher Fördermaßnahmen und Kapazitätsmärkte am Beispiel Deutschlands. 2014.

Band 45 Jan Patrick Ehinger: Dritthaftung für Kunstexpertisen und Aufnahmebestätigungen in den Catalogue raisonné. Ein Beitrag zur Expertenhaftung. 2014.

Band 46 Julia Gerzen: Das Recht der Gesellschafter-Fremdkapitalfinanzierung. Rechtsvergleichende Analyse der Behandlung von Gesellschafterdarlehen vor und in der Insolvenz der GmbH nach deutschem und russischem Recht. 2014.

Band 47 Laura Börger: Die gerichtliche Kontrolldichte bei der Überprüfung von Entscheidungen der Europäischen Kommission auf dem Gebiet der Fusionskontrolle. 2014.

## Veröffentlichungen des Instituts für Energie- und Regulierungsrecht Berlin

Band 48 Daniel Simon Travers: Kopplungsangebote. Eine Studie zum Vertrags- und Lauterkeitsrecht. 2015.

Band 49 Anna Olbryś-Sobieszuk: EU-rechtliche Schranken der Glücksspielwerbung in Deutschland, Großbritannien und Polen. 2015.

Band 50 Franz Jürgen Säcker/Lydia Scholz/Thea Sveen: Renewable Energy Law in Europe. Challenges and Perspectives. 2015.

Band 51 Lina Berezgova: Festlegung von Stromnetzentgelten in Deutschland und Russland. Eine rechtsvergleichende Untersuchung der anreizbasierten Regulierungsvorgaben. 2015.

Band 52 Fengliang Jin: Aufgreifkriterien in der Fusionskontrolle. Eine rechtsvergleichende Untersuchung des europäischen (Art. 3 FKVO), deutschen (§ 37 GWB), taiwanesischen (§ 6 FHG) und festlandchinesischen (§ 20 AMG) Rechts. 2015.

Band 53 Vasileios Triantafyllidis: Die Einordnung der Passing-On-Defense in das allgemeine Schadensersatzrecht. Eine rechtsvergleichende, dogmatische Studie. 2015.

Band 54 Peipei Liu: Die Inhaltskontrolle von Allgemeinen Geschäftsbedingungen und formularmäßigen Vertragsklauseln im deutsch-chinesischen Vergleich. 2016.

Band 55 Evelyn Kozak: Zur Notwendigkeit eines arbeitsrechtlichen und haftungsrechtlichen Whistleblowerschutzes. 2016.

Band 56 Genevieve Baker: Der bereicherungsrechtliche Nutzungsanspruch. 2017.

Band 57 Maria Zaykova: Der rechtliche Rahmen für den bergbaulichen Zugang zu den Erdöl- und Erdgaslagerstätten in der Russischen Föderation im Vergleich zum deutschen Bergrecht: Der bereicherungsrechtliche Nutzungsanspruch. 2017.

Band 58 Qian Luan: Geldschöpfungsprozess und Geld als abstraktes Schuldversprechen. Die europäisch-verwaltungsrechtliche Betrachtung des Geldschöpfungsprozesses der EZB und die Rechtsnatur von Zentralbankgeld und Geschäftsbankengiralgeld. 2017.

www.peterlang.com

www.ingramcontent.com/pod-product-compliance
Ingram Content Group UK Ltd.
Pitfield, Milton Keynes, MK11 3LW, UK
UKHW041824290926
8980IPUK00002B/54